中国特色高水平高职学校和专业群建设研究与实践

（建设篇）

主　编　刘建林
副主编　崔　岩

北京理工大学出版社
BEIJING INSTITUTE OF TECHNOLOGY PRESS

内 容 简 介

为助推陕西8所学校国家"双高计划"建设,加强信息交流和共享,及时总结、推广建设经验和典型案例,引领全省高职教育深化改革、强化内涵建设、实现高质量发展,继2020年12月《中国特色高水平高职学校和专业群建设研究与实践》(方案篇)出版后,编者按计划编撰了《中国特色高水平高职学校和专业群建设研究与实践》(建设篇)。

《中国特色高水平高职学校和专业群建设研究与实践》(建设篇)分三个部分:第一部分为"双高计划"建设的探索与实践,内容包括建设推进过程中各级各类推进会、研讨会和交流会发言材料选编,陕西省职业技术教育学会"双高计划"建设专项研究课题及公开发表的阶段性研究成果目录;第二部分为"双高计划"中期绩效评价,内容包括陕西省国家"双高计划"建设中期绩效评价报告和8所"双高"学校国家"双高计划"中期绩效评价自评报告;第三部分为"双高计划"建设过程中形成的经验和典型案例,内容包括8所"双高"学校从学校层面优选的16个典型案例、从高水平专业群层面优选的12个典型案例,共计28个典型案例。此外,在"双高计划"建设期间,国家新颁布了一系列相关政策,本书附录了文件目录。

版权专有　侵权必究

图书在版编目(CIP)数据

中国特色高水平高职学校和专业群建设研究与实践. 建设篇 / 刘建林主编. -- 北京:北京理工大学出版社, 2023.3

　ISBN 978-7-5763-2182-1

　Ⅰ. ①中… Ⅱ. ①刘… Ⅲ. ①高等职业教育-学科建设-研究-中国 Ⅳ. ①G718.5

中国国家版本馆 CIP 数据核字(2023)第 039968 号

出版发行 /	北京理工大学出版社有限责任公司
社　　址 /	北京市海淀区中关村南大街5号
邮　　编 /	100081
电　　话 /	(010)68914775(总编室)
	(010)82562903(教材售后服务热线)
	(010)68944723(其他图书服务热线)
网　　址 /	http://www.bitpress.com.cn
经　　销 /	全国各地新华书店
印　　刷 /	三河市华骏印务包装有限公司
开　　本 /	787毫米×1092毫米　1/16
印　　张 /	24.75
字　　数 /	448千字
版　　次 /	2023年3月第1版　2023年3月第1次印刷
定　　价 /	99.00元

责任编辑 /	徐艳君
文案编辑 /	徐艳君
责任校对 /	周瑞红
责任印制 /	李志强

图书出现印装质量问题,请拨打售后服务热线,本社负责调换

编委会

主　任　刘建林

副主任　崔　岩

委　员　王　鹏　周　杰　刘永亮　王周锁
　　　　　张敏华　焦胜军　刘敏涵　何树茂
　　　　　朱忠军　杨卫军　王晓江

前　言

2020年12月《中国特色高水平高职学校和专业群建设研究与实践》（方案篇）出版后，编者按计划开始编撰《中国特色高水平高职学校和专业群建设研究与实践》（建设篇）。

陕西8所国家"双高"学校，按照教育部和财政部审定通过的本校"双高计划"建设方案和任务书，遵循"省委省政府统筹设计、省教育厅和省财政厅等多部门联动推进、行业企业大力支持参与、立项建设单位具体实施"的推进机制，在建设过程中贯彻落实国家新颁布的一系列相关政策，全力推进国家"双高计划"建设。根据教育部"双高计划"监测平台填报数据，全省"双高计划"建设中期绩效目标完成度99.6%，终期完成度66.6%，建设成效显著。

《中国特色高水平高职学校和专业群建设研究与实践》（建设篇）分三个部分：第一部分为"双高计划"建设的探索与实践，内容包括建设推进过程中各级各类推进会、研讨会和交流会的经验材料选编，陕西省职业技术教育学会关于"双高计划"建设专项研究课题公开发表的阶段性研究成果目录；第二部分为"双高计划"中期绩效评价，内容包括陕西省国家"双高计划"建设中期绩效评价报告和8所"双高"学校国家"双高计划"中期绩效评价自评报告；第三部分为"双高计划"建设过程中形成的典型案例，内容包括8所国家"双高"学校从学校层面优选的16个典型案例、从高水平专业群层面优选的12个典型案例，共计28个典型案例。此外，在"双高计划"建设期间，国家新颁布了一系列相关政策，本书附录了文件目录。

在本书的编写和出版过程中，陕西8所国家"双高计划"建设学校给予了大力支持，组织专人对本校"双高计划"中期自评报告进行了最终修订,并提供了典型案例,陕西(高校)哲学社会科学重点研究基地——西部现代职业教育研究院相关专家参与了编撰工作。在此,向他们表示衷心的感谢!

由于编者水平有限,书中难免有不妥之处,敬请读者提出宝贵意见。

编　者

2023 年 1 月

目 录

第一部分 探索实践，全面推进

政府主导，协调推进

全面推进"双高计划"建设，引领陕西高职教育高质量发展　　　　刘建林 / 3
突出特色、理实融合、成果导向，建设"双高"　　　　　　　　　周　杰 / 4
瞄准高度创新，立足实效改革　　　　　　　　　　　　　　　　　崔　岩 / 6
服务制造强国战略，培养能堪当"造出来"重任的时代工匠　　　　刘永亮 / 8
抢抓新机遇，贯彻新要求，奋进"双高计划"建设新征程　　　　　陈　宁 / 10
支撑高铁建设、铸就筑路先锋，全面建设中国铁路工程特色高水平学校　焦胜军 / 12
砥砺前行，奋力打造全国航空职业教育"标杆校"　　　　　　　　张敏华 / 14
以"双高计划"建设为抓手，推进学校事业高质量发展　　　　　　刘敏涵 / 17
凝心聚力、深化改革，全面建设旅游管理高水平专业群　　　　　　刘胜辉 / 18
党建引领、标准带动、深化产教融合，持续提升人才培养质量　　　朱忠军 / 21
凝心聚力，打造西部地市高职院校改革创新的标杆　　　　　　　　杨卫军 / 23

院校聚力，加快建设

强基树标，提质增效，创新实践，高质量推进"双高计划"建设　　　　　　/ 25
陕西工业职业技术学院召开"服务区域经济社会发展，打造技术技能创新
　服务平台"项目建设对接交流会　　　　　　　　　　　　　　　　　　/ 25
西北农林科技大学支持杨凌职业技术学院建设高水平高职院校推进大会举行　/ 26
杨凌职业技术学院召开2021年"双高计划"建设任务部署推进会　　　　　/ 28
"政军行企校"五方共建"双高"校推进会召开　　　　　　　　　　　　/ 28

西安航空职业技术学院召开"双高计划"建设推进会 /29
"支撑高铁建设，铸就筑路先锋，开启高水平学校建设新征程"推进会召开 /30
陕西铁路工程职业技术学院召开"双高计划"建设阶段总结暨工作推进会 /31
实施项目管理，建立激励机制，推进"双高计划"建设 /32
陕西国防工业职业技术学院召开"双高计划"建设工作推进会 /32
坚持守正创新，凝聚智慧力量，全力推进"双高计划"建设 /33
陕西职业技术学院以学促建，持续推进"双高计划"建设 /34
建立协调机制，强化项目绩效考核，统筹推进"双高计划"建设 /35
陕西能源职业技术学院召开"双高计划"项目建设推进会暨提质培优行动计划
　绩效采集工作会 /36
加强项目绩效评价，提高项目建设质量，扎实推进"双高计划"建设 /36
咸阳职业技术学院召开"双高计划"建设项目推进会 /37

研讨交流，相互借鉴

陕西省"双高计划"建设研讨会在杨凌职业技术学院召开 /39
陕西省"双高计划"建设研讨会在陕西铁路工程职业技术学院召开 /41
陕西省"双高计划"建设研讨会在西安航空职业技术学院召开 /42
陕西省"双高计划"建设研讨会在陕西国防工业职业技术学院召开 /43
西部"双高计划"建设研讨会在陕西召开（2020年） /45
渝陕两地"双高计划"建设研讨会在山城重庆召开（2021年） /47
陕渝川"双高计划"建设研讨会顺利召开（2022年） /48
学会组织召开全省"双高计划"绩效考核学术报告会 /50
"双高计划"建设专项研究课题中期检查汇报会召开 /51
陕西国家"双高计划"建设院校课程思政专项研究课题管理研讨会召开 /52

专题研究，探索实践

专项研究及课程思政课题立项及结题情况 /54
院校层面公开在全国知名报刊发表的文章目录 /55
专项课题研究公开发表的论文目录 /58
课程思政课题研究公开发表的论文（或教材）目录 /59

第二部分　中期评价，成效显著

陕西省国家"双高计划"建设绩效中期评价报告 /85

陕西工业职业技术学院"双高计划"中期自评报告 /99

杨凌职业技术学院"双高计划"中期自评报告 /136

陕西铁路工程职业技术学院"双高计划"中期自评报告 /158

西安航空职业技术学院"双高计划"中期自评报告 /207

陕西国防工业职业技术学院"双高计划"中期自评报告 /234

陕西职业技术学院"双高计划"中期自评报告 /252

陕西能源职业技术学院"双高计划"中期自评报告 /273

咸阳职业技术学院"双高计划"中期自评报告 /292

第三部分 典型示范,彰显特色

陕西8所国家"双高计划"建设院校学校层面典型案例

五维推进,打造课程思政育人新高地——陕西工业职业技术学院 /311

构建三级课程建设体系,打造一流精品课程资源——陕西工业职业技术学院 /315

攻克农业芯片,推动旱区小麦产业提质增效——杨凌职业技术学院 /318

办分校、设中心、建基地,职业教育走出国门——杨凌职业技术学院 /320

传播中国铁路技术,助力中国铁路"走出去"——陕西铁路工程职业技术学院 /323

打造名师、名课、名教材,"三教"改革赋能铁路工程建设高质量人才培养
　　——陕西铁路工程职业技术学院 /325

实施四"心"工程,打造高水平"双师型"教师队伍——西安航空职业技术学院 /327

西航搭台、产教融合,多主体"共建共管共享"产业学院
　　——西安航空职业技术学院 /328

党建领航构建大思政育人格局,深耕厚植培养红色军工传人
　　——陕西国防工业职业技术学院 /330

校地共建省级科技示范镇,积极服务国家乡村振兴战略
　　——陕西国防工业职业技术学院 /332

创建地域性文化IP,助力区域经济发展——陕西职业技术学院 /334

深化教育教学改革,增强国际交流合作——陕西职业技术学院 /336

以四个强化打造实体化运行的职教集团——陕西能源职业技术学院 /338

增强职业培训办学活力,不断提升社会服务能力——陕西能源职业技术学院 /340

抗疫先锋:动物疫病诊断防控的排头兵——咸阳职业技术学院 /343

聚力"双创"强堡垒,"六心"聚合促"双高"——咸阳职业技术学院 / 345

陕西8所国家"双高计划"建设院校高水平专业群层面典型案例

深化产教融合,校企共建实体化产业学院——机械制造与自动化专业群 / 347

"深耕"双创育人生态,"铸造"创新高技人才——材料成型与控制技术专业群 / 352

校企合作、协同创新,共建草莓创新中心——农业生物技术专业群 / 356

对口支援藏区,精准扶贫培养,满足三江源地区水利人才需求——水利工程专业群 / 358

与智慧建造技术同向同行,着力高铁人才培养提档升级
——高速铁路施工与维护专业群 / 360

实施"四高路径",开发国家级虚拟仿真示范实训基地建设标准
——城市轨道交通工程技术专业群 / 362

标准融通,军民两用,探索人才培养模式——飞机机电设备维修专业群 / 364

理虚实一体,政校企共建虚拟仿真课程资源——无人机应用技术专业群 / 365

三院两站双导师,行企校所共育国防工匠——机电一体化技术专业群 / 367

建设新型教材,引领教法改革——旅游管理专业群 / 369

"一主线、双融合、三阶段"实践育人模式——煤矿开采技术专业群 / 371

"四一制"卓越幼儿园教师培养的新实践——学前教育专业群 / 380

附录:"双高计划"建设实施过程中国家新颁布的相关文件目录 / 383

第一部分

探索实践，全面推进

　　本部分内容包括"双高计划"建设推进过程中各级各类推进会、研讨会和交流会发言材料选编，陕西省职业技术教育学会"双高计划"建设专项研究课题及公开发表的阶段性研究成果目录。陕西省职业技术教育学会立项"双高计划"专项研究课题27项、8所"双高"学校"课程思政"专项研究课题2030项；8所"双高"学校在全国知名报刊发表本校建设成效文章33篇；课题组研究公开发表研究论文、出版专著和教材399篇（本）。学会组织编发《陕西国家"双高计划"建设内部信息交流简报》65期、《陕西职教动态》"双高计划"建设专刊7期、《陕西职业技术教育》"双高计划"建设专刊2期；出版《中国特色高水平学校和专业建设研究与实践》（方案篇）。省教育厅组织召开了"陕西省'双高计划'建设推进会"，学会组织专题研讨会12次；举办西部"双高计划"建设论坛、渝陕"双高计划"建设研讨会、陕渝川"双高计划"建设研讨会等活动7次。通过专家报告、问题研讨、经验交流等形式，为"双高"学校深入开展"双高计划"建设拓宽思路。

【政府主导，协调推进】

全面推进"双高计划"建设，引领陕西高职教育高质量发展
——刘建林厅长在全省"双高计划"建设推进会上的讲话

2021年11月18日，陕西省"双高计划"建设推进会在陕西交通职业技术学院召开。省委教育工委副书记、省教育厅厅长刘建林出席会议并讲话。会议由省教育厅副厅长高岭主持，省委教育工委、省教育厅二级巡视员高巍出席。8所国家"双高计划"院校、省职业技术教育学会分别作交流发言。

陕西省"双高计划"建设推进会现场

刘建林在讲话中全面回顾了近几年陕西省高等职业教育的发展历程，充分肯定了高等职业教育特别是国家"双高计划"建设取得的突出成绩，深入分析了高等职业教育面临的严峻形势，指出了国家"双高计划"建设中存在的主要问题。

刘建林强调，高职院校要全面贯彻落实全国职教大会和全省职业教育工作会议精神，解放思想，改革创新，在构建现代职业教育体系、建设技能型社会中充分发挥示范引领作用；要科学规划，系统谋划，狠抓落实，"长入经济""汇入生活"，积极服务秦创原建设和乡村振兴战略；要着眼内涵发展，久久为功，推动学校高质量发展。

刘建林要求，一要将立德树人全方位嵌入学校教育教学各环节；二要对标对表，补齐短板，提高创新发展能力，科学谋划事业发展；三要聚焦高等职业教育核心指标，凝心聚力，抓落实谋发展；四要牢牢抓住教师队伍建设主责，建设一支高水平"双师型"教师队伍；五要瞄准服务生产一线，服务陕西、服务产业企业；六要高标准严要求，争创一流，加大成果产出，高职院校要努力争先进位；七要切实将"高峰"筑牢在"高原"上，把

内涵发展牢记心间,抓好课堂革命,创新体制机制,激发内生动力;八要统筹做好安全稳定、疫情防控等工作。

全省本科层次职业教育试点学校、高职院校主要负责人和省教育厅相关处室负责人参加会议。

突出特色、理实融合、成果导向,建设"双高"
——在陕西省"双高计划"建设研讨会上的讲话
省教育厅职业教育与成人教育处副处长 周杰

很高兴参加全省第三次"双高计划"建设研讨会,和大家相聚在陕西铁路工程职业技术学院,围绕"双高计划"重点任务"高水平专业群建设"进行研讨和交流。

这是今年的第三次会议,上一次在杨凌职院召开第二次研讨会,我参加会议,收获很多,深受启发。会上,玉麒同志就推进我省"双高计划"建设提出了15项举措,很好很实很有针对性。会后职成教处专门研究,部署了此项工作。近期,处里正在着力推动两项工作。第一项是筹备召开全省"双高计划"建设推进会,拟请方光华副省长出席并讲话,邀请财政、发改、人社等部门负责同志参加会议。会议的主要任务有三方面的考虑:一是回顾一年来我省"双高计划"建设取得的进步,总结经验、推动发展;二是以省委省政府的名义压紧压实各部门责任,为"双高计划"建设提供坚实保障;三是对"双高计划"院校的建设提出明确要求。第二项是着力推进"双高"院校承担专升本学生本科阶段培养教学点的工作,目前处里已经拿出了方案,大前天我们已征求各校的意见,现已呈报委厅领导审定。

这里还要向大家着重通报情况。6月8日—10日,教育部、财政部在京召开"双高计划"绩效评价办法研讨会,决定启动"双高"绩效评价办法文件起草,我处和省财政厅教科文处有关同志参加会议,与课题起草组,及山东、北京等地的同志共同研究讨论了起草文件的内容。我们了解到,会议明确了两部委将对"双高计划"开展年度检查、中期考核、绩效评价,这项工作可能在今年底或明年启动。教育部和财政部在检查罚则方面规定严格,将对中期评价结果较差的院校降档并削减年度奖补资金额度,并责令学校筹措补齐财政减少部分的资金差额,对建设期末评价为差的学校,实行一票否决,禁止进入下一轮"双高"院校遴选。同时,计划从今年起,地方财政在转移支付时,会明确各档次院校的奖补资金额度,要求专款必须专用,不能发"人头费",更不能用于基本的运转支出。这对我们8所"双高"院校来说,是机遇更是挑战,希望各校强化危机意识、居安思危、未雨绸缪,抢抓机遇、争取资源,职成教处将继续全力以赴为学校改革发展创造条件,努力提升我省"双高"院校在服务全省、全国经济社会发展的知名度和影响力。

据我了解，目前全省8所"双高"院校及"双高计划"建设第二梯队的院校高度重视"双高"建设，陕工、杨职、陕铁、西航、国防、陕职、能源、咸职已陆续召开"双高计划"建设会议，交通职院、西铁职院也为进入"双高"院校积极准备，各个学校的工作都取得了明显的成效，但距离圆满完成目标任务还有一定差距。这里，我讲三点意见。

一是突出特色建"双高"。我省8所"双高计划"建设单位围绕我省经济发展布局，在智能制造、现代农业、航空维修、高铁工程等特色专业群方面擦亮了职业教育的"陕西品牌"，打出了漂亮"翻身仗"。我们要充分利用和发挥好"双高"院校的有利区位优势，更加充分地发挥行业特色，更加积极地对接产业高端发展需求，更加有效地提升人才培养水平，紧紧围绕我省经济发展和产业转型升级需求提早谋划布局，建立与我省经济发展同频共振的高端技术技能人才发展格局。具体来说，一是要突出行业、学校特色，紧密跟进对接高端行业企业需求，紧密围绕"一加强、四打造、五提升"10大核心任务，创品牌、树形象，要盯紧全国同类院校的成绩和经验，取长补短，追赶超越。"双高"中期验收将可能采用横向比较方法，8所"双高"院校必须不掉队、有进位，对于工作不扎实、评估结果不好的，下一轮"双高"遴选将由梯队院校递补顶替。二是交通职院、西铁职院要有背水一战的决心，强化指标意识，科学谋划，扎实准备，以特色专业群建设为核心，带动学校改革全面发展，确保在下一轮遴选中脱颖而出，入选"国家队"。

二是突出理实融合建"双高"。全省高职战线要围绕"职教20条"开展理论研究，边建设、边研究、边总结、边提升。要加强研究队伍建设，系统凝练成果经验的基本遵循和路径，产出一批国家级高水平理论研究成果。全省高职战线要系统凝练我省"双高"建设过程中的经验和成果，扩大宣传力度，发出职业教育的"陕西声音"。省职业技术教育学会牵头编撰《陕西国家"双高计划"建设简报》，发布了10期，积极交流我省好的做法、好的经验，效果显著。处里目前正与《陕西教育》沟通，筹划设立职教专版，重点加强"双高计划"建设成果，打造高质量的学术交流平台，更快更远更响地向全国传递"双高"建设的陕西声音。

三是突出成果导向建"双高"。全面回顾总结我省在"双高计划"遴选中的经验，关键一点是我省高职院校紧紧抓住了教育部各类质量指标，我们要进一步发挥优势，树牢指标意识、成果意识，对标对表教育部等有关部委的指标体系，有针对性地开展工作。一方面要强化顶层设计，力争在完成"双高计划"任务中打造一批国家级"教学成果奖""国家万人计划"等；另一方面要充分利用好信息化资源，建立科学合理的评价机制，梳理项目预期和推广效果，通过培育和建设，促进内涵和质量同步提高，逐步形成一批在"双高计划"建设中具有示范引领作用的可复制、可借鉴、可推广的先进经验和典型案例。我省部分"双高"校牵头的"国家级虚拟仿真实训标准研制"项目工作稳步推进。陕工职院"打造技术技能创新服务平台"项目取得重大进展。杨凌职院和西航职院负责牵头研制的专业教学标准通过教育部行指委专家组评审。西航职院和陕铁职院的国家教学创新团队课题立项公示，近期已取得阶段性成效，值得大家研究借鉴。

同志们，"双高计划"建设是新时代教育事业的一项伟大创举，也是一项艰巨的任务。我们唯有改革创新方能高质量发展，唯有协同聚力才能登高致远。各校要"挂图作战"，不等不靠、主动作为，各学校的书记、校长要亲自部署、亲自督办、亲自检查，按照建设任务书规定的时间节点，保质保量完成好阶段内的各项任务，写好"双高计划"建设的奋进之笔，谱写陕西"双高计划"追赶超越新篇章。

（2020 年 6 月 18 日）

瞄准高度创新，立足实效改革
—— 在陕西省"双高计划"建设研讨会上的总结讲话

国家督学、陕西省职业技术教育学会会长　崔岩

按照学会工作安排和 8 所双高学校的建议，今天大家齐聚陕铁职院举办高水平专业群建设交流研讨会，周杰副处长在百忙之中专程到会指导，也带来了省教育厅对 8 所学校"双高计划"建设的支持政策，大家深受感动。我坚信在省教育厅的大力支持下，经过大家的共同努力，交流研讨会必将为各学校的"双高计划"起到应有的促进作用。

高水平专业群建设是高职教育高质量发展的创新，没有成熟的经验和做法可以借鉴，教育部虽然确定了建设方向和原则，但在具体细节上、做法上，各地各校差异较大，需要边实践边研究，边实践边探索，边实践边总结，边实践边完善，边实践边提升。在这方面，我们陕西高职院校在教学工作诊断与改进过程中已经积累了一定的经验，"双高计划"建设我们还可以继续运用这一思路，在实践、研究、互相借鉴中提高建设水平。

本次交流研讨的内容主要是学校层面十大任务之一"打造高水平专业群"以及 12 个高水平专业群建设，开会前学会就交流研讨的内容已经书面通知到各校。从大家的交流发言看，各校此项任务的推进内涵还是十分丰富的，我听后也很受启发。针对学校层面打造高水平专业群和 12 个高水平专业群建设过程中大家关注的几个热点问题，我谈几点体会，为大家在建设过程中参考。

一是基于"任务书"推进。各校的建设方案和建设任务书已经经过省教育厅审核，报送教育部备案。按建设任务书确定的年度工作任务，对照时间节点完成既定任务，是"双高计划"建设最基本的要求。"双高计划"建设与"国家示范校"建设不同之处在于要进行年度考核，目前教育部和财政部正在组织制定考核方案，考核的软件平台已开发，但无论如何考核，其基本依据是学校的建设任务书。因此，我们要按照建设任务书全面开展工作。凡是今年有关高水平专业群建设任务书列出的任务，要一项一项完成。任务完成过程中出现的理论问题，在交流、研讨的基础上加以解决，确保理论研究服务于任务的完成。

产教融合、校企合作是推进高水平专业群建设的主线。国务院办公厅颁布《关于深化产教融合的若干意见》（国办发〔2017〕95号）文件，其实质是推进产教融合改革，这也是一种跨界的改革，要求教育链、人才链与产业链、创新链有机衔接，深度融合，目标是提升高等教育服务国家能力，学习领会文件，把握精神实质，对高水平专业群建设具有重要的现实意义，期望大家在工作推进过程中加强学习研究。

二是瞄准高度创新。"双高计划"建设的目标是要打造中国高等职业教育品牌，要求高、任务重，改革创新首当其冲。我们要在深化产教融合、课程思政、现代学徒制、集团化办学、1+X证书试点、学分银行、专业教学标准和课程标准研制、活页式教材建设等改革方面下功夫、出实招，也切实取得取得了阶段性成果。

高水平专业群建设是基于产教融合的改革，与以前我们探索实践的产教融合、校企合作有很大的差异，是产教融合的"升级版"。在高水平专业群建设的操作层面应体现融合，如何融入产业研制专业教学标准、课程标准？如何编写活页式教材？如何推行现代学徒制、集团化办学、学分制、1+X证书等？应将所有的改革措施融合进去，改革创新才有高度。

高水平专业群的"三教"改革推进应基于课程，课程改革过程中教师、教材、教法才能落地、落小、落细，以线上线下混合式教学改革推进信息技术与教育教学深度融合，进而形成高水平课程教学团队、新型教材，带动教学方法的改革。6月6日，教育部颁发的《高等学校课程思政建设指导纲要》中提出：课程思政建设成效纳入"双高计划"建设考核中，而且对课程思政规划了6个项目，建议各校抓紧研究，抢抓机遇。6月上旬，学会已经发文立项开展课程思政课题研究，我今天表个态：12个高水平专业群在思政课程建设方面要立项研究的课题，省职业技术教育学会将大力支持，各专业群要立项研究的全部予以立项，助力12个高水平专业群建设。

三是着眼特色建设。高水平专业群建设与学校的办学定位密切相关，高水平专业群的建设过程，也是学校特色持续强化的过程。因此，在按照建设任务书推进过程中，要始终着眼于特色，紧密结合行业、区域经济社会发展，研究产业发展的新变化，跟踪技术发展的新动态，服务学生就业岗位的新变迁，不断提升任务完成的质量和水平，在高水平专业群建设过程中创新办学特色。

四是立足实效改革。由于行业产业变化的差异，在学校层面打造高水平专业群到底做到什么程度应因校而异，成立产业学院、大师工作室也要因校、因人而异，我们要加强这方面的研究，"对症下药"，真正起到"药到病除"的作用。在推进高水平专业群建设过程中，既要"仰望星空"，又要"脚踏实地"，紧盯目标任务的完成，各项改革的落脚点都在目标任务上，在服务国家发展战略和我省区域经济社会发展的同时，切实提高人才培养水平，实现高水平专业群内各专业招生、就业的"双丰收"。

（2020年6月18日）

服务制造强国战略，培养能堪当"造出来"重任的时代工匠
——在全省"双高计划"建设推进会上的交流发言
陕西工业职业技术学院院长　刘永亮

2021年是职教大年，全国全省职教会议相继召开，《职业教育法》25年迎来首次大修，《关于推动现代职业教育高质量发展的意见》重磅出台，职业教育发生了格局性的变化，预示着职业教育稳步迈入提质培优、增值赋能、以质图强、高质量发展的新阶段。我校也进入了高起点改革创新的谋划期，高质量内涵发展的提速期，高效能综合治理的攻坚期，高站位提升层次的关键期。聚焦产业升级新任务，着眼职教改革新使命，我们正在全力推进"双高计划"建设、新校区建设、申办职教本科"三件大事"。

两年前，我们启动"双高计划"项目建设，围绕"一加强四打造五提升"十大改革任务，明确了"引领发展、服务制造、中国特色、世界水平"宏伟目标；把"双高计划"建设与学校内部治理水平提升融通，结合"十四五"规划同步实施；确立了党建树旗引领、产教融合贯通、国际合作交流三线并进的思路；在人才培养、课程体系、双师团队、实训基地、教学资源建设上形成示范，彰显"双高"校特色。

两年来，我们以"强基树标，培优赋能，扶强促弱，特色发展"为"双高"建设实施路径，一直致力于服务制造强国战略，培养能堪当"造出来"重任的时代工匠，取得显著成效。

一是固根基，厚基础。分类推进党支部标准化建设，获评全省高校党建工作示范高校、标杆院系和样板支部培育创建单位。实施"耦合育人"计划，推进思政课大练兵，加强448门课程思政建设和研究，被教育部认定为课程思政教学研究示范中心。打造"一场

一馆一园一廊一港一空间"特色文化育人平台,在全国第六届大艺展上获一等奖2项。提升专业服务产业发展能力,分层分类打造优质课程资源,构筑"校内实训基地—校办实习工厂—校外实训基地"三级实践教学体系,获全国高职院校教学管理、学生管理、服务贡献、教学资源等四项"50强",省政府教学成果奖及全国行业成果奖16项。

二是搭平台,强服务。成立西部现代职教研究院、产教融合研究院、创新创业研究院,搭建3个校企合作平台,成立2个院士工作站(室)、6个产业学院、4个创新协同中心,组建了18个科技研发团队,开展课题征集—团队研发—成果转化工作。特别是"折叠显示器用柔性玻璃转化"项目实现成果转化,总投资2亿元,年产30万片。学生获第六届"互联网+"创新创业大赛全国总决赛金奖,学校获批省高校哲学社会科学重点研究基地、国家自然科学基金依托单位。通过聚资源、塑品牌,形成校企共建、成果共享、人才共育、效益共赢的培训模式,从2019年至今,累计培训5.1万人次,到款3 000万元,被教育部认定为全国首批职业院校校长培训培育基地,被人社部、财政部认定为国家级高技能人才培训基地。

三是抓队伍,聚人才。构建教师队伍四级分类培养体系,实施双带头人、双师、双语"三双"教师团队建设,逐步形成了以领军人才为引领、骨干教师为主力、青年教师为后备、兼职教师为补充的师资队伍。获批2个国家教师教学创新团队、2个国家课程思政教学团队、1个服务先进制造领军教学团队、2个先进装备制造职教集团教师教学创新团队。

四是建机制,激活力。试行二级学院"管办评"分离改革试点,构建两级管理目标体系和运行机制,强化"学术委员会""教学工作委员会"功能,实施学术权与行政权分离;对科研、社会服务等工作,推行三级管理;二级学院组建分会,责任共担,考核挂钩,奖罚有度。对思政、美育、劳育等重点工作,成立专门机构,重点突破,打造特色。学校获"陕西质量奖"提名,领导班子获省创业干事"好班子",连续6年获省委目标责任考核优秀等次。

五是赋新能,促开放。自主立项10个专业群,参照教学资源库标准,建设海量教学资源。依托知名在线课程平台,组织87门资源库标准化课程,3门国家级、16门省级、71门院级精品在线课程面向全国开放共享,总计开课126期,选课学生超过20万人次。积极服务"一带一路"倡议,依托"赞比亚分院"培训外籍员工343人次,学历教育学生306人;与尼日利亚6所院校签署专业和课程协议,输出专业标准12个,课程标准182门。

六是创特色,谋发展。牵头组建全国机械行业服务先进制造高水平职业院校建设联盟,陕西装备制造职教集团获批国家示范性职教集团;启动实施优质生源、优师优育、优生优业、优业优扶"四优工程";工信部批准发布我校3项国家机械行业标准,助力行业转型升级;建成2个市级重点实验室,成立成果转移转化中心,组建职教、科研、产业等学术研究机构,为职教创新发展提供智库咨询。

下一步,我们将着力打造五大品牌。一是全力推进"三教"改革,实施"岗课赛证"综合育人,打造职教改革创新先行区。二是抢抓咸阳国家产教融合试点城市建设机遇,深化校企合作,打造产教融合城市核心区。三是持续扩大培训规模,构建人才培养和职业培训"一体两翼"新格局,打造人才培养培训示范区。四是依托6个国家技术技能创新服务平台,主动服务中小微企业技术需求,打造成果转化应用集聚区。五是持续深化与国际知名企业合作,依托世界职教联盟、中赞鲁班学堂等平台,加快服务"一带一路"走出去步伐,打造国际交流合作样板区。通过努力,牢牢站稳全国职教改革发展第一方阵。

(2021年11月18日)

抢抓新机遇,贯彻新要求,奋进"双高计划"建设新征程
——在全省"双高计划"建设推进会上的交流发言
杨凌职业技术学院党委书记　陈宁

杨凌职业技术学院自2019年被确定为"双高计划"校以来,围绕"建设中国特色、世界一流的高水平高职名校"总目标,按照"高起点站位、高水平建设、高质量发展"的总体思路,紧盯"引领"、强化"支撑"、凸显"高"、彰显"强"、体现"特"的双高建设绩效管理要求,聚焦聚力、对标对表、提质增效、培优赋能,着力推动各项工作,取得了一定成效。现就我院"双高"建设工作汇报如下:

一、加强党的建设,引领保障构建新格局

按照"总支建在专业群、支部建在教研室"的总体部署,以"党建+X"机制创新为抓手,全面激发基层党建工作活力;实现教师双带头人党支部全覆盖,开展支部"星级创建、追赶超越"活动,国、省、校三级党建标杆培育体系初步形成;以思政课改革为抓手,创新实施"正禾"育人工程,将立德树人与党的建设、思政课建设、校园文化建设等有效融合,构建"三全育人"工作大格局;成立马克思主义学院,深化"三环联动"的思政教育教学模式改革创新,形成课程思政"耕读教育"品牌,习近平新时代中国特色社会主义思想"三进"工作全面开展;学校1个省级标杆院系、1个样板支部顺利通过验收;2门课程获评教育部课程思政示范课程;1个思政研究项目被教育部立项;"党建+公寓""党建+技能竞赛"等基层党建探索不断深入,"党建+X"引领学院发展的格局初步形成,为"双高"建设提供坚强有力保障。

二、落实立德树人，人才培养取得新提升

坚持"德技并修，全面可持续发展"育人理念，构建了以"立德树人"为根本，以"通识课+专业课+创新创业课+个性发展课"四位一体人才培养方案为统揽，以"专业教学标准、课程教学标准、顶岗实习标准、教学仪器设备装备规范"为支撑的"1+4"一流人才培养体系基本框架；全面深化1+X证书融通、学分制改革、工匠精神传承计划和"大师、工匠"引领工程，创新实施"正禾"育人工程，将思政教育、创新创业教育、劳动教育与专业教育深度融合；"双高"建设以来，学院累计荣获中国国际"互联网+"大学生创新创业大赛国赛金奖1项、银奖1项、铜奖3项，省级各类奖励90余项；学生技能竞赛获得国家级一等奖4项、二等奖14项、三等奖6项，省级奖项170余项；人才培养质量稳步提升，先后入选"全国乡村振兴人才培养优质校""全国优质水利高等职业院校"和"全国高校毕业生就业能力培训基地"。

三、深化"三教"改革，专业群建设迈上新台阶

按照"农林水牧做优做特赋能乡村振兴、土建机电做新做精增效智慧农业"的思路，重点打造农业生物技术、水利工程2个国家高水平专业群"样板间"，构建了国、省、校三级专业群建设体系；引进国际教材、技术手册等优质专业教育教学资源2套，开发农业类国际课程标准6个，主持参与教育部56个职业教育专业教学标准及专业简介的制定工作；"三教"改革深入推进，11人入选教育部行指委委员，1个教学团队被教育部确定为国家级职业教育教师教学创新团队；12本教材入选教育部"十三五"规划教材，3本教材入选国家林草局"十四五"规划教材立项目录，2本教材获首届全国教材建设奖；采用"五线并行、全面建设、典型引领"的工作模式，实现了全校课程上线应用，1门课程入选国家精品在线开放课程，13门课程被确定为陕西省精品在线开放课程。

四、深化区校合作，产教融合进入新阶段

实施"13671"区校融合发展方略，现代农业职业教育创新园建设有力推进；"纵向贯通、横向融通"的现代农业职教体系——"后稷学镇"建设积极探索，通过整合、聚集校政行企优质资源，建立了康振生、张涌2个院士工作室，4个技术技能协同创新中心，建成现代农业、农产品加工与质量检测等4个产教融合型实训基地，建成现代畜牧产业学院、中水学院等14个产业（企业）学院。与陕西杨凌农科集团有限公司等一大批现代农业企业探索形成"双向嵌入八对接"的产教融合新模式，牵头组建的中国杨凌现代农业职教集团入选"首批国家示范职教集团培育单位"；面向脱贫攻坚和乡村振兴主战场，成立陕西职业教育乡村振兴研究院等"两院五中心"，建设"专家教授+科研成果+推广基地"工作室，创立"一体两翼"新型职业农民（村干部）育训体系；与青海省人民政府、水利部共同举办的"三江源"水利人才培养订单班持续开展，荣获联合国粮农组织等7家

国际组织"全球减贫案例征集活动"最佳减贫案例,学院连续被省委教育工委评为"双百工程"扶贫工作先进单位。

五、抢抓发展机遇,国际合作开拓新空间

成立专门工作机构,强力推进"杨凌职业技术学院上海合作组织国家农业实用技术培训中心"建设,积极参与以色列、哈萨克斯坦、乌兹别克斯坦等国合作的节水灌溉示范中心、农业技术培训基地、科技创新中心项目建设,与杨凌示范区管委会、西北农林科技大学和乌兹别克斯坦锡尔河州共建了"上合农业基地中乌现代农业科技示范基地";与几内亚合作成立杨凌职业技术学院-几内亚水利工程学院;在"上合组织"国家及"一带一路"沿线国家打造农业职教国际合作与交流"杨职品牌"。

各位领导,下一步,我们将认真贯彻落实《关于推动职业教育高质量发展的意见》和全省职业教育大会精神,并按照本次会议的安排部署,统筹谋划、认真研究、查漏补缺、主动作为,在陕西高等职业教育发展新征程上做出更大的杨职贡献。

(2021年11月18日)

支撑高铁建设、铸就筑路先锋,全面建设中国铁路工程特色高水平学校
——在全省"双高计划"建设推进会上的交流发言

陕西铁路工程职业技术学院院长　焦胜军

学校自立项为高水平学校建设单位以来,紧紧围绕贯彻落实习近平总书记关于职业教育的重要论述,结合全国全省职教会议精神,在省委教育工委、省教育厅的正确领导和大力支持下,深化体制机制改革,优化院校内部治理,狠抓内涵建设,有序推进"双高"建设。2019—2020年任务完成率100%,2021年完成率达到85%,总任务完成率超60%,现汇报如下:

一、抓谋划高位部署

对标《国家职业教育改革实施方案》"双高计划"实施意见和"提质培优行动计划"等文件精神,主动服务国家"一带一路"倡议、高铁"走出去"战略,确立了"支撑高铁建设铸就筑路先锋"的建设理念。聚焦十项改革任务,投入资金5亿元,系统规划了"12358"发展蓝图,即"确立一个目标,重点建设两个专业群,打造三个示范高地,创建五种模式,树立八个标杆",设定504个绩效指标。

建立建设任务动态调整优化机制,及时将国家和陕西省关于高职教育最新政策文件要求转化为具体工作任务,融入"双高"建设。为进一步贯彻好习近平总书记重要指示批

示,以及我省职业教育工作会议精神,学校组织召开了专题会议,学习传达、贯彻落实会议精神,及时调整优化建设任务 5 项。

二、抓运行强化保障

深化体制机制改革。一是成立"双高"建设领导小组和 12 个专项工作组,出台了 7 项管理制度,形成了协同推进机制;二是与全国铁道行指委、中铁一局集团公司、渭南市人民政府签订战略协议,实施"政行企校"四方共建"双高"校,形成了多元共治机制。三是优化调整专业布局,实施以群建院,重新划分专业、教师、实训室等归属,成立高铁工程等 8 个二级学院,形成了校院二级管理运行机制。

优化内部治理。围绕服务高水平学校和专业群建设,聚焦政治引领、组织引领、思想引领和先锋引领"四个引领",系统构建"1333 动车组"党建工作模式,将党建工作与"双高"建设同部署、同落实、同考评。从学校办学环境、制度建设等方面优化内部治理,推进学校治理体系和治理能力现代化。获评教育部样板党支部 1 个,入选陕西省"文明校园",获全国高职院校诊改制度建设优秀案例 1 个。

三、抓内涵全面提升

一是聚焦高铁高端产业、城轨产业高端,面向铁路工程施工、运营管理、装备制造,构建了"五类三级"的专业群建设模式。组建 8 个专业群,建立了校领导联系专业群制度,1 名校领导负责指导推进 1 个专业群建设。主持、参与制定国家级专业教学标准 25 个,获国家级专业教学资源库、虚拟仿真实训基地、技能大师工作室、优秀教材等成果 38 项,教师获全国职业院校教师教学能力比赛奖 4 项,学生获全国技能大赛、"互联网+"创新创业大赛奖 13 项。

二是依托国家示范性职业教育集团,围绕轨道交通创新服务平台和区域经济综合服务平台建设,校企共建轨道交通未来产业研究院、中铁高铁等 8 个产业学院,高铁智慧建造、城轨智慧建造、铁路智能运维和铁路装备 4 个协同创新中心,形成产学研用一体化的科技服务模式。承接马来西亚雅益轩项目、荷兰通信基站 BIM 项目等技术服务 110 项,技术服务额累计 3 416.37 万元,企业培训总量达 6.25 万人·日。

三是充分利用新一代信息技术,构建了"六类数字化转型"智慧校园建设模式。推进数字化环境转型,提升新技术落地的基础支撑;推进治理转型,统筹建设智能化教学、管理与服务平台;推进专业转型,将信息技术深度融入专业发展;推进资源转型,搭建专业教学资源库、精品在线开放课程、虚拟仿真实训基地等立体化教学资源;推进师资转型,突出提升教师的信息化教学能力;推进教学转型,创新了"互联网+课堂、互联网+实践、互联网+体育"教学新形态。荣获全国教育后勤信息化建设优秀单位、陕西省智慧校园示范校。

四是联合中铁一局发起成立高铁建设国际人才教育职教联盟；与俄罗斯萨马拉国立交通大学联合开展中外合作办学；紧随中国高铁"走出去"企业，在肯尼亚设立"陕西丝路工匠坊"；与俄罗斯等国家建立稳固的国合交流"朋友圈"，形成"盟、院、坊、圈"国际合作模式。萨马拉国立交通学院招收学生610名，向肯尼亚输出教学标准、方案和资源，为蒙内铁路员工开展技术培训6批次、8 300人·日，到款600万元；举办菲律宾国家铁路局工程项目管理培训班、马来西亚吉隆坡建设大学铁路技术研修班，培养国际铁路人才、研修生38人。

四、抓绩效引领发展

聚焦"双高"建设目标任务，区分任务难易程度，突出高水平、高绩效，对建设任务实施A、B、C三级分类管理，分级推进。从建设任务数量完成率、目标达成度和成果贡献率三维度开展考核评价，评价数据全部量化，评价结果充分应用，激发了各质量主体内生动力，近两年在国家级各类重大标志性成果中不断取得新突破。

学校成为全国铁道行指委副主任委员、铁工专指委主任委员单位；对口支援西藏职院、新疆铁道职院；学校在教育部校长治理能力提升研讨班、全国轨道职业院校研讨会、中国高职校长论坛等国内重要会议上，多次做主旨报告，引领铁路类高职院校示范效应初显。

项目实施以来，学校"双高"建设取得了显著成效，但距离高水平学校建设目标还有一定的差距，精品在线开放课程等标志性成果还有待突破，受疫情影响，个别"双高"建设任务推进难度大。

今后，我校将继续深入学习贯彻习近平总书记关于职业教育的重要指示批示，认真落实全国全省职教会议精神，紧紧围绕高质量发展主题，对标"双高"建设目标要求，抓好重大成果突破点，全力推动学校"双高"建设，为陕西职业教育发展做出新的更大的贡献！

(2021年11月18日)

砥砺前行，奋力打造全国航空职业教育"标杆校"
——在全省"双高计划"建设推进会上的交流发言

西安航空职业技术学院院长　张敏华

西航职院是一所因航空而生、伴航空而长、随航空而强的学校，学校聚焦特色、改革创新，系统推进"双高"建设，成绩显著。

一、真抓实干，坚决落实全国全省职教会议精神

学校党委和行政深入研读学习近平总书记重要指示精神和全国全省职教会议精神，全

力做好落实工作的"两个转化"。

一是将习近平总书记的"大有作为"的殷切期望转化为创新发展的"西航行动"。一方面在战略定位上,将"双高"建设目标与本科层次职业学校设置标准相结合,切实落实习近平总书记提出的"稳步发展职业本科教育",将学校的人才引进、专业建设、校园基础设施建设的重点,放在对标对表本科层次职业学校设置标准上来,练好内功,提前谋划,提前布局;另一方面在推进策略上,同步推进国家级标志性成果"发展线"和课堂教学的"生命线",将提升社会服务能力与专业群协同发展相结合,切实促进学校的育人方式、办学模式、管理体制、保障机制改革,将全国航空职业教育的龙头"舞起来"。

二是将落实全国全省职教会议精神转化为"双高"建设的"内生动力"。学习贯彻落实全国全省职教会议精神,是学校当前政治生活和行政业务主抓的一项重要内容,学校将会议精神与"双高"建设融会贯通。一方面深刻学习领会、准确把握会议精神的内涵本质,对接大型远程宽体客机、长航时全区域察打一体无人机等航空工业转型升级需求,培养更多高素质技术技能人才、能工巧匠、大国工匠。在我省 2020 年度评选的 40 名三秦工匠中,西航毕业生 4 人。另一方面聚焦重点任务,加快打造航空特色职业教育体系。西航职院源于军航、特于航修,学校进一步扩展办学空间,推进军航民航协同发展,投入 1 500 万元,与西北民航局协同打造民航 CCAR-147 建设,西北首家引进波音 737 大型客机,开展民航基础机型培训和教育,将办学空间从教育扩展至培训,将学校特色从军航扩展至民航。

二、创新驱动,加快推进"双高"建设步伐

学校聚焦特色,坚持"战略领航、改革拓航、成效续航"的建设思路,系统推进"双高"建设,确保"高原"上筑起"高峰"。

(一)战略领航,高标准定位,新思路绘就新蓝图

学校立足行业特色和区位优势,坚持战略领航,创新驱动,以专业人才培养定位和模式改革为重点,形成了"两航齐追蓝天梦,五方共育航修人"的育人理念,制定了"3211"学校总体发展战略目标和规划。指导 11 个专项,形成各专项特色发展模式,如党建工作形成"11224"模式,教学工作形成"35231"教育教学体系等。

(二)改革拓航,高效率实施,新格局引领新发展

学校以专业群建设为重点,高效率推动"双高"建设。一是优化内部组织机构。按照"一个中心、六个特色学院、九个二级专业学院"和"以群建院"的原则优化了学校内部机构。二是健全"双高"建设专门机构。组建"咨询委员会—领导小组—项目办公室—项目建设小组"的"双高"建设保障机构,聘任航空领域权威专家 27 人组成咨询小组,指导学校"双高"建设。三是搭建五方共治平台。成立航空城职教联盟等，不断拓展学校服务功能和治理能力及水平，与航空龙头企业联合成立8个产业学院。四是完善绩效考核管理。坚持目标和绩效导向，制定干部提拔、职称评审、荣誉激励、资金奖励等多维度绩效考核体系。将"双高"年度目标与部门考核要点同部署、同推进、同考核。五是全面推进专业群建设。按照"特色引领、高端对接、集群发展"原则，与西飞等航空龙头企业深度合作，共建以飞机机电设备维修、无人机应用技术2个航空领先专业群为龙头，航空制造、航空服务等6个专业群相支撑的集群发展格局。

（三）成效续航，高质量产出，新征程创出新天地

学校"双高"建设有序、有量、有质，取得突破性进展。"互联网+"大赛获全国金奖，获批首批国家级职业教育教师教学创新团队、教育部课程思政示范课程、教学名师和团队1个；获国家优秀教材二等奖1项、"十三五"规划教材3本、工信部"十四五"规划教材培育教材7本；全国教师教学能力比赛一等奖2项，位居全国第5。获创新创业大赛金奖2项、学生技能大赛2021年获国赛一等奖1项。获批全国样板支部3个，主持国家级资源库2项，入选第一批示范性职业教育集团培育单位，获批全国示范性虚拟仿真实训基地培育项目和4项资源建设项目。教师科研和服务能力显著提升，国家级、省级、厅级纵向课题立项74项，省自科立项8项；横向课题累计立项149项，到款金额1 032万元，增幅超过200%；获得省高校科学技术奖2项、人文社科奖1项；获批省科技创新团队2个，省工程技术中心1个等。

三、提质增效，全面提升高职发展水平

学校坚持航空特色，按照"三个坚持"的原则，服务航空教育链与人才链、产业链和创新链的全面对接，打造全国航空杰出人才培养"摇篮地"。

一是坚持"补短板"和"扬特色"相结合。目前学校"双高"建设还有"承办国家级技能大赛""国家级教学成果奖"等部分指标未完成，诚恳地希望委厅多支持学校发展，争取补齐短板；同时学校将进一步发挥优势，在技能大赛、双创大赛等方面保质量、提数量。

二是坚持将"高峰"筑牢在"高原"上。要紧抓国家级、省级各类标志性成果的"高峰"发展线不动摇，提升学校内部治理能力，将"高峰"筑牢在"高原"之上。

三是坚持"舞龙头"和"强服务"相结合。作为全国唯一一所航空类高水平高职学校，按照育训结合、专业建设与社会服务相结合的原则，全面提升技术服务、社会服务能力，在"有为"中提升"有位"。

（2021年11月18日）

以"双高计划"建设为抓手,推进学校事业高质量发展
——在全省"双高计划"建设推进会上的交流发言
陕西国防工业职业技术学院院长 刘敏涵

一、构建大思政育人格局,培养军工特质红色传人

学院党委总揽全局,搭建特色办学平台,将工匠精神、军工文化融入思政教育、专业课堂教学、实践活动等育人全过程,构建了层次分明的匠心文化育人体系,着力培养红色军工传人,形成的"七大举措"被《中国教育报》报道。

二、以高水平专业群建设为抓手,促进学校教育事业高质量发展

一是在体制机制方面不断创新。建成国家级航天新时代工匠人才培养基地,以及兵器工匠学院、航天产业学院、人工智能产业学院等6个特色产业学院;建立大国工匠工作站,6名大国工匠入驻共育人才。

二是探索现代学徒制高技能拔尖人才培养路径。通过大国工匠精神引领,进行言传身教;实行校企"1+1"双站、双骨干教师工作机制,开展特色育人。

三是在高职院校500强企业就业人数占比排行榜中,我校学生就业占比56.3%,名列全国第20;毕业生在军工集团就业占35.6%;在陕西支柱产业三星半导体有限公司4 600名职工中,我校学生占比10%;2021年毕业生初次整体就业率96.26%,排名全省第1。

四是在2021年《中国青年报》公布的《2021高职院校"就业竞争力星级示范校"推荐活动名单》中,排名第1。

三、"双高计划"建设任务完成情况

定期召开"双高计划"建设领导小组推进会,实现2019—2020年"双高"建设任务完成率100%。截至目前,2021年任务完成率为92.6%,"双高"中期任务基本完成;在国家级"课程思政"示范课、虚拟仿真实训基地等方面的核心指标均有突破;引领带动了学校其他专业群进一步提升,为下一轮"双高"申报奠定了坚实的基础。

我们相信,在省厅的大力支持下,我校"双高"建设项目中期检查和最终验收将会取得更加优异的成绩。

(2021年11月18日)

凝心聚力、深化改革，全面建设旅游管理高水平专业群
——在全省"双高计划"建设推进会上的交流发言

陕西职业技术学院院长　刘胜辉

我校入选教育部"双高"专业群建设单位以来，坚持"特色化、信息化、国际化，大合作、大联盟、大培训"的办学理念，以"扎根西安，服务陕西，全国领先，世界一流，打造现代服务业特色人才培养高地"为办学定位，努力完成"双高"建设任务。

一、建设进度

我校"双高"建设学校层面十大任务，共计174项子任务，已按照计划圆满完成137项任务，完成率达82%；旅游管理高水平专业群共计452项子任务，截至目前，完成率达92.06%。

现重点就我校旅游管理高水平专业群建设情况做汇报：

一是深化产教融合，创新人才培养。本项目包括三级子任务94项，前三年合计51项，已完成47项，完成率92.16%。

工作亮点：构建了"政、行、企、校、家"共同参与的五方联动、协同育人的专业（群）人才培养方案；开展省级课程思政研究课题27项；申报1+X证书试点7个，考点4个；开展供给侧人才培养模式改革研究全国职业教育规划课题3项。

二是校企系统映射，建设课程资源。本项目包括三级子任务49项，前三年合计24项，已完成22项，完成率91.67%。

工作亮点：建成省级教学资源库1个，资源库课程占全部专业群平台课程比例达到80%，教学资源共享率达到50%；建设在线开放课程11门，获省级精品在线开放课程3门。以"旅游礼仪"课程为例，目前已开课7学期，累计选课3.01万人，累计互动8.63万次，辐射同类院校106所；建成11门在线开放课程，其中3门被认定为省级精品在线开放课程。

三是聚焦教材教法，开启课堂革命。本项目包括三级子任务30项，前三年合计13项，已完成12项，完成率92.31%。

工作亮点：开发64本新型活页式及工作手册式教材；开展"三堂交互"式教学，目前已有8门课程在12个校企合作单位进行实景化教学；执行"25+20"及六步教学法实施课堂教学，并实施校内教师、校外导师、学生自评和小组互评的方式对学生进行考核。

四是教学团队为媒，提升师资素质。本项目包括三级子任务60项，前三年合计30项，已完成28项，完成率93.33%。

工作亮点：引进培养专业（群）带头人、非遗传承人和文旅行业领军人物12人；聘请企业骨干作为产业教师、实训指导师28人；目前校企专兼职教师共同完成10门课程建设、6门教材建设、10项课题研究；获省级高等教育师德标兵1名，省级教书育人楷模1名，省级教学名师3名；获省级教学能力大赛一等奖1项、三等奖1项；陕西省教学成果奖2项，全国职业教育规划课题4项，文化和旅游部项目1项。

五是因地因人因材，共建实践基地。本项目包括三级子任务50项，前三年合计25项，已完成23项，完成率92%。

工作亮点：打造旅游电商运营工坊1个，建设校内旅行社和直播学院1个，建成模拟航站楼、CBT、麦道82飞机3项，师生自营酒店与餐厅1项，在4A景区建设大学生创新创业中心2个，校企共同培育文旅产品创新创业项目2个，新增3家行业领军型企业实习基地，新建校外实训基地数量增加80%，校内实验实训开出率达到100%。

六是融合集智创新，打造服务平台。本项目包括三级子任务45项，前三年合计24项，已完成22项，完成率91.67%。

工作亮点：打造智慧文旅等4个现代服务业技术技能创新平台，致力于为合作企业旅游大数据分析、智慧旅游等内容的发展规划、品牌建设、融媒体发展、短视频矩阵等方面提供技术支持；引入了非遗传承人和文旅行业领军人物，成立了智慧文旅IP品牌研究团队；参与中小微企业技术改造30余项；开展文旅、文博技能培训，培训人数达1 000人·日。

七是构建师生团队，提升社会服务。本项目包括三级子任务63项，前三年合计33项，已完成32项，完成率96.97%。

工作亮点：为景区和博物馆开发运用VR/AR、人工智能等技术的浸入式文旅体验项目2项；为旅行社、景区、博物馆、研学基地等单位开发"文化+"旅游线路、研学实践教育项目、景区讲解词等旅游产品8项；为学校、小微企业、工作室提供技术咨询、创新创业孵化，参与指导工作室、创业团队或小微企业工艺流程改进、技术革新5项。

八是拓宽合作视野，实现国际交流。本项目包括三级子任务20项，前三年合计10项，已完成9项，完成率90%。

工作亮点：加强与陕文投合作，聘请陕文投副总经理，资深旅游专家、经济专家徐晋博士为我院国际交流学院常务副院长，推进专业群建设的国际合作与交流；与西安社科院共建"一带一路"5个培训指导项目；推进"旅游礼仪"等课程双语建设，凸显文化输出。

九是创新体制机制，保障建设质量。本项目包括三级子任务41项，前三年合计20项，已完成18项，完成率90%。

工作亮点：实施预决算管理，落实专业群建设经费，制定出台专业群建设及运行管理文件；搭建专业群建设诊断改进平台，形成专业群多维评价和动态调整体系。

二、具体做法

一是党建引领，全面推行职员制，深化大部制改革。党委实行一委六部大部制试点，实现了人员融合发展；优化调整内设机构工作职责和人员岗位职责，取消科级建制，全面实行职员制改革试点，实现"小行政、大教学、以院办校"的格局。

二是持续深化"放管服"改革，激发二级学院办学活力。把工资中奖励绩效部分、课时费发放权、职称评定初定权、教师招聘参与权、辅导员管理权、评优评先推荐权、晋级晋升评价权放到二级学院和一委六部，加大管人管事相结合的力度。

三是实施精准通用能力素质教育，构建通识教育精准对接专业群建设机制。将通用能力素质部（基础课部）的公共课教师全部经过双向选聘到二级学院，结合不同专业群进行精准的基础公共课教学。

四是强化思想政治教育，大力推进"三全育人"改革试点工作。按照1∶350的师生比补足配齐建强思政课教师队伍，学生思想政治辅导员和在校学生比例达到1∶186。学校思政课实行分段式精准中班教学。

五是开展校内政治巡察工作。依据《中共陕西职业技术学院委员会巡察工作实施办法（试行）》，目前已经开展了两轮校内巡察工作。

六是深化产教融合，打造校企合作命运共同体。与鼎利集团、白鹿仓投资控股集团、陕建集团、陕文投集团、陕果集团等行业头部企业合作共建鼎利产业学院、白鹿仓文旅产业学院以及"混合制""现代学徒制"等多种模式的二级学院，形成"一院一品"，全力推进校企双主体协同育人。落实"职教20条"，在招聘和高层次人才引进时，要求具备三年以上企业经历，进一步促进校企深度合作共建。

七是大力推进国际化办学。以"一带一路"职教联盟为平台，与德国、日本、乌克兰和以色列等高等院校开展国际交流与国际师资研修活动。全力建立境内外研修培训基地，建成国际教育课堂体验中心。发挥校内海外归来留学教师的作用，学习和借鉴先进的职业教育理念，夯实校校间的合作基础与合作内容。

八是传承中华传统优秀文化，打造特色化校园文化品牌。建成了长安校区党史校史文化长廊，成立了刘文西艺术研究中心，发掘西北军政艺术学校旧址深厚的文化底蕴，大力发展学校文化，努力形成"和谐共治"的校园文化，推动文化与学校融合发展，凸显陕西职院特色。

三、工作思路

一是依据《陕西职业技术学院"双高"项目实施管理办法》，推进项目实施，保证项目建设规范、有序。保证资金使用的安全、合理和有效；聘请政、校、行、企专家发挥论证方案、把脉问诊作用，开展第三方评价，确保项目高质量完成。

二是进一步推进信息化建设，上线"双高"建设绩效管理平台，整合现有"双高"建设项目信息，以年度建设绩效目标数据为靶心，建立项目推进一览表，在全院范围内公布各个项目实施进度及取得的核心绩效，建立全院教师参与过程性监督的体制机制。

三是梳理流程，提升服务能力。开展以流程再造为抓手，在服务保障能力、保障效率、服务范围、服务精准等方面下功夫、做文章，全力支持和服务学校双高建设。

（2021年11月18日）

党建引领、标准带动、深化产教融合，持续提升人才培养质量
——在全省"双高计划"建设推进会上的交流发言
陕西能源职业技术学院院长　朱忠军

2019年，陕西能源职业技术学院入选了国家"双高计划"建设单位，是全国唯一的以"煤矿智能化开采技术"专业群建设单位。三年来，学校在省教育厅的正确领导下，在中国煤炭教育协会的科学指导下，在省职业技术教育学会的大力支持下，在兄弟院校的鼎力帮助下，以党建引领提质培优，强化能源康养特色，支撑高素质技能人才培养高地建设，全面完成建设任务。我们按照"双高十大建设任务"，统筹推进学校建设与发展。

一、以标准建设带动学校人才培养质量提升

学校始终坚持标准引领，主动对接行业企业相关标准，积极参与中国煤炭教育协会组织的国家专业标准开发工作，在煤炭职业教育领域的话语权和示范引领作用逐渐彰显。两年来，先后主持参与全国煤炭行业5个专业标准及教育部智能产品开发专业标准、煤炭清洁高效利用标准、矿山安全应急救援职业技能等级等4个1+X全国标准的制定与开发工作。学校标准开发案例入选了教育部典型案例。近三年，学生参加全国职业院校技能大赛，荣获一等奖2项、二等奖2项；学生参加全国技能大赛荣获全国第5名，被授予"全国技术能手"称号；正在参加第46届世界技能大赛国家队集训。

二、党建引领，以制度建设推动学校创新发展

形成国家、省级、校级样板支部建设体系。持续优化专业群建设、管理、考核等方面的制度，推进"以群建院"，校企联合建设了煤炭与化工产业学院、健康产业学院等实体化运行的产业学院，构建了国省校"1+4+3"的专业群建设体系。充分调动专业群自主

发展的积极性和主动性，以国家《深化新时代教育评价改革总体方案》为指导，先后修订了学校岗位聘用、人事管理、职称管理、科研管理等方面的制度。建立健全督查督办机制，由学校教育教学督导领导小组联合纪委、党政办等部门，定期对"双高"建设任务进行督查督办，确保任务有效推进。近三年，任务完成率达100%，部分任务超额完成。

三、以队伍建设支撑学校教育教学改革

学校始终将打造高水平、专业化、创新型的"双师素质+双师结构"教师队伍作为师资队伍建设目标。近三年，学校有8人荣获"全国煤炭行业技能大师"称号，24人被聘为全国煤炭行业培训教学资源编审委员会专家委员，3人入选陕西省"杰出青年人才"。学校康复治疗技术教师团队入选全国职业教育教师教学创新团队。建成了国家级"双师型"教师企业实践基地1个，全国煤炭清洁高效利用技术培训中心1个，教师培养培训基地1个，建成全国煤炭类院校思政课及课程思政教师研修基地1个，教育部煤炭智能化开采创新协同创新中心1个，面向全国承接大量培训业务，充分发挥龙头作用。

四、以平台建设服务学校产教深度融合

学校依托校企合作办学理事会，牵头组建了陕西能源化工职教集团、陕西康养职教集团，不断创新校企合作体制机制，以校企协同培养人才为核心，打造校企命运共同体。融入陕西秦创原，与咸阳市科技局、煤炭工业局共建"煤矿设备安全检测中心"。优化社会培训管理机制，搭建继续教育学院和各二级学院协同培训平台，深入开展社会培训。近三年，打造了16支科研创新团队和技术服务团队，并在横向项目、技术服务等方面持续突破，承接横向课题110多项，合同金额1 500余万元。学校服务区域和行业发展的能力不断提升。依托全国煤炭行指委副主任单位、全国煤炭清洁高效利用培训中心、陕西省养老护理员培训基地、咸阳市高技能人才培训基地、咸阳市技能提升行动培训基地等社会培训平台，面向社会开展各类培训，近两年社会培训收入2 100余万元。2020年，企业捐赠2 000万元共建智能控制中心，学校投资2 600多万元建设煤矿仿真智能化开采实训平台、虚拟仿真实训中心。

下一步，我们将以全国全省职教会议精神为指导，以"高质量"为目标，深入推进"三教"改革，优化专业群建设、深化产教融合、强化国际交流，持续提升人才培养质量，努力打造"能源特色、康养品牌"，进一步发挥行业优势，为陕西"能源强省"做出更大的贡献。

（2021年11月18日）

凝心聚力，打造西部地市高职院校改革创新的标杆
——在全省"双高计划"建设推进会上的交流发言
咸阳职业技术学院院长　杨卫军

在省教育厅正确领导下，在省职业技术教育学会的支持和指导下，2019年12月学院有幸入选"双高计划"的高水平专业群建设单位，学前教育专业群入选国家高水平专业群。项目实施以来，学院紧抓"双高计划"重大机遇，卓有成效地推进项目建设，取得了初步成效。现就主要做法和经验汇报如下：

一、凝心聚力，深化认识

学院全面贯彻落实习近平总书记关于职业教育的重要指示和全国全省职业教育工作会议精神，并将持续深化现代职业教育理念贯穿于"双高"建设始终，建立实施国家职教政策解读报告制度，深入学习"双高计划"实施以来有关课程思政、"新职教22条"等重要文件，持续树牢新现代职业教育理念，进一步统一思想、凝聚共识，确保学校"双高"建设方向正确、路径准确。

二、把握底线，完成任务

学院构建实施四级目标任务分解机制，夯实责任主体、路线图、时间表、任务标准和绩效验收标准，精准推进项目实施。学院"双高计划"建设期内共设置建设任务495项，其中包含中期建设任务419项。学前教育专业群共设置建设任务149项，其中包含中期建设任务127项。截至上月底，"双高计划"总体任务完成率55.4%，中期任务完成率87.1%；学前教育专业群总体任务完成率52.6%，中期任务完成率87%。学院自"双高计划"启动以来，始终对标建设方案和任务书持续推进项目实施，进展顺利，进度适度超前，建设成效显著。

三、聚焦绩效，培优成果

学院建立实施绩效成果定期研判机制、国省校三级成果培育机制、重大成果定期打磨机制，提早研判、谋划和培育标志性成果。"双高计划"实施以来，学院在重大项目成果培育方面取得了明显突破。承办学生技能大赛国家级赛项1次，获全国职业院校技能大赛奖项16项；4名教师获得陕西省高校思政课程和课程思政教学标兵、教学能手称号；获陕西省高等教育教学成果奖3项、陕西省科学技术奖1项；教师教学能力比赛获国家级一等奖1项；数学建模竞赛首次获得全国一等奖；"互联网+"创新创业大赛首次取得国家级银奖。咸阳职业教育集团入选国家示范性职业教育集团培育单位。学院成功立项陕西省重大科技专项技术创新引导计划项目"大榛子引种示范推广"，助力渭北旱腰带地区乡村振兴。学院稳步推进

脱贫攻坚工程助力计划，连续三年荣获陕西省"双百工程"先进单位荣誉称号。

四、夯实根基，建强队伍

学院以项目为引领，推进教学、科研、管理三支队伍建设。一是大力引进高层次人才。近年来，学院加大高层次人才引进培养力度，鼓励支持教师攻硕读博，近两年引培博士37人。二是建立实施"过教学关—教坛新秀—骨干教师—教学名师"的师资培养机制，大力提高教学能力，优化师资队伍结构。2名教师被评为省级教学名师，5人入选教育部行指委委员。三是高度重视思政课教师队伍建设，把思政课教师队伍建设作为加强思想政治和党建工作的重要措施，放在突出位置，按照1∶350标准，加大从管理干部和相关专业教师中选拔、调配专兼职思政教师力度。四是通过项目实施锻炼培养一批优秀干部。真正实现项目有质量、工作有业绩、职称有提升、队伍有提振、管理有成效。

五、优化机制，持续发力

一是建立完善的项目管理机制。学院建立包含专家咨询委员会、领导小组、专项工作组、监督小组在内的"双高计划"组织领导体系。在专业群层面，建立专业群组织领导机制、动态调整机制、质量保证机制。二是补足短板，优化学院技术创新与服务发展功能，拓展科研处工作职能，制定实施《咸阳职院深度融入秦创原建设工作方案》，推动学院深度融入秦创原建设，大力提升学院技术创新与服务区域发展能力。三是推进"双带双培"工程。坚持以党建为统领，推进"党建+项目"的功能型党组织建设，充分发挥党支部战斗堡垒作用，夯实"双高计划"建设的组织根基。

六、强化激励，增强动能

鼓励干事创业，开展年度考核，与绩效发放、职级晋升、评优评奖挂钩。一是按照多劳多得、优劳优酬的原则，优化内部绩效工资分配机制，各部门拿出岗位绩效工资二次分配额度的10%~20%，杜绝平均主义。二是单设"双高计划"项目质量绩效年度考核奖，用于"双高计划"奖励。三是继续实行重大成果单项奖励，激励部门和教师个人多出成果、出好成果。同时，将"双高"建设纳入学院年度质量绩效考评体系，对在"双高"建设中做出突出贡献的部门和个人，年底考核评定为优秀。

两年的"双高计划"建设，咸阳职院虽然取得了一些成绩，但由于学院创建时间较短、基础薄弱，与其他7所"双高"校相比，差距较大，"双高"建设任重道远。下一步学院将按照"党建统领、成果导向、改革创新、融合发展"的建设思路，秉承"艰苦创业、奋进图强"的咸阳职院精神，聚力"双高"，深化改革，补齐短板，切实打造西部地市高职院校改革创新标杆，为推动我省职业教育改革、服务区域社会发展做出更多更大贡献！

（2021年11月18日）

【院校聚力，加快建设】

强基树标，提质增效，创新实践，高质量推进"双高计划"建设

2020年5月30日，陕西工业职业技术学院"双高计划"建设推进会在学术会堂举行。学校领导及全校科级以上干部、教研室主任参加了会议。会议由副书记贺天柱主持。

刘永亮校长围绕"双高计划"建设设计思路、任务落地两个主题作了工作安排。为完成今年的年度工作任务，他强调要"强基树标、培优赋能、扶强促弱、特色发展"，即厚实基础，回归教学；要打造亮点、站稳头牌，构建梯队、层级培养；要权责适配，提质增效；要扶持强势专业，做优做强品牌；要弱者创新，均衡协调，和谐共生；要围绕"五工"，聚焦高端，先进制造，优势做强；要科学谋划，多元协同，持续发展，良性运行。要求全校在学校党委的领导下，按照学校行政的统一安排，坚定信心，提振精神，拓展思路，创新实践，高质量完成好学校年度"双高计划"建设任务。

会上，"双高计划"项目负责部门组织部、教务处、科研处、人事处、校企合作处、继续教育与培训学院、党政办、信息化与网络安全处、国际教育学院、机械工程学院、材料工程学院等11个部门与学校责任领导签订了目标责任书，确保各项目标落实落地。双高办、教务处、科研处、机械工程学院、材料工程学院5个部门负责同志就如何落实和做好所承担"双高计划"建设工作作了交流发言。

惠朝阳书记在总结时强调：一是建设中国特色高水平高职院校，是党中央的重大战略部署，是职业教育重新定位为类型教育的国之大计。二是"双高计划"和新校区建设的成效，是学校能否在当前乃至今后一个时期的职教改革大潮中稳居领先地位、能否实现新的更大业绩的关键，是学校今后一个时期最重要、最核心的战略工程和民心工程。三是要紧扣"在改革中求突破，在实施中促提升，在落实中求实效"的工作思路，希望大家在今后工作中稳中求进抓重点，统筹兼顾抓关键，精准发力，力争实现"党建引领发展、人才队伍建设、校企深度合作、技术服务创新"四个突破。四是要夯实基础，着力强化"专业集群实力、人才培养水平、职业培训能力、管理工作效能、国际化办学水平"五个提升。

(学会特聘研究员　李龙龙)

陕西工业职业技术学院召开"服务区域经济社会发展，打造技术技能创新服务平台"项目建设对接交流会

2021年4月30日下午，学校召开"服务区域经济社会发展，打造技术技能创新服务

平台"项目建设对接交流会。咸阳市秦都区委书记谢军率区委常委、宣传部部长李琳,副区长袁明,副区长、区科创委办公室主任白雪峰,区委、区政府办公室主任苏明,区工商联、发改局、工信局、科技局及秦都和力军民融合企业商会负责人来我校开展政校企产学研创新发展"十四五"战略合作等事宜对接交流。学校校长刘永亮、党委副书记田昊以及校企合作处、科研处、教务处、机械工程学院、材料工程学院、西部产教融合研究院、西部创新创业研究院等相关部门负责同志参加了本次会议,会议由党委副书记田昊主持。

会上,校长刘永亮从学校"双高计划"建设、新校区建设、学校发展机遇和创新发展理念等方面对学院情况做了详细介绍。区委书记谢军从秦都区发展历程,秦都区与学校合作基础、前景,秦都区继续为学校后勤做好服务等方面进行了介绍。随后,副区长袁明与学校党委副书记田昊分别代表秦都区委区政府和学校签订了政校企产学研创新发展"十四五"战略合作协议,区委书记谢军与刘永亮校长为共建秦都区工业企业创新发展服务基地揭牌。最后,双方就人才培养、社会培训、技术服务、深化全面合作等方面进行了深入交流和讨论。

本次对接交流,特别是合作协议的签订和服务基地的成立标志着学校与秦都区的合作迈上了新的台阶、进入了新的阶段。我校将与秦都区携手共进、资源共享、合作共赢,开创全面、长期、稳定的政校企合作成功模式,凝聚科技创新力量,为秦都区经济建设发展输送高素质技术技能人才,支撑地方支柱产业健康发展。

(学会特聘研究员　李龙龙)

西北农林科技大学支持杨凌职业技术学院建设高水平高职院校推进大会举行

2020年7月6日下午,西北农林科技大学支持杨凌职业技术学院建设高水平高职院校推进大会举行。西北农林科技大学党委书记李兴旺、校长吴普特,中国工程院院士康振生、张涌,副校长马建华,学院党委书记陈宁、院长王周锁,党委副书记任得元,党委副书记、纪委书记刘粉莲,副院长张迪、祝战斌,党委委员、发展规划处处长张宏辉,党委委员、教务处处长拜存有,以及两校负责学科建设、人才培养、项目合作、干部与师资交流等方面工作的相关部门负责人参加了大会。大会由西北农林科技大学党委副书记吕卫东主持。

会上,吴普特、王周锁代表双方签署了《西北农林科技大学支持杨凌职业技术学院建设高水平高职院校框架协议》。康振生院士、陈宁为杨凌职业技术学院—康振生院士植物生物技术工作室揭牌,张涌院士、王周锁为杨凌职业技术学院—张涌院士动物生物技术工程中心揭牌,陈宁、王周锁分别为康振生院士、张涌院士颁发首席科学家聘书。

西北农林科技大学党委书记李兴旺在讲话中指出,作为同处杨凌的两所高校,西北农科大和杨凌职院合作交流一直非常密切。两所学校可以说是一脉同源、情谊相通,校址相邻、师生相亲,文化相近、资源互补,坚守特色、共担使命。希望两校能够以此次合作框架协议的签订为契机,进一步扩大交流领域,丰富合作内涵,实现两校事业的共同进步。一是落实回信精神,结合习近平总书记来陕考察重要讲话重要指示精神,发挥学校科技人才优势,共担强农兴农使命,助力推进上海合作组织农业技术交流培训示范基地建设,为决战决胜脱贫攻坚、助力乡村振兴贡献智慧和力量。二是加强人才交流,西北农科大将大力支持学院教师提升学历层次、提升教育教学能力等,共同加强两校人才队伍建设,为推动双方高质量发展奠定坚实基础。三是加强共建共享,通过建立定期磋商机制、完善协同发展机制,共同推进西北农科大"世界一流农业大学"建设和学院"国内一流,具有一定国际影响力的高职名校"建设,携手为我国科教事业发展和农业农村现代化做出新的更大贡献。

康振生院士在讲话中表示,愿意带领旱区作物逆境生物学国家重点实验室,与杨凌职院相关领导、专家凝心聚力,协同推进植物生物技术工作室朝着又好又快的方向发展。在开展科学研究的同时,带动培养农业生物技术专业类学科带头人、教学名师和青年骨干教师,打造一支高水平创新团队;指导教师开展重大项目的申报与研究工作,提升科研水平,形成浓郁的科研氛围;积极推动农业生物技术专业群的科技创新,探索科技研发模式和新技术的孵化方式,并通过优势互补的联合项目研发,推进产学研的结合和研究成果的工程应用,构建一个开放的创新平台,满足学院"双高"建设要求。

张涌院士在讲话中表示,解决制约我国畜牧业发展的关键问题,不仅是"双一流"大学的责任,也是"双高"院校的责任。西北农林科技大学具备较强的技术和科研优势,学院与企业构建了紧密合作关系,双方各有所长。自己及团队将不遗余力地给予学院支持,依托动物生物技术工程中心,在团队和科研平台建设、应用型技术研究、为企业提供技术服务和技术培训、人才培养等方面开展工作,不断提升人才培养质量和畜牧业一线技术人才的从业素质,促进科研成果和技术的转化,着力解决目前畜牧业发展中存在的问题。

学院党委书记陈宁表示,"双高"建设机遇与挑战并存,学院非常珍惜这次紧密协作的机会,将尽力提供各种支持和保障,并积极主动与西北农科大沟通对接,推进协议尽早落地落实,进一步提高学院"双高"建设内涵质量,全面提升办学水平,争取早日建成国内一流、具有一定国际影响力的高职名校。对于两位院士的工作室和工程中心,学院将集中力量,在制度机制、资金投入、人力资源、设备条件等方面给予支持,积极完善工作室和工程中心的基础设施建设、平台与人才团队组建等各项基础工作。

(学会特聘研究员 张宏辉)

杨凌职业技术学院召开 2021 年"双高计划"建设任务部署推进会

为贯彻落实"双高计划"建设任务,有机地将"双高计划"建设与"提质培优行动计划"承接任务相结合,4月6日下午,杨凌职院召开 2021 年"双高计划"项目建设部署推进会,校长王周锁、副校长张迪、祝战斌,党委委员、发展规划处处长张宏辉,党委委员、教务处处长拜存有及各学院(部)、相关处室负责人参加了会议。会议由张迪主持。

会议汇报了杨凌职院"双高计划"绩效监测平台填报情况,梳理了"双高计划"项目建设以来在工作中存在问题,针对问题提出了相关建议,同时安排部署了 2021 年"双高计划"项目建设及"提质培优行动计划"任务工作。

王周锁总结了"双高计划"建设以来任务完成情况,并就下一步工作提出要求。一是加强学习中、省相关文件和职业教育改革发展相关资料,提高站位和业务水平;二是创新工作思路,强化工作举措,细化梳理工作任务,寻找工作切入点,将工作落实落细落地;三是将"双高"建设和"提质培优"任务及日常工作统筹结合,协同并进;四是对标对表,以"引领职业教育改革发展""支撑区域经济发展和服务国家战略""推动形成一批引领职业教育改革发展的政策、制度、标准"三个维度为指引,形成一批国家级标志性成果,充分彰显"双高"建设单位的"高、特、强"特征。

(学会特聘研究员 杜振宁)

"政军行企校"五方共建"双高校"推进会召开

2020 年 7 月 4 日上午,西安航空职业技术学院召开"政军行企校"五方共建"双高校"推进会。省委教育工委、省教育厅二级巡视员关荷,省教育厅职成教处副处长周杰,西安市阎良区政府副区长樊增文,中航通用飞机有限责任公司党委副书记、纪委书记刘爱义,陕西省机械工程学会监事长、陕西省机床工具协会监事长、教授级高级工程师任国梁,西安航天发动机有限公司副厂长何斌,空军工程大学航空工程学院教授程礼,西航职院党委书记周岩、校长赵居礼出席会议。来自省委教育工委、省教育厅、阎良区委区政府、空军部队、行业学会与协会、合作企业等各界嘉宾,以及西航职院全体中层干部、专业带头人、教师代表共计 260 余人参会。西航职院党委副书记、纪委书记杨建勋主持会议。

学校校长赵居礼作了题为《勇立潮头谋新篇,奋楫扬帆再起航》的专题报告。他从"什么是双高""为什么要争双高""怎样去建设双高"等三个大的方面对学校"双高计划"建设工作进行了全面、深入的解读。

会议进行揭牌、授牌、捐赠、颁奖以及聘任仪式。阎良区政府副区长樊增文、西安航天发动机有限公司副厂长何斌分别代表区政府和企业做了发言。

省委教育工委、省教育厅二级巡视员关荷发表讲话。她提出三点意见：一是强化政府统筹支持职教发展力度。省教育厅将以突破性政策支持"双高计划"建设，希望航空城地方政府在重大项目、重要资源方面予以倾斜支持，鼓励引导行业企业与职业院校全方位合作。二是创新区域产教融合体制机制。学校要着力提升高素质技术技能人才培养能力，希望行业龙头企业采取合资、合作等方式，参与举办职业院校，共建产业学院、实训基地和相关专业，构建企校协同人才培养格局。三是推进学校内部治理体系改革。学校要抓住产业转型升级的发展机遇，以产业需求为中心，围绕产业链部署创新链、围绕创新链打造专业链，探索建立职业教育产教融合平台。

学校党委书记周岩做了总结，强调：第一，要始终坚持党的领导，把党的建设作为建设"双高"校的根本保障；第二，要始终坚持"三融"发展战略，推进"双高"建设追赶超越；第三，要始终坚持深化改革，把机制创新作为谱写追赶超越新篇章的不竭动力；第四，要始终坚持弘扬"西航精神"，把增强文化自觉作为凝心聚力、加快发展的重要引擎。

（学会特聘研究员　龚小涛）

西安航空职业技术学院召开"双高计划"建设推进会

2021年10月21日下午，西安航空职业技术学院在行政楼第三会议室组织召开了"双高计划"建设研讨会。学校校长张敏华、副校长侯晓方、教务处处长龚小涛、各专项工作组组长和项目建设办公室工作人员参加会议，会议由龚小涛主持。

会上，"双高计划"建设各专项责任人围绕建设方案，认真对照责任书，汇报了项目建设进展情况及下一步工作打算，并做了表态发言。他们表示，要在学校党政的坚强领导下，紧紧建立工作台账，实施定期销号，落实"双高计划"项目建设工作，圆满完成各项目标任务。校领导针对各专项汇报内容进行点评，对于重点难点工作进行研讨，提出了具体解决办法和工作要求。

侯晓方副校长针对"双高计划"建设的专项重点、难点任务提出了几点要求：一是要认清形势，提高认识，及时梳理"双高计划"建设项目任务表。对于"双高计划"建设任务中的"攻坚"指标，要认真学习国家政策、文件，去兄弟院校调研走访，突破常规，建立适应学校发展的体制机制。二是要统一思想，凝聚共识，明确"双高计划"建设行动方向。"双高计划"建设过程中要坚持项目拉动、业财融合，在任务建设的同时对资金到位情况、资金使用情况、预算执行情况进行全面核算,对照检查,反思整改。三是要加强领导,完善制度,推进"双高计划"建设任务落实落地见效。全面贯彻党的教育方针,不断提高政治站位,建立有效的项目管理协调推进机制,把好学校"双高计划"建设和事业发展的政治方向。

张敏华校长根据学校"双高计划"项目建设推进情况提出要求:"双高计划"建设时间紧、任务重,要牢牢抓住"双高计划"建设这个牛鼻子,实施好学校"十四五"规划发展战略,绘好资源聚合路线图,下好关键改革先手棋,奏好内涵发展主题曲,抓好重大成果突破点,真正做到确保重点、突破难点、打造亮点,师生共同奋力谱写新时代新阶段学校改革发展新篇章,为后续冲击国家职业本科而努力奋斗!

最后,教务处处长兼项目办主任龚小涛做总结:"双高计划"建设即将迎来"期中大考",纵观"双高"校两年建设周期成效,学校与浙江、江苏等地区院校还有一定差距,但是省内建设成效突出,我们还要继续加快行动,抓弱项,补短板,尽快梳理体现学校"高""强""特"的"双高计划"项目建设成果,展示学校在形成"一批有效的职业教育高质量发展政策、制度、标准"方面的贡献度。

(学会特聘研究员　龚小涛)

"支撑高铁建设,铸就筑路先锋,开启高水平学校建设新征程"推进会召开

为加快推进中国特色高水平高职学校建设,锚定发展目标,把脉核心问题,落实建设任务,2020年5月27日下午,陕西铁路工程职业技术学院以"支撑高铁建设,铸就筑路先锋,开启中国特色高水平学校建设新征程"为主题,召开"双高"建设推进会,部署分解落实"双高"建设任务。学校领导、相关职能部门负责人、二级学院负责人等参加会议,会议由副校长李林军主持。

王津校长就近期的工作进行了安排:第一,打造技术技能创新服务平台是"双高计划"建设的重点工作,各部门要进一步加强与龙头企业的合作力度,积极拓展外部资源。第二,在校企共建产业学院、技术应用研究中心等方面,要通过"借势""借力""借智"来进行整体谋划,开展校企战略合作,全面深化产教融合。第三,对标"双高计划"建设任务,补短补缺补弱,在目标、行动、思想上聚焦聚神聚力,在具体工作中落实落细落小,高效推进学校"双高计划"建设。

会上,组织学习了学校关于成立"双高"建设专项工作组的相关文件,并就"双高"建设任务分解和建设经费划分等做了安排。质量管理中心、校企合作处、科技处、国际合

作与交流处等职能部门汇报了校企共建产业学院、技术应用研究中心的筹建情况。参会人员就"双高"建设任务分解等工作进行了研讨交流。

王晖书记在总结时强调:"双高"建设是学校工作的重中之重,要将推进"双高"建设作为学校发展的头等大事来抓。一是各工作组要站在新高度、拓宽新视野,对重点任务、关键指标要超前谋划、积极争取,锚定"双高"建设目标不松劲;二是要创新工作方法,压实压紧责任,按工作节点有序、高效推进建设工作;三是加快建立"双高"建设绩效管理信息化平台,建立定期检查、考核通报、催办预警的工作机制;四是要完善激励机制,充分调动各个质量主体的潜能和积极性,激发广大教职工想干要干积极干的工作热情。

(学会特聘研究员 张团结)

陕西铁路工程职业技术学院召开"双高计划"建设阶段总结暨工作推进会

2021年4月28日上午,学校在高新校区南三楼会议室召开"双高计划"项目建设阶段总结暨工作推进会。校长焦胜军,党委副书记李林军,副校长蒋平江、张学钢、贺建锋、祝和意,专项工作组副组长和二级学院院长及双高办全体成员参加会议,会议由副校长蒋平江主持。

会上,双高办总结了近期"双高"建设工作情况,并就2021年"双高"建设和近期阶段考核等工作做了具体安排。学校各工作组、专业群项目组总结了近期工作进展情况,并从推进思路、存在问题、改进举措等方面就年度重点建设工作进行了汇报交流。

最后,校长焦胜军对学校"双高"建设工作给予了充分肯定,并对各工作组、专业群项目组就后期工作提出了具体要求:一是抓好工作落实,在出台政策制度保障、支持的同时,既要紧盯过程进展,更要看取得结果,要实实在在地干好每项工作;二是抓好问题解决,坚持成果导向,要针对存在的具体问题,不断学习,深入研究,反复研讨,采取切实可行的针对性措施,出真招见实效,努力破解制约"双高"建设的突出问题;三是抓好绩效考核,坚持推进月度总结、阶段考核、年度评价工作,细化、量化考核环节流程,优化考核办法,推进信息公开;四是抓好科学统筹,紧盯"引领"、强化"支撑"、凸显"高"、彰显"强"、体现"特",提前思考谋划,瞄准主攻方向,提升建设绩效和贡献度,推动学校高质量发展。

(学会特聘研究员 张团结)

实施项目管理,建立激励机制,推进"双高计划"建设

为了进一步推进"双高计划"高效实施,2020年5月9日,陕西国防工业职业技术学院召开了"双高计划"建设推进会议。校长刘敏涵、"双高计划"建设项目负责人及财务处负责人等30余人参会。全卫强副校长主持会议。

刘敏涵校长在听取了项目进展情况汇报后,对"双高计划"建设前期工作给予充分肯定,同时对下一步工作提出了五点要求:一是要紧跟形势变化,不断改革创新,形成学校独特的竞争优势,全力保障年度建设任务的完成;二是要撸起袖子加油干,重点项目要取得突破性进展,在"双高计划"项目建设中更上一层楼;三是"双高计划"任务实施项目管理负责人制,在建设过程中确保资金向建设项目倾斜;四是要结合"双高计划"实施任务,制定涉及奖励、评优及考核等一系列制度,实现奖励与项目实施绩效直接挂钩,形成不同等级的奖励机制;五是确保重点项目人才团队、办公条件等明显改善,创造优秀人才成长环境,引领其他项目实施追赶超越。

项目办负责人总结了"双高计划"实施方案和任务书的前期修订以及教育部备案等阶段性工作,对学校"双高计划"建设十大任务以及专业群建设任务的细化分解做了详细说明。要求按照职能部门、教研室将任务具体落实,并确保年度建设任务、建设资金、年度绩效及负责部门等明确到位,保障"双高计划"建设项目高质量实施并通过验收。

全卫强副校长在总结时强调,"双高计划"建设是近五年学校最重大的项目,要持续发扬国防人能吃苦、敢打硬仗、持续战斗的作风,通过项目实施打造国防职院"铁军",打造国家级高水平人才团队,再创国防职院新辉煌。他同时要求项目办尽快出台"双高计划"激励办法,充分调动大家干事创业的积极性,全力保障学校高质量发展。

(学会特聘研究员 刘向红)

陕西国防工业职业技术学院召开"双高计划"建设工作推进会

2021年7月14日,陕西国防工业职业技术学院召开"双高计划"项目建设工作推进会,学校"双高计划"建设领导小组成员,党政办、组织部、教务处、科研处、财务处、人事处、校企合作处、教师发展中心、智能制造学院、项目办等部门负责人及相关人员参加了会议。副校长张永军主持会议。

会上,张永军对目前学校"双高计划"项目建设基本情况进行了简要说明。教务处和智能制造学院分别代表学校层面和专业群层面做了专题汇报。

校长刘敏涵高度肯定了我校"双高计划"项目建设工作取得的阶段性成效,同时提出

了相关要求。一是在任务完成数和资金支出100%的基础上，确保项目高质量推进；二是要持续加大扶持力度，制定激励政策，打造一批标志性教材成果；三是要将教育部最新文件要求等内容及时融入"双高计划"建设任务，不断优化绩效指标；四是要成立专项团队，围绕绩效目标，进行专项研究和凝练总结，形成可复制、可借鉴的制度规范。

党委书记张卫平在总结讲话中对参与"双高计划"项目建设相关部门和个人的辛苦付出表示感谢，并提出了三点要求：一是要持续提高思想认识，深入学习全国职教大会精神，进一步强化对"双高计划"内涵研究；二是要进一步加快"双高计划"项目推进速度，要及时掌握建设进度，解决建设过程中的问题，推进各建设任务高质量完成；三是要加大"双高计划"建设信息通报力度，定期根据"双高计划"任务执行情况，面向全校发布动态信息，形成"校级领导统筹、任务精准落实、绩效专项评价"的动态监控体系。

（学会特聘研究员 刘向红）

坚持守正创新，凝聚智慧力量，全力推进"双高计划"建设

2020年5月30日上午，陕西职业技术学院"双高计划"建设推进会在白鹿原校区召开。会议由党委副书记党颉主持。

刘胜辉校长对学校"双高计划"建设工作做了动员和安排，要求：坚持守正创新，凝聚智慧力量，全力推进"双高计划"建设，奋力谱写学校新时代追赶超越新篇章。

何树茂书记强调：第一，要认真学习和贯彻落实习近平总书记来陕考察重要讲话精神和"职教20条"，真正做到入脑入心、学以致用、克服和解决学用"两张皮"的问题。要解决思想和认识问题，激发内在动力，让行动成为一种自觉，从而发自内心地去干事创业，推动学校"双高"建设工作。

第二，要将产教融合、现代学徒制和1+X证书制度融入"双高"建设中，形成标志性成果。要按照"双高"专业群建设的9项核心任务开展工作，在人才培养模式创新、教学资源建设、"三教"改革、教师团队建设、实验实训条件建设、技术技能平台、社会服务及国际交流中融入产教融合企业元素，将产业的新技术、新工艺、新规范融入"双高"专业群建设中。同时，要积极开展"双高"建设的研究，把论文写在产业中、写在生产线上，实现人才培养质量持续提升。

第三，要不断增强领导力、组织力和执行力，保障"双高"专业群建设工作顺利推进。中层干部要勇于担当，二级学院是"双高"专业群建设的主阵地，学校将给二级学院下放更多的自主权，出台一系列支持"双高"专业群建设政策和试行企业化管理。旅游与文化学院承担着国家"双高"专业群建设的主要任务，要做出表率、干出样子。

（学会特聘研究员 郭家鹏）

陕西职业技术学院以学促建，持续推进"双高计划"建设

2021年12月31日，陕西职业技术学院召开了"深化党史学习教育，持续推进'双高计划'建设"工作会议。学校领导班子成员、纪委委员、工会委员、学术委员会委员，白鹿原校区副科以上领导干部，各二级学院和一委六部汇报人参加会议。全校无课师生1万余人收看了大会网络直播。会议由校长刘胜辉主持。

校党委下属一委六部、各二级学院负责人聚焦"双高计划"建设、提质培优行动计划的建设落实等工作开展情况做了汇报，围绕建设成效、存在问题以及下一步工作计划进行了分享交流。

党委书记何树茂要求：一是坚守党建引领，充分发挥各基层党组织的战斗堡垒作用，形成合力，在"双高计划"建设、提质培优行动计划各项任务的绩效产出上做文章，对标对表目标任务，认真落实，严格考核，并将任务完成绩效的考核结果作为部门预算划拨的重要依据。二是在打造技术技能人才培养高地上下功夫，将育人作为学校工作的重中之重，为教育教学高质量发展提供资金保障。每年从办学收入中拿出一定比例的资金支持"千天向上师生共同成长"工程，把学费收入的一部分反哺用于学生德智体美劳全面发展，加大校内学生奖学金助学金的覆盖率，覆盖面不低于70%。三是在提升学校治理现代化水平上见成效，进一步深化"放管服"改革，充分发挥绩效工资改革的激励作用，激励广大教职工干事创业，为学校"双高计划"项目建设贡献力量。四是要坚守育人方向，严肃工作纪律，结合党史学习教育和各项工作实际进行工作作风纪律大整顿。党政办、纪委部室牵头加大督办问责力度，认真督查"双高计划"任务的完成情况，坚决杜绝慵懒散慢、推诿扯皮的不良行为，夯实工作责任，提高工作效率，提升政治鉴别力、判断力和执行力，以严谨务实高效的工作作风和认真细致负责的工作态度不断推动学校"双高计划"建设工作，以优异成绩迎接党的二十大胜利召开。

校长刘胜辉讲强调：一是要全方位提升学院治理水平，全体教职工要拧成一股绳，对上级下发的相关职业教育文件加强研学，对"双高计划"项目建设过程中出现问题认真分析，要在充分调研的基础上，研究解决问题的思路和办法。各单位要高起点谋划，将思想统一到学校中心工作上，落实落细落小各项工作，推动学校教育教学改革发展。二是要把打造技术技能人才培养高地作为重点任务，人才培养方案要接地气，根据市场需求和社会环境变化进行动态调整，推动"三教"改革持续向好发展。同时结合党史学习教育、结合思政大练兵成果发起课堂革命，在聚焦主责主业上下功夫。三是一委六部要为教育教学做好服务，教育教学单位要在教学质量和效果上下功夫，聚焦人才培养、团队建设、课程教

学质量，不断提高人才培养质量，服务地方经济发展。

党委委员、副校长王平从党建引领内部治理迈入了新时代、师资队伍注入了新力量、专业品质有了新提升、"三教"改革展现了新作为、合作交流形成了新局面、社会服务有了新突破、信息化水平有了新发展等七个方面对学校"双高计划"项目建设及提质培优行动计划等工作进行了总结。同时围绕学习全国职教大会精神，国家"十四五"规划关于职业教育改革发展新要求，职业教育提质培优三年行动计划，职业教育新专业目录，中办、国办印发的《关于推动现代职业教育高质量发展的意见》，9月份在北京召开的"双高计划"建设推进会议精神，陕西省"十四五"规划等七个方面深刻分析了学校"双高计划"项目建设面临的新形势和新任务。针对下一步"双高"建设工作具体提出八个方面的举措：一是抓好标志性成果的培育和打造，对标任务书分解表，进一步夯实责任；二在明确责任目标的基础上，再造和优化工作流程，提高工作效率；三是充分应用信息化手段，提高院校治理水平；四是推动以师德师风、技能、能力和业绩、质量与贡献为导向的评价机制落到实处；五是建立校企协同攻关小组，培育一批技术创新能手和科技服务示范项目，打造技术技能人才培养高地和创新服务平台；六是继续加强师资队伍建设；七是继续加强国际交流与合作；八是加强基础设施建设和校园文化环境建设。

（学校双高办　姚倩）

建立协调机制，强化项目绩效考核，统筹推进"双高计划"建设

2020年7月23日，陕西能源职业技术学院"双高计划"建设推进会在办公楼三楼会议室召开。校长刘予东、副校长赵新法、各处级单位领导及相关任务负责人参加了会议，会议由双高办主任牛西武主持。

牛西武介绍了学校"双高计划"整体的进度情况和国家对"双高计划"建设的要求，强调了按绩效目标完成任务的重要性。十大任务组长根据"双高"建设一页纸详尽汇报了2020年度各任务分解和落实情况，梳理了各具体工作的执行部门、完成时间、进展以及执行过程中存在的具体问题和困难。财务处、国资处负责人就"双高"项目建设资金使用及预算执行做出了说明。

副校长赵新法要求，十大任务组要根据学校"双高计划"建设方案和任务书合理安排任务，做好各项具体工作。任务组对项目完成质量要做好自查工作，双高办及相关部门要做好验收工作，保证各项目能够按时高质量完成。

校长刘予东强调，各单位要对任务进行梳理，明确责任，将各项任务落实、落细，深入推进"双高计划"建设，并提出：十大任务组要做好任务分解，每项工作必须落实到具

体单位，落实到人；各二级学院要把"双高计划"建设作为学校中心工作，主动担当、承担各项任务，落实工作安排；各职能部门要做好本职工作，共同推进学校"双高计划"建设项目各项任务高质量完成；各任务组要建立协调机制，定期沟通，解决任务执行过程中的问题和困难；双高办要做好建设项目的推进管理工作，强化项目绩效考核，建设任务管理平台，统筹推进十大任务工作。

（学会特聘研究员　陈亚军）

陕西能源职业技术学院召开"双高计划"项目建设推进会暨提质培优行动计划绩效采集工作会

2021年12月7日下午，陕西能源职业技术学院在办公楼第三会议室组织召开2021年度"双高计划"项目建设推进会暨提质培优行动计划绩效采集工作会。学校领导班子成员、十大任务组负责人、各二级部门负责人及各任务相关人员参加会议，校长朱忠军主持会议。

会上，双高办汇报了本年度提质培优行动计划绩效数据填报情况，十大任务组及承担"双高计划"任务的各二级部门根据2021年"双高计划"建设工作任务一页纸汇报建设任务进展情况、存在问题及拟解决措施，国资处、财务处汇报了"双高计划"项目建设进展及资金执行情况。

校长朱忠军强调，"双高计划"建设是核心任务，各项工作均需围绕"双高计划"建设进行，要解放思想、注重产出效果，要坚持问题导向、落实具体工作，要注重工作进度问题。

学校党委书记刘予东肯定了本次会议召开的及时性与必要性，同时提出三点要求：一是要提高政治站位，以"双高计划"建设作为学校事业发展的历史责任，主动作为；二是要对照"双高计划"项目任务，各部门加强沟通协调，保证质量推动项目建设；三是要以攻坚克难的勇气和智慧，积极发现问题，解决问题。

（学校双高办　王博涛）

加强项目绩效评价，提高项目建设质量，扎实推进"双高计划"建设

2020年6月11日，咸阳职业技术学院召开"双高计划"建设项目推进会，学校全体校级领导、各二级学院（部、处室）主要负责人、副科级以上管理干部、教研室主任和学前教育专业群全体教师参加了会议。会议由校长杨卫军主持。

会上，副校长杨新宇对学校"双高计划"建设方案和任务书进行了详细解读；师范学

院院长任江维、双高办主任贾剑锋分别就学前教育专业群和学校层面的"双高计划"项目年度建设任务进行了分解。

学校党委书记刘聪博就"双高"建设工作提出三点要求：一是全校上下要深刻认识"双高计划"建设的重大意义。"双高计划"建设是我们国家构建现代职教体系，建设世界职教强国的战略工程；是落实立德树人、德技并修，培养复合型技术技能人才的质量工程；是深化职业教育改革，激发办学活力的创新工程；是增强学校综合实力，实现发展目标的强校工程。二是要扎实推进学校承担的国家学前教育高水平专业群建设，深化教育教学改革、师资队伍建设、技术技能创新服务、标志性成果培育、标准体系研制、产教融合深化、全面加强党的领导等九个方面的重点工作。三是学校要全力做好"双高"建设组织保障、政策保障和资金保障。

校长杨卫军在总结时强调：一是全校教职工要统一思想，认真研究学校和专业群建设方案以及任务分解表，明确建设思路、建设目标和建设任务，扎实推进各项任务落实落地；二是全校上下要树立"一盘棋"思想，立足学校建设发展大局，密切协作配合，全力以赴完成"双高计划"建设各项任务；三是要做到月清月结、半年小结、年终总评，对项目建设目标实施单独考核，加强项目绩效评价，提高项目建设质量和水平。

（学会特聘研究员　贾剑锋）

咸阳职业技术学院召开"双高计划"建设项目推进会

2021年7月13日，咸阳职业技术学院召开"双高计划"项目建设推进会，学校领导张迪、杨卫军、席尚君、张建刚、芮红亚、第五剑盈、杨新宇、吴旭锦及全院副科级以上管理干部、教研室主任和承担学前教育国家高水平专业群建设任务的教师参会。杨卫军校长主持会议。

会上，学前教育专业群负责人对"双高计划"的高水平专业群建设阶段性绩效进行了总结汇报。宣传统战部、教务处、学生处、科研处、组织人事处、就业与校企合作处、实训中心、继续教育学院、党政办公室、国际交流合作处等十个学校层面"双高计划"项目牵头部门负责人就所牵头负责的项目建设任务推进情况进行了汇报交流，计财处负责人通报了学校"双高计划"项目经费执行情况。

副院长杨新宇就学校层面和专业群层面的阶段性建设成效进行了总结，对学校"双高计划"项目建设在党建统领力、高地引领力、专业群竞争力、科技创新力、服务发展力、国际影响力等六个维度进行了综合分析，从学校综合竞争力、专业群竞争力、教学创新团队培育、服务贡献力、"双高"理论研究、标志性成果培育等六个方面指出了存在的问题，聚焦"双高计划"项目中期绩效考核,从思想认识、成果培育、绩效产出、建设机制等方面指出了学校"双高计划"项目建设努力方向和发力点。

党委书记张迪就学校"双高计划"项目建设工作提出五点要求:一是守住完成目标任务这个"底线",强化党建引领,切实发挥好党建在立德树人中的统领作用;二是做好"双高计划"与"提质培优行动计划""双高计划"与"十四五"规划及2035年远景规划"两个结合",升级政治思想、职教理论"两个学习";三是坚持目标、问题、结果"三个导向",破解精力、能力、动力"三个难题";四是提升学习、研究、创新、总结"四种能力",锻造教育教学、科研服务、管理、保障"四支队伍";五是发挥顶层设计、体制机制研究、指导咨询、总结凝练、协调指挥"五项职能",达成厚植家校情怀、履行好引领职业教育改革发展的使命、履行好支撑国家战略和服务区域经济发展、推动形成一批职业教育改革发展的制度标准政策的使命,推动学校治理水平达成"五项目标"。

(学会特聘研究员　贾剑锋)

【研讨交流，相互借鉴】

陕西省"双高计划"建设研讨会在杨凌职业技术学院召开

2020年5月14日，由陕西省职业技术教育学会主办、杨凌职业技术学院承办的"陕西'双高计划'建设（第二次）研讨会"在杨凌职业技术学院召开。本次会议是在陕西8所高职院校的国家"双高计划"建设方案经省教育厅组织全国专家审核上交教育部后，应如何进一步加强"双高计划"建设研究、信息交流共享，全力推进建设任务落实的背景下召开的。

省教育厅职业教育与成人教育处处长何玉麒、副处长周杰、一级调研员滚多海、干部胡海东到会指导，全省8所"双高计划"建设学校校长、主管领导、项目负责人及项目组全体成员，陕西交通职业技术学院、西安铁路职业技术学院领导及相关部门负责人，学会相关人员共计300余人参加会议。会议由陕西省职业技术教育学会会长崔岩教授主持。

会议分为座谈交流会、网络视频交流会两个阶段。杨凌职业技术学院党委书记陈宁同志致辞。

第一阶段座谈交流会上，各校针对"双高计划"建设专家指导委员会组建、建设信息交流共享、建设研究等事项进行了研讨。何玉麒处长则对"双高计划"申报以来8所学校及学会所做的工作给予高度评价，梳理了申报过程中的经验和不足、通报了"双高"方案和任务书编制情况、专家审核反馈意见，并介绍了下一步省厅拟支持"双高计划"建设的15条政策。

何玉麒处长指出：陕西高职院校在国家"双高计划"申报结果中有8所院校入围，成绩位居全国前列，对陕西高职教育具有历史意义和决定性意义。取得的成绩得益于我省高职院校较强的指标意识和认真扎实的工作，得益于省厅政策的大力支持和分类指导。陕西高职院校加强协作作、"报团取暖"，发扬了共同进步的优良传统，营造了良好的发展环境。陕西高职院校积极开展理论研究与实践探索，承接教育部重大项目、参与相关政策制定等，发挥了集体智慧和作用，形成了一批专家学者团队，为我省高职教育高质量发展奠定了坚实基础，取得了骄人成绩。在取得里程碑意义的同时，就如何推进"双高计划"建设他提出了明确要求：一是各高职院校高度重视，全力推进方案实施，确保计划任务如期完成；二是在对省职业技术教育学会在"双高计划"立项建设中起到的研究、咨询作用予以肯定的同时，希望学会在后期的"双高计划"建设中继续发挥桥梁纽带作用，搭建平台，加强研究、共享建设信息，为持续推进我省"双高计划"建设发挥更大的作用。

同时，他还指出了陕西高职的两大短板，即生师比等办学基本条件不足的问题和承接重大项目、标志性工程少的问题。下一步，"双高计划"建设实行分级管理，项目的实施学校是主体，省厅将以突破性政策支持"双高计划"建设。

第二阶段网络视频会上，陕西工业职业技术学院校长刘永亮教授、西安航空职业技术学院校长赵居礼教授、陕西铁路工程职业技术学院校长王津教授、陕西国防工业职业技术学院校长刘敏涵教授、陕西能源职业技术学院校长刘予东教授、咸阳职业技术学院校长杨卫军教授、杨凌职业技术学院副校长张迪教授、陕西职业技术学院副校长王平教授就2020年"双高计划"建设任务实施推进情况、面临的问题及解决措施进行了会议交流。各参会学校分别在各校设立了分会场。

会长崔岩教授对会议进行了总结：一是省教育厅高度重视本次会议，何玉麒处长、周杰副处长、一级调研员滚多海、干部胡海东参会指导，杨凌职院在做好防疫工作的基础上为会议举办提供了很好的服务和保障；二是省上将推出15项支持政策，这对各校的项目建设、对陕西职业教育发展的支持和推动力度都将是前所未有的；三是各校准备充分，克服疫情影响，项目推进扎实有序；四是要进一步加强后续研究，针对建设方案中十项重点任务，每次一个专题，8所院校轮流办会，真正促进"双高计划"建设落地、落实；五是学会将一如既往为"双高计划"建设的研究、信息交流等全力做好服务工作，立项相关课题研究，助力"双高计划"项目建设。

通过研讨交流，分享了各校的经验，取长补短，大家一致认为只有边建设、边研究、边推进，及时加强交流、共享信息，才能共同进步，按时间节点，完成"双高计划"项目建设任务。

（学会特聘研究员　杨延波　张宏辉）

陕西省"双高计划"建设研讨会在陕西铁路工程职业技术学院召开

2020年6月18日,由陕西省职业技术教育学会主办、陕西铁路工程职业技术学院承办的"陕西'双高计划'建设第三次研讨会"在陕西铁路工程职业技术学院召开。本次会议围绕国家"双高计划"建设学校层面打造高水平专业群、高水平专业群建设推进情况、阶段成效、存在问题及解决措施等进行交流研讨。

省教育厅职业教育与成人教育处副处长周杰到会指导,全省8所"双高计划"建设学校领导、12个高水平专业群负责人及相关部门负责人,陕西交通职业技术学院、西安铁路职业技术学院领导及相关部门负责人,学会相关人员共计80余人参加会议。按照防疫要求,会议由现场交流和网络视频同步进行,相关参会学校分别在各校设立了视频分会场。会议分为学校层面如何打造高水平专业群、12个国家高水平专业群建设任务实施推进情况研讨交流两个阶段进行,分别由学会副会长刘永亮教授、王周锁教授主持。

陕西铁路工程职业技术学院党委书记王晖教授致词。省教育厅职业教育与成人教育处副处长周杰出席会议并讲话。

第一阶段会上,陕西铁路工程职业技术学院校长王津教授、陕西职业技术学院校长刘胜辉高级会计师、咸阳职业技术学院校长杨卫军教授、陕西工业职业技术学院副校长梅创社教授、杨凌职业技术学院祝战斌教授、西安航空职业技术学院副校长张敏华教授、陕西国防工业职业技术学院副校长全卫强教授、陕西能源职业技术学院副校长赵新法教授分别就各自学校"打造高水平专业群"的建设思路、推进举措、阶段成效、存在问题及解决办法等进行了交流研讨。

第二阶段会上,陕西铁路工程职业技术学院党委副书记焦胜军教授、副校长李林军教授,陕西职业技术学院副校长王平教授,陕西工业职业技术学院机械工程学院院长赵明威教授、材料工程学院李云教授,杨凌职业技术学院水利工程学院院长郝红科教授,陕西国防工业职业技术学院智能学院院长李俊涛教授,陕西能源职业技术学院煤炭与化工产业学院院长李志教授,咸阳职业技术学院师范学院院长任江维副教授,西安航空职业技术学院通用航空学院副院长龚小涛副教授、航空维修工程学院副院长杨雷恒高级工程师,杨凌职业技术学院生物工程学院办公室主任王燕副教授等12位高水平专业群负责人分别就2019—2020年"双高计划"中的高水平专业群建设任务实施推进情况、阶段成效、面临问题及解决措施等进行了会议交流。

陕西省职业技术教育学会会长崔岩教授对会议做了全面总结。

通过研讨交流,分享了各校的经验和做法,大家一致认为高水平专业群建设是"双高计划"建设的重点任务,要基于学校的建设方案和任务书,紧扣《国家职业教育改革实施方案》和《教育部财政部"双高计划"遴选和管理办法》等文件要求,结合学校、行业和专业实际,坚持立德树人、落实课程思政,创新复合型技术技能人才培养模式,构建新的课程体系、研制专业和课程标准、优化课程内容、编写"双元"活页式教材等,要加强研究、积极推进、高质量完成高水平专业群建设任务。

(学会特聘研究员　杨延波　张团结)

陕西省"双高计划"建设研讨会在西安航空职业技术学院召开

2020年9月16日下午,由陕西省职业技术教育学会主办、西安航空职业技术学院承办的"陕西'双高计划'建设第四次研讨会"在西安航空职业技术学院召开。会议邀请陕西省教育厅职成处唐婷同志到会指导,全省8所"双高计划"立项建设院校领导、教务处处长、高水平专业群项目负责人,陕西交通职业技术学院、西安铁路职业技术学院、宝鸡职业技术学院、陕西航空职业技术学院领导以及学会领导80多人参会。会议分为两个阶段,分别由学会副会长、西安航空职业技术学院校长赵居礼教授和陕西铁路职业技术学院党委书记王津教授主持。西安航空职业技术学院党委书记周岩教授致欢迎词。

第一阶段专题交流,由学会副会长、西航职院校长赵居礼教授主持。12个高水平专业群负责人,杨凌职业技术学院副校长张迪教授,陕西职业技术学院副校长王平教授,陕西工业职业技术学院材料工程学院李云教授,西安航空职业技术学院航空维修工程学院院长张超教授、通用航空学院院长龚小涛副教授,陕西铁路工程职业技术学院城轨工程学院院长毛红梅教授、高铁学院院长刘明学副教授,陕西国防工业职业技术学院智能学院院长李俊涛教授,陕西能源职业技术学院煤炭与化工产业学院院长李志教授,咸阳职业技术学院师范学院院长任江维副教授,陕西工业职业技术学院机械工程学院副院长张文亭副教授,杨凌职业技术学院生物工程学院副院长王燕副教授,围绕"高水平专业群在建设过程中存在问题、解决思路和举措,高水平专业群的专业教学标准是否需要制定、如何制定,高水平专业群人才培养模式、课程体系与各专业人才培养方案如何关联"三个核心问题依次进行了汇报交流,为"双高计划"建设学校在深化产教融合、标准和人才培养方案制定、课程体系重组、专业治理体系重塑和体制机制完善等"双高计划"核心指标建设方面提供了思路，同时也提出了在学分银行、产业学院推进、1+X证书制度实施等方面存在的困难与问题。

第二阶段专题研讨，由学会副会长、陕铁职院党委书记王津教授主持。先后有14位学校领导及项目负责人以问题为导向，针对建设中面临的实际问题进行了深入研讨和交流；西安铁路职业技术学院、陕西交通职业技术学院、宝鸡职业技术学院校长就8所国家"双高计划"建设学校的经验分享提出了自己的思考和发展规划。

最后，国家督学、陕西省职业技术教育学会会长崔岩教授进行总结发言，针对研讨中提出的问题，谈了个人的意见和建议，并做了《创新高水平专业群建设路径》的专题报告。报告从高水平专业群、高水平专业群的人才培养模式、高水平专业群的产业集群融合发展、探索高水平专业群的建设路径、基于产教融合的高水平专业群课程改革等五个方面展开，提出高水平专业群建设要以深化产教融合、校企合作为主线，创新体制机制，打造技术技能人才培养平台，联合行业企业共同推进技术技能积累创新机制形成，不断提升人才培养水平，实现学生就业有优势、创业有本领、升学有渠道、全面终身发展的目标，为"双高计划"建设任务的全面完成奠定坚实基础。

（学会特聘研究员　杨延波　龚小涛）

陕西省"双高计划"建设研讨会在陕西国防工业职业技术学院召开

2020年9月25日，由陕西省职业技术教育学会主办、陕西国防工业职业技术学院承办的陕西省"双高计划"建设学校加强党的建设及提升治理能力研讨会在陕西国防职院召开。省委教育工委副书记陈乃霞出席会议，省委教育工委组织部副部长巩建朝、省教育厅职成处副处长周杰，省职业技术教育学会领导、全省8所"双高计划"立项建设学校负责"加强党的建设及提升治理能力"两项任务的校领导和项目负责人、陕西交通职业技术学院、西安铁路职业技术学院主要领导共计60余人参加会议。

研讨会分两个阶段进行：院校交流阶段由学会副会长、陕西国防职院校长刘敏涵教授主持；专题研讨阶段由学会会长崔岩教授主持，陕西国防职院党委书记张卫平致词。

院校交流阶段，陕工职院党委书记惠朝阳，国防职院党委书记张卫平，能源职院党委书记令狐培选，陕铁职院院长焦胜军，杨凌职院党委副书记任德元，西航职院党委副书记杨建勋，陕西职院党委副书记、副院长朱忠军，咸阳职院党委书记席尚君分别发言，重点围绕"双高计划"建设过程中"加强党的建设""提升治理能力"两项任务在实施时存在的问题、解决的思路举措，以及2019年"双高计划"文件发布之后贯彻落实《关于深化新时代学校思想政治理论课改革创新的若干意见》《教育部关于职业院校专业人才培养方案制订与实施工作的指导意见》《职业院校教材管理办法》《关于全面加强新时代大中小学劳动教育的意见》《大中小学劳动教育指导纲要（试行）》《高等学校课程思政建设指导纲要》、省委教育工委教育厅《全面推进高等学校课程思政建设工作方案》等文件精神的情况进行了深入交流。

专题研讨阶段，10所学校围绕学校交流阶段提出的9个方面的问题进行了深入研讨和交流。各学校分享了各自的经验和做法，并提出了对于问题的深入思考和建议。

省委教育工委副书记陈乃霞在听取了各学校的交流和研讨发言后讲话，对本次研讨会议的组织形式、我省高职院校凝心聚力谋发展、相互交流学习的做法给予充分肯定。她指出，当前各校在"加强党的建设"方面还存在三个方面的问题：一是党建与教育教学融合互促不够，"两张皮"问题仍然存在；二是"思政课程"与"课程思政"同向发力不够，思想政治工作的针对性、实效性仍需进一步增强；三是党建工作探索创新不够，"三会一课"吸引力不强，存在"照本宣科"的现象，党建工作特色亮点不多。针对存在的问题，为切实做好此项工作，她提出了三点要求：一是要加强政治理论学习。要坚持学原著、学文件、学党内法规，以适应新时期党对教育工作的新要求；二是要提升党组织的组织力。各校党委站位要高，要充分发挥政治领导作用，尽快配齐辅导员、思政课和心理教育教师。党建工作要将形式与内容相统一，要从小事做起，真正解决实际问题，充分发挥"双带头人"的"标杆"作用，不断提升基层党组织的凝聚力、感召力和战斗力；三是要创新党建考评机制。各校党委要加强党的建设，全面落实立德树人根本任务，推进思政课程改革创新和课程思政建设，提升内部治理水平，切实提高人才培养质量，充分发挥"双高计划"建设学校的示范、辐射作用，为全省乃至全国职业院校提供可借鉴、可复制、可推广的经验，力争成为展示我省高职教育发展水平的"窗口"，共同谱写陕西高职教育追赶超越新篇章。

崔岩会长在会议总结时谈到，陈书记讲话政治站位高、深入浅出，特别是陈书记关于党建工作形式和内容的统一、课程思政和思政课程以育人为根本、充分发挥"双带头人"的"标杆"作用等要求，针对性很强、切合工作实际，对各校推进"加强党的建设""提升治理能力"两项任务具有很强的指导意义。各校提出的问题，都可以从陈书记的讲话中找到答案。我们要贯彻落实陈书记对党建工作的要求，进一步提高政治站位，以问题为导向，做到"双高计划"建设与党建工作紧密结合，将立德树人根本任务落实到人才培养的各个环节，落实到高水平专业群内各专业人才培养方案中，以高质量党建工作引领"双高计划"建设稳步推进。

(学会特聘研究员　杨延波　刘向红)

西部"双高计划"建设研讨会在陕西召开（2020 年）

2020 年 10 月 27 日至 29 日，由中国高等教育学会职业技术教育分会和陕西工业职业技术学院主办，西部现代职业教育研究院（陕西省哲学社会科学重点研究基地）和三盟科技股份有限公司承办，陕西省职业技术教育学会和《西部大开发》杂志社协办的"西部'双高计划'建设研讨会"在陕西西安召开。来自全国各地 85 所职业院校、14 家企业单位和新闻媒体的主管领导、负责人等业界同人 350 余人参加了本次研讨会。陕西省政府教育总督学王恒斌，中国高等教育学会职业技术教育分会理事长、浙江金融职业学院党委书记周建松教授，北京师范大学教育学部赵志群教授，中国高等教育学会职业技术教育分会秘书长、浙江金融职业学院副校长郭福春教授，陕西省教育厅职成教处副处长周杰，中国高等教育学会职业技术教育分会副理事长、成都航空职业技术学院校长张蕴启教授，中国高等教育学会职业技术教育分会副理事长、重庆电子工程职业技术学院校长聂强教授，国家督学、陕西省职业技术教育学会会长崔岩教授，重庆市高等职业技术教育研究会理事长张亚杭教授等领导和专家受邀出席会议。

研讨会分为开幕式、专家专题报告和院校交流三个阶段。

第一阶段会议开幕式，由郭福春教授主持。中国高等教育学会职业技术教育分会副理事长、陕西工业职业技术学院党委书记惠朝阳向大会致词，陕西省人民政府教育总督学王恒斌做了讲话。

第二阶段专家专题报告，由张蕴启教授主持。北京师范大学教育学部赵志群教授做了题为《产业升级与职业教育课程建设》的专题报告，赵教授从职业教育和专业教育的任务、工业 4.0 综合化的整体解决方案、对技术技能型人才要求的变化、综合职业能力的构成与评价指标以及职业能力发展的逻辑规律等五个方面进行重点解读和深入交流。中国高等教育学会职业技术教育分会理事长、浙江金融职业学院党委书记周建松教授做了题为《"双高"建设引领带动高职教育高质量发展》的专题报告，周教授从高质量发展是新时代高职教育发展的主题、"双高计划"形成的过程和政策要义、从"双高"遴选标准看我国高职学校建设以及"双高"建设怎样引领带动高职高质量发展等四个方面进行交流。国家督学、陕西省职业技术教育学会会长崔岩教授做了题为《创新高水平专业群建设路径》的专题报告，崔教授首先介绍了西部 46 所学校入选"双高计划"阶段材料评审情况，并对《职业教育提质培优行动计划（2020—2023 年）》进行了政策解读，从专业群建设应突出"高"特征、搭建融合化的产教协同平台、创新柔性化的组织管理模式、完善动态化的持续发展机制等方面解读了"双高计划"指导下高水平专业群的建设路径。三位专家的报告言简意赅、深入浅出，使人醍醐灌顶、受益匪浅。

第三阶段为院校交流，分别由张亚杭教授和惠朝阳书记主持。西部现代职业教育研究院院长、陕西工业职业技术学院校长刘永亮教授做了题为《服务制造强国战略 培养能堪当"造出来"重任的时代工匠》的交流报告，中国高等教育学会职业技术教育分会副理事长、重庆电子工程职业学院校长聂强教授做了题为《教育现代化背景下"双高院校"建设实践》的交流报告，兰州资源环境职业技术学院党委书记、院长郑绍忠研究员做了题为《气象擎旗 绿色铸魂 助力区域经济社会高质量发展》的交流报告，新疆农业职业技术学院党委副书记、常务副校长杨贵泉教授做了题为《扎根边疆育才，坚守三农服务》的交流报告，四川工程职业技术学院副校长肖峰教授做了题为《开放创新 产教融合 建设中国特色高水平职业学院》的交流报告，宁夏职业技术学院副校长李晓延教授做了题为《以深化产教融合为引擎，推动"双高"建设提质增效》的交流报告，杨凌职业技术学院校长王周锁教授做了题为《全面落实立德树人根本任务，构建旱区农业技术技能人才培养体系》的交流报告，芜湖职业技术学院校长高武教授做了题为《聚焦关键领域，推动"双高"校高质量发展》的交流报告，三盟科技股份有限公司解决方案部陈冬总经理做了题为《教育大脑助力"双高"建设》的交流报告，贵州交通职业技术学院副校长刘正发教授做了题为《对接产业，融合企业——打造高水平交通技术技能人才培养高地》的交流报告，九江职业技术学院副校长彭晓兰教授做了题为《智造兴船排头兵，物联强赣领头雁》的交流报告，内蒙古机电职业技术学院副校长郝俊教授做了题为《校企共建高水平专业群，服务自治区支柱产业》的交流报告。各"双高计划"建设立项院校领导就"双高计划"建设的思路与具体实践分别做了专题报告，对新形势下"双高计划"建设进行了深入分析思考和实践探索，为"双高计划"建设工作的稳步推进提供了探索和实践。

西部"双高计划"建设研讨会是中国高等教育学会职业技术教育分会首次在陕西举办，是我国西部地区规模最大、范围最广、水平最高、受众最多的一次职教领域盛会。与会嘉宾纷纷表示，通过研讨交流，集聚智慧、分享经验、凝练成果，有助于拓展思路、坚定信念、博采众长、凝聚共识。在"双高计划"建设中将继续加强合作、携手共进、锐意进取，奋力打造新时代西部新职教，为西部高职教育改革发展贡献专业智慧。

（学会秘书长　杨建民）

渝陕两地"双高计划"建设研讨会在山城重庆召开（2021年）

2021年6月25日，由陕西省职业技术教育学会、重庆市高等职业教育研究会联合主办，重庆航天职业技术学院承办的"渝陕'双高计划'建设研讨会"在山城重庆召开。重庆市教委职业教育与成人教育处处长吴岚，国家督学、陕西省职业技术教育学会会长崔岩教授，重庆市高等职业技术教育研究会会长张亚杭教授，重庆市职业技术教育学会会长张荣，重庆市高等职业技术教育研究会常务副会长、重庆工业职业技术学院校长郭天平教授，重庆市高等职业技术教育研究会副会长、重庆航天职业技术学院校长王勇教授出席会议，来自渝陕两省市18所"双高计划"建设院校领导、双高办主任、教务处长、项目负责人代表100多人参加了研讨会。会议由重庆市高等职业技术教育研究会张亚杭会长、陕西省职业技术教育学会崔岩会长分别主持。

重庆市教委职业教育与成人教育处处长吴岚强调，陕西是高等教育强省，有许多经验和做法值得重庆学习和借鉴。重庆有10所国家"双高计划"项目建设院校，陕渝18所"双高计划"项目建设学校汇聚重庆交流研讨，推动两地"双高计划"项目建设。目前，正值职业教育发展的黄金时期，陕西省职业技术教育学会与重庆市高职教育研究会，搭建陕渝两省市"双高计划"项目建设院校互动交流平台，抱团取暖，凝聚共识，共同发力，共筑全国职业教育改革新高地意义重大。

国家督学、陕西省职业技术教育学会会长崔岩教授做了题为《"双高计划"绩效考核学校自评指标设置探析》的专题报告，他表示，目前，适用于"双高计划"绩效评价学校自评指标设置的研究比较稀缺。根据《中国特色高水平高职学校和专业建设计划绩效管理暂行办法》所提出的要求，学校应当结合各自实际，设定绩效目标，对绩效目标实现情况进行全方位、全过程的自我评价。对自评发现绩效目标在落实中存在的问题，应及时纠正、调整，确保绩效目标如期完成。如何让有限的资金发挥最大的效益，如何管好、用好、考核好"双高计划"建设项目，无论建设中期、期满结束的绩效评价，还是建设期内每年预算执行的绩效评价，对"双高计划"项目建设院校均提出可考核、可量化要求。"双高"建设要基于任务书不断完善，最终目标是人才培养，只有学校招生好、就业好、社会认可，才是关键。

重庆市高等职业技术教育研究会会长张亚杭教授做了题为《提升学校治理水平》的专题报告，分享了他对高职院校内部治理的思考。他表示，从管理走向治理，不但是治国方略的重大转型，也是高等教育政策的根本转变。如何进行学校治理，一是要建立以凸显类型特征的、以章程为统领的现代大学制度体系；二是创新内部治理结构、质量自治体系和社会监督的体制机制；三是深化产教融合校企合作；四是探索建立股份制、混合所有制的二级产业学院；五是与时俱进，不断推出服务专业群建设的治理改革举措；六是重视学生参与教育教学和管理改革。

重庆航天职业技术学院校长王勇在致辞中表示，期待各"双高计划"项目建设学校分享宝贵经验，此次交流研讨活动，必将在渝陕两地教育事业交流历程中留下印记，也必将对两地"双高计划"项目建设产生积极影响，从而助推渝陕两地职业教育事业发展共舞齐飞。

研讨会上，来自渝陕两省市18所（其中：重庆2所高水平学校、8所高水平专业群学校，陕西4所高水平学校、4所高水平专业群学校）"双高计划"项目建设学校的校领导（陕西工业职业技术学院副校长梅创社、杨凌职业技术学院副校长祝战斌、重庆工业职业技术学院校长郭天平、西安航空职业技术学院副校长郭红星、陕西铁路工程职业技术学院副校长蒋平江、陕西国防工业职业技术学院副校长张永军、重庆城市管理职业学院校长邓明国、重庆工程职业技术学院副校长李海燕、陕西职业技术学院副校长王平、重庆电力高等专科学校校长宗伟、重庆工商职业学院副校长刘昌雄、陕西能源职业技术学院副校长赵新法、重庆航天职业技术学院航空学院校长刘昭琴、重庆三峡医药高等专科学校中医学院校长苏绪林、咸阳职业技术学院副校长杨新宇、重庆三峡职业学院校长李炯光、重庆医药高等专科学校校长冯连贵、重庆电子工程职业学院校长聂强）依次对各校推进"双高计划"实施过程中的阶段性成果进行了案例分享与经验交流、对存在问题和解决办法进行交流研讨。

各校从不同地区、不同角度出发，展示了"双高计划"项目建设的亮点，成果丰硕，各有特色，对存在的问题及解决对策进行了探讨，通过相互交流，取长补短，达到共同进步的目的。

（学会秘书长　杨建民）

陕渝川"双高计划"建设研讨会顺利召开（2022年）

2022年5月21日，由陕西省职业技术教育学会、重庆市高等职业技术教育研究会和四川省职业教育与成人教育学会主办，陕西工业职业技术学院、西部现代职业教育研究院承办的第二届陕渝川"双高计划"建设研讨会，以视频会议形式在线上顺利召开。教育部职成司职业院校发展处处长任占营、陕西省教育厅副厅长（正厅级）高岭教授、陕西省教育厅职成教处处长付仲锋、国家"双高计划"专家咨询委员会副主任邢晖教授、全国职业高等院校校长联席会议主席董刚教授、中国高等教育学会职业技术教育分会会长周建松教授出席会议。会议共分为三个阶段，由陕西省职业技术教育学会会长崔岩教授、重庆市高等职业技术教育研究会会长张亚杭教授、四川省职业教育与成人教育学会副会长张蕴启教授分别主持，陕西工业职业技术学院校长、西部现代职业教育研究院院长刘永亮教授致欢迎辞；来自陕渝川三地26所"双高计划"建设单位的领导、老师2 700余人在线参加了会议。

高岭副厅长（正厅级）在致辞中表示，陕渝川山水相连、文化相融、血脉相亲，在新《职业教育法》修订实施之际，三地以国家"双高计划"建设中期绩效评价为主题，共话职业教育发展，对陕西乃至西部职业教育发展具有重要意义。他还从学习贯彻落实国家战略部署、加强区域协作交流、全力落实"双高计划"建设任务三个方面，深入分析了高等职业教育面临的形势、机遇与挑战，指出要以"双高计划"建设为契机，发挥特色优势，加强区域交流协作，持续强化内涵建设，以高质量的人才培养和技术技能支撑能力服务区域经济社会发展大局。

任占营处长围绕"双高计划"建设中期验收绩效评价做了专题报告，从正确把握"任务执行的如期与提前的关系""总结和实战的问题""质与量的辩证关系""共性和特色的问题""自己和他人的关系"五个方面聚焦回应了"双高计划"建设单位中期验收绩效评价的关切点，强调中期评价要把握"任务如期、按质、保量完成"的总基调，既要埋头拉车还要抬头看路，"纵向比"找信心，"横向比"找差距，并从加强内涵建设和关注数字化教育战略行动两个方面对"双高计划"学校下一步发展提出了要求。

研讨会期间，陕西工业职业技术学院校长刘永亮教授做了《聚焦高质量把好五个"度" 系统化构建"双高计划"绩效管理体系》、杨凌职业技术学院校长王周锁教授做了《服务国家乡村振兴战略，着力推进"双高"学校建设》、西安航空职业技术学院校长张敏华教授做了《奋楫"双高"结硕果 踔厉争先启新程——西航职院"双高计划"中期汇报》、陕西铁路工程职业技术学院校长焦胜军教授做了《切实做好中期自评工作，提高铁路特色双高学校建设水平》、重庆电子工程职业学院校长聂强教授做了《聚焦"三度"彰显"三力"做好"双高计划"中期绩效评价工作》、重庆工业职业技术学院校长郭天平教授做了《对接产业高端，打造装备制造高水平"双高"学校》、重庆城市管理职业学院校长邓明国教授做了《服务国家康养产业发展战略，打造老年服务与管理高水平专业群》、四川工程职业技术学院校长肖峰教授做了《服务高端产业，全面推进"双高"校建设》、成都航空职业技术学院校长刘建超教授做了《服务航空强国战略，系统推进国家"双高计划"建设》、四川交通职业技术学院校长蒋永林教授做了《产教研协同发展,打造交通产业高端技术技能创新服务平台》专题交流发言,陕渝川 26 所"双高计划"项目建设单位均向会议提交了交流材料。

邢晖教授、董刚教授、周建松教授对各院校的建设情况分别进行了精准点评,高屋建瓴,充分肯定了各校在三年建设中取得的实际成效,指出了存在的不足和需要提升的共性问题,并给出了具体的建设性意见和建议。三位专家还通过云端同咸阳职业技术学院、重庆电力高等专科学校、四川建筑职业技术学院等与会院校进行了互动交流,对各院校在建设过程中遇到的困难和问题进行了答疑解惑。最后张亚杭会长进行了会议总结。

(学会秘书长　杨建民)

学会组织召开全省"双高计划"绩效考核学术报告会

为贯彻落实教育部、财政部关于印发《中国特色高水平高职学校和专业建设计划绩效管理暂行办法》的通知精神,深化"双高计划"项目建设绩效评价研究,探索"业财融合"的有效路径,2021 年 1 月 14 日上午,学会邀请全国著名专家、福建水利水电职业技术学院财务处长、高级会计师林春树教授,以腾讯会议形式面向全省高职院校负责财务、"双高计划"项目的校领导及相关部门(包括高水平专业群)负责人做了题为《关于国家与省级"双高计划"建设绩效评价研究与思考》的专题报告,全省 23 所院校、240 余人参加了报告会。学会会长崔岩教授主持了报告会。

林春树教授从"双高计划"建设院校自评、省级评价、部委评价等三个方面对财税改革总体思路进行了详细解释;从"业财融合"新思维、财政运行机制等方面对预算绩效管理总体路径进行了深入分析;从总体要求、改革任务、组织实施等方面对国家实施"双高计划"项目建设内涵进行了深度思考;提出"双高计划"项目建设要坚持"业财融合",建立起事、钱、效、责控制体系,充分体现高水平、实现高质量发展。最后,林教授从建设背景、高质量发展标准体系、高质量发展统计监测体系、高质量发展政策保障体系等方面对福建省级"双高计划"项目建设进行了实证解读。

学会会长崔岩教授在总结时指出:林春树教授的讲座既有理论性,也有实践性。通过林教授的精彩讲座,使我们进一步理解了《中国特色高水平高职学校和专业建设计划绩效管理暂行办法》的要求,为各"双高"校更好开展自评和参与省级"双高计划"项目建设的申报院校提供了借鉴。

(学会特聘研究员　杨延波)

"双高计划" 建设专项研究课题中期检查汇报会召开

2021年8月16日，学会召开"双高计划"建设专项研究课题中期检查汇报会。由于疫情防控的原因，会议以视频会议方式进行。

本次会议特邀国家"双高计划"咨询专家委员会委员、全国职业院校校长联席会主席董刚教授，国家"双高计划"咨询专家委员会委员、中国建设教育协会常务副会长兼秘书长王凤君教授，中国高等教育学会高职分会会长、全国高职项目专家周建松教授，国家"双高计划"咨询专家委员会委员、辽宁省人民政府特聘职业教育专家于雷教授，国家"双高计划"咨询专家委员会委员、重庆高职教育研究会会长张亚杭教授，国家"双高计划"咨询专家委员会委员、湖南开放大学正校级督导罗志教授，全国高职项目专家、河北省职业技术教育学会会长胡振文教授7位专家进行指导。

汇报会分为两个阶段。第一阶段会议由国家督学、国家"双高计划"咨询专家委员会委员、陕西省职业技术教育学会会长崔岩教授介绍课题总体情况。第二阶段会议由专家组组长董刚教授主持。陕西省8所国家"双高计划"建设学校立项研究的14项专项研究课题负责人分别汇报课题进展情况和研究成果。

陕西工业职业技术学院校长刘永亮教授汇报了"A类高水平学校创建的研究与实践（含两个专业群）"，杨凌职业技术学院校长王周锁教授汇报了"涉农类院校高水平学校创建的研究与实践"，杨凌职业技术学院生物工程学院副院长王燕教授汇报了"农业生物技术专业群建设的研究与实践"，杨凌职业技术学院水利工程学院院长郝红科教授汇报了"水利工程专业群建设的研究与实践"，西安航空职业技术学院副校长张敏华教授汇报了"航空类院校高水平学校创建的研究与实践"，西安航空职业技术学院航空维修工程学院院长张超教授汇报了"飞机机电设备维修专业群建设的研究与实践"，西安航空职业技术学院自动化工程学院院长李万军教授汇报了"无人机应用技术专业群建设的研究与实践"，陕西铁路工程职业技术学院党委书记王津教授汇报了"铁路工程类院校高水平学校创建的研究与实践"，陕西铁路工程职业技术学院校长焦胜军教授汇报了"高速铁道工程技术专业群建设的研究与实践"，陕西铁路工程职业技术学院党委副书记李林军教授汇报了"城市轨道交通工程技术专业群建设的研究与实践"，陕西国防工业职业技术学院校长刘敏涵教授汇报了"机电一体化专业群建设的研究与实践"，陕西能源职业技术学院煤炭与化工产业学院院长李志教授汇报了"煤矿开采技术专业群建设的研究与实践"，陕西职业技术学院何叶教授汇报了"智慧文旅专业群建设的研究与实践"，咸阳职业技术学院学前教育学院院长任江维副教授汇报了"学前教育专业群建设的研究与实践"等专项研究课题进展情况。

本次专项研究课题中期检查汇报会，得到了国家"双高计划"咨询专家委员会委员等专家的精心指导，加强了学校间的信息交流和成果共享，总结并推广各学校的建设经验，为助推我省国家"双高计划"项目建设，以实证研究引领建设任务和相关任务的圆满完成，破解建设过程中的难题发挥了积极作用。

（学会特聘研究员　杨延波）

陕西国家"双高计划"建设院校课程思政专项研究课题管理研讨会召开

2021年8月19日，学会召开陕西国家"双高计划"建设院校课程思政专项研究课题管理研讨会。由于疫情防控原因，会议以视频会议形式、分两个阶段进行。各校负责课程思政课题管理部门负责人及相关管理人员、陕西职业技术学院副校长王平教授及学会相关人员参加会议，学会副会长王晓江教授主持会议。

第一阶段由学会会长崔岩教授就课程思政课题研究方面有关情况进行了说明。他讲到，在高等学校实施课程思政是党中央的战略部署，是落实立德树人根本任务的重要举措。2020年6月，教育部印发的《高等学校课程思政建设指导纲要》对课程思政提出具体要求，并明确将课程思政纳入"双高计划"考核内容。为加强对此项工作的研究，学会组织立项了三批课程思政专项研究课题，除第一批8所国家"双高计划"建设学校与省内其他高职学院统一立项外，第二批、第三批专门为8所国家"双高计划"建设学校立项研究课题，目的是通过课题立项，加强研究，形成高质量研究成果，促进课程思政建设。

课程思政研究课题采用学校组织立项、过程指导、结题验收，结果送学会核准、由学会发文认定的管理办法。但各校在对此专项课题的管理方面存在较大差异，本次研讨会主要是各校交流课题过程管理、验收的标准和办法，期望通过交流研讨，共享信息，促进课题管理水平的提高，推动课题研究早出高质量成果。

第二阶段，陕西8所国家"双高计划"建设院校各主管课程思政专项研究项目的部门负责人进行了交流研讨。西安航空职业技术学院教务处处长龚小涛、陕西铁路工程职业技术学院质量管理中心主任吴海光、陕西国防工业职业技术学院科研处处长高葛、陕西职业技术学院教学科研部部长钱允凤、咸阳职业技术学院教务处处长冯华、陕西工业职业技术学院教务处副处长舒蕾、杨凌职业技术学院科研处副处长王稳江、陕西能源职业技术学院教务处副处长陶燕等8位同志分别就本校课程思政专项研究课题管理情况进行了交流，主要涉及课题申报、研究推进、论文发表、教材编写、典型案例、课题验收细则及规范制定等方面的内容，各校的做法各具特色，达到了取长补短、相互借鉴的目的。

交流结束后崔岩会长提出三点建议：一是课程思政作为"双高计划"考核内容，属于实证研究课题，宜结合"双高计划"建设对应的任务，以研究为引领提高任务完成的质量；二是各校专项研究课题数量较大，期望加强过程管理，通过今天的交流，可以相互借鉴各校好的做法，制定校内结题验收标准，严把结题关；三是请各校将课程思政研究课题公开发表的学术论文汇集后送交学会，学会将以简报形式进行交流。

本次研讨会加强了各院校间课程思政课题研究管理的信息交流，为助推我省国家"双高计划"建设院校课程思政专项课题研究早出高质量研究成果起到很好的促进作用。

（学会特聘研究员　杨延波）

【专题研究，探索实践】

专项研究及课程思政课题立项及结题情况

为深入贯彻落实全国教育大会精神和《国家职业教育改革实施方案》，落实《教育部财政部关于实施中国特色高水平高职学校和专业建设计划的意见》（教职成〔2019〕5号）和《教育部关于印发〈高等学校课程思政建设指导纲要〉的通知》（教高〔2020〕3号），助力陕西8所国家"双高计划"项目建设，按照"边研究、边建设"的思路，陕西省职业技术教育学会面向陕西8所国家"双高计划"项目建设学校，围绕"双高计划"项目建设任务，立项27项"双高计划"建设、2 030项课程思政建设专项研究课题，同时进一步加强课题管理，并取得丰硕研究成果。院校层面公开在全国知名报刊发表文章33篇，课题研究公开发表研究论文（或出版教材）399篇（本）。

一、课题立项

先后印发《关于公布陕西省职业技术教育学会2019年"双高计划建设"专项研究课题立项的通知》（陕职学〔2019〕85号）、《关于开展高职高专院校课程思政建设研究与实践课题立项申报工作的通知》（陕职学〔2020〕47号）、《关于开展国家高水平专业群课程思政研究与实践课题立项申报工作的通知》（陕职学〔2020〕56号）、《关于高职高专院校课程思政研究与实践课题立项的通知》（陕职学〔2020〕57号）、《关于国家"双高计划"建设学校课程思政专项研究课题立项的通知》（陕职学〔2020〕63号）、《关于国家"双高计划"建设学校课程思政专项研究课题立项的通知》（陕职学〔2020〕81号）、《关于开展职业教育专项课题研究的通知》（陕职学〔2021〕35号）等关于"双高计划"项目建设、课程思政课程建设等课题立项文件，其中，"双高计划"建设专项课题21项、课程思政建设专项课题2 030项。

陕西8所国家"双高计划"建设学校课程思政专项研究课题一览表

序号	学校	陕职学〔2020〕57号	陕职学〔2020〕63号	陕职学〔2020〕81号	小计/项
1	陕西工业职业技术学院	6	442	0	448
2	杨凌职业技术学院	6	257	0	263
3	陕西铁路工程职业技术学院	6	26	220	252
4	西安航空职业技术学院	6	2	354	362

续表

序号	学校	陕职学〔2020〕57号	陕职学〔2020〕63号	陕职学〔2020〕81号	小计/项
5	陕西国防工业职业技术学院	6	1	277	284
6	陕西职业技术学院	6	7	160	173
7	陕西能源职业技术学院	6	53	0	59
8	咸阳职业技术学院	4	2	183	189
	合计	46	1 194	790	2 030

二、课题管理

印发《关于对2019年立项的"双高计划建设"专项研究课题进展情况检查的通知》(陕职学〔2021〕61号、陕职学〔2021〕68号),《关于召开国家"双高计划"建设学校课程思政专项研究课题管理研讨会的通知》(陕职学〔2021〕69号)、《关于课程思政专项课题管理有关事项的说明》(陕职学〔2021〕70号)、《陕西省职业技术教育学会职业教育科学研究课题管理办法》(陕职学〔2021〕82号)等文件,加强课题研究过程管理,组织相关学术报告会,开展研究课题中期检查。

三、课题结题

先后印发《关于公布2021年度"双高计划"建设学校课程思政专项研究课题提前结题核准结果的通知》(陕职学〔2021〕99号)、《关于公布学会相关课题结题的通知》(陕职学〔2021〕100号)、《关于公布学会相关课题提前结题核准结果的通知》(陕职学〔2021〕133号)、《关于公布2019年度学会立项课题结题结果的通知》(陕职学〔2022〕25号)等文件,按照立项要求,完成预期研究任务,符合结题条件的经专家评审给予通过结题。

院校层面公开在全国知名报刊发表的文章目录

1. 彭丽娟. 西安航空职业技术学院:航空职教改革试验区建设研讨会召开[N]. 中国教育报,2019-04-23(12).

2. 车美娟. 西安航空职业技术学院:"一体两翼"创新思政课教学模式[N]. 中国教育报,2020-05-05(10).

3. 赵居礼. 西安航空职业技术学院:打造一流高水平高职院校[N]. 中国青年报,2019-05-23(05).

4. 周岩, 赵居礼. 西安航空职业技术学院: 舞起航空职教改革发展的"龙头"[N]. 中国教育报, 2019-06-26 (10).

5. 周岩. 西安航空职业技术学院: 航空文化引领教育腾飞[N]. 中国青年报, 2019-07-15 (05).

6. 周岩. 西安航空职业技术学院: 实施"三融"战略服务航空产业发展[N]. 中国教育报, 2019-11-06 (07).

7. 王晖. 开好党建"火车头" 构筑育人新高地[N]. 中国教育报, 2020-06-16 (10).

8. 王伟, 黎炜. "学做创"让职教课堂活起来[N] 中国教育报, 2020-08-21 (01).

9. 杨建伟、陈小刚. 树立军工报国之志 传承红色军工精神[N]. 中国教育报, 2020-09-04 (07).

10. 王伟, 王君. "大思政"生态圈让高职学子收获满满[N] 中国教育报, 2020-10-20 (07).

11. 王津, 焦胜军. 支撑高铁建设, 铸就筑路先锋——陕西铁路工程职业技术学院"十三五"期间高质量发展巡礼[N]. 中国教育报, 2021-02-08 (04).

12. 惠朝阳. 陕西工业职业技术学院: 赓续红色基因攀升发展新高度[N]. 中国教育报, 2021-06-08 (06).

13. 王津. 找准找好"三全育人"着力点[N]. 中国教育报, 2021-06-15 (06).

14. 党颉, 钱允风. 精准通用课程定位提高职教适应性[N]. 中国教育报, 2021-06-22 (07).

15. 王津, 焦胜军. 高标准建设高质量发展打造铁路工程职教高地[N]. 光明日报, 2021-07-14 (08).

16. 王广林、陈小刚. 产教融合共助军工发展校企合作共育大国工匠——陕西国防工业职业技术学院多措并举谱写高质量就业新篇章[N]. 中国青年报, 2021-08-06 (07).

17. 何树茂, 刘胜辉. 奏响职校治理能力提升"三部曲"[N]. 中国教育报, 2021-09-14 (05).

18. 刘永亮. 找准试点"1+X"的有效路径: 陕西工业职业技术学院通过找准切入点、啮合衔接面、发力保障层[N]. 中国教育报, 2021-09-28 (07).

19. 张卫平. 构建大思政育人格局培养红色军工传人[N]. 中国教育报, 2021-09-

28（10）.

20. 王津，焦胜军. 集束办学集群建设打造铁路职教高地——陕西铁路工程职业技术学院中国特色高水平高职学校建设巡礼［N］. 中国教育报，2021－11－01（08）.

21. 张迪，杨卫军. 咸阳职业技术学院：聚力"双高"建设，打造高质量发展先行校［N］. 中国教育报，2021－12－28（07）.

22. 龚仕建. "后稷文化"在新时代：走近杨凌职院的"力耕勤读"［N］. 人民日报，2022－02－28（01）.

23. 龚仕建：杨凌职业技术学院研究员赵瑜，60多年潜心小麦育种工作——与农民为友，与麦田为伴（讲述·一辈子一件事）［N］. 人民日报，2022－03－23（06）.

24. 王周锁. 履行主体责任因地制宜创新实习方式［N］. 中国教育报，2022－05－24（05）.

25. 何树茂. 聚合协同提质赋能——陕西职业技术学院国际交流合作的时间与探索［N］. 中国教育报，2022－06－08（08）.

26. 张迪，杨卫军. 咸阳职业技术学院：多措并举强服务凝心聚力促就业［N］. 光明日报，2022－06－24（09）.

27. 惠朝阳. 高职院校要深入落实"育训并重"［N］中国教育报，2022－07－26（03）.

28. 祝和意. 机制赋能精准增效保障学生高质量就业［N］. 中国教育报，2022－07－30（04）.

29. 王君，王伟，王金辉. 陕西工业职业技术学院："大思政课"让学生有劲头、有学头、有奔头［N］. 光明日报，2022－09－06（10）.

30. 蒋平江. 陕西铁路工程职业技术学院：传播中国铁路技术服务中国铁路"走出去"［N］. 光明日报，2022－10－23（07）.

31. 张卫平. 传承红色军工文化协同共育时代新人［N］. 中国教育报，2022－11－01（12）.

32. 刘予东. 需求导向育训并举共建共享——陕西能源职业技术学院校企协同培养煤炭产业工匠人才的探索与实践［N］. 中国教育报，2022－11－03（08）.

33. 张迪，杨卫军. 咸阳职业技术学院：五个"一"持续推进智慧校园建设［N］. 光明日报，2022－11－14（08）.

专项课题研究公开发表的论文目录

1. 崔岩. 创新高水平专业群建设路径 [N]. 中国教育报, 2019-05-28 (09).

2. 刘永亮, 杨延波, 等. "双高"院校引领职业教育五维度高质量发展的内涵与路径 [J]. 教育与职业, 2022 (1): 43-46.

3. 陈会玲, 杨云箐, 杨建民. "双高"院校打造技术技能创新服务平台的理论基础和推进策略 [J]. 教育与职业, 2021 (1): 67-70.

4. 崔岩. 实践创新：铸就中国特色高等职业教育品牌 [J]. 中国职业技术教育, 2019 (7): 110-112.

5. 蔡萌, 崔淑淇. 中国特色高水平高职学校建设的关键着力点探析 [J]. 中国职业技术教育, 2020 (28): 79-82; 中国人民大学复印报刊资料, 2021 (3): 60-64.

6. 蔡萌, 崔淑淇, 等. 国家"双高计划"绩效评价自评指标设置研究 [J]. 中国职业技术教育, 2022 (18): 5-9+16.

7. 杨卫军, 任江维. 归核化：双高背景下高职院校专业发展的战略选择 [J]. 中国职业技术教育, 2020 (9): 32-36.

8. 任江维, 杨新宇, 等. 赛教融合：全国职业院校技能大赛赛项资源转化的路径与考量——以学前教育专业教育技能赛项为例 [J]. 中国职业技术教育, 2021 (9): 91-96.

9. 刘永亮, 殷锋社. "双高计划"建设视域下高水平结构化教师教学团队培育路径研究 [J]. 陕西教育（高教）, 2021 (6): 47-48.

10. 杨建民, 纪惠军, 等. 基于"双高计划"建设背景下的高职实践教学体系构建与实践 [J]. 陕西教育（高教）, 2020 (9): 50-51.

11. 王恩波, 姜庆伟, 等. "双高"建设背景下高职院校提升内部治理的实践探索 [J]. 陕西教育（高教）, 2022 (6): 75-76.

12. 崔淑淇. 国家"双高计划"绩效评价服务对象满意度测评研究 [J]. 高等职业教育（天津职业大学学报）, 2022 (2): 22-26.

13. 崔淑淇, 王荣琦. 高质量视域下国家"双高计划"绩效评价效益自评指标研究 [J]. 宁波职业技术学院学报, 2022 (5): 52-56.

14. 韩江雪. 高水平专业群建设项目绩效评价指标体系研究与实践 [J]. 黑龙江人力资源和社会保障, 2022 (15): 134-136.

15. 赵明威, 穆龙涛, 等. 基于"双高计划"的产教融合与校企合作模式探索 [J].

精密制造与自动化，2021（3）：1-6.

16. 赵明威，王建军，等. 高水平专业群实训基地建设策略研究——以陕西工业职业技术学院机械制造与自动专业群为例[J]. 内燃机与配件，2021（6）：176-178.

17. 杨云，李光照，等. 高起点，创"研学用"一体化人才培养模式[J]. 铸造技术，2021（6）：541-543.

18. 杨茂芽，刘向红. 高职院校"双高计划"建设的现状分析及实施高质量评价的策略探索[J]. 陕西教育（高教），2022（3）：73-74.

19. 门亚玲. 5G 环境下"双高计划"智慧第五空间建设融合发展研究[J]. 陕西教育（高教），2021（6）：39-40.

20. 段辉，杨延波. 智慧图书馆助推国家"1+X"证书制度的作用研究[J]. 无线互联科技，2022，19（3）：159-160.

21. 邓丽萍. "双高"院校建设绩效评价指标体系构建方法探讨[J]. 才智，2022（8）：110-112.

22. 赵宏强. 高职院校项目绩效目标管理探析[J]. 陕西广播电视大学学报，2021，23（4）：84-88.

23. 孟献刚. 高职公共课程教学诊断改进问题与对策分析[J]. 科技风，2021（29）：37-39.

24. 郝红科，张迪，等. "双高计划"水利工程专业群建设的内容与举措[J]. 杨凌职业技术学院学报，2020，19（4）：64-67.

25. 金凤. 学前教育专业教学中思政元素的有效融合研究[J]. 财富时代，2021（7）：156-157.

课程思政课题研究公开发表的论文（或教材）目录

1. 张红娟，龙明华，等. 基于"互联网+"的《食品微生物检验技术》课程教学改革[J]. 农业工程，2021（4）：118-122.

2. 彭伟. 工程项目管理课程思政建设的内容、步骤和方法探析[J]. 社会科学，2021（12）：163.

3. 王文光. "三教"改革视阈下《农产品安全性检测》课程教学改革与实践[J]. 农业工程，2021（5）：121-123.

4. 白琳. 论课程思政在"推销与谈判"课程教学中的融入[J]. 陕西教育（高教），2021（12）：10-11.

5. 任静. 课程思政融入客舱服务英语课程教学的探索 [J]. 陕西教育（高教），2021 (11)：12-13.

6. 王文光. 技能大赛视域下"农产品安全性检测"课程教学改革 [J]. 陕西教育（高教），2021 (5)：73-74.

7. 文丽萍. 移动互联背景下大学语文教与学实践——以《沈园二首》教学为例 [J]. 陕西教育（高教），2021 (1)：35-36.

8. 林希. 由"思政课程"引领"专业课课程思政"——以《机电设备管理》课程为例 [J]. 教育学文摘，2021 (11)：163-163.

9. 郑宣宣，陈晓婕，等. 课程思政在工程预算教学中的实践 [J]. 教育教学，2021 (9)：77.

10. 王瑾. 可编程控制器及应用课程思政建设与实践 [J]. 科教文汇（下旬刊），2021 (10)：104-106.

11. 刘旭健. Oracle 数据库设计课程思政研究 [J]. 红豆教育，2021 (8)：27.

12. 田恬，郑春华，等. 高职经济数学"课程思政"教学探索 [J]. 现代职业教育，2021 (45)：44-45.

13. 房海勃.《地下工程监控量测》课程思政改革实践 [J]. 高等教育前沿，2021 (11)：149-150.

14. 杨妮，苏娟丽. 高职应用数学课程思政教学改革探究 [J]. 教育研究，2021 (1)：84-85.

15. 张晗. 化工企业管理实务课程思政研究与实践 [J]. 新教育，2021 (8)：47.

16. 张巧慧，曹喜龙，等. "工务安全与管理"课程思政案例探究 [J]. 教师，2021 (31)：118-119.

17. 宋婷. 机械类专业课程思政教学探索与实践——以"盾构机械设备技术应用"课程为例 [J]. 教育科学，2021 (11)：246-248.

18. 张福龙. 基于《市政工程施工》课程思政教学中《地铁施工》教学案例的研究与实践 [J]. 教育理论与应用，2021 (11)：9.

19. 贾永博.《盾构电工技术应用》课程思政的探索与实践 [J]. 中国科技经济新闻数据库教育，2021 (11)：322-323.

20. 程光威. 工匠精神融入顶岗实习的教学研究 [J]. 教育探索，2021 (5)：218.

21. 解小娟、杨小玉，等. 课程思政在《建筑构造与 BIM 建模》课程中的应用研究 [J]. 新教育时代，2021 (7)：142-143.

22. 梁潇文. "双高"背景下"高架结构施工"课程思政实践教学研究 [J]. 现代教育探索, 2021 (6): 10-12.

23. 赵亚丽. 专业课课程思政在全员育人过程中的作用研究与实践 [J]. 当代教育实践与教学研究, 2021 (11): 260-261.

24. 沙晓艳. "图形图像处理"课程思政教学研究 [J]. 中国教师, 2021 (1): 246.

25. 王琼. 立德树人视域下"幼儿教师职业道德"课程思政教学实践探索 [J]. 科教文汇（下旬刊）, 2021 (8): 147-149.

26. 王莉. 以工程教育为背景的课程思政建设研究与实践 [J]. 现代职业教育, 2021 (1): 12-13.

27. 邓宝魁. 高职会计专业审计实务课程思政实践研究 [J]. 互动软件现代化教育, 2021 (5): 279+283.

28. 刘美娟. 航空物流管理课程思政建设的研究探索 [J]. 现代职业教育, 2021 (11): 52-53.

29. 骞姣. 餐饮服务与管理课程思政元素设计与实施 [J]. 现代职业教育, 2021 (43): 34-35.

30. 黄阿娜. 课程思政背景下的高职高等数学教学改革与实践——以咸阳职业技术学院为例 [J]. 现代职业教育, 2021 (45): 46-47.

31. 张崩崩. 浅析美育在幼儿园环境创设中的实现路径 [J]. 教育观察, 2021, 10 (12): 11-12+44.

32. 杨琳. 课程思政视角下的高职《基础会计》课程教学设计与实践 [J]. 教育观察, 2021 (4): 189-190.

33. 梁菲菲. 物联网导论课程思政建设与 [J]. 科教文汇, 2021 (21): 137-139.

34. 陈旭光. 综合布线课程思政探索 [J]. 教育研究, 2021 (5): 167.

35. 黄美蓉. 关于高职英语课程思政建设的实施路径探讨 [J]. 现代职业教育, 2021 (5): 20.

36. 张晓丽. 高职院校化学课程思政建设的探索与实践 [J]. 现代职业教育, 2021 (5): 46.

37. 王龙. 以高速铁路轨道施工与仿真课程论学生的思政教育 [J]. 现代职业教育, 2021 (8): 26-27.

38. 路颜, 程光威, 等. 课程思构操政融入盾作及维护实习教学模式探索 [J]. 教育探索, 2021 (5): 229.

39. 李蕾, 张改红, 等. 课程思政建设的实践探索——以《工程地质与土力学》为例 [J]. 教育科学, 2021 (8): 44-45.

40. 陆畅, 梁骅旗, 等. "机电设备装调技术"课程思政探索——以 PLC 控变频器为例 [J]. 教师, 2021 (23): 125.

41. 温银萍. 将思政元素融入《液压与气压传动技术》课程教学的探索 [J]. 互动软件现代化教育, 2021 (2): 239-240.

42. 孙珂琪. 大型养路机械构造与维护课程思政探索教育与研究 [J]. 互动软件现代化教育, 2021 (2): 496.

43. 张灵晓, 徐立青, 等. 机械识图育教并重——《机械识图与零件测绘》课程思政案例 [J]. 高等教育前沿, 2021 (7): 88-89.

44. 王蓉, 王玲. 浅谈如何在学生心理健康教育课程中渗透思政内容 [J]. 中华活页文选 (教师版), 2021 (5): 104-105.

45. 黄锋涛. 《药物合成反应》课教学过程思政元素的探索与实践 [J]. 中国教师, 2021 (18): 185-186.

46. 徐春梅. 学前教育专业基础课思政教育融入研究 [J]. 教育天地, 2021 (8): 235-236.

47. 赵彦. 课程思政融入农业经营管理课程浅析 [J]. 校外教育, 2021 (6): 417.

48. 张颖, 陈妮. 高职物流管理专业物流管理概论课程思政研究 [J]. 现代职业教育, 2021 (30): 30-31.

49. 侯旭晖, 许远. 供应链管理课程思政教学研究与实践——以认识供应链管理模块为例 [J]. 现代职业教育, 2021 (32): 86-87.

50. 韩红亮, 王雪梅, 等. 高职水利类专业"课程思政"改革现状与对策研究 [J]. 杨凌职业技术学院学报, 2021 (4): 79-82.

51. 芦琴, 茹秋瑾. 《职业卫生与法规》教学融合课程思政的改革与实践 [J]. 杨凌职业技术学院学报, 2021 (4): 88-89+93.

52. 庞洁, 李特. 基于"双高计划"背景下项目化教学改革与研究——以《水利水电工程施工组织与造价》为例 [J]. 杨凌职业技术学院学报, 2021 (1): 63-65.

53. 徐志彪, 叶梓. "双高计划"背景下, 高职《钢结构施工技术》课程思政建设探讨 [J]. 杨凌职业技术学院学报, 2021 (4): 67-69+82.

54. 宋亮. "双高"建设背景下水利工程专业群制图课程实践教学模式改革与实践 [J]. 杨凌职业技术学院学报, 2021 (2): 69-71.

55. 宋丽梅. "翻转课堂"混合教学模式在高校课程思政教学中的运用研究[J]. 杨凌职业技术学院学报, 2021 (9): 87.

56. 安志龙, 马丽, 等. "双高计划"背景下《城市轨道交通行车组织》课程思政教育的路径探析与实践[J]. 杨凌职业技术学院学报, 2021 (2): 63.

57. 刘方. 高职《电工基础与测量》课程思政建设[J]. 杨凌职业技术学院学报, 2021 (4): 243.

58. 郭俊娥, 何文敏, 等. 专创融合背景下高职教师教学能力提升探索[J]. 江苏建筑职业技术学院学报, 2021 (2): 45 – 48.

59. 赵增逊, 马梅, 等. 基于课程思政的高等数学教学研究[J]. 镇江高专学报, 2021 (2): 108 – 110.

60. 淡海英. 高职计算机类专业数据结构课程思政建设与研究[J]. 济源职业技术学院学报, 2021 (2): 42 – 44.

61. 吴玉文. 《机械制造工艺》课程思政改革研究与探索[J]. 时代汽车, 2021 (23): 67 – 68.

62. 穆龙涛, 邬凯, 等. "智能机器人技术"课程思政的理论与实践研究[J]. 南方农机, 2021 (22): 164 – 166.

63. 张玉洁, 侯婷婷. 建筑质量安全管理课程思政教学设计与实施[J]. 砖瓦, 2021 (9): 214 + 216.

64. 秦亚梅, 李嘉仪, 等. 《室内设计原理》课程思政探索与研究[J]. 砖瓦, 2021 (11): 187 + 189.

65. 王劭琨, 侯婷婷, 等. "道路工程制图"融入课程思政的方法和路径[J]. 砖瓦, 2021 (9): 207 – 208.

66. 柳雪丽. 《城市轨道交通概论》课程思政教学探究与实践[J]. 砖瓦, 2021 (10): 177 + 179.

67. 肖青战, 秦亚梅. 室内设计专业实践类课程思政路径探索[J]. 砖瓦, 2021 (9): 212 – 213.

68. 杨谦. 建筑设备工程课程思政教学的实践与探索[J]. 砖瓦, 2021 (9): 223 – 224.

69. 徐洁, 张喆, 等. 思政教学设计与实践研究——以实例工程图纸综合实训课程为例[J]. 安徽建筑, 2021 (11): 93 – 94.

70. 陈晓婕. 装饰装修工程计量与计价思政课程实践与研究[J]. 绿色环保建材,

2021（11）：122-123.

71. 李嘉仪，秦亚梅，等.《工程技术资料管理》思政教学案例设计与应用［J］. 砖瓦，2021（11）：180-181.

72. 郭靖，程晨健. 建筑概预算与工程量清单课程思政建设的思考与实践［J］. 砖瓦，2021（9）：215-216.

73. 郭欢，侯经文，等.《建筑抗震》课程思政教育的探索与研究［J］. 砖瓦，2021（9）：211+213.

74. 钱若霖，苏佩.《轨道工程施工》课程设计与劳动教育融合探索［J］. 砖瓦，2021（10）：183+185.

75. 昝文博，黎豪，等.《地铁车站施工》课程思政创新探索与实践［J］. 砖瓦，2021（9）：209-210.

76. 康馨月. 软件工程课程的教学实践［J］. 集成电路应用，2021（8）：232-233.

77. 李丹. Visual C#程序设计课程思政建设与实践［J］. 信息与电脑（理论版），2021（17）：221-223.

78. 刘迪.《油品分析技术》"课程思政"教学设计——以"我国油田贺油田分布"为例［J］. 创业与创新，2021（4）：21-22.

79. 李阳. 红色经典艺术助推"红色匠心"培育的研究与实践［J］. 决策探索（中），2021（8）：60-61.

80. 吴晨，李江，等.《汽车电气设备构造》课程思政改革与探索［J］. 时代汽车，2021（24）：52-53.

81. 朱荣. 高职院校汽车发动机构造课程思政构建探索与实践［J］. 时代汽车，2021（22）：87-89.

82. 刘波. 汽车故障诊断技术课程融入思政元素的研究［J］. 汽车维护与修理，2021（22）：33-34.

83. 韩丹. "汽车电子控制技术"理实一体课程教学改革探索［J］. 南方农机，2021（19）：172-174+196.

84. 王晓，杜娟，等. 装备制造业视域下实践课程思政教育工作刍议［J］. 现代企业，2021（12）：156-157.

85. 赵春晨，畅斌，等.《工程地质》课程中的"产学研思"四维融通研究［J］. 砖瓦，2021（12）：168-170.

86. 张艳，郭靖，等.《建筑装饰施工技术》课程思政建设探索与实践［J］. 砖瓦，

2021（12）：165 – 166.

87. 杜万军，李青. 基于"电子板书"的"水利工程施工测量"创新教学方法研究[J]. 科技与创新，2021（21）：159 – 160.

88. 李特，杨萌. 基于 Hadoop 技术的科研大数据存储系统设计[J]. 信息与电脑（理论版），2021（16）：114 – 116.

89. 程瑞芳，宁亚锋，等.《工程力学与结构》课程思政建设研究与实践[J]. 成才，2021（19）：40 – 41.

90. 李飞. 浅谈"测量平差"课程教学改革[J]. 科技与创新，2021（21）：161 – 162.

91. 余娜."工业机器人技术基础"课程思政教学探索[J]. 南方农机，2021（21）：157 – 159.

92. 林峰. 课程思政背景下《机械基础》教学中的问题及对策研究[J]. 科技资讯，2021（17）：97 – 99.

93. 汪雨蓉.《数控机床编程与操作》课程思政教学研究与探索[J]. 现代农村科技，2021（10）：81 – 83.

94. 罗敏佳，宋守斌. 高职院校机制专业课程思政的教学探索与实践——以《NX 数控编程与加工》课程为例[J]. 时代汽车，2021（23）：79 – 80.

95. 杨宇龙.《互换性与测量技术》课程思政教学探索[J]. 科技与创新，2021（1）：16 – 17.

96. 王小鸽，薛君艳，等."园林景观建筑小品"课程思政的设计与实践[J]. 创新创业理论研究与实践，2021（18）：36 – 38.

97. 任建存. 高职畜牧兽医专业《牛羊生产》课程思政建设[J]. 智库时代，2021（8）：51 – 53.

98. 李青. 审计基础课程思政建设研究与实践[J]. 当代会计，2021（13）：89 – 91.

99. 苏娟丽. 高职应用数学课程思政教学改革探究[J]. 新课程研究，2021（30）：34 – 35.

100. 郭宗祥.《机械设计基础》课程思政元素的探索与挖掘[J]. 绿色科技，2021（11）：277 – 279.

101. 杨柳. 数控加工实训课程研究与探索[J]. 内蒙古煤炭经济，2021（14）：213 – 214.

102. 仝敏.《工业机器人编程实训》课程思政研究与实践[J]. 中国设备工程，2021

(15): 232.

103. 申鹏. "制造信息化技术"课程教学改革路径探究[J]. 南方农机, 2021 (23): 156-158.

104. 刘珊珊. 新发展理论对科技创新与生产力生创新创业教育的价值及指导意义研究[J]. 产业与科技论坛, 2021 (22): 103-104.

105. 刘珊珊. 自媒体视域下科技创新与生产力生创新创业O2O教学方式方法及应用研究[J]. 产业与科技论坛, 2021 (21): 178-179.

106. 马颖化. 高职"机床拆装"实训课程思政案例设计与实践[J]. 装备制造技术, 2021 (9): 92-95+99.

107. 李荣丽. 提升装置中电液比例伺服系统的仿真与研究[J]. 现代制造技术与装备, 2021 (8): 78-80.

108. 刘彦伯.《机械加工设备》课程思政有效实施的策略研究[J]. 轻工科技, 2021 (10): 143-144.

109. 范昭君.《工业机器人现场编程》课程思政教学改革探索与研究[J]. 轻工科技, 2021 (10): 117-118.

110. 吴德君.《机电系统控制实训》课程思政研究与实践[J]. 科技资讯, 2021 (22): 103-105.

111. 王珊珊. 创业导向下高校连锁经营管理实践教学的创新策略研究[J]. 内蒙古煤炭经济, 2021 (10): 90-91.

112. 杨博. 课程思政融入高铁乘务英语课程教学探索与实践[J]. 河南农业, 2021 (27): 42-44.

113. 乔万俊, 杨季行. 高职实用英语课程思政实施策略研究[J]. 科技资讯, 2021 (12): 119-121.

114. 李军. 无线网络规划与优化课程的教学实践[J]. 电子技术, 2021 (10): 196-197.

115. 李启蒙. 课程思政视域下《电子产品营销》课程的人才培养路径探究[J]. 经济研究导刊, 2021 (32): 69-71.

116. 冯帆. 汽车传感器技术实训教学资源建设探究——基于能力培养[J]. 内燃机与配件, 2021 (19): 256-257.

117. 冯月. 浅谈BIM技术在绿色建筑设计营造中的应用[J]. 内蒙古煤炭经济, 2021 (17): 150-151.

118. 白松. 金属材料压铸模具的合理设计及应用 [J]. 中国金属通报, 2021 (5): 236-237.

119. 任天娟. 压铸工艺及模具设计课程思政的研究与实施 [J]. 模具制造, 2021 (10): 83-85.

120. 马少华. 新时代背景下"化工安全技术"课程思政建设的探索与实践 [J]. 安徽化工, 2021 (5): 129-131+134.

121. 崔秋娟. 高职院校无机与分析化学实验思政案例研究 [J]. 广州化工, 2021 (21): 167-169.

122. 曹赟. "课程思政"背景下《石油产品分析》课程教学模式探索与实践 [J]. 绿色科技, 2021 (19): 275-277.

123. 高歌. 《高铁施工组织与预算》课程思政建设研究与实践 [J]. 基层建筑, 2021 (9): 110-111.

124. 王小鹏. "高速铁道工程技术专业认识实习"课程思政的实践探索 [J]. 智库时代, 2021 (10): 167-170.

125. 李连生、曹喜龙, 等. 课程思政建设研究与实践——以"铁路施工临时结构检算"课程为例 [J]. 砖瓦世界, 2021 (9): 292-293+295.

126. 宋婷. 《轨道交通工程检测及监测技术》课程思政建设探索 [J]. 区域治理, 2021 (10): 243-244.

127. 刘锦. 《跟岗实习》课程思政建设研究与实践—以城市轨道交通工程技术专业为例 [J]. 文学天地, 2021 (11): 36-37.

128. 都志强、李刚, 等. 《公路施工组织与管理》课程思政建设研究与实践 [J]. 体育画报, 2021 (4): 226.

129. 张裕超, 高珊珊, 等. 连续梁0~#块托架的设计与安全检算 [J]. 江西建材, 2021 (8): 93-95.

130. 李刚. 《公路工程造价与软件应用》课程思政建设研究与实践 [J]. 体育画报, 2021 (4): 215.

131. 高珊珊. 《城市地下综合管廊工程施工》课程思政建设研究与实践 [J]. 体育画报, 2021 (4): 230.

132. 赵香玲. "双高"背景下"高架结构施工"课程思政实践教学研究 [J]. 科技与创新, 2021 (10): 21-22.

133. 魏瑶. 《线桥隧施工测量》课程思政建设研究与实践 [J]. 文渊, 2021 (6):

5 +20.

134. 岳军红. 《地理信息系统技术应用》课程思政研究与实践 [J]. 数字化用户, 2021 (7): 177.

135. 杨路林, 刘倩, 等. 《线桥隧施工技术》课程思政建设研究 [J]. 大众商务, 2021 (12): 199 - 200.

136. 何凯妮. 《铁路客运组织》课程思政改革与实践 [J]. 体育画报, 2021 (4): 233 - 234.

137. 李晓艳. 《车辆制图》课程思政建设研究与实践 [J]. 赢未来, 2021 (9): 62.

138. 王雪怡, 叱培洲, 等. 融入思政元素的高职课程教学研究——以"焊接方法与设备"课程为例 [J]. 科学咨询, 2021 (7): 227 - 228.

139. 陈永峰. 《盾构构造及应用》课程思政建设研究与实践 [J]. 警戒线, 2021 (12): 110 - 111.

140. 李丹. 从课程思政视角探索《学前教育学》教学改革 [J]. 花溪, 2021 (1): 164.

141. 刘琪. 以《汽车商务礼仪》课程为例探讨课程思政视角的专业课教学模式 [J]. 科教导刊, 2021 (1): 179 - 180.

142. 郭晓辉. 《汽车维护与保养》课程思政的探索与研究 [J]. 汽车博览, 2021 (8): 314 - 315.

143. 刘民娟. 课程思政背景下高职院校 UI 设计技术新型活页式教材建设研究 [J]. 魅力中国 2021 (11): 104 - 105.

144. 张德增. 高职院校人工智能英语课程思政教学实践探索 [J]. 校园英语, 2021 (25): 76 - 77.

145. 薄璐. 基于工作过程系统化的《数据库应用技术》课程思政研究 [J]. 科教导刊 2021 (12): 159 - 160.

146. 王玲. 《电子技术基础》课程思政案例研究与实践 [J]. 智库时代 2021 (5): 84 - 87.

147. 何艳妮. 《C 语言程序设计》中思政元素的融入探索 [J]. 赢未来 2021 (9): 59 - 60.

148. 马亚蕾, 张怡. 《物联网应用技术》课程思政研究与实践 [J]. 赢未来 2021 (1): 61.

149. 杨勇. 以《Web 前端开发》课程为例的高职院校专业课的思政探索与实践 [J].

魅力中国，2021（1）：216-217.

150. 冷增强. 无线传感网应用技术课程思政案例研究与实践［J］. 智库时代，2021（5）：88-90.

151. 张怡. Java程序设计课程思政研究与实践［J］. 赢未来，2021（9）：134-135.

152. 寇照.《旅游市场营销》课程思政研究与实践［J］. 智库时代，2021（2）：163-164.

153. 李晓鹏. 课程思政融入《客舱设施与服务》的研究与实践［J］. 齐鲁周刊，2021（3）：34.

154. 龙惠.《酒店服务心理学》课程思政建设研究与实践［J］. 科教导刊，2021（9）：143-144.

155. 亢炜. 论叉车操作课程中的思政建设［J］. 物流时代周刊，2021（1）：110-114.

156. 周丹. 课程思政在高职专业课教学中的探索与实践——以《电子商务企业管理》课程为例［J］. 中外企业文化，2021（7）：153-154.

157. 张慧省. 以项目教学法构建"外贸单证实务"课程的探讨［J］. 福建轻纺，2021（9）：52-54.

158. 杨凡.《社群营销与运营》融合思政元素之教学改革实践与探索［J］. 现代营销，2021（3）：96-97.

159. 兰碧侠. "课程思政"融入专业英语（ESP）教育路径研究［J］. 科教导刊，2021（9）：235.

160. 杨文学. 中国现当代文学作品选课程思政研究与实践［J］. 科技研究，2021（9）：381-383.

161. 符颖. 课程思政背景下《教师口语》创新教学与实践探讨［J］. 科技资讯，2021（20）：160-162.

162. 赵冰洋.《小学教育学》课程思政设计研究［J］. 财富时代，2021（8）：94-95.

163. 张伟. 关于小学美术教学融合思政教育的研究［J］. 才智，2021（11）：122-124.

164. 张芳. 学前教育专业美术基础课程思政教学设计探析［J］. 财富时代，2021（8）：239-240.

165. 吴文青.《幼儿园管理》课程思政研究与实践［J］. 产业与科技论坛，2021（22）：139-140.

166. 金凤. 学前教育专业教学中思政元素的有效融合研究［J］. 财富时代，2021（7）：156-157.

167. 郭超群. 高职学前儿童美术教育课程思政的方法与路径 [J]. 财富时代，2021 (8)：78-79.

168. 魏惠强. 基于课程思政理念的英语语法教学创新分析 [J]. 财富时代，2021 (9)：139-140.

169. 刘静.《英语写作》课程思政设计与实践 [J]. 产业与科技论坛，2021 (22)：161-162.

170. 姚鑫.《英汉翻译》课程育人探索与实践 [J]. 文化产业，2021 (15)：41-42.

171. 冯光晰. 浅谈高职院校电子琴演奏技能 [J]. 文渊，2021 (5)：111-112.

172. 李汶轩.《中外音乐欣赏》课程思政设计与实践 [J]. 产业与科技论坛，2021 (21)：202-203.

173. 魏燕妮.《婴幼儿音乐教育》课程思政研究与实践 [J]. 财富时代，2021 (8)：76-77.

174. 党晓梅.《早期教育概论》课程思政设计与实践 [J]. 产业与科技论坛，2021 (21)：215-216.

175. 崔梦萌. 0-3岁婴幼儿早期教育指导服务的实践探索 [J]. 财富时代，2021 (8)：74-75.

176. 李樊."互联网+"背景下茶产业发展模式 [J]. 电脑知识与技术，2021 (27)：153-154+159.

177. 陈业欣.《数字图像处理》课程思政教育教学设计与典型案例分析 [J]. 才智，2021 (9)：36-39.

178. 李焕."双高"专业群建设背景下《计算机网络技术》课程思政研究与实践 [J]. 电子元器件与信息技术，2021 (7)：135-137.

179. 赵小华."大思政"背景下《jQuery 技术应用》课程教学改革 [J]. 才智，2021 (7)：41-44.

180. 宁莉莉. C 语言课程实训与课程思政融合的探索与实践 [J]. 才智，2021 (8)：39-42.

181. 张莹. SQL 数据库技术课程教学中创新能力的培养研究 [J]. 文化创新比较研究，2021 (22)：98-101.

182. 张青青.《软件测试》课程思政建设研究与实践 [J]. 才智，2021 (7)：45-48.

183. 秦梓强."课程思政"在高职院校数字媒体艺术设计专业课程中的探索与运用——以 C4D 三维视觉设计课程为例 [J]. 大众文艺，2021 (23)：179-180.

184. 王曼. 新媒体视域下课程思政的探索与研究——以 UI 设计为例 [J]. 大众文艺, 2021 (23): 164-165.

185. 张耸.《网络爬虫》课程思政建设研究与实践以及在企业中的应用 [J]. 中外企业文化, 2021 (10): 207-208.

186. 韩影, 刘小英, 等. 课程思政建设——以《机床电气控制与维修》为例 [J]. 时代汽车, 2021 (23): 71-72.

187. 王丽春.《特种加工技术》课程思政教育教学改革探索与思考 [J]. 创新创业理论研究与实践, 2021 (20): 31-33.

188. 陈祥芬.《公差配合与技术测量》课程思政的探索与实践 [J]. 创新创业理论研究与实践, 2021 (21): 115-117.

189. 崔慧娟, 刘小英, 等. 学徒制背景下课程思政的探索与实践 [J]. 时代汽车, 2021 (19): 83-84.

190. 张娟荣, 金莹. 高职院校工科专业课程思政育人的探索与实践——以《PLC 技术应用》课程为例 [J]. 时代汽车, 2021 (19): 85-86.

191. 景蕾. "课程思政" 融入高职专业课的探索与研究——以自动化生产线安装与调试课程为例 [J]. 时代汽车, 2021 (19): 91-92.

192. 向玉春. 液压与气动技术课程思政的研究与实践 [J]. 时代汽车, 2021 (17): 83-84.

193. 段薇薇.《建筑工程计量与计价》课程思政建设研究与实践 [J]. 产业与科技论坛, 2021 (19): 155-156.

194. 朱凤君. 校企合作《路面施工》课程思政的实践探索 [J]. 财富时代, 2021 (10): 243-244.

195. 马敏. 基于建筑行业环境下《隧道工程》课程的课程思政探索 [J]. 财富时代, 2021 (10): 97-98.

196. 鱼彩彦, 林凯. 新经济环境下控制测量课程思政建设研究与实践 [J]. 财富时代, 2021 (10): 206-207.

197. 白小斐. 基于建筑行业环境下《钢筋混凝土工程施工》课程思政建设的探索 [J]. 财富时代, 2021 (10): 49-50.

198. 郭婧.《平法与钢筋实务》课程思政建设研究与实践探索 [J]. 财富时代, 2021 (8): 166-167.

199. 许方伟.《屋面工程施工》课程思政探索 [J]. 砖瓦, 2021 (10): 188-189.

200. 赵洁. 课程思政背景下会计学基础课程教学实践探讨 [J]. 当代会计, 2021 (10): 189-190.

201. 董云花. 高职院校《网店运营与管理》课程思政教育探索与研究 [J]. 才智, 2021 (8): 9-12.

202. 荆怀芳. 职业院校学生技能竞赛核心竞争力构建研究 [J]. 科技创新与生产力, 2021 (10): 139-141.

203. 孙艳萍, 高茜, 等. 高职"化工单元操作技术"课课程思政的实践逻辑 [J]. 安徽化工, 2021, 47 (6): 165-166+169.

204. 王颖, 赵琦, 等. 药事管理与法规课程思政建设与教学改革的实践与探索 [J]. 科技创新与生产力, 2021 (32): 50-52.

205. 尹宝英, 张文娟, 等. 思政元素融入宠物普通病防治技术教学初探 [J]. 现代畜牧科技, 2021 (11): 9-10+18.

206. 朱小甫, 吴旭锦, 等. 高职《动物疫病防治技术》课程思政探索与实践 [J]. 畜牧兽医科技信息, 2021 (8): 17-19.

207. 韩春妮. 浅谈"园林规划设计"课程思政教学设计 [J]. 现代园艺, 2021 (19): 189-191.

208. 邢蕾, 熊忙利, 等. 高职《犬猫饲养技术》课程思政教学设计探索 [J]. 现代畜牧科技, 2021 (12): 28-29.

209. 福静. 《汽车售后服务管理》课程思政教学改革实践研究 [J]. 汽车实用技术, 2021, 46 (20): 201-204.

210. 孙毅. 浅谈高职课程思政教学内容设计——以《商务沟通与谈判技巧》课程为例 [J]. 才智, 2021 (22): 21-24.

211. 张沛. 《汽车基础电器系统故障诊断与维修》课程思政建设研究与实践 [J]. 时代汽车, 2021 (15): 58-59.

212. 丁佳, 张雪妮, 等. 课程思政融入《动力电池管理与维护技术》教学的改革与实践 [J]. 时代汽车, 2021 (18): 61-62+98.

213. 王魏. 大学语文"经典"教学的对策探究——以《诗经》教学为例 [J]. 财富时代, 2021 (10): 161-162.

214. 田玥. 基于课程思政的《幼儿园课程概论》课程改革研究 [J]. 文化创新比较研究, 2021, 5 (29): 85-88.

215. 侯艳芳. "工程经济"融入课程思政的方法和路径 [J]. 砖瓦, 2021 (7):

203 - 204.

216. 王丁. 高职专业课的课程思政改革与实践——以《会务管理》为例 [J]. 人文之友, 2021 (8): 114 - 115.

217. 钟敏维. 可持续时尚背景下《立体剪裁技术》课程思政的改革与实践 [J]. 西部皮革, 2021 (15): 43 - 44.

218. 何苗. 《Android 基础应用开发》课程思政建设与实践 [J]. 现代商贸工业, 2021 (35): 147 - 148.

219. 魏雅. 《电路板设计与制作》课程思政建设与实践 [J]. 电脑知识与技术, 2021 (8): 224 - 225.

220. 闵江涛. 课程思政视域下高职水利专业《顶岗实习》课程改革与实践 [J]. 新西部, 2021 (5): 112.

221. 闵江涛. 中国传统文化融入高职院校校园文化的探求 [J]. 文化产业, 2021 (7): 124.

222. 申琳. 《建筑构造与识图》课程思政建设研究与实践 [J]. 建筑实践, 2021 (2): 321.

223. 姚宇峰. 《建筑工程经济》课程思政探讨 [J]. 经济师, 2021 (8): 188.

224. 师百垒. 基于工匠精神的《铁路工务》课程思政教学研究 [J]. 现代农村科技, 2021 (9): 113.

225. 党超. 《汽车文化》课程思政建设研究与实践 [J]. 汽车知识, 2021 (2): 84.

226. 齐焕敏. 《汽车故障诊断与排除》课程思政研究——以"喷油器检测"为例 [J]. 汽车知识, 2021 (1): 103.

227. 林素敏. "双高计划"背景下"汽车底盘构造与维修"课程融入"思政"元素的探索与实践 [J]. 南方农机, 2021 (4): 167.

228. 王立波. 汽车制造工艺课程融入思政教育的教学探究 [J]. 汽车实用技术, 2021 (40): 180.

229. 何国荣. 《自动化生产线技术》课程思政建设研究 [J]. 现代商贸工业, 2021 (8): 140.

230. 胡家栋. 高职临床药物治疗学课程思政探究 [J]. 产业与科技论坛, 2021 (6): 135.

231. 田格如. 一例猫皮肤真菌病的诊治 [J]. 中国动物保健, 2021 (8): 126.

232. 张洁. 一例猫子宫扭转的诊治报告 [J]. 中国动物保健, 2021 (7): 124.

233. 王铁权."铁道养护维修"课程思政实践研究［J］.理财周刊,2021（7）：170.

234. 丁坤.高速铁路轨道类课程融入思政元素的教学探讨［J］.中国科技人才,2021（8）：55.

235. 安宏科.高铁桥梁施工课程思政建设的研究与实践［J］.魅力中国,2021（22）：86-87.

236. 庞旭卿.《高铁施工技术》课程思政建设研究与实践［J］.科教导刊,2021（13）：158-159.

237. 李连生.课程思政建设研究与实践—以"铁路施工临时结构检算"课程为例［J］.砖瓦世界,2021（18）：292-293+295.

238. 章韵.高职院校"课程思政"建设的探索与实践［J］.智库时代,2021（34）：224-226.

239. 金娟.《BIM技术应用课程》思政元素与研究［J］.才智,2021（3）：89-91.

240. 贾良 王爱钰."三维联动"专业课程改革创新对策研究［J］.职业技术,2021（8）：92-97.

241. 高攀科.高职《隧道施工质量检测与验收》专业课程思政建设路径研究［J］.科教导刊,2021（2）：152-153.

242. 张妙芝.《盾构构造与操作维护》课程思政教学改革与实践［J］.文学少年,2021（30）：325.

243. 张媛,孟红松,等."盾构与掘进机施工"课程思政案例探究［J］.科技与创新,2021（22）：94-95.

244. 张小力,刘江,等.盾构设备电气控制系统应用课程思政研究与创新［J］.中国现代教育装备,2021（8）：119-122.

245. 路颜,程光威,等.钢套筒接收课题思政教学探索［J］.教学与研究,2021（10）：463.

246. 王磊,李开放,等.《盾构施工专业英语》课程思政教学及考核评价及实践探索［J］.时代人物,2021（5）：261.

247. 王小凤,李秋全,等.地下工程计量与计价课程思政教学改革探究［J］.商情,2021（28）：251.

248. 李利利."城市轨道交通安全与管理"课程思政教学改革及实施探索［J］.新一代,2021（17）：49.

249. 仲玥.工程地质应用课程思政案例探究［J］.真情,2021（5）：246.

250. 董蕾. 《安装工程施工组织与项目管理》课程思政建设研究与实践[J]. 才智, 2021（6）：37-39.

251. 张改红. 水文化与课程思政相融合的教学实践与探析——以《水工建筑物》课程为例[J]. 科教导刊, 2021（4）：122-124.

252. 石小庆. 隧洞TBM掘进机施工课程思政研究[J]. 新一代, 2021（18）：80-82.

253. 刘舜. 《工程控制测量与数据处理》课程思政教学改革与实践[J]. 新思路, 2021（11）：244.

254. 刘海弯, 赵明海, 等. 思政教育融入测绘专业英语课程教学实践的思考[J]. 科教导刊, 2021（16）：244-245.

255. 牛丽娟, 李立功, 等. 《地籍与房地产测绘》课程教学改革探索与实践[J]. 产业与科技论坛, 2021（7）：172-173.

256. 袁曼飞. 高职"数字测图"课程融入思政元素的教学改革与实践[J]. 新一代, 2021（24）：195.

257. 彭磊, 何文敏, 等. 高职铁建类专业学生创新创业能力培养路径的研究与实践[J]. 职业技术, 2021（6）：40-45.

258. 丰瑛. 化学分析基础应用课程与思政教学的结合[J]. 教育信息化论坛, 2021（1）：64-65.

259. 张小利. 融情于景、巧设案例, 点燃课程思政热情[J]. 智库时代, 2021（3）：203-204.

260. 于春娟. 课程思政理念下高职院校"工程测量综合实训"教学的改革与探索[J]. 教育前沿, 2021（25）：356.

261. 蒋桂梅. 基于思政教学的招投标与合同管理课程教学改革[J]. 新材料新装饰, 2021（7）：192-194.

262. 薛晓辉. 高职"市政工程造价"课程教学中思政教育的融入[J]. 西部素质教育, 2021（17）：43-44.

263. 张玉卓. 高职院校会计专业《经济法》课程思政实践教学研究[J]. 中国乡镇企业会计, 2021（9）：189-191.

264. 王青苗. 基于课程思政的《列车运行控制设备维护》教改探讨[J]. 文存阅刊, 2021（16）：92.

265. 王青苗. 《列车运行控制设备维护》课程融合思政元素的思考与探索[J]. 数码设计, 2021（1）：261.

266. 张婧宜. 高职院校铁路行车组织课程思政探讨与思考 [J]. 建筑工程技术与设计, 2021 (12): 376.

267. 王雪. 高职《车站调车工作》课程线上思政教学改革与实践研究 [J]. 新丝路, 2021 (12): 115.

268. 耿雪. 礼仪课程思政案例教学改革研究 [J]. 新一代, 2021 (18): 93.

269. 崔虎 田园园, 等. 铁路运输设备使用与管理与课程思政结合方法初探 [J]. 速读, 2021 (4): 30.

270. 王高飞. 论高职院校实践课程存在的问题与对策分析——基于以"学、练、思"一体化为导向 [J]. 明日, 2021 (22): 47.

271. 曹亚康. 高职院校课程思政研究与实践——以接发列车工作为例 [J]. 山东青年, 2021 (5): 40 - 42.

272. 刘倩, 杨路林, 等. 专业英语课程思政建设与研究 [J]. 大众商务, 2021 (15): 264.

273. 王语园.《牵引变电所检修》课程思政建设研究与实践 [J]. 山东青年, 2021 (1): 106 - 107.

274. 李娜 叱培洲, 等. 焊接技能大师工作室对高职院校焊接专业课程建设影响 [J]. 科技风, 2021 (23): 18 - 19.

275. 李娜. 焊接检验课程的教学实践案例分析 [J]. 电子技术, 2021 (4): 190 - 191.

276. 李宏. 基于信息化的线上过程性补考 [J]. 科技风, 2021 (5): 179 - 180.

277. 杨军, 王文杰, 等. 焊接结构生产课程教学中的课程思政 [J]. 科学咨询, 2021 (38): 22 - 24.

278. 王文杰. 双高职业院校中《金属熔焊原理与材料焊接》课程思政建设研究与实践 [J]. 新丝路, 2021 (9): 2.

279. 苏金玲. 基于高职语文教学的课程思政案例探析——以杜甫《闻官军收河南河北》为例 [J]. 时代报告·奔流, 2021 (8): 110 - 111.

280. 王薇, 赵雨, 等. 高职英语生态化教学模式下基于翻转课堂的课程思政设计探索 [J]. 旅游纵览, 2021 (5): 31 - 33.

281. 王薇, 赵雨, 等. 文旅融合大背景下陕西红色旅游强化外宣的研究 [J]. 旅游纵览, 2021 (5): 31 - 33.

282. 赵增逊, 李吉娜, 等. 一类广义 kawahara 方程的分类和求解 [J]. 数学的实践与认识, 2021 (15): 209 - 214.

283. 王导利. 课程思政在高校乒乓球教学中的融入 [J]. 文学少年, 2021 (11): 185.

284. 阮长庆. 课程思政在高校乒乓球教学中的融入 [J]. 文学少年, 2021 (11): 181.

285. 吴娟. "课程思政"理念下茶文化在科技创新与生产力生就业创业教育中的应用 [J]. 福建茶叶, 2021 (2): 257-258.

286. 易楠.《企业管理》课程思政研究与实践 [J]. 科技资讯, 2021 (21): 106-108.

287. 高妮萍. "金属切削原理与刀具"课程思政示范课建设与研究 [J]. 机械设计与制造工程, 2021 (5): 122-124.

288. 杨维.《机器人制作与编程》课程思政教育的探索与实践 [J]. 轻工科技, 2021 (8): 145-146.

289. 何淼.《组态软件应用》课程思政研究与实践 [J]. 轻工科技, 2021 (9): 138-139+150.

290. 党威武. 新时代背景下高职实践课程改革探究——以《质检员实训》课程为例 [J]. 现代农村科技, 2021 (4): 119-120.

291. 胡艳凯, 党威武, 等. "量具设计"课程思政教学探索与实践 [J]. 科技创新与生产力, 2021 (8): 147-148+152.

292. 马书红. 数学建模教学中思政内容的融入分析 [J]. 产业与科技论坛, 2021 (11): 145-146.

293. 梁萌. 高等数学教学中思政内容的融入分析 [J]. 产业与科技论坛, 2021 (14): 183-184.

294. 张伟博. 高职院校专业课教师课程思政教学实践能力提升研究 [J]. 商业文化, 2021 (9): 64-65.

295. 任昭. 基于教学过程的工装课程思政研究 [J]. 装备制造技术, 2021 (5): 204-206.

296. 王新海, 马瑾, 等. 基于三全育人理念的《机械制造技术》课程思政研究 [J]. 产业与科技论坛, 2021 (17): 154-155.

297. 张娟飞. 高职院校"工艺工装实训"融入课程思政实施路径研究 [J]. 福建轻纺, 2021 (7): 29-32.

298. 王广林. 经济新常态下的高校就业体系构建 [J]. 中国教工, 2021 (10): 408-409.

299. 李娟. 体育舞蹈教学与课程思政融合探究 [J]. 当代体育科技, 2021 (26): 224-226.

300. 梅姣姣, 李志春. 浅谈加强农村养老服务人才队伍建设 [J]. 广东蚕业, 2021 (5): 148-149.

301. 梅姣姣. 我国智慧健康养老的困境及对策研究 [J]. 产业与科技论坛, 2021, 20 (15): 11-13.

302. 梅姣姣.《养老护理员》课程思政元素挖掘 [J]. 农村经济与科技, 2021 (14): 330-332.

303. 谈笑. 基于模糊聚类的区域健康数据评价分析模型研究 [J]. 电子设计工程, 2021 (3): 13-17.

304. 范爽. 课程思政在《社会学概论》课程教学中的实践与探索 [J]. 产业与科技论坛, 2021 (19): 138-139.

305. 吴宗卓. "课程思政"在高职计算机专业课程中的应用探究 [J]. 成才之路, 2021 (4): 38-39.

306. 邓嘉琪, 乔宗文. 新时代高职思政教育宣传现状与对策研究 [J]. 中外企业文化, 2021 (6): 101-102.

307. 崔永乐. "一带一路"背景下的高职英语教学中中国文化导入探究 [J]. 科技资讯, 2021, 19 (3): 133-135.

308. 韦巧瑜. 茶文化视角下课程思政理念融入到应用数学中的可行性研究 [J]. 福建茶叶, 2021 (2): 203-204.

309. 马书红. 茶文化对高职数学教育的启示探析 [J]. 福建茶叶, 2020 (12): 180-181.

310. 张琳娜. 茶文化下高职数学课堂"课程思政"的实施对策 [J]. 福建茶叶, 2021 (2): 192-194.

311. 袁睿泽. 工科高等数学课堂教学中课程思政的应用 [J]. 科教导刊 (下旬刊), 2020 (36): 167-168.

312. 常继红. 建党百年音乐一首 [J]. 音乐天地, 2021 (7): 63.

313. 文茂. 茶文化融入"课程思政"教育模式的 Photoshop 教学改革研究实践 [J]. 福建茶叶, 2021 (4): 174-175.

314. 温卓方.《微电影拍摄》课程思政研究与实践 [J]. 福建茶叶, 2021 (5): 281-282.

315. 时培文. 基于课程思政下环艺设计专业课程教学思考——以《手绘效果图表现》课程中茶室文化融入为例 [J]. 福建茶叶, 2021 (6): 154-155.

316. 王超. 招贴设计课堂思政研究——以中国茶文化背景下的招贴设计为例 [J]. 福建茶叶, 2021 (5): 152-153.

317. 房强. 设计素描课程思政研究——以中国传统茶具造型设计为例 [J]. 福建茶叶, 2021 (6): 94-95.

318. 王海梅. 课程思政与专业课融合探索——以高职《电子测量技术》课程为例 [J]. 绿色科技, 2021 (15): 281-282+285.

319. 孙环. 基于"奔驰汽车电路和电气系统检修"课程的教学评价改革 [J]. 南方农机, 2021 (8): 161-162.

320. 燕卫亮. "创新创业实训"与课程思政融入的分析研究 [J]. 南方农机, 2021 (6): 147-148.

321. 罗楠. 罩壳冲压件成形工艺分析与模具结构设计 [J]. 内燃机与配件, 2021 (14): 97-98.

322. 赵峰. 立德树人视域下高职机械类专业课程教学探索 [J]. 南方农机, 2021 (16): 172-173+177.

323. 王龙飞. 课程思政理念下"机械系统设计与实践"课程教学研究 [J]. 南方农机, 2021 (14): 181-182+191.

324. 曹旭妍. "机械零件课程设计"课程思政教学改革与探索 [J]. 南方农机, 2021 (6): 151-153.

325. 范恒彦, 王龙飞. 基于课程思政的"机械系统设计综合性实训"研究 [J]. 南方农机, 2021 (6): 149-150.

326. 郭宗祥. "毕业设计与答辩"课程思政教学实践策略研究 [J]. 南方农机, 2021 (6): 156-157.

327. 郭力. 高职机械设计与制造专业《顶岗实习》课程思政探索与实践 [J]. 绿色科技, 2021 (15): 271-273.

328. 薛科创, 孙宾宾, 等. "有机化学"课程思政建设及实践 [J]. 安徽化工 (其他期刊), 2021 (2): 161-162.

329. 汤春妮. 高职院校药品生产技术专业课程思政建设研究 [J]. 安徽化工 (其他期刊), 2021 (4): 178-179+183.

330. 刘瑾, 薛科创, 等. 化工专业"课程思政"中融入文化自信的若干探索 [J].

绿色科技, 2021 (9): 264-266+268.

331. 刘瑾, 刘振兴. 绿色化学理念在化学化工教学改革中的应用分析 [J]. 云南化工, 2021 (6): 162-164.

332. 马喜峰. 高职院校《分析化学》课程思政建设探索与实践 [J]. 绿色科技, 2021 (9): 271-272+275.

333. 张桂锋, 孙宾宾, 等.《精细化学品生产技术》课程思政实施路径探索 [J]. 绿色科技, 2021 (17): 270-272.

334. 张超. 高等职业教育电子商务项目运营课程思政研究与实践 [J]. 知识窗, 2021 (4): 112.

335. 王茜.《组织行为学》课程思政研究与实践 [J]. 丝路视野, 2020 (9): 43-44.

336. 杨岚. 追寻汉字艺术——UI设计教学中汉字应用的探究 [J]. 百花, 2021 (7): 40-41.

337. 肖宁.《C语言程序设计》课堂教学中的思政元素探究 [J]. 产业与科技论坛, 2021 (14): 187-189.

338. 緱辉. 汽车服务顾问实战课程思政的研究与实践 [J]. 辽宁青年, 2020 (1): 153.

339. 贾琳. 立德树人视角下汽车文化课程思政的探索与实践 [J]. 科教导刊, 2021 (6): 168-169.

340. 郭忠庆, 高聪聪, 等. 高职课程思政的探索与改革——以《汽车配件管理》课程为例 [J]. 汽车实用技术, 2021 (16): 216-218.

341. 韩旭萍. 以"汽车保险与理赔实务"课程为例探讨高职院校理工科类专业课程思政实施 [J]. 科教导刊, 2021 (7): 130-131.

342. 韩玉科. 课程思政与汽车构造课程设计与教学的衔接研究 [J]. 新一代, 2021 (8): 73.

343. 高聪聪, 张博峰, 等. 基于"互联网+课程思政"的高职"汽车电脑与总线技术"教学模式研究 [J]. 汽车实用技术, 2021 (16): 222-224.

344. 何志忠.《智能网联汽车技术》课程思政的探索与实践 [J]. 时代汽车, 2021 (7): 80-81.

345. 杨华. 汽车底盘构造与检修课程思政研究与实践 [J]. 科教导刊, 2021 (7): 127-128.

346. 魏亮. 课堂思政融入《二手车鉴定与评估的研究实践》——以陕西职业技术学院为例 [J]. 科教导刊, 2021 (7): 128-129.

347. 刘晓. 用思政筑牢劳动教育的根 [J]. 科教导刊, 2021 (6): 29-30.

348. 赵培, 张莎. "课程思政"融于液压与气动控制技术的教学探索 [J]. 财富时代, 2021 (8): 220+222.

349. 董青青.《PLC 技术及应用》课程思政方案的研究与实践 [J]. 中国设备工程, 2021 (10): 249-250.

350. 董莉娟, 殷朋宜, 等. 课程思政视域下护士人文修养课程的课堂教学实践 [J]. 文化创新比较研究, 2021 (19): 62-65.

351. 高永涛, 张寅. 基于单镜头的无人机倾斜摄影测量方法及其精度分析 [J]. 能源与环保, 2021 (4): 115-118+123.

352. 孔啸, 常露. 绿色勘查引领下《地质信息处理》课程思政教育探索 [J]. 才智, 2021 (4): 35-37.

353. 高慧. 高职院校专业课"一体两翼三提升"课程思政教学模式研究——以陕西能源职业技术学院为例 [J]. 西部学刊, 2021 (14): 116-118.

354. 王萍. 思政教育在妇科临床护理教学中的初探 [J]. 教育新探索, 2021 (5): 34-35.

355. 王赞丽. 高职护理《健康评估》课程思政研究与实践 [J]. 才智, 2021 (12): 22-24.

356. 郭晓华. 课程思政理念下护理学导论课程教学设计 [J]. 教育新探索, 2021 (5): 90-91.

357. 魏迎. "双高"背景下探索《Linux 网络操作系统》课程思政建设 [J]. 电脑知识与技术, 2021 (21): 239-240.

358. 介文凝. 思政教育与营销教学的有效结合——以《物流营销实务》课程为例 [J]. 质量与市场, 2021 (8): 69-71.

359. 许远, 侯旭晖.《国际贸易与实务》课程思政教学设计研究 [J]. 营销界, 2021 (18): 81-82.

360. 宋倩. 高职《电子商务基础》课程思政教学改革方向 [J]. 才智, 2021 (19): 56-58.

361. 董楠. 物流管理专业《物流采购实务》课程思政的构建与实施 [J]. 质量与市场, 2021 (8): 78-80.

362. 吕灵凤. 《跨境电商实务》课程思政教学策略探索分析 [J]. 才智, 2021 (19): 50 – 52.

363. 黄苗苗. 《汽车保险与理赔》专业课程思政实施体系研究 [J]. 时代汽车, 2021 (17): 99 – 100.

364. 陈晓瑜. 高职《汽车商务礼仪》课程思政教学实践研究 [J]. 时代汽车, 2021 (15): 44 – 45.

365. 王昭, 何文锋. 浅析《汽车市场营销》课程中的思政元素及应用策略 [J]. 时代汽车, 2021 (17): 46 – 47.

366. 韩乐. 《汽车底盘构造与维修》课程思政研究与实践 [J]. 河北农机, 2021 (8): 69 – 70.

367. 张沛. 《汽车基础电器系统故障诊断与维修》课程思政建设研究与实践 [J]. 时代汽车, 2021 (15): 58 – 59.

368. 吴丹. 高职《新能源汽车概论》课程思政教学实践研究 [J]. 时代汽车, 2021 (15): 42 – 43.

369. 张雪妮. 《新能源汽车电气技术》课程思政教学研究与实践 [J]. 时代汽车, 2021 (17): 93 – 94.

370. 尚华. 分析检验综合技能实训 [M]. 北京: 北京大学出版社, 2021.

371. 史歌, 王文波. 铁路旅客服务及礼仪 [M]. 渭南: 西安铁路职业技术学院, 2021.

372. 王红娟. 财务会计理实一体化教程（修订版）[M]. 西安: 西北大学出版社, 2021.

373. 杨勃, 潘红伟. 混凝土结构计算 [M]. 北京: 电子工业出版社, 2021.

374. 申婧, 温静. "1 + X" 母婴护理实训教材（活页式）[M]. 咸阳: 陕西能源职业技术学院, 2021.

第二部分

中期评价，成效显著

按照《教育部办公厅财政部办公厅关于开展中国特色高水平高职学校和专业建设计划中期绩效评价工作的通知》（教职成厅函〔2022〕10号），陕西省教育厅、陕西省财政厅联合印发了《陕西省中国特色高水平高职学校和专业建设计划省级中期绩效评价工作方案》（陕教函〔2022〕538号），8所"双高"学校认真开展"双高计划"中期绩效评价自评工作，形成了本校中期绩效评价自评报告。省教育厅、财政厅在各校自评的基础上，邀请全国"双高计划"建设咨询专家委员会专家进行省级中期绩效评价，并形成陕西省国家"双高计划"中期绩效评价报告。本部分内容为陕西省国家"双高计划"中期绩效评价报告和8所"双高"学校国家"双高计划"中期绩效评价自评报告。

陕西省国家"双高计划"建设绩效中期评价报告

陕西省共有 8 所高职院校入选国家"双高计划"建设单位（以下简称双高建设单位），其中：高水平学校建设单位 4 所，分别是陕西工业职业技术学院（A 档）、杨凌职业技术学院（B 档）、陕西铁路工程职业技术学院（C 档）、西安航空职业技术学院（C 档）；高水平专业群建设单位 4 所，分别是陕西国防工业职业技术学院（B 档）、陕西职业技术学院（B 档）、陕西能源职业技术学院（C 档）、咸阳职业技术学院（C 档）。

根据《教育部办公厅财政部办公厅关于开展中国特色高水平高职学校和专业建设计划中期绩效评价工作的通知》（教职成厅函〔2022〕10 号），陕西省教育厅、陕西省财政厅联合印发了《陕西省中国特色高水平高职学校和专业建设计划省级中期绩效评价工作方案》（陕教函〔2022〕538 号）（以下简称《工作方案》），根据《工作方案》，组织 8 所双高建设单位开展自评，在此基础上，邀请全国知名职教专家组建省级评价专家组，开展省级评价并形成中期评价报告。

一、推进"双高计划"建设的情况

(一) 国家"双高计划"建设的总体情况和工作机制

1. 建设总体情况

陕西省委、省政府认真贯彻落实习近平总书记关于职业教育的重要指示、来陕考察重要讲话和全国职业教育大会精神，将国家"双高计划"建设作为推进全省职业教育高质量发展的有力抓手，在政策、资金、土地、项目、基地等方面予以倾斜支持。目前，全省 8 所双高建设单位总体完成了既定建设目标。8 所双高建设单位累计获得国家级标志性成果、重点项目 430 项（统计范围见《工作方案》附件 2），产教融合、校企合作不断深入，高素质技术技能人才培养质量显著提升，服务国家战略和陕西经济社会发展能力持续增强，国家"双高计划"示范引领作用凸显。

2. 工作机制建设情况

（1）建立三级统筹推进机制

陕西省委教育工作领导小组建立了职业教育工作厅际联席会议制度，专门由省教育厅、省财政厅牵头组建了陕西省"双高计划"建设工作领导小组，负责统筹推进全省"双高计划"建设工作。各双高建设单位均成立了由学校主要领导牵头的工作专班，设立了学校双高办等专门机构，形成了"省委省政府统筹设计、省教育厅和省财政厅等多部门联动推进、建设单位具体实施"的纵向三级推进机制。

(2) 建立校地融合发展机制

依托西咸新区、杨凌农业高新技术产业示范区、阎良航空经济技术开发区等国家级示范区建设，指导、协调双高建设单位与示范区紧密合作，签订支持建设框架协议，通过"政府搭台、学校唱戏"的方式，将"双高计划"建设项目融入地方经济社会发展规划，有力推动了校地融合发展、同频共振。陕西省教育厅、咸阳市人民政府、机械工业教育发展中心共同签订了《支持陕西工业职业技术学院争创全国高水平院校框架协议》，陕西省教育厅、杨凌示范区管委会签订了《共同支持杨凌职业技术学院高水平建设框架协议》等。

(3) 完善产教融合发展机制

2019年，陕西省入选国家产教融合首批试点省份，咸阳市入选试点城市。省政府办公厅印发了《关于深化产教融合的实施意见》（陕政办发〔2019〕26号），力促产业、行业和院校的有效对接、深度融合，全省认定23家企业为陕西产教融合型试点企业，政策向双高建设单位倾斜。全省成立34个职教集团，优先支持双高建设单位牵头组建的职教集团进行实体化运行，开展行业标准研制、专业建设、教学改革和实训基地建设，其中9个职教集团被教育部认定为示范性职教集团（联盟）培育单位，4所高水平学校建设单位入选全国行业职业教育教学指导委员会副主任单位，在产教融合方面发挥了示范引领作用。陕西工业职业技术学院成为陕西省机械工业联合会会长单位，杨凌职业技术学院成为上合组织农业技术交流培训示范基地建设的主要成员单位，陕西铁路工程职业技术学院被评为推动陕西省BIM发展先进单位，西安航空职业技术学院与中国人民解放军第5702工厂成立产业学院。

（二）国家"双高计划"建设的政策支持和实施情况

1. 加强政策支持

2019年，陕西省政府出台了《关于印发职业教育改革实施方案的通知》（陕政发〔2019〕18号），健全财政投入稳定增长机制，落实教育附加费30%用于职业教育的政策，新增教育经费要向职业教育倾斜，重点建设国家"双高"学校。先后出台《陕西省国民经济和社会发展第十四个五年规划和二〇三五年远景目标纲要》《陕西省教育事业发展"十四五"规划》等文件，大力支持和推进国家"双高计划"建设。

省教育厅将国家"双高计划"建设项目列入年度工作要点，协调省发改委、财政厅、科技厅等部门，先后出台了《关于改革省属高校财政拨款制度促进高等教育高质量发展的意见》《关于调整公办高等学校学费标准的通知》《关于"两校一区"所提诉求反馈意见的函》《关于公布陕西高校科研平台、青年创新团队增补结果的通知》等文件，从加大资金投入、改善办学条件、搭建研究平台等方面，协调推进国家"双高计划"建设。

相关地市积极行动，专门出台支持"双高计划"建设的政策，《咸阳市国家产教融合试点城市建设实施方案》明确支持3所驻咸双高建设单位组建产业学院，打造产教融合示范高校；渭南市划拨专项经费，将驻渭双高建设单位打造为技术转移示范机构。

2. 具体实施情况

（1）统筹推进全省国家"双高计划"建设

一是加强对建设方案的指导。坚持问题导向，组织专家对双高建设单位的建设计划和实施方案审核把关，确保建设方向不偏、路径清晰、科学可行。二是加强研讨交流。先后组织召开"陕西省'双高计划'建设推进会""全省高等职业教育教学成果交流会"，举办"双高计划"建设论坛7次、专题研讨会12次，通过专家讲座、经验交流、问题探讨等形式指导院校开展建设。三是注重发挥区域协同效应。联合西部12个省（区），举办西部"双高计划"建设论坛、渝陕"双高计划"建设研讨会、陕渝川"双高计划"建设研讨会等活动，加强交流、共谋发展。

（2）强化理论研究促进内涵建设

一是加强课程思政研究。切实落实立德树人根本任务，立项课程思政研究课题2030项，实现了国家"双高计划"专业群课程思政全覆盖。二是建立职业教育研究平台。根据职业教育理论研究需要，省教育厅设立陕西（高校）哲学社会科学重点研究基地——西部现代职业教育研究院、陕西职业教育乡村振兴研究院，聚焦国家"双高计划"引领职业教育创新发展、职业教育服务乡村振兴战略路径等开展研究。三是发挥省职业技术教育学会智库作用。委托省职业技术教育学会立项"双高计划"建设专项研究课题27项，组织编写高等职业教育质量年报，出版《中国特色高水平学校和专业建设研究与实践》（方案篇）等9部专著。

（3）解决建设中存在的关键问题

省委省政府领导多次前往双高建设单位实地调研，推进解决学校的实际困难。省教育厅积极协调推进解决部分双高建设单位发展过程中的土地问题；在上调公办高职院校学费标准的基础上，特别针对双高建设单位给予政策倾斜，允许学校学费在新收费标准的基础上再上浮10%，8所双高建设单位每年学费增收合计约5 000万元；协调省委编办、省人社厅，建立人才"周转池"，增加高级职称编制比例，保障双高建设单位高水平人才队伍建设；发挥职业教育专业资源优势，完善优质教学资源开放共享应用机制，推动建设单位数字化升级，获批国家职业教育示范性虚拟仿真实训基地培育项目6个。

（4）实施省级"双高计划"建设

省教育厅、省财政厅印发了《陕西省高水平高职学校和专业建设计划实施方案

(2022—2025年)》（陕教〔2022〕10号），以国家"双高计划"带动省级"双高计划"，以省级"双高计划"支撑国家"双高计划"，遴选13个省级高水平高职学校建设单位、92个省级高水平专业群。8所双高建设单位全部入选省级高水平学校建设单位、入选高水平专业群49个，占全省总量的53.3%。

（三）国家"双高计划"建设的资金支持和执行情况

1. 经费投入及执行情况

2019—2021年，全省双高建设单位经费总预算为201 597.00万元，实际到位金额为210 340.03万元，资金到位率为104.34%，支出205 455.57万元，支出率为97.68%。

其中：中央财政拨款预算为35 100.00万元，实际到位金额为35 100.00万元，到位率为100%，支出35 100.00万元，支出率为100%。

地方财政拨款预算为37 195.00万元，实际到位金额为37 510.00万元，到位率为100.85%，支出37 510.00万元，支出率为100%。

行业企业投入预算为15 519.00万元，实际到位金额为19 873.93万元，到位率为128.06%，支出19 873.93万元，支出率为100%。

学校自筹预算为113 783.00万元，实际到位金额为117 856.10万元，到位率为103.58%，支出112 971.64万元，支出率为95.86%（见表1）。

表1 双高建设单位建设经费投入及使用情况统计

项目名称	资金预算金额/万元	资金到位金额/万元	资金到位率/%	资金支出金额/万元	资金支出率/%
中央财政拨款	35 100.00	35 100.00	100.00	35 100.00	100.00
地方财政拨款	37 195.00	37 510.00	100.85	37 510.00	100.00
行业企业投入	15 519.00	19 873.93	128.06	19 873.93	100.00
学校自筹	113 783.00	117 856.10	103.58	112 971.64	95.86
总额	201 597.00	210 340.03	104.34	205 455.57	97.68

2. 地方各级财政投入资金支持情况

2019—2021年，我省对8所双高建设单位按不同档次中央财政拨款经费的1∶1配套支持，拨款预算总额为37 195.00万元。截至2021年12月31日，到位资金总计37 510.00万元，资金到位率为100.85%（见表2）。在配套经费之外，省政府相关部门积极主动地为双高建设单位争取政府债券、贷款等建设资金131 500.00万元。

表2 陕西省各级政府2019—2021年资金到位情况

单位名称	预算总额/万元	到位资金/万元	资金到位率/%
陕西工业职业技术学院	15 000.00	15 000.00	100.00
杨凌职业技术学院	7 500.00	7 500.00	100.00
陕西铁路工程职业技术学院	3 000.00	3 000.00	100.00
西安航空职业技术学院	3 000.00	3 000.00	100.00
陕西国防工业职业技术学院	2 100.00	2 100.00	100.00
陕西职业技术学院	2 100.00	2 100.00	100.00
陕西能源职业技术学院	1 200.00	1 200.00	100.00
咸阳职业技术学院	3 295.00	3 610.00	109.56
总计	37 195.00	37 510.00	100.85

（四）国家"双高计划"建设的绩效管理和执行情况

1. 绩效管理情况

一是明确绩效管理政策要求。陕西省委省政府高度重视"双高计划"建设及绩效管理工作，在陕西省职业教育改革实施方案等文件中，将建设绩效作为职业教育建设与改革的主要考核指标，明确提出"对职业教育发展明显滞后、整改不力的地区和学校，严肃追究单位和个人责任"。

二是加强对绩效管理工作的指导。省教育厅先后出台了《关于开展"双高计划"建设学校2019—2020年度绩效自评工作的通知》《陕西省中国特色高水平高职学校和专业建设计划省级中期绩效评价工作方案》等文件，明确"中期绩效评价指标体系""国家级标志性成果、重点项目参考范围"，进一步规范了绩效管理评价工作，并明确提出"评价结果将作为省级激励支持和资源配置的重要参考"。

三是建立绩效年报制度信息交流机制。建立"双高计划"建设绩效年报制度和建设信息交流简报制度，委托省职业技术教育学会先后编发《陕西国家"双高计划"建设内部信息交流简报》65期，加强绩效管理和交流。

2. 绩效执行情况

根据教育部双高计划监测平台填报数据统计，全省"双高计划"建设中期绩效目标完成度99.6%，终期完成度66.6%，具体情况见表3。

表3 陕西省双高建设单位绩效目标完成情况统计

单位名称	分类	中期绩效目标完成度/%	终期绩效目标完成度/%
陕西工业职业技术学院	学校层面	100.00	72.98
	专业群1	100.00	70.89
	专业群2	100.00	79.69
	总体	100.00	73.72
杨凌职业技术学院	学校层面	100.00	62.25
	专业群1	100.00	62.53
	专业群2	100.00	61.90
	总体	100.00	62.23
陕西铁路工程职业技术学院	学校层面	100.00	63.08
	专业群1	100.00	64.49
	专业群2	100.00	62.91
	总体	100.00	63.49
西安航空职业技术学院	学校层面	100.00	64.82
	专业群1	100.00	65.97
	专业群2	100.00	67.81
	总体	100.00	66.15
陕西国防工业职业技术学院	学校层面	100.61	62.80
	专业群1	100.62	66.21
	总体	100.62	64.51
陕西职业技术学院	学校层面	99.84	67.71
	专业群1	100.00	67.63
	总体	99.94	67.67
陕西能源职业技术学院	学校层面	98.36	62.53
	专业群1	97.50	61.89
	总体	98.02	62.21
咸阳职业技术学院	学校层面	99.64	63.38
	专业群1	99.53	63.67
	总体	99.60	63.46

二、对双高建设单位的中期评价情况

（一）组织与实施情况

1. 完善组织机构

依据《工作方案》，成立了陕西省国家"双高计划"省级中期绩效评价工作领导小组，审定评价流程和实施要求，指导中期绩效评价工作。制定了《专家工作手册》，遴选9位全国知名职教专家组成专家组开展评价。

2. 明确进度安排

要求8所双高建设单位于5月30日前，在监测平台填报绩效数据并提交自评报告；6月1日—15日，省教育厅、省财政厅核验平台填报数据；6月19日—24日，组织专家组对8所双高建设单位进行线上评价、现场检查及反馈。

3. 精准客观评价

专家组按照"突出绩效、客观公正"的原则，采取审阅平台材料、听取学校汇报并质询、现场检查等方式，突出建设单位对陕西经济社会发展的贡献度、对陕西创新发展总源头——秦创原创新驱动平台的参与度、课程思政育人的达成度，实现精准客观评价。

（二）中期评价的结果及分析

1. 中期评价结果

各校得分构成为：高水平学校建设单位学校层面得分占50%，两个专业群得分分别占25%；高水平专业群建设单位学校层面得分占30%，专业群层面得分占70%。评价结果见表4。

表4 陕西省国家"双高计划"建设绩效中期评价结果

序号	建设单位	得分	评定档次
高水平学校建设单位			
1	陕西工业职业技术学院	98.23	优秀
2	杨凌职业技术学院	96.88	优秀
3	陕西铁路工程职业技术学院	95.96	优秀
4	西安航空职业技术学院	95.96	优秀
高水平专业群建设单位			
5	陕西国防工业职业技术学院	95.59	优秀
6	陕西职业技术学院	91.94	优秀
7	陕西能源职业技术学院	94.34	优秀
8	咸阳职业技术学院	93.02	优秀

2. 评价结果分析

三年来，在陕西省委、省政府的大力支持下，在省教育厅、省财政厅及相关部门的高效率统筹协调下，陕西形成了国家"双高计划"的强有力推进机制，8所国家双高建设单位建设成效显著。

陕西工业职业技术学院作为西部唯一一所国家高水平学校A档建设单位，与国家级新区西咸新区、国家产教融合试点城市咸阳市密切协作，按照"引领改革、支撑发展、中国特色、世界水平"的建设目标，全力推进"双高计划"建设，牵头制定国家专业教学标准、行业标准并向"一带一路"沿线国家输出专业、课程标准累计210项；协同推进产教融合，搭建全国示范性职业教育集团（联盟）培育单位等国家级平台（基地）19个，担任中国职业技术教育学会学术委员会委员等社会团体职务14个，陆续吸引省内外来校培训交流院校263所，接待马拉维国家元首、新西兰驻华大使访问交流，被国务院副总理孙春兰称赞为一所"有历史、有精神、有伙伴、有口碑"的"四有"优质学校。该校中期绩效目标全部实现，建设资金投入及使用情况良好，获得国家级标志性成果、重点项目114项。

杨凌职业技术学院作为国家高水平学校B档建设单位，充分发挥学校涉农专业特色，与杨凌农业高新技术产业示范区紧密合作，打造耕读教育文化品牌，以高素质农业技术标准引领推进课堂教学变革、集成现代农业技术服务乡村振兴，为区域农业产业发展做出重要贡献。该校中期绩效目标全部实现，建设资金投入及使用情况良好，获得国家级标志性成果、重点项目88项。

陕西铁路工程职业技术学院作为国家高水平学校C档建设单位，主动服务中国高铁"走出去"战略，与渭南国家高新技术产业开发区发展需求紧密对接，通过建设具有铁路特色的高素质技术技能人才培养高地、对接高铁和城轨产业升级的产教融合协同创新高地、"一带一路"国家铁路技术技能人才培训高地，实现了争先进位、增值赋能，成为"铁路工程局招聘的首选，铁路管理局招聘的必选"学校。该校中期绩效目标全部实现，建设资金投入及使用情况良好，获得国家级标志性成果、重点项目39项。

西安航空职业技术学院作为国家高水平学校C档建设单位，聚焦航空特色，密切服务国家航空产业发展，通过技术赋能、资源赋智、文化赋魂，体现"特"；建强平台、增强内涵，支撑"强"；搭建成果产出机制、转化成果提升育人实效，凸显"高"；国家标准引领、强化模式创新，突出"广"，为航空职教改革发展探索了新路径。该校中期绩效目标全部实现，建设资金投入及使用情况良好，获得国家级标志性成果、重点项目 82 项。

陕西国防工业职业技术学院作为国家高水平专业群 B 档建设单位，依托陕西良好的国防工业基础，通过党建领航构建大思政育人格局、校企合作建设产业学院、共建大学科技园推进"产学研创"深度融合、搭建技能培训平台共育国防工匠等，培养出大批优秀红色军工传人。该校中期绩效目标全部实现，建设资金投入及使用情况良好，获得国家级标志性成果、重点项目 44 项。

陕西职业技术学院作为国家高水平专业群 B 档建设单位，聚焦陕西旅游产业现代化发展趋势，实施分层分类培养方式改革，开展精准通识教育、职业导向课程改革，推进课堂教学创新，凝聚形成现代服务业职教品牌。该校中期绩效目标完成度为 99.94%，建设资金投入及使用情况良好，获得国家级标志性成果、重点项目 14 项。

陕西能源职业技术学院作为国家高水平专业群 C 档建设单位，聚焦陕西能源化工产业现代化发展需要，与陕煤集团、延长石油集团等世界 500 强企业合作开展订单培养，面向陕西煤业化工集团、陕西延长石油集团等企业开展技能培训，为服务陕西能源化工产业发展做出重要贡献。该校中期绩效目标完成度为 98.02%，建设资金投入及使用情况良好，获得国家级标志性成果、重点项目 16 项。

咸阳职业技术学院作为国家高水平专业群 C 档建设单位，立足西咸，扎根西部建设高水平学前教育专业群，探索实践德能融合、赛教融合、园校融合"三融合"人才培养模式，将"新技术、新业态、新标准、新岗位、新素质、新精神"融入人才培养全过程，创新形成"三教"改革咸职新模式，彰显示范效应。该校中期绩效目标完成度为 99.6%，建设资金投入及使用情况良好，获得国家级标志性成果、重点项目 33 项。

（三）绩效评价结果应用拟采取的主要措施

按照教育部、财政部中期评价文件，将绩效中期评价结果作为今后对各双高建设单位支持的重要依据。一是作为资源投入的重要依据。评价等级为"优""良"等次的建设单位，省级继续支持，并适当增加资源投入；对评价等级为"中""差"等次的建设单位，限期整改，调减资源投入。二是作为年度考核的重要依据。将评价等级纳入省属高校领导班子和个人年度考核指标。三是作为学校绩效工资总量调整的重要依据。根据评价等级，相应调整学校绩效工资总量。

三、成效、问题与下一步工作考虑

（一）经验与成效

1. 引领职业教育改革发展和人才培养方面

一是落实立德树人根本任务。指导双高建设单位以党建为引领、以思政教育为抓手，构建思政课程和课程思政同向同行的大思政工作体系,培养德技并修的技术技能人才。三年来,全省共获批全国党建工作示范样板支部16个,实现建设单位全覆盖。陕西工业职业技术学院聚焦"五工"(工业、工厂、工程、工人、工匠),打造"一场一馆一园一廊一空间"校园特色文化育人平台,整合红色文化和工业文化资源,形成"红色匠心"文化育人理念,将思政教育、职业道德、工匠精神、能力培育融入教育教学全过程。获全国高校思想政治理论课教学展示暨优秀课程观摩活动一等奖1项、二等奖2项,获批全国党建工作示范高校、样板支部,全国高校思政工作创新发展中心,教育部课程思政教学研究示范中心。

二是强化人才培养特色。指导双高建设单位结合陕西经济社会发展需要,发挥自身优势,积极开展教学改革和实践探索,形成系列富有典型特征的人才培养模式。杨凌职业技术学院构建的职业农民(村干部)学历教育"334"人才培养模式,三年共招收职业农民(村干部)2 000多人,从中涌现出了全国优秀党务工作者万传慧、"育苗能手"李建辉等优秀代表。该模式在全国10余所职业学校推广应用,受到教育部职成司充分肯定。陕西工业职业技术学院24名毕业生进入清华大学、北京航空航天大学等知名高校担任实践课教师,在教育部"教育这十年""1+1"发布采访活动上分享学习成长经历。

三是强化"双师"队伍培养。指导双高建设单位通过内培外引,建设师德高尚、能力全面、素质过硬的"双师型"教师队伍。三年来,共培养国家"万人计划"教学名师、国家级教学名师、全国模范教师各1人,全国高校黄大年式教师团队2个、国家级职业教育教师教学创新团队8个,教师在全国职业院校技能大赛教学能力比赛获奖21项。陕西铁路工程职业技术学院打造"1334双师型"教师培养模式,以构建标准体系为保障,以教师发展中心等三大平台为支撑,以企业、学校、政府三方合作为驱动,全面提升教师的教学、科研等四种能力。立项建设国家级教师教学创新团队2个,建成国家级"双师型"教师培养基地2个、技能大师工作室1个,国家级教学能力比赛获奖6项。西安航空职业技术学院实施"四心"(初心、靶心、匠心、恒心)工程,系统推进高水平人才队伍建设,培育国家级教师团队3个,国家"万人计划"教学名师1名。

2. 支撑国家战略和地方经济社会发展方面

一是产教融合服务国家战略和地方经济发展。指导双高建设单位着眼国家战略、立足地方经济发展需要,通过研究产业需求、搭建合作平台、强化技术服务等,推动产教融合走向深水区。西安航空职业技术学院不断完善科技成果转化体系,打造集人才培养、技术服务、产教融合于一体的技术技能创新服务平台。获批国家自然科学基金依托单位、航空高端制造陕西省高校工程研究中心;获陕西省高校科学技术奖、人文社科奖3项,专利

418项，科技成果转移转化25项。陕西能源职业技术学院坚持"立足煤炭，面向社会，服务地方"的宗旨，实施技能人才"学历+技能"双提升工程，解决企业技术难题36项，完成煤炭工种职业技能鉴定5 475人，输送高素质技术技能人才1 840人。

二是校企合作实现多方"共赢"。指导双高建设单位通过校企共建产业学院等形式，与行业头部企业在人才培养、技术创新、社会服务、就业创业、文化传承等方面深度合作，在落实"六稳六保"，开展访企拓岗等方面，推进校企资源的有机结合和优化配置，实现了校企共赢。陕西国防工业职业技术学院联合兵器202所等军工企业，成立兵器工匠学院等3个产业学院，聘请大国工匠常驻担任企业导师，协同共育国防工匠。专业群毕业生30.4%在军工企业就业，大国工匠徐立平班组7人中5人为"双高"专业群毕业生，大国工匠杨峰班组中"双高"专业群毕业生12人，毕业生50余人获评省、市级工匠、技术能手。陕西职业技术学院与陕建集团、珠海世纪鼎利科技股份有限公司、怡亚通供应链股份有限公司等行业龙头企业深度合作，牵头组建了陕西城镇建设职教集团，有成员单位199家，共建校内生产性实训基地6个，有企业参与的校内专业教学指导委员会比率已达85%，其中35%的专业已与企业开展横向课题研究，合作企业面向本校毕业生提供各类就业岗位超过2万个/年。

三是科技创新强化社会服务能力。指导双高建设单位积极融入秦创原创新驱动平台建设，持续提升成果转移转化和科技服务能力，为区域经济社会发展提供技术支持。陕西工业职业技术学院侯延升博士团队研发的"折叠显示器用柔性玻璃转化"项目，打破国外技术垄断，成功实施成果转化，预计年新增销售收入5亿元。杨凌职业技术学院校企行政四方共建科技创新与社会服务平台，构建"项目研究、基地培训、科技指导、技术支持"等一体化的社会服务体系，研发的"EDDHA有机螯合态铁肥"等新产品，获农业农村部科研技术创新重要亮点成果1项、省级及以上科技成果奖9项，授权专利160项，开启了陕西职业教育服务乡村振兴战略的新篇章。陕西铁路工程职业技术学院通过实施"产教四融、协同创新"科技服务模式，实现成果转化6项，获得专利106项；联合企业开展银西高铁隧道注浆等国家重点工程科技攻关11项。咸阳职业技术学院2项成果获陕西省高校最具转化潜力科技成果，入选秦创原高校科技成果展暨校企对接洽谈会精品项目，其中"水性涂料"项目团队从根本上解决现有产品带来的高污染问题，每年为企业节约400~600吨有机溶剂成本。

3. 形成支撑职业教育高质量发展的政策、制度和标准方面

一是完善政策制度设计。立足职业教育高质量发展需要，组织双高建设单位积极参与国家政策、制度建设。充分吸纳各建设单位意见建议，不断完善省级层面的职业教育政策

和制度。落实立德树人根本任务,根据教育部《高等学校课程思政建设指导纲要》,出台《关于全面推进高等学校课程思政建设工作方案》(陕教工〔2020〕171号)、《关于开展课程思政示范项目建设工作的通知》(陕教高办〔2021〕5号),指导院校加强课程思政建设。服务国家乡村振兴战略,出台《陕西省职业教育服务乡村振兴战略三年行动计划(2020—2022年)》(陕教〔2020〕123号),对建好"双高"服务乡村振兴的路径方法做出规划设计。根据素质教育人才培养要求,连续四年组织陕西省高等职业院校课堂教学创新大赛,开展课堂革命陕西行动,打造"有灵魂的大学课堂"。持续深化教学质量诊断与改进工作,在总结高职诊改工作经验的基础上,印发《陕西省中等职业学校教学工作诊断与改进实施方案(2021—2025年》(陕教职办〔2021〕25号),推动诊改工作向中职延伸,全面提升职业教育教学质量。

二是加强标准研制。指导双高建设单位立足国家职业教育标准体系建设要求,通过课题研究、标准制定、政策建议等形式,为职业教育高质量发展提供陕西方案、贡献陕西智慧,全省双高建设单位牵头、参与制定国家专业教学标准、专业简介213项。陕西工业职业技术学院牵头组建全国机械行业服务高水平院校建设联盟,制定全国行业技术标准6项;主持国家专业类及专业教学标准研制4项,参与国家专业教学标准研制20项,建立国际标准认证中心4个,并积极为教育部学生实习管理、省级教师培训等相关政策的制定建言献策。西安航空职业技术学院通过无人机应用技术专业带头人领军能力培训国培项目、中国职业技术教育学会"说专业群"研讨会等活动,向全国400余所开办无人机专业学校推广专业教学标准和"X"证书标准。

三是输出标准资源。指导双高建设单位坚持开放办学,积极探索具有学校特色的国际化办学模式,加强优质教学标准和资源的输出,国际交流合作美誉度、影响力有效提升。陕西铁路工程职业技术学院主动服务"一带一路"倡议和高铁"走出去"战略,为尼日利亚拉伊铁路、马来西亚东海岸铁路等项目开展国际培训1.02万人·日;在肯尼亚建设鲁班工坊,培养了818名本土化技术技能人才,占肯尼亚蒙内铁路员工总数的1/3;教育部职成司点名表扬学校地隧资源库助力高铁"走出去";"中马铁路工程类专业人才联合培养项目"成功入选"中国—东盟高职院校特色合作项目"。咸阳职业技术院主动服务"一带一路"倡议,面向印尼、泰国开展专题培训200余人,开发的职业汉语教材被菲律宾巴利乌格大学采用,在坦桑尼亚建立海外分院和鲁班工坊,成为第一批参与制定坦桑尼亚国家行业岗位职业标准的中国高职院校之一,获中非教育合作与人文交流优秀单位。

(二)建设国家"双高计划"的不足及成因

1. 示范引领仍需强化

双高建设单位在建设过程中,高质量完成了各产出指标,形成了一批典型经验和实践成果，但是由于对成果物化、理论研究、总结推广不足，导致成果经验的辐射广度和深度尚不够，示范引领作用有待加强。

2. 产教融合仍需深化

双高建设单位在产教融合与校企合作发展方面进行了有益的探索，取得了一定的成效，但受部分高职院校行业领军人才不足、校企人员双向流动缺乏有效制度保障、混合所有制办学落地政策供给不足等方面影响，服务行业企业和陕西经济社会发展能力有待进一步提高。

3. 国际化水平仍需提高

双高建设单位在国际化进程中，取得了一定的成绩。受新冠疫情、国际形势等多种因素影响，留学生来校学习、师生出国交流、培训等遇到一定困难。各建设单位采用了线上会议、论坛、培训等形式推动国际交流与合作，虽完成了目标任务，但取得的成效与预期相比还存在一定差距。

（三）下一步工作考虑

陕西省将进一步贯彻落实新《职业教育法》《国家职业教育改革实施方案》《关于推动现代职业教育高质量发展的意见》，全面梳理总结建设单位中期绩效评价工作中的经验和问题，加强对"双高计划"建设的省级统筹，加大对建设单位的指导和支持，补短板、强特色、顾长远、打基础，以有为、求有位，按期、保质、保量完成建设任务，引领、带动全省职业教育高质量发展。

1. 坚持问题导向补短板、强特色

针对中期绩效评价中发现的问题，建立台账，组建专家团队开展指导，逐一销号，确保问题不积累，任务顺利完成。指导双高建设单位，按照"打完一仗、总结一次、提高一点"的原则，对建设过程的回顾、取得成绩的汇总、存在问题的剖析进行系统梳理，总结经验，吸取教训，厘清思路，深化办学内涵、强化办学特色，凝聚高质量发展的核心竞争力。

2. 瞄准关键环节破难题、促发展

深入学习领会中共中央办公厅、国务院办公厅印发的《关于推动现代职业教育高质量发展的意见》，出台陕西省推动现代职业教育高质量发展的实施意见，适时制定陕西省关于产教融合、校企合作、国际交流、信息化建设等方面的政策法规。进一步完善省级层面的"双高计划"建设管理协调推进机制，及时回应学校"双高"建设中的诉求，指导和帮助学校围绕建设过程中存在的痛点、难点、堵点下功夫、求突破。围绕"一个加强、四个打造、五个提升"的改革发展任务，抓好思政课大练兵、"课堂革命陕西行动"、职业教育数字化升级等特色重点工作,努力建设引领改革、支撑发展、中国特色、世界水平的高职学校和专业群。

3. 把牢目标方向强基础、谋发展

落实《职业教育法》关于"县级以上地方人民政府应当举办或者参与举办发挥骨干和示范作用的职业学校"要求,对标国家"双高计划"建设标准,在建好现有国家"双高"院校和专业群的同时,集中力量建设一批省级"双高"院校和专业群,培育一批新的国家"双高"院校和专业群。持续做好国家"双高计划"和省级"双高计划"建设成果的总结和提炼,强化理论研究,深化规律认识,推出一批具有本地特色的典型优秀案例、模式、标准,推动成果惠及更多院校,全面提升陕西职业教育的质量和水平,为推进我国现代职业教育高质量发展贡献"陕西力量"。

陕西工业职业技术学院"双高计划"中期自评报告

2019年，学校被确定为"中国特色高水平高职学校和专业建设计划"A档学校建设单位。三年来，学校按照"引领改革、支撑发展、中国特色、世界水平"的要求，全面贯彻党的教育方针，将立德树人根本任务落实到人才培养的各个环节，与国家西咸新区、国家产教融合试点城市咸阳市协同推进产教融合，深化校企合作，人才培养质量持续提升、社会服务能力显著增强，实现了学校事业的高质量发展，为打造中国特色类型教育模式贡献"陕工方案"。

根据《教育部办公厅 财政部办公厅关于开展中国特色高水平高职学校和专业建设计划中期绩效评价工作的通知》和《陕西省中国特色高水平高职学校和专业建设计划中期绩效评价工作方案》要求，学校扎实开展"双高计划"中期绩效评价自评工作，形成中期自评报告。

一、总体实现程度概述

（一）总体目标的实现程度及效果概述

1. 总体目标完成情况

学校"双高"建设学校及专业群2019—2021年度共设置任务建设点701个，全部如期完成预设建设任务和绩效目标。

学校"双高计划"中期绩效指标共545个绩效指标，其中，学校层面378个绩效指标，机械制造与自动化专业群81个绩效指标，材料成型与控制技术专业群86个绩效指标。学校及专业群层面预设目标均已按期完成，三年目标完成度为100%（见表1）。学校自评分数为99.86分，其中，学校层面自评得分为99.9分，占比50%；机械制造与自动化专业群99.8分，材料成型与控制技术专业群99.85分，分别占比25%，自评结论为"优秀"等级（自评表见附件1）。

2. 总体建设效果概述

"双高"建设三年来，学校的办学综合实力、核心竞争力和社会认可度不断提升，共获得国家级各类奖励荣誉106项，牵头制定国家专业教学标准、行业标准、制定并向"一带一路"沿线国家输出专业、课程标准累计210项（见表2）。获省级一等奖（金奖）以上各类省级奖励荣誉188项，荣膺全国职业院校教学管理50强等荣誉7项，新增全国示范性职业教育集团（联盟）培育单位等国家级平台（基地）19个；牵头组建全国机械行业服务先进制造高水平职业院校建设联盟，担任中国职业技术教育学会学术委员会委员等社会团体职务14个，入选全国行业职业教育教学指导委员会委员名单12人；

表 1　学校绩效指标总体完成情况

指标类别		学校层面			机械制造与自动化专业群			材料成型与控制技术专业群		
		三年预期目标数量/个	完成指标数量/个	中期完成度/%	三年预期目标数量/个	完成指标数量/个	中期完成度/%	三年预期目标数量/个	完成指标数量/个	中期完成度/%
产出指标/%	数量指标	87	87	100	17	17	100	11	11	100
	质量指标	212	212	100	48	48	100	56	56	100
	时效指标	4	4	100	3	3	100	3	3	100
效益指标	社会效益指标	63	63	100	4	4	100	9	9	100
	可持续影响指标	7	7	100	4	4	100	2	2	100
满意度指标	服务对象满意度指标	5	5	100	5	5	100	5	5	100
合计		378	378	100	81	81	100	86	86	100

获批国家优质专科高等职业院校和陕西省一流学院立项建设单位；先后5次被中央电视台报道；为清华大学工程训练中心输送了以邢小颖为代表的优秀学生13名，陆续吸引省内外来校培训交流院校263所；接待马拉维国家元首、新西兰驻华大使访问交流。实现了学校办学水平、人才培养质量和国内外影响力的持续提升，国务院副总理孙春兰来校视察时，称赞学校是一所"有历史、有精神、有伙伴、有口碑"的"四有"优质学校。

机械制造与自动化专业群建设期内累计获得国家层面奖励荣誉24项，省级层面奖励荣誉62项。获得全国工人先锋号1个、国家级职业教育教师教学创新团队、课程思政教学团队2个；获批"十三五"国家规划教材3部、国家级职业教育专业教学资源库1个、国家级精品在线开放课程1门；先后获批国家级虚拟仿真实训中心、国家级协同创新中心、国家级"双师型"教师培养培训基地等国家级各类基地6个，教育部中德先进职业教育合作项目首批试点（SGAVE）1个；获评教育部产教融合校企合作典型案例1个、机械行业职业教育产教融合校企合作典型案例"十佳案例"1个；电气自动化技术专业标准及课程标准被尼日利亚纳卡布斯理工学院等6所院校协议引进，机械制造与自动化专业教学标准成为赞比亚国家职业教育教学标准；培养了以全国五一劳动奖章获得者何小虎为代表的优秀毕业生群体。

表 2 2019—2021 年国家级主要标志成果一览表

序号	成果类别	项目名称	授予部门	建设增量/项
1	院校荣誉	国家优质专科高等职业院校	教育部	1
2		第三批全国党建工作示范高校培育创建单位	教育部	1
3		国家课程思政教学研究示范中心	教育部	1
4		全国高校思政工作创新发展中心	教育部	1
5		教育部教学诊断与改进工作试点	教育部	1
6		全国示范性职业教育集团（联盟）培育单位	教育部	1
7		全国首批职业院校校长培训基地	教育部	1
8		国家级职教教师教学创新团队培训基地	教育部	1
9		国家级高技能人才培训基地	人社部	1
10	专业建设	国家级骨干专业	教育部	12
11		国家职业教育示范性虚拟仿真实训基地培育项目	教育部	1
12		国家级生产性实训基地	教育部	4
13		国家级"双师型"教育培养培训基地	教育部	3
14		国家级虚拟仿真实训中心	教育部	1
15		国家级协同创新中心	教育部	4
16		虚拟仿真示范实训基地专业课程与教学资源建设项目	教育部	4

续表

序号	成果类别	项目名称	授予部门	建设增量/项
17	"三教"改革	国家课程思政示范课程、教学名师和团队	教育部	2
18		全国高校黄大年式教师团队	教育部	1
19		国家级职业教育教师教学创新团队	教育部	2
20		国务院特殊津贴教师	中华人民共和国国务院	1
21		全国模范教师	人力资源和社会保障部、教育部	1
22		"国家高层次人才特殊支持计划"教学名师	教育部	1
23		国家级精品在线开放课程	教育部	1
24		联合主持国家级职业教育专业教学资源库	教育部	2
25		"十三五"规划教材（第一主编单位）	教育部	6
26		全国职业院校教学能力比赛获奖	教育部	5
27		全国高校思想政治理论课教学展示暨优秀课程观摩活动	教育部	3
28	技能大赛	全国职业院校技能大赛获奖	教育部	33
29		中国"互联网+"大学生创新创业大赛获奖	教育部	3
30		全国大学生数学建模竞赛	全国大学生数学建模竞赛组委会	5
31		全国大学生电子设计竞赛	全国大学生电子设计竞赛组织委员会	2

续表

序号	成果类别	项目名称	授予部门	建设增量/项
32	服务贡献	承办全国职业院校技能大赛	教育部	2
33		制定国家专业教学标准	教育部	4
34		制定全国行业技术标准	工信部等	6
35		向"一带一路"沿线国家输出专业标准	赞比亚职业教育与培训管理局等	16
36		向"一带一路"沿线国家输出课程标准		182
		总计		316

材料成型与控制技术专业群建设期内累计获得国家层面奖励荣誉26项,省级层面奖励荣誉22项。获批全国党建工作样板支部1个,国家级教师教学创新团队1个,全国机械行业职业教育服务先进制造专业教学团队1个,全国机械行业职业教育服务先进制造专业领军人才1人;引进中国工程院院士1人,建成卢秉恒院士工作室1个,建成国家级智能制造及智能成型虚拟仿真实训基地1个,承担国家职业教育虚拟仿真实训基地专业课程与教学资源建设项目1项;在"互联网+"国赛中获得省内高职院校首个金奖;获批西北地区首家德国莱茵TÜV授权"焊接培训考试中心"1个、国家级协同创新中心1个、国家级高技能人才培训基地1个、国家级"双师型"教师培养培训基地1个;2个专业教学标准和课程标准被尼日利亚认定为国家教学标准;向清华大学、浙江大学等"双一流"高校工程训练中心实践教师岗位输送了一批以邢小颖为代表的名片学生。

(二)项目经费到位和执行情况概述

1. 项目经费到位情况

到位资金43 390.93万元,资金到位率为108.48%。其中,中央财政拨款15 000.00万元,地方财政拨款15 000.00万元,行业企业投入4 390.93万元,学校自筹资金9 000.00万元。

2. 经费执行情况

截至2021年年底,项目总计支出42 572.38万元,项目资金使用率为98.11%(见表3),其中,机械制造与自动化专业群支出8 476.43万元,材料成型与控制技术专业群支出7 668.03万元。

表3　2019—2021年项目资金使用情况表

项目	预算金额/万元	到位金额/万元	支出金额/万元	资金使用率/%
财政资金支出	30 000.00	30 000.00	30 000.00	100.00
其中：中央财政资金	15 000.00	15 000.00	15 000.00	100.00
地方财政资金	15 000.00	15 000.00	15 000.00	100.00
行业企业投入资金支出	1 000.00	4 390.93	4 390.93	100.00
学校自筹资金支出	9 000.00	9 000.00	8 181.45	90.91
合计	40 000.00	43 390.93	42 572.38	98.11

二、学校层面任务及绩效指标完成情况

学校层面三年共有绩效指标378项，已完成中期指标378项，完成率为100%，总体完成度为72.98%，自评得分99分。

（一）产出情况

1. 加强党的建设（见表4）

表4　加强党的建设任务自评表

任务类型	中期目标数量/个	中期完成数量/个	完成率/%	自评分
加强党的建设	21	21	100	4

以强基、树标、培优、转型、赋能为重点，通过实施"提质培优、耦合育人、红色匠心、双融双促"四项计划，以党建为引领，将党建与相关"双高计划"建设任务紧密结合，在党建、思政、文化方面取得了显著成效。学校被认定为全国高校思政工作创新发展中心，全国课程思政教学研究示范中心，省党建工作示范高校、标杆院系、样板支部培育创建单位；荣获"全国机械行业'十三五'思政工作50强"称号，是2020年全省思政课教师"大练兵"活动中唯一包揽3门思政课程"教学标兵"的高职院校；立项省职业技术教育学会课程思政研究课题448项，实现了课程思政改革的全覆盖；获全国高校思想政治理论课实践教学联盟爱国主义教育实践教学方案一等奖，入选"高职院校网络思政创新示范案例50强"；获全国职业院校校园文化"一校一品"学校、"全国机械行业'十三五'校园文化建设示范基地"，获省校园文化成果奖一等奖1项。

2. 打造技术技能人才培养高地（见表5）

表5 打造技术技能人才培养高地建设任务自评表

任务类型		中期目标数量/个	中期完成数量/个	完成率/%	自评分
打造技术技能人才培养高地		59	59	100	4
绩效指标	数量指标	9	9	100	2
	质量指标	50	50	100	2

按照"找准定位、完善体系、打造样板、输出标准"的思路，通过实施三级高水平专业群建设工程、高层次人才培养试点工程、全面育人体系完善工程、新时期质量提升工程、教学标准升级工程等五大工程，在专业建设、人才培养、"三教"改革等方面取得了全面突破。学校入选全国高职院校教学资源50强等4个50强，成为教育部首批1+X证书制度试点院校；获批国家级骨干专业12个、陕西省专业综合改革试点专业2个、立项省级一流专业20个；获批国家级生产性实训基地4个、国家级虚拟仿真中心1个、教育部示范性虚拟仿真实训基地1个；获批国家级精品在线开放课程3门、省级在线精品开放课程25门，获奖数量位居全省首位；承担4项部省共建国家职业教育虚拟仿真实训基地专业课程与教学资源建设项目，主持国家级专业教学资源库2项；先后承办全国大学生技能大赛赛项2项，获得各类学生技能大赛全国一等奖10项、二等奖11项、省级技能大赛一等奖101项，国赛省赛成绩稳居陕西高职院校首位，其中第六届国际"互联网+"大学生创新创业大赛获奖实现了陕西省金奖零的突破；教师获全国职业院校技能大赛教学能力比赛等国家级大赛一等奖2项、二等奖5项、三等奖1项、省级大赛一等奖13项；入选"十三五"职业教育国家规划教材6本、省级优秀教材一等奖2本；凝练形成省级教学成果奖特等奖3项、一等奖4项、二等奖7项，获奖数量位居全省高职之首。

3. 打造技术技能创新服务平台（见表6）

表6 打造技术技能创新服务平台建设任务自评表

任务类型		中期目标数量/个	中期完成数量/个	完成率/%	自评分
打造技术技能创新服务平台		44	44	100	4
绩效指标	数量指标	25	25	100	2
	质量指标	19	19	100	2

按照"聚焦产业、实体运营、多维共建、功能复合"的原则，依托西部现代职业教育研究院、西部产教融合研究院、西部创新创业研究院，进一步促进科技创新，推动成果转

化。学校成为国家自然科学基金依托单位,设立院士工作站1个、院士工作室1个,2项国家自然科学基金项目获批,实现了学校零的突破;获批陕西(高校)哲学社会科学重点研究基地1个、省市工程研究中心1个、咸阳市重点实验室3个,成立"咸阳市知识产权维权援助工作站",设立包含工程技术研发中心、研究所及智库等功能的技术创新服务平台14个;制定全国行业技术标准6个;申请授权国家专利676件,其中24件专利成功转化,获陕西高校科技成果转移转化绩效评估A等,被省委组织部、省科技厅认定为省级法人科技特派员,被授予"省科技成果知识产权规范管理试点高校"、省高校科研管理工作先进集体。

4. 打造高水平专业群(见表7)

表7 打造高水平专业群建设任务自评表

任务类型		中期目标数量/个	中期完成数量/个	完成率/%	自评分
打造高水平专业群		116	116	100	4
绩效指标	数量指标	28	28	100	2
	质量指标	88	88	100	2

按照"瞄准高端、重构体系、强化内涵、集群发展"的建设思路,聚焦我省十大核心产业领域,通过建立四方协同的专业群建设发展机制,助推专业群九大方面全面提升。两个专业群建成国家骨干专业6个,国家级职业教育教师教学创新团队2个,国家级实训基地1个,国家级虚拟仿真中心1个,国家级协同创新中心2个,国家职业教育虚拟仿真实训基地专业课程与教学资源建设项目3项,国家级课程思政示范课程、教学名师和团队1个,国家级"双师型"教师培养培训基地2个,国家级高技能人才培养基地1个,"十三五"规划教材3本;建成院士工作站1个、院士工作室1个、技能大师工作室6个;获得全国工人先锋号荣誉称号;获得国家级各类学生大赛16项;面向"一带一路"国家输出专业教学标准和课程标准64项。

5. 打造高水平双师队伍(见表8)

表8 打造高水平双师队伍建设任务自评表

任务类型		中期目标数量/个	中期完成数量/个	完成率/%	自评分
打造高水平双师队伍		15	15	100	4
绩效指标	数量指标	5	5	100	2
	质量指标	10	10	100	2

按照顶层规划，创新实施新进教师提升计划、青年教师成才计划、骨干教师成名计划、高层次人才引领计划四项教师分层培养计划，打造双带头人、双师、双语、兼职团队、领军人才5支队伍，师资团队、高层次人才数量位于陕西高职首位。拥有教育部职业教育教师教学创新团队培训基地1个、国家级教师教学创新团队2个、国家级黄大年式教师团队1个、国家级课程思政教学团队2个、全国机械行业职业教育服务先进制造专业教学团队1个、省级师德建设示范团队1个、省级课程思政教学团队1个；现有二级教授8人、三级教授11人、国务院特殊津贴和国家高层次人才特支计划教学名师1人、全国模范教师1人、省级师德标兵1人、省级教学名师2人。

6. 提升校企合作水平（见表9）

表9　提升校企合作水平建设任务自评表

任务类型		中期目标数量/个	中期完成数量/个	完成率/%	自评分
打造校企合作水平		21	21	100	4
绩效指标	数量指标	5	5	100	2
	质量指标	16	16	100	2

按照"搭建四大平台、推行六种模式、深化四项举措"的思路，聚焦平台建设、人才培养、混合所有制改革、产教融合实训基地建设等校企合作的重点领域和关键环节，牵头组建的陕西装备制造业职业教育集团首批入选全国示范性职业教育集团培育单位；荣获"全国职业院校产教融合50强""2021高职院校就业竞争力星级示范校"荣誉称号，入选教育部"2021年产教融合校企合作典型案例"；当选全国机械行业服务先进制造高水平职业院校建设联盟执行理事长单位；举办校企协同育人战略联盟，企业数量增至663家，校企联合开展订单班累计338个。

7. 提升服务发展水平（见表10）

表10　提升服务发展水平建设任务自评表

任务类型		中期目标数量/个	中期完成数量/个	完成率/%	自评分
提升服务发展水平		12	12	100	4
绩效指标	数量指标	5	5	100	2
	质量指标	8	8	100	2

按照"立足产业、开放办学、拓展功能、强化服务"的思路，实施强化培训基地建设工程、强化技术攻关转化工程、强化精准对接帮扶工程、强化培训内涵提升工程等四大工程，

入选全国首批"职业院校校长培训培育基地"、陕西高职院校首家"国家级高技能人才培训基地",实现了高技能人才培训基地市级、省级、国家级的全覆盖;获批3个国家级"双师型"教师培养培训基地;扶贫工作入选教育部百校百图扶贫攻坚案例集;连续两年荣获陕西省"双百工程"先进单位,获驻村联户扶贫工作考核优秀等次;面向职业院校教师、企业职工、在校学生、新型农民等群体开展各类培训295次,建设期间学校以服务求发展,通过技术服务、校企共建等方式积极筹措社会资源,吸引行业企业投入4 390.93万元用于学校发展。

8. 提升学校治理水平（见表11）

表11　提升学校治理水平建设任务自评表

任务类型		中期目标数量/个	中期完成数量/个	完成率/%	自评分
提升学校治理水平		8	8	100	4
绩效指标	数量指标	1	1	100	2
	质量指标	7	7	100	2

按照"系统设计、健全机制、优化运行、提升效能"的思路,通过系统化完善治理结构、规范化健全制度体系、精细化推进层级治理、多元化实施质量管理,初步形成了具有现代大学治理特征的党委领导、校长负责、教授治学、民主管理、企业参与、社会监督的内部管理运行体系,出台或修订各类规章制度55个;作为全国首家教育部职业院校内部质量诊断与改进试点院校顺利通过专家复核;学校党委连续五次荣获"陕西高校先进校级党委"称号,领导班子连续七年获省属高校年度目标责任考核优秀等次;作为全省教育系统唯一院校,获陕西省人民政府第九届陕西质量奖提名奖;建立第三方评价制度,发布《中国特色高水平高职学校建设质量监测与评价年度报告（2019—2021）》;获评2020年全国高等职业院校治理体系建设优秀案例50强;引入社会投资建成了预算绩效内控一体化财务管理系统,以经济业务为主线,集预算管理、绩效管理、项目管理、账务管理、采购管理、合同管理、收费管理于一体的,与科研系统、资产系统等进行数据共享的智能财务管控体系,极大地提升了学校治理能力现代化。

9. 提升信息化水平（见表12）

表12　提升信息化水平建设任务自评表

任务类型		中期目标数量/个	中期完成数量/个	完成率/%	自评分
提升信息化水平		9	9	100	4
绩效指标	数量指标	2	2	100	2
	质量指标	7	7	100	2

通过"人—信—物"三元互通、"数字化—网络化—智能化"三化贯通、"专业群—产业链—智慧校"三方融通,将信息化建设与治理能力、教学管理、质量管控相结合,构建"云陕工"、智慧服务、智慧数据、智慧技术、智能环境等五大平台,与华为技术有限公司校企合作共建全国首个低碳智慧校园,连续三年荣获"全省教育网络安全和信息化工作先进集体"称号,2人获得省级先进个人称号;当选全国信息安全职业教育集团副理事长单位,荣获"职业院校数字校园建设实验校""陕西省智慧校园示范校",取得智慧高校"凌云奖"荣誉,是全国2所入围高职院校之一;在全国高职院校信息素养大赛中获教师微课赛一等奖2项、二等奖1项;学生在国赛中获二等奖1项、三等奖1项;1名教师获全国"最佳讲师"称号;学校信息化建设成果得到省厅和各兄弟院校的高度认可,吸引了11所高校前来学习借鉴信息化建设经验。

10. 提升国际化水平(见表13)

表13 提升国际化水平建设任务自评表

任务类型		中期目标数量/个	中期完成数量/个	完成率/%	自评分
提升国际化水平		15	15	100	4
绩效指标	数量指标	8	8	100	2
	质量指标	7	7	100	2

以技术技能人才国际化培养为方向,以优质教育资源标准输出为重点,实施国际先进标准引领计划、国际优质伙伴计划、学生跨境双向交流计划、教学标准双创计划、校企双优驱动计划,入选教育部有色金属行业职业教育"走出去"项目试点院校,荣获2020年世界职教联盟卓越奖金奖、2020中国职业院校世界竞争力50强,3篇教育教学案例被联合教科文组织、世界职业院校联盟采用;在赞比亚挂牌成立中国—赞比亚职业技术学院陕西工院分院,在印尼成立秦俑工苑,实现学院海外办学新突破;与印尼曼达拉经济学院开展本科生联合培养项目,开设6门英文授课核心课程,开发了2个国际微证书课程;德国莱茵授权焊接培训考试中心落户学校,引进德国西门子PLC技术认证、德国莱茵ISO 9606-1国际焊工等6个国际职业资格证书;在校学历留学生122人,为在赞比亚、印尼中方企业培训本土员工19 608人·日;向赞比亚输出的1个专业和16门课程标准成为赞方国家教学标准,为尼日利亚开发的15个专业和166门课程标准填补了该国职业教学标准空白。

学校层面时效指标自评见表14。

表 14　学校层面时效指标自评表

任务类型	中期目标数量/个	中期完成数量/个	完成率/%	自评分
产出指标	4	4	100	10
任务终期完成度	1	1	100	2.5
收入预算执行率	1	1	100	2.5
支出预算执行率	1	1	100	2.5
任务年度完成度	1	1	100	2.5

（二）贡献度情况（见表15）

表 15　学校层面效益指标自评表

任务类型		中期目标数量/个	中期完成数量/个	完成率/%	自评分
效益指标	社会效益指标	63	63	100	15
	可持续影响指标	7	7	100	15

依托国家"双高计划"建设项目，学院围绕"引领""改革""支撑""贡献"四个维度，做好"品牌力、引领力、支撑力、贡献力"四篇文章，学院自觉肩负起引领职教高质量发展的使命和责任，始终致力于为支撑区域经济发展和制造产业链迈向产业高端贡献职教力量。

1. 瞄准"全方位"突破，提升综合办学"品牌力"

学校秉承"强基树标、培优赋能、扶强促弱、特色发展"的理念，始终致力于办学质量的全面提升，在全力推进"双高计划"建设任务的同时，倾力推进新校区建设和职教本科试点等两大标志性工程，着力打造职教改革创新先行区、产教融合城市核心区、人才培养培训示范区、成果转化应用集聚区、国际交流合作样板区"五大品牌"，通过建章立制激发内生动力，先后获得全国文明单位等国家级院校荣誉14项、国家级黄大年式教师团队等国家级教师团队7个，先后培养出全国五一劳动奖获得者、中国中铁青年岗位能手标兵、梦桃式最美职工、省青年突击手、陕西最美青工、省技术能手等一大批新时代工匠，实现了点上树品牌、线上建团队、面上提质量的新成效，综合办学实力显著提升。

2. 聚焦"高质量"发展，彰显职教改革"引领力"

围绕"强基树标引领人才培养模式改革，增值赋能引领科技创新能力提升，提质增效引领社会服务水平提高，特色发展引领文化传承创新，开放共享引领国际交流合作"等五个维度，聚焦"高标准定位发展目标、高水平设计任务指标、高效能产出绩效品牌"，三年累计新增国家级标志性成果72项、各类荣誉奖励106项，特别是以"全国党建工作示范高校、全国'互联网＋'创新创业大赛金奖"等国家级平台和标志性成果引领带动，以"学做创"、"研学用"一体化人才培养等创新型模式引领示范，以完善常态化诊断改进、教学及科研等校院两级管理引领改革，以6项国家级机械行业标准、16项"一带一路"国际专业标准等优质样板引领驱动，以全国网络思政创新示范案例50强和凝练形成的"红色匠心"文化育人理念等文化品牌引领创新，彰显了我校"双高"A档校在"质量引领、模式引领、制度引领、标准引领、文化引领"的"头雁"作用。

3. 打造"高层次"平台，凸显产教融合"支撑力"

通过校企协同打造高层次"双主体"育人平台，将自身努力、对外借力、形成合力"三力"有机统一。牵头组建全国机械行业服务先进制造高水平职业院校联盟，组建成立了西部现代职教研究院、西部产教融合研究院和西部创新创业研究院，设立部级科研平台5个、厅局级以上科研平台10个，学校获批国家自然科学基金依托单位、陕西（高校）哲学社会科学重点研究基地、全国首批职业院校校长培训培育基地、国家高技能人才培训基地、国家级示范职教集团；聘请哈工大秦裕琨院士、西交大卢秉恒院士分别为两个国家级专业群的首席科学家；完成工信部相关机床标准制定、柔性折叠玻璃行业标准制定，柔性玻璃生产项目在山东成功转化，实现国际领先。三年共完成国培项目33个、承担省外培训项目11个，为职业院校教师、企业员工、在校学生、农民开展技能培训、技能鉴定、专项技能考证129 530人次；开展农村实用技术培训项目，为地方、区域产业、企业提供专项咨询95批次，累计培训新型农民2 132人次；解决中小微企业关键技术难题32个，产生经济效益2.56亿元。构建形成了人才培养、科学研究、成果推广、技术服务、创新示范相互融通、协同发展的新格局，彰显职教发展的支撑力。

4. 输出"高水平"标准，强化职教发展"贡献力"

按照"主动对接、积极参与、落实要求、真实可靠"的工作思路，着力服务职业教育高质量发展的政策、制度、标准建设需要。牵头组建全国机械行业服务高水平院校建设联盟，主持制定全国行业技术标准6项，主持国家专业类及专业教学标准研制4项，参与国家专业教学标准研制20项；承担教育部高职院校质量评价、1＋X证书制度专项研究、装备制造大类专业办学成本研究等重点课题12项，组织陕、川、渝区域性职教研讨会3次，在全国职教线上研讨会交流发言57次；参与制定教育部学生实习管理、机械行业标准，制定省技能大赛、教师培训等相关制度和标准13项，承担陕西省学费调整、省属高校财政拨款制度、职教调研、教学管理、产教融合、质量评价以及省"双高"建设等7个方面的研究报告和咨询建议27次；牵头组建陕西省国际职教品牌"秦工苑"，建立国际标准认证中心4个,主承办国际职教研讨会7次,向"一带一路"沿线国家输出专业标准16个、课程标准182门。

(三) 社会认可度情况

针对5个预设满意度指标,委托第三方北京新锦成教育科技有限公司进行满意度调研,调研在校生12 190人,毕业生249人,教职工190人,用人单位174家,学生家长3 348人,学校层面满意度指标自评见表16。

表16 学校层面满意度指标自评表

任务类型		中期目标数量/个	中期完成数量/个	完成率/%	自评分
满意度指标	服务对象满意度指标	5	5	100	10

一是在校生满意度。学院招生旺,近三年单独招生考试第一志愿报考率高达411.96%,录取考生二本上线率达60.6%。在校生普遍认为在校期间学习到了理论知识,锻炼了技术技能,提高了综合素质,在校生满意度达99.2%。

二是毕业生满意度。国务院副总理孙春兰来校视察时,对学校"学做创""研学用"一体化人才培养模式改革和"四有三突破"的办学特色给予了高度评价。学院毕业生三年就业率稳定在96%以上,毕业生在央企和行业龙头企业就业比例超过60%,毕业生满意度达97.07%。

三是教职工满意度。学校通过实施教师改革五项计划,着力提升教师教学能力、科学研究能力和社会服务能力。新增国家"双高计划"建设咨询专家委员会等8类国家级专委会委员各1人,入选全国职业教育行业指导委员会委员12人,多名专业教师受邀执裁国家级职业院校技能大赛及国际大赛,教职工满意度达98.42%。

四是用人单位满意度。学校面向装备制造高端产业和产业高端源源不断提供高素质技术技能人才,培养了一大批邢小颖、何小虎、何菲这样的优秀毕业生,其先进事迹先后被中央电视台《新闻联播》、中国教育电视台"职教频道"、教育部职成司"职教小微"官方公众号等众多媒体专题报道1 000余次,用人单位满意度达90.69%。

五是家长满意度。学校是中国教育电视台大型专题电视节目《双高100》全国首家展播的"双高"院校,家长对学校的社会声誉、就业、资助育人及管理育人等方面,有较高的满意度,家长满意度达99.54%。

三、专业群层面任务及绩效指标完成情况

(一) 产出情况

1. 机械制造与自动化专业群

机械制造与自动化专业群三年共有绩效指标81项,已完成中期指标81项,完成率

100%，总体完成度70.89%，自评得分99.8分。

(1) 人才培养模式创新（见表17）

表17 机械制造与自动化专业群人才培养模式创新建设任务自评表

任务类型		中期目标数量/个	中期完成数量/个	完成率/%	自评分
人才培养模式创新		12	12	100	5
绩效指标	数量指标	1	1	100	2
	质量指标	11	11	100	3

以立德树人为根本，紧贴数控机床制造产业，创新形成"学做创"一体的人才培养模式。获批国家骨干专业3个、省级一流专业4个、省专业综合改革试点专业1个。修订完善5个教学标准及人才培养方案，制定现代学徒制人才培养标准1份；获得国家级职业院校技能大赛获奖5项、省级技能大赛获奖15项，获得中国国际"互联网+"大学生创新创业大赛金奖1项、省级奖项11项。获批教育部1+X证书制度——精密数控加工职业技能等级证书试点院校，多轴数控加工、工业机器人应用编程1+X考试中心2个，获得省级教学成果奖特等奖1项、一等奖1项、二等奖1项。

(2) 课程教学资源建设（见表18）

表18 机械制造与自动化专业群课程教学资源建设任务自评表

任务类型		中期目标数量/个	中期完成数量/个	完成率/%	自评分
课程教学资源建设		4	4	100	5
绩效指标	数量指标	1	1	100	2
	质量指标	3	3	100	3

按照"基于岗位群构建模块化课程体系"的思路，对接职业技能等级标准优化专业群课程体系，依托我校主持的机械制造与自动化国家级职业教育专业教学资源库，建成省级教学资源库1个，涵盖先进制造技术数字化博物馆展示区1个、标准化课程14门、资源11894条，院校用户160家，访问量45059人次。获批国家级课程思政示范课程1门，面向产业高端培育在线开放课程38门，获批省级职业教育在线精品课程6门。

（3）教材与教法改革（见表19）

表19 机械制造与自动化专业群教材与教法改革建设任务自评表

任务类型		中期目标数量/个	中期完成数量/个	完成率/%	自评分
教材与教法改革		8	8	100	5
绩效指标	数量指标	3	3	100	2
	质量指标	5	5	100	3

紧密对接地域"数控机床、汽车、石油机械装备"先进制造产业高端，按照岗位工作流程，开发编写《CAXA电子图板2021项目化教学教程》等活页式教材6部、双语新型教材2部；《机械制造工艺设备》等3部教材入选"十三五"职业教育国家规划教材，获得省优秀教材一等奖2项、二等奖1项；立项省职业技术教育学会课程思政专项课题100余项，完成陕西省高等教育教学改革研究项目重点攻关课题和一般课题各1项；入选教育部课程思政示范课程、课程思政教学名师和教学团队1个，省级课程思政示范课程及教学团队1个，教师参加各类教学研究项目25项；获得省教师教学能力比赛二等奖2项、三等奖1项，省级课堂教学创新大赛一等奖1项、三等奖1项。

（4）教师教学创新团队（见表20）

表20 机械制造与自动化专业群教师教学创新团队建设任务自评表

任务类型		中期目标数量/个	中期完成数量/个	完成率/%	自评分
教师教学创新团队		16	16	100	5
绩效指标	数量指标	4	4	100	2
	质量指标	12	12	100	3

按照"四有"教师标准，联合国内龙头企业和国际知名企业共同打造双师结构教学团队。入选国家级职业教育教师教学创新团队1个、全国工人先锋号1个、省级师德建设示范团队1个；柔性引进中国工程院院士秦裕琨等5名高水平大学知名教授担任客座教授，建成曹晶、田浩荣和何小虎技能大师工作室3个；聘请北京精雕董事长蔚飞等6名企业家担任专业群产业教授；从宝鸡机床厂等当地装备制造业龙头企业引进企业高水平技术人才2名；持续培养"双师型"教师60余名，培养具有行业影响的专业群带头人3人。

(5) 实践教学基地（见表21）

表21　机械制造与自动化专业群实践教学基地建设任务自评表

任务类型		中期目标数量/个	中期完成数量/个	完成率/%	自评分
实践教学基地		8	8	100	5
绩效指标	数量指标	3	3	100	2
	质量指标	5	5	100	3

基于"人才培养、技术研发、社会服务、科技转化、创新创业"五位一体建设思路，立足现有的16个实训基地、50个专业实训室，联合北京精雕集团、宝鸡机床厂等行业知名企业，共同建设产教融合实训基地。获批国家级生产性实训基地1个、国家级虚拟仿真中心1个，工业机器人实训中心被教育部确定为"工业机器人应用人才培养中心"，承担教育部校企合作项目1个，教育部部省共建国家职业教育虚拟仿真实训基地专业课程与教学资源建设项目2项。与西安航天发动机有限公司联合建设机械类专业共享实训基地，在西安秦森科技有限公司等21家区域骨干企业设立了校外实训基地。

(6) 技术技能平台（见表22）

表22　机械制造与自动化专业群技术技能平台建设任务自评表

任务类型		中期目标数量/个	中期完成数量/个	完成率/%	自评分
技术技能		4	4	100	5
绩效指标	数量指标	2	2	100	2
	质量指标	2	2	100	3

以技术技能服务区域经济发展为目标，聚焦数控机床制造及应用产业核心技术领域，面向中小微企业提供技术服务，建成国内一流的先进制造技术技能创新平台和"校企共建的创新创业孵化器"。建成教育部现代制造技术协同创新中心1个、新能源及装备研发院士工作站1个、咸阳重点工程研究中心2个、渭城区先进制造技术特色产业专家工作站1个，与北京精雕集团共建产业学院1个。

(7) 社会服务（见表23）

表23　机械制造与自动化专业群社会服务建设任务自评表

任务类型	中期目标数量/个	中期完成数量/个	完成率/%	自评分
社会服务建设	6	6	100	5

续表

任务类型		中期目标数量/个	中期完成数量/个	完成率/%	自评分
绩效指标	数量指标	1	1	100	2
	质量指标	5	5	100	3

坚持服务区域产业走向高端、服务全民终身学习、服务区域企业创新发展、服务区域乡村振兴战略的"四服务"理念，开展社会服务。获批电气自动化技术国家级"双师型"教师培养培训基地共1个，陕西省委组织部、省总工会、省人社厅职业资格认证与培训基地3个，完成咸阳盛翼机械机加工培训等各类培训累计10 939人·日，培训到款200.192 8万元；服务咸阳市秦都区和力军民融合企业商会等区域内中小微企业，承担企业技术研发项目28项，横向项目技术交易额228万元，技术服务收益300万元；完成新增专利102项（发明专利7项）、技术创新及成果转化6项。多次赴礼泉职教中心开展对口教育帮扶，完成中小微企业科技帮扶3次。

（8）国际交流与合作（见表24）

表24 机械制造与自动化专业群国际交流与合作建设任务自评表

任务类型		中期目标数量/个	中期完成数量/个	完成率/%	自评分
国际交流与合作		7	7	100	5
绩效指标	数量指标	2	2	100	2
	质量指标	5	5	100	3

服务"一带一路"建设和国际产能合作，依托有色金属行指委职业教育"走出去"项目，持续健全赞比亚分院管理与运行机制，形成高职教育优势产能"走出去"境外办学实践成果。申报中德先进职业教育合作项目1项，完成中国教育国际交流协会课题1项、有色金属工业人才中心赞比亚分院专业建设与课程建设课题研究3项，机械制造与自动化专业教学标准和17门课程标准成为赞比亚国家标准，为尼日利亚院校开发了3个专业教学标准和44门课程标准。5名教师通过考核取得双语教师资格，12名教师参与国际交流师资能力提升项目；聘任新西兰籍客座教授1名，选派6名教师、7名学生赴国外交流或工作，1名留学生获"陕西省'一带一路'教育传播大使"荣誉称号。

（9）可持续发展保障机制

以先进制造精雕产业学院建设为依托，联合企业创新专业群管理体制机制、校企协同运行机制、专业群"动态"调整机制等三大机制，制定《陕西工业职业技术学院先进制造精雕产业学院管理办法》等 10 项制度、6 个专业的课程与教学标准，形成了以"链"建群的专业群组织构建机制，为专业群跨院建设明确了方向。

机械制造与自动化专业群时效指标自评见表 25。

表 25　机械制造与自动化专业群时效指标自评表

任务类型	中期目标数量/个	中期完成数量/个	完成率/%	自评分
时效指标	1	1	100	5
成本指标	2	2	100	5

2. 材料成型与控制技术专业群

材料成型与控制技术专业群三年共有绩效指标 86 项，已完成中期指标 86 项，完成率 100%，总体完成度 79.69%，自评得分 99.85 分。

（1）人才培养模式创新（见表 26）

表 26　材料成型与控制技术专业群人才培养模式创新建设任务自评表

任务类型		中期目标数量/个	中期完成数量/个	完成率/%	自评分
人才培养模式创新		11	11	100	5
绩效指标	数量指标	2	2	100	2
	质量指标	9	9	100	3

通过创新校企双主体"研学用"一体化人才培养模式，提升学生的技能水平，凝练形成一批教育教学成果。三年获批国家级骨干专业 3 个、省级一流专业 3 个；主持并完成省重点教改项目 1 项，学生参加国家级技能大赛获一等奖 2 项、二等奖 2 项、三等奖 3 项，获全国大学生"互联网+"大赛国赛金奖 1 项、铜奖 2 项、挑战杯铜奖 1 项；主持国家专业教学标准 3 项，参与开发国家专业教学标准 4 项、行业标准 1 项、团体标准 1 项、1+X 技能鉴定标准 2 项；与天成航材、西部超导等航空航天企业开设学徒制班 6 班次；总结凝练省级教学成果奖一等奖 1 项、二等奖 1 项。

（2）课程教学资源建设（见表 27）

表 27　材料成型与控制技术专业群课程教学资源建设任务自评表

任务类型		中期目标数量/个	中期完成数量/个	完成率/%	自评分
课程教学资源建设		11	11	100	5
绩效指标	数量指标	1	1	100	2
	质量指标	10	10	100	3

立足材料成型与控制技术国家级专业教学资源库,依托全国课程思政示范研究中心重点研究项目,建成课程思政教学资源库1个,涵盖各类优质教育资源7 678条;瞄准产业高端,立项院级金课17门,培育18门在线开放课程、27门课程思政改革课程,建成省级精品在线开放课程3门。

(3) 教材与教法改革(见表28)

表28　材料成型与控制技术专业群教材与教法改革建设任务自评表

任务类型		中期目标数量/个	中期完成数量/个	完成率/%	自评分
教材与教法改革		6	6	100	4
绩效指标	数量指标	1	1	100	2
	质量指标	5	5	100	2

按照"校企合作、转变中心、推动改革、提质增效"的思路,通过校企合作开发新形态双元教材、革新教学模式和教学方法等途径,推进教材和教法改革。编写出版立体化教材13本,编写活页式、工作手册式教材40本,编写双语教材3本,获省优秀教材二等奖1项;对接新技术、新工艺、新规范,岗课赛证融通,依托材料成型与控制技术国家级专业教学资源库、精品在线开放课程等优质数字化教学资源,积极开展项目化、案例式教学,立项省高等教育教学改革研究项目重点课题1项,获省教师教学能力比赛二等奖1项。

(4) 教师教学创新团队(见表29)

表29　材料成型与控制技术专业群教师教学创新团队建设任务自评表

任务类型		中期目标数量/个	中期完成数量/个	完成率/%	自评分
教师教学创新团队		14	14	100	5
绩效指标	数量指标	1	1	100	2
	质量指标	13	13	100	3

按照"育聘结合、能力为重、优化结构、打造团队"的思路,多措并举建设高水平"双师型"教师教学创新团队。获批全国党建工作样板支部1个、国家级职业教育教师教学创新团队1个、全国机械行业职业教育服务先进制造专业教学团队1个,拥有全国机械行业职业教育服务先进制造专业领军人才1人、省级特支计划教学名师1人、省级先进教育工作者1人、省级教学名师1人,引进中国工程院院士1人,建成卢秉恒院士工作室1个、省级以上技能大师工作室3个。

(5) 实践教学基地（见表30）

表30 材料成型与控制技术专业群实践教学基地建设任务自评表

任务类型		中期目标数量/个	中期完成数量/个	完成率/%	自评分
实践教学基地		5	5	100	4
绩效指标	数量指标	1	1	100	2
	质量指标	4	4	100	2

按照"对接前沿、共建共享、强化内涵、产学并举"的思路，建设全国行业产教融合实训基地、国家智能铸造技术标准创新基地。与宁夏共享集团、罗克韦尔集团等国内外行业龙头企业深入合作探索生产性实训基地产业化运营模式与机制，共获企业投入1 186万元；建成国家级智能制造及智能成型虚拟仿真实训基地1个、5G＋智能成型生产性实训基地1个，承担教育部部省共建国家职业教育虚拟仿真实训基地专业课程与教学资源建设项目1项。

(6) 技术技能平台（见表31）

表31 材料成型与控制技术专业群技术技能平台建设任务自评表

任务类型		中期目标数量/个	中期完成数量/个	完成率/%	自评分
技术技能平台		7	7	100	5
绩效指标	数量指标	1	1	100	2
	质量指标	6	6	100	3

按照"服务产业、创新机制、多方共建、互利共赢"思路，打造集"两机"零部件生产技术研发、智能绿色成型技术推广、中小微企业技术服务为一体的技术技能创新服务平台。获批国家级协同创新中心1个、省高校工程研究中心1个、咸阳市渭城区钛合金专家工作站1个，联合宁夏共享集团共建智能成型产业学院1个；获批国家自然科学基金面上项目2项、省级科研项目7项，完成技术创新及成果转化11项，服务中小微企业技术研发和产品升级17项，超薄柔性玻璃开发项目累计获山东柔光新材料有限公司等企业投资超过2.1亿元，年产能达90万片。

(7) 社会服务（见表32）

表32 材料成型与控制技术专业群社会服务建设任务自评表

任务类型	中期目标数量/个	中期完成数量/个	完成率/%	自评分
社会服务	8	8	100	4

续表

任务类型		中期目标数量/个	中期完成数量/个	完成率/%	自评分
绩效指标	数量指标	2	2	100	2
	质量指标	6	6	100	2

按照"面向社会、开放办学、共享资源、拓展服务"的思路，依托产业学院与国家级生产性实训基地、协同创新中心，面向全社会开展员工培训、学历继续教育、职业启蒙教育等工作。建成国家级高技能人才培训基地1个、国家级"双师型"教师培养培训基地1个、咸阳市电焊工职业资格证书唯一考点1个，先后承担世界技能大赛陕西省选拔赛增材制造赛项、模具数字化设计与制造工艺赛项比赛2次；完成欧姆龙（中国）有限公司等企业的入职或在职员工培训、陕西省中高职师资培训等各种项目累计15 243人·日；超薄柔性玻璃开发项目研究成果打破了国外垄断，增强了我国在柔性玻璃产品的话语权和主动权，为国内柔性显示产业化进程、产业链完整、社会经济发展做出贡献。

（8）国际交流与合作（见表33）

表33　材料成型与控制技术专业群国际交流与合作建设任务自评表

任务类型		中期目标数量/个	中期完成数量/个	完成率/%	自评分
国际交流与合作		4	4	100	4
绩效指标	数量指标	1	1	100	2
	质量指标	3	3	100	2

按照"引进资源、输出服务、响应倡议、打造品牌"的思路，克服新冠疫情对国际交流与合作工作的影响，主动作为，获批西北地区首家德国莱茵TÜV授权"焊接培训考试中心"，承担机械行业服务"一带一路"职业技能标准项目"电弧焊职业技能标准"建设，2个专业的教学标准和课程标准被尼日利亚认定为国家教学标准，建成双语课程2门，完成印尼、孟加拉国等2个国家21名留学生的课程教学工作。

（9）可持续发展保障机制（见表34）

表34　材料成型与控制技术专业群可持续发展保障机制建设任务自评表

任务类型		中期目标数量/个	中期完成数量/个	完成率/%	自评分
可持续发展保障机制		1	1	100	4
绩效指标	数量指标	1	1	100	4

按照"瞄准问题、深化改革、鼓励激励、服务发展"的思路，从专业群动态调整、诊断改进、师资管理、产教融合四个方向出发，制定《教师培养管理实施办法》等18项制度，建成了涵盖教师培养与激励机制、多主体质量保障机制、专业群动态调整机制、产教融合协同育人机制等多项机制的专业群可持续发展保障机制1套。

材料成型与控制技术专业群时效指标自评见表35。

表35 材料成型与控制技术专业群时效指标自评表

任务类型	中期目标数量/个	中期完成数量/个	完成率/%	自评分
时效指标	1	1	100	5
成本指标	2	2	100	5

（二）贡献度情况

1. 机械制造与自动化专业群（见表36）

表36 机械制造与自动化专业群效益指标自评表

	任务类型	中期目标数量/个	中期完成数量/个	完成率/%	自评分
效益指标	社会效益指标	4	4	100	15
	可持续影响指标	4	4	100	14.8

一是引领。专业群紧密对接西部装备制造产业，瞄准陕西高档数控机床、汽车、石油机械装备制造等支柱产业，以"学工合一、知技融通"为导向，携手北京精雕共建"五位一体"功能产业学院，探索"1+X"试点和"学分银行"建设，创建了"教、学、做、创"一体化人才培养模式。

二是支撑。专业群近三年毕业生就业率均超96%，超60%毕业生进入行业骨干企业，实训中心荣获"工人先锋号"，学校获"全国职业院校就业竞争力示范校"和"中国职业教育就业百强"等荣誉称号，培养了以全国五一劳动奖章获得者何小虎为代表的优秀毕业生群体。

三是贡献。以技术技能人才国际化培养为方向，以优质教育资源标准输出为重点，专业群建成的机械制造与自动化专业国家级职业教育专业教学资源库含课程71门，注册用户44 929，访问量56 938；承担企业技术研发项目30项，技术服务收益300万元，完成技术创新及成果转化4项；针对企业、学生开展各类社会培训累计10 939人·日；研发国家行业、团体标准3个，群内核心专业教学标准被尼日利亚纳卡布斯理工学院等6所院校协议引进，成为赞比亚国家职业教育教学标准。

2. 材料成型与控制技术专业群（见表37）

表37 材料成型与控制技术专业群效益指标自评表

	任务类型	中期目标数量/个	中期完成数量/个	完成率/%	自评分
效益指标	社会效益指标	9	9	100	15
	可持续影响指标	2	2	100	14.85

一是引领。立足西部地区装备制造行业，在全国机械行业教育发展中心、中国铸造协会的指导下，通过与中国航发西安航空动力控制科技有限公司等23家"两机"高端企业和科研院所深度合作，针对航天航空高铁等领域关键零部件生产、工艺等"卡脖子"问题，校企协同商讨关键岗位人才培养规格和培养方案，确定了"厚基础、精技能、会研发"的人才培养目标，创新了"研学用"一体化人才培养模式。

二是支撑。三年来，学生参与创意、技术服务、产品试制、科研等项目140余项，提出创意规划70余条，申报发明专利4项、实用新型专利16项、外观设计专利1项，在校生先后获得"互联网+"大赛国赛金奖1项、铜奖2项，挑战杯国赛铜奖1项，国家级技能大赛奖项15项，专业群1 000余名毕业生中270余人就职于西安航天发动机有限公司等"两机"制造相关企业和科研院所，60%的毕业生就职于全国500强企业，向清华大学、浙江大学等"双一流"高校工程训练中心实践教师岗位输送了一批以邢小颖为代表的名片学生。

三是贡献。遵循"聚焦产业、协同联动、内培外引、打造'样板'"的思路，聚焦产业发展，按照"四联合、四导向、三对接"的路径，分别制定了国家教学标准6项、行业/团体标准7项、职业技能等级标准2项、课程标准50余项，形成了可复制、可推广的标准开发"样板"；项目一体化构建"国家职业教育材料成型专业教学资源库"，将国家教学资源库平台资源面向全社会共享，在线用户达8.2万人，遍及全国34个省市2 600余家中高职及本科院校、企业，总点击量近6 000万次。依托技术技能平台服务中小微企业技术研发和产品升级17项，完成技术创新及成果转化11项，针对企业、学生开展各类社会培训15 243人·日。

（三）社会认可度情况

1. 机械制造与自动化专业群

针对5个预设满意度指标，委托北京新锦成教育科技有限公司就专业群建设满意度进行调研，调研对象为全体在校生、在校生家长、近三年毕业生和用人单位，专业群满意度指标自评见表38。

表38　机械制造与自动化专业群满意度指标自评表

	任务类型	中期目标数量/个	中期完成数量/个	完成率/%	自评分
满意度指标	服务对象满意度指标	5	5	100	10

一是育人实力强，在校生专业认同感强。专业群中机械制造与自动化专业在单专业竞争力排行榜上位居同类专业榜首，电气自动化技术专业位列第3。新生报到率从95.3%提升至97.21%，在校生满意度达98.37%。

二是培养质量高，毕业生核心竞争力强。国务院副总理孙春兰来校视察时，对专业群"学做创"一体化人才培养模式给予了高度评价。近三年毕业生就业率稳定在96%以上，毕业生在央企和行业龙头企业就业比例超过60%，毕业生满意度达98.27%。

三是晋升通道宽，教师职业获得感高。依托全国首批职业院校校长培训培育基地、全国重点建设职业教育师资培养培训基地等，着力提升教师教学能力、科研水平和技术服务能力，拓宽教师能力提升和职业晋升通道，教职工满意度达99.76%。

四是学生能力强，行业企业认可度高。专业群始终瞄准数控机床等先进制造产业高端，培养服务产业升级所需的复合型技术技能人才，社会认可度不断提高，用人单位满意度达96.49%。

五是专业实力强，家长认可度高。专业群在2020年金平果高职院校分专业大类竞争力排行榜中位列第2，在全国981个开设此专业大类的高职院校中处于领先位置。机加工技术训练中心被全国总工会评为"工人先锋号"。专业群内涵不断提升，育人质量越来越高，家长满意度达97.02%。

2. 材料成型与控制技术专业群

针对5个预设满意度指标，委托北京新锦成教育科技有限公司就专业群建设满意度进行调研，调研对象为全体在校生、在校生家长、近三年毕业生和用人单位，专业群满意度指标自评见表39。

表39　材料成型与控制技术专业群满意度指标自评表

	任务类型	中期目标数量/个	中期完成数量/个	完成率/%	自评分
满意度指标	服务对象满意度指标	5	5	100	10

一是人才培养模式创新，在校生满意度高。创新形成专业群"研学用"一体化人才培养模式，获得国务院副总理孙春兰高度评价。先后承担两届全国有色金属行业职业院校技能大赛四个赛项比赛，承办省职业院校技能大赛模具数字化设计与制造赛项比赛3次，承办企业员工技能比赛12次，专业群内招生专业新生报考投档率平均在123.5%以上，在校

生满意度达98.57%。

二是岗位薪资持续提升，毕业生满意度高。专业群的焊接技术实训基地获批省焊工职业资格统一鉴定考点，毕业生双证书获取率98.83%，平均就业率始终在97.32%以上，毕业生连续三年平均薪资均呈现持续增长态势，毕业生满意度达99.34%。

三是职业晋升通道畅通，教职工满意度高。专业群内教师7人担任全国机械、冶金和有色金属职业教育教学指导委员会委员及材料、模具专指委副主任及委员。专业群内教师能力提升和职业晋升通道畅通，教职工满意度达100%。

四是名片学生效应凸显，用人单位满意度高。专业群培养了一批以实验室副主任高党寻为代表的清华大学工程训练中心实习指导教师团队、以省技能大师卢辉为代表的国核宝钛锆业检测团队、以世赛二等奖获得者杨凯为代表的西电集团焊接团队和以汉达集团模具设计中心经理郭康康为代表的模具设计团队等多个优秀毕业生团队，名片学生效应凸显，用人单位满意度达98.67%。

五是专业办学水平增强，家长满意度高。专业群办学水平高，招生就业两旺，毕业生职业成长空间大，薪资水平高，家长满意度达97.03%。

四、实现绩效目标采取的措施

（一）项目推进机制建设与运行情况

1. 构建"省级支持—市级协调—学校落实"的协同推进机制

一是积极争取省委省政府对"双高"建设的大力支持。学校领导多次主动向省委省政府汇报项目建设思路、推进情况和建设成效，获得了省委省政府主管领导的高度重视和大力支持，争取到陕西省专项经费支持9亿元。学校是省委副书记定点联系单位，主管教育副省长就学校新校区征地建设、"双高"建设5次专门批示，将新校区建设项目列入全省重点民生改善工程。在学校积极建言推动下，省政府批准调整高职学费标准，重点支持陕西职业教育发展。省政府发布《关于印发职业教育改革实施方案的通知》，明确要求加大对高水平高职学校建设工作的支持力度。

二是主动对接协调各级行政部门对工作的大力支持。学校领导积极与省教育厅、咸阳市委市政府对接协调，争取各级行政部门的大力支持。学校与咸阳市政府、西咸新区管委会和机械工业发展中心签订联合支持学校创建中国特色高水平高职院校的框架协议，并得到省教育厅批复同意。学校助力咸阳市申报并获批国家首批产教融合试点城市，并担任咸阳市产教融合战略联盟理事长单位，承担了试点城市建设7大任务，咸阳市人民政府从企业员工培训等5个方面、西咸新区管委会从校企协同创新等7个方面对学校创新发展予以支持，凸显了"双高"学校服务地方经济、支撑区域发展的贡献能力。

三是凝心聚力扎实推进学校"双高计划"建设工作。学校坚持"内涵发展、质量立校、校企合作、服务西部"的发展理念，对标国家战略，聚焦建设任务，瞄准绩效目标，加强分层管理，在"搭平台、强队伍、立制度、抓基础、建机制、出成果"等方面多点发力，扎实推进学校"双高计划"建设工作。紧抓"双高"建设工作顶层设计，成立双高建设办公室，建立健全各类制度文件119项，通过推行"健全工作机制、规范过程管理、加强沟通协调、强化监督考核"等4大举措，在政策、资金、资源等方面营造项目建设良好环境，探索新范式、打造新优势，切实保障实施效果。

2. 四大举措确保推进机制落地见效

一是健全工作机制，夯实主体责任。组建"双高"建设专家智库，成立财务资产管理组、项目审计组、项目督查验收组等工作机构，强化顶层设计与项目指导，明晰工作职责；实施项目负责人制，推行项目负责部门"一把手"工程，建立起学院双高办统筹规划、一级项目部门分工负责、二级学院协同、项目负责人推进的四级联动落实机制；各部门按照职能分工，对照整体实施方案，制订各级工作计划，确定时间表和计划书，逐级细化分解任务、明确目标、落实责任。

二是规范过程管理，分级分类推进。针对"双高"建设中不同项目类别，将相关任务划分为重点支持任务、聚力突破任务和持续推进任务，有针对性地制定制度文件和规范，明晰不同类别项目的建设目标及绩效目标，并逐步完善项目建设实施、资金管理、督查监控、考核评价、设备管理、绩效评价等多方面的管理制度，构建起学院、职能部门、二级学院和项目负责人的分级分类责任体系和标准体系。

三是加强沟通协调，促进高效运行。学校双高办、各建设任务组、学院建设领导小组、院长办公会、学院党委会等部门分别建立"一周一碰头、半月一会商、一月一通报、三月一报告、半年一研判、一年一考核"的"六个一"定期会商制度和工作机制，及时跟踪落实"双高"建设任务推进情况，层层压实压紧责任，为优质高效推进"双高"建设项目提供组织保障、制度保障和运行机制保障。

四是强化监督考核，确保建设质量。强化过程管理与考核，围绕任务制定方案，编制工作计划进度表、工作推进评判表，分级建立台账。编制存在问题罗列表、工作难点攻坚表，在纪委审计部门的全程全面监督审查下，按照月通报、季报告、年考核等不同方式，组织开展阶段性项目绩效自评。对年度考核优秀的项目予以重点支持，对年度考核不合格的项目予以降低经费资助直至撤销资助，逐步建立动态调整的专项经费绩效评价制度，确保项目建设任务的高质量完成。

(二) 项目资金管理制度与执行情况

1. 项目资金管理制度

为规范学校"双高"建设任务及项目管理工作，制定了《"双高计划"项目建设管理办法》《"双高计划"专项资金管理实施细则》等规章制度，完善了合同管理、采购管理等制度，并依托预算绩效内控一体化管理系统严格项目资金管控，明确项目组织和负责人的建设责任、各阶段的建设任务、建设进度和建设目标等，对整个建设项目的规划、立项、实施、统计、检查、评估、验收等环节进行组织、指挥、协调与监督，以保证项目建设的进度和质量，确保项目建设达到预期目标。

2. 项目经费执行情况

项目建设专项经费预算资金 40 000 万元，实际到位资金 43 390.93 万元，项目总计支出 42 572.38 万元，项目资金使用率为 98.11%。

项目聘请第三方持续跟踪审计，经对中期建设的资金到位及支出、制度建设与执行情况、建设任务及绩效目标完成情况等审计，会计师事务所认为学校制定了相关管理制度并能有效执行，专项资金使用和管理符合教育部印发的《中国特色高水平高职学校和专业建设计划绩效管理暂行办法》和其他相关的政府规章、规范性文件的规定，能够按照规定编制预算和使用项目建设资金，并将"双高计划"建设资金纳入学校预决算，专项资金管理规范严谨，内部控制健全有效。设置单独账簿进行核算，专款专用。资金审批、支出合理，合同管理规范，未发现项目外包情况。凡纳入政府采购的支出项目，均按照《中华人民共和国政府采购法》和省财政厅的有关规定，严格执行采购流程，规范程序办理相关业务，所形成的资产全部纳入学校固定资产核算与管理，资产管理规范。"双高计划"建设专项资金没有用于学校偿还贷款、支付利息、捐赠赞助、对外投资、抵偿罚款等与"双高计划"建设项目无关的其他支出。未从资金中提取工作经费或管理经费，无超标准建设和豪华建设。截至 2021 年 12 月 31 日，专项资金已全部足额到位，并全面完成了任务书提出的项目建设内容及相关经费预算，在既定的绩效目标之上；并在产出指标、效益指标和满意度指标方面均取得了良好的成果，预算执行情况良好，资金使用效益明显。

五、特色经验与做法

（一）坚持立德树人，构建思政育人新格局

围绕立德树人，强化顶层布局，聚焦"五工"（工业、工厂、工程、工人、工匠），构建思政育人新格局。根据思想政治理论教育规律和学生成长规律科学设置具体教学目标，抓好教学目标设计、课程设置、教材编写、教学改革、教师培养、考核评价等环节，建立思政课程和课程同向同行的大思政工作体系。打造学校"一场一馆一园一廊一空间"校园特色文化育人平台,整合陕西丰富的红色文化和工业文化资源,凝练形成"红色匠心"文化育人理念,将思政教育、职业道德、工匠精神、职业技能和就业创业能力培育融入教育教学全过程。获全国高校思想政治理论课教学展示暨优秀课程观摩活动一等奖1项、二等奖2项,获批教育部课程思政教学研究示范中心,2门课程被认定为教育部课程思政示范课程,2支团队及其教师被认定为课程思政教学名师和团队。

(二)深化产教融合,创新校企共育新模式

对接人才培养供给侧改革要求,通过校企联合研发、联合共建、联合开发、联合共享、联合共育,共同制定人才培养目标、确定模块化课程体系、建设校内外实训基地、打造"双师型"教学团队。依托陕西"现代工业和服务业职业教育改革试验区"产教融合高端平台,精准对接区域行业企业工作岗位和工作标准制定课程标准,加快从"校企利益共同体"走向"产教利益共同体"的全新布局。先后培养出以智能制造领域领军人物屈贤明、"全国五一劳动奖章"获得者何小虎、省技术状元黄亚光、省优秀大学生村官王鹏等为代表的大批优秀毕业生和优秀校友。

(三)密切校企协作,闯出科技服务新路子

搭建以装备制造龙头骨干企业技术服务中心与中小微企业服务中心为载体的技术服务体系,通过"引进、投资、培养、运行、评价"的校企合作五大机制,发挥"能加速、能引领、能开展、能促进、能实现"五大作用和功能,开展一体化教学试点、技能大师工作室、产品技术推广中心、院士工作站、资源融合等,服务装备制造龙头骨干企业及中小微企业。牵头成立校企协同育人联盟,联合欧姆龙、亿滋、西门子等世界500强企业携手共建科技创新平台10个,承担省部级、市局级各类科研项目133项,荣获省级和市级政府科学技术进步奖、科研进步奖9项。

(四)实施人才强校,打造高水平双师新团队

以高层次师资队伍建设为目标,以持续优化师资队伍结构为重点,实施教师培养模式创新、领军人才培育、双师素质提升、双语教师培养、兼职教师优选等五项计划,通过建设教师教学创新团队6个、科研创新团队11个、职业培训团队13个,着力提升教师教学能力、科学研究能力和社会服务能力,打造一支高素质"双师型"的教师创新团队。教师教学水平不断提升,获评国家级教师教学创新团队等国家级团队4个,全国职业技能大赛教师教学能力比赛获奖5项;科研人才队伍不断壮大,新增院士工作站2个,引进国家技能大师、企业高技能人才、首席专家、产业教授21名,二级教授增至6人,三级教授达到12人;教师在社会机构兼职人数不断增加,入选全国职业教育行业指导委员会委员12

人,高水平"双师型"师资团队建设成效凸显。

(五)发挥平台优势,打造社会服务新品牌

发挥全国重点建设职业教育师资培养培训基地、全国职业院校校长培训培育基地等平台的作用和功能,集中全国、全省及全校职教名师、专业行家等优势师资力量,创新培训形式、优化培训内容、提升培训质量,重点打造国培、省培和校培"三级培训"项目品牌。发挥行业职业教育培训联盟单位的功能,为区域行业提供就业创业和技能培训,打造社会服务项目品牌,服务产业转型升级。持续开展职业技能提升培训、企业新型学徒培养、新型职业农民和在职职工继续教育等,获批国家级高技能人才培训基地,实现了陕西高技能人才培训基地国、省、市的全覆盖,职教师资参与院校的全覆盖,职教师资培训项目类型的全覆盖。

(六)着力开放办学,探索对外交流新机制

发挥"一带一路"起点的区位优势,与中国有色矿业集团公司合作并建成我国首个在国外具有学历颁发资质的中国—赞比亚职业技术学院,全面采用我校制定的专业标准;依托中德高校联合培养德制硕士学位工程师项目,与柏林工业大学等6所德国顶尖理工类大学联合培养德制硕士学位工程师14名;全面落实马拉维总统穆萨里卡来校视察成果,与马拉维大学签署合作协议,启动鲁班工坊建设项目,成为首批教育部职业教育"走出去"项目试点院校,国内职业教育教学标准进入主权国家国民教育体系,成为开展海外学历教育、接待外国元首访问、荣获世界职教联盟可持续发展卓越奖金奖的省内高职院校,工作模式和办学成果被联合国教科文组织采用并推广。

六、问题与改进措施

(一)存在问题

1. "双高"建设等重要任务与"十四五"规划的契合度问题

全国职教大会召开以来,"双高"建设、提质培优行动计划等各项职教重要任务逐步推进,如何充分利用好职业教育改革发展的时代机遇,统筹好各项重点建设任务的项目设计、资金使用与"十四五"规划建设任务契合同步,是"双高"院校发展过程中面临的关键问题。

2. 建设任务实际完成度不均衡的问题

由于"双高计划"建设项目不同任务点的外部影响因素不同、建设难度不一、预设时间各异,导致虽然各任务点均完成了预期目标,但相关任务的实际完成度大多高于60%,而个别略低于60%,任务完成度存在不均衡。

3. 疫情影响下如何开展国际交流与合作的问题

从2019年开始,由于疫情影响,国际交流的部分项目采用线上形式开展,留学生来校学习、师生出国交流、培训,海外分院建设等实体化项目落地和推进遇到一定困难。

(二)改进措施

1. 规划统筹、"双高"引领,助推任务高效完成

对接国、省文件要求,梳理汇总"双高"建设、提质培优行动计划及职业教育高质量发展建设任务,纳入学校"十四五"规划。总结"双高"建设项目与其余项目的共性任务和内涵要点,以"双高"建设为引领,总结凝练项目建设机制及经验,以点带面、全面推进,带动提质培优行动计划及职业教育高质量发展建设任务的顺利完成,促进学校"十四五"期间各项工作全面提升。

2. 科学调控、全面保障,确保任务进度科学合理

对接国家在"双高"建设政策及重大项目上的新要求、新安排、新动向,在不断丰富建设任务内涵的同时,立足实际对任务推进的年度目标进行二次调控,在确保进度安排合理均衡的同时,强化各任务建设人员保障,合理布局建设任务和资金投入配比,优化业财融合内控管理机制,全方位保障建设进度按期高质量完成。

3. 外引内创、分步实施,塑造国际职教品牌

重点实施国际先进标准引领计划和教学标准双创计划,引进先进成熟的专业标准、课程培训包和数字化资源,结合实际对国外优质资源创造性转化、本土资源创新型发展,充分利用信息化手段实现国内外交流合作,向"一带一路"沿线国家、发展中国家输出优质专业教学标准、课程标准、课程资源和培训项目。待疫情缓解后,继续开展教师、学生跨境交流项目,不断扩大学校的国际影响力。

七、其他需要特别说明的有关事宜

无

附件1:高水平学校建设单位中期验收自评表

一、高水平学校建设单位中期验收自评表

类别	学校层面自评得分	机械制造与自动化专业群自评得分	材料成型与控制技术专业群自评得分
分项自评得分	99.9	99.8	99.85
所占权重	50%	25%	25%
合计		99.86	

二、学校层面中期验收自评表

一级指标	二级指标	三级指标	中期指标数量/个	中期完成数量/个	完成度/%	分值	赋分
1. 产出指标（50%）	1.1 数量指标（20%）	1.1.1 打造技术技能人才培养高地	9	9	100	20	20
		1.1.2 打造技术技能创新服务平台	25	25	100		
		1.1.3 打造高水平专业群	28	28	100		
		1.1.4 打造高水平双师队伍	5	5	100		
		1.1.5 提升校企合作水平	5	5	100		
		1.1.6 提升服务发展水平	4	4	100		
		1.1.7 提升学校治理水平	1	1	100		
		1.1.8 提升信息化水平	2	2	100		
		1.1.9 提升国际化水平	8	8	100		
	1.2 质量指标（20%）	1.2.1 打造技术技能人才培养高地	50	50	100	20	20
		1.2.2 打造技术技能创新服务平台	19	19	100		
		1.2.3 打造高水平专业群	88	88	100		
		1.2.4 打造高水平双师队伍	10	10	100		
		1.2.5 提升校企合作水平	16	16	100		
		1.2.6 提升服务发展水平	8	8	100		
		1.2.7 提升学校治理水平	7	7	100		
		1.2.8 提升信息化水平	7	7	100		
		1.2.9 提升国际化水平	7	7	100		

续表

一级指标	二级指标	三级指标	中期指标数量/个	中期完成数量/个	完成度/%	分值	赋分
1. 产出指标（50%）	1.3 时效指标（10%）	1.3.1 任务完成进度	2	2	100	10	10
		1.3.2 资金到位情况	2	2	100		
2. 效益指标（30%）	2.1 社会效益指标（15%）	2.1.1 引领职业教育改革发展和人才培养的贡献度	27	27	100	15	15
		2.1.2 支撑国家战略和区域经济社会发展的贡献度	16	16	100		
		2.1.3 国家形成一批有效支撑职业教育高质量发展的政策、制度、标准的贡献度	20	20	100		
	2.2 可持续影响指标（15%）	2.2.1 指标完成度	7	7	100	15	15
		2.2.2 标志性成果	—	—	100		
3. 满意度指标（10%）	3.1 服务对象满意度指标（10%）	3.1.1 在校生满意度	1	1	100	10	10
		3.1.2 毕业生满意度	1	1	100		
		3.1.3 教职工满意度	1	1	100		
		3.1.4 用人单位满意度	1	1	100		
		3.1.5 家长满意度	1	1	100		
4. 管理与执行指标（10%）	4.1 资金管理指标（5%）	4.1.1 建设项目资金管理制度完善	—	—	100	5	4.9
		4.1.2 资金执行合规性	—	—	100		
	4.2 项目管理指标（5%）	4.2.1 管理制度的健全性	—	—	100	5	5
		4.2.2 建设项目组织机构完善	—	—	100		
		4.2.3 绩效自评材料的规范	—	—	100		
		学校层面中期自评得分汇总				100	99.9

三、高水平专业群(机械制造与自动化专业群)中期验收自评表

一级指标	二级指标	三级指标	中期指标数量/个	中期完成数量/个	完成度/%	分值	赋分
1. 产出指标(50%)	1.1 数量指标(20%)	1.1.1 人才培养模式创新	1	1	100	20	20
		1.1.2 课程教学资源建设	1	1	100		
		1.1.3 教材与教法改革	3	3	100		
		1.1.4 教师教学创新团队	4	4	100		
		1.1.5 实践教学基地	3	3	100		
		1.1.6 技术技能平台	2	2	100		
		1.1.7 社会服务	1	1	100		
		1.1.8 国际交流与合作	2	2	100		
	1.2 质量指标(20%)	1.2.1 人才培养模式创新	11	11	100	20	20
		1.2.2 课程教学资源建设	3	3	100		
		1.2.3 教材与教法改革	5	5	100		
		1.2.4 教师教学创新团队	12	12	100		
		1.2.5 实践教学基地	5	5	100		
		1.2.6 技术技能平台	2	2	100		
		1.2.7 社会服务	5	5	100		
		1.2.8 国际交流与合作	5	5	100		
	1.3 时效指标(10%)	1.3.1 任务完成进度	1	1	100	10	10
		1.3.2 资金到位情况	2	2	100		

续表

一级指标	二级指标	三级指标	中期指标数量/个	中期完成数量/个	完成度/%	分值	赋分
2. 效益指标（30%）	2.1 社会效益指标（15%）	2.1.1 引领职业教育改革发展和人才培养的贡献度	1	1	100	15	15
		2.1.2 支撑国家战略和区域经济社会发展的贡献度	3	3	100		
		2.1.3 国家形成一批有效支撑职业教育高质量发展的政策、制度、标准的贡献度	—	—	—		
	2.2 可持续影响指标（15%）	2.2.1 指标完成度	4	4	100	15	14.8
		2.2.2 标志性成果	—	—	100		
3. 满意度指标（10%）	3.1 服务对象满意度指标（10%）	3.1.1 在校生满意度	1	1	100	10	10
		3.1.2 毕业生满意度	1	1	100		
		3.1.3 教职工满意度	1	1	100		
		3.1.4 用人单位满意度	1	1	100		
		3.1.5 家长满意度	1	1	100		
4. 管理与执行指标（10%）	4.1 资金管理指标（5%）	4.1.1 建设项目资金管理制度完善	—	—	100	5	5
		4.1.2 资金执行合规性	—	—	100		
	4.2 项目管理指标（5%）	4.2.1 推进机制的科学性	—	—	100	5	5
		4.2.2 绩效自评材料的规范性	—	—	100		
机械制造与自动化专业群中期自评得分汇总						100	99.8

四、高水平专业群（材料成型与控制技术专业群）中期验收自评表

一级指标	二级指标	三级指标	中期指标数量/个	中期完成数量/个	完成度/%	分值	赋分
1. 产出指标（50%）	1.1 数量指标（20%）	1.1.1 人才培养模式创新	2	2	100	20	20
		1.1.2 课程教学资源建设	1	1	100		
		1.1.3 教材与教法改革	1	1	100		
		1.1.4 教师教学创新团队	1	1	100		
		1.1.5 实践教学基地	1	1	100		
		1.1.6 技术技能平台	1	1	100		
		1.1.7 社会服务	2	2	100		
		1.1.8 国际交流与合作	1	1	100		
		1.1.9 可持续发展保障机制	1	1	100		
	1.2 质量指标（20%）	1.2.1 人才培养模式创新	9	9	100	20	20
		1.2.2 课程教学资源建设	10	10	100		
		1.2.3 教材与教法改革	5	5	100		
		1.2.4 教师教学创新团队	13	13	100		
		1.2.5 实践教学基地	4	4	100		
		1.2.6 技术技能平台	6	6	100		
		1.2.7 社会服务	6	6	100		
		1.2.8 国际交流与合作	3	3	100		
	1.3 时效指标（10%）	1.3.1 任务完成进度	1	1	100	10	10
		1.3.2 资金到位情况	2	2	100		

续表

一级指标	二级指标	三级指标	中期指标数量/个	中期完成数量/个	完成度/%	分值	赋分
2. 效益指标（30%）	2.1 社会效益指标（15%）	2.1.1 引领职业教育改革发展和人才培养的贡献度	2	2	100	15	15
		2.1.2 支撑国家战略和区域经济社会发展的贡献度	7	7	100		
		2.1.3 国家形成一批有效支撑职业教育高质量发展的政策、制度、标准的贡献度	—	—	—		
	2.2 可持续影响指标（15%）	2.2.1 指标完成度	2	2	100	15	14.85
		2.2.2 标志性成果	—	—	100		
3. 满意度指标（10%）	3.1 服务对象满意度指标（10%）	3.1.1 在校生满意度	1	1	100	10	10
		3.1.2 毕业生满意度	1	1	100		
		3.1.3 教职工满意度	1	1	100		
		3.1.4 用人单位满意度	1	1	100		
		3.1.5 家长满意度	1	1	100		
4. 管理与执行指标（10%）	4.1 资金管理指标（5%）	4.1.1 建设项目资金管理制度完善	—	—	100	5	5
		4.1.2 资金执行合规性	—	—	100		
	4.2 项目管理指标（5%）	4.2.1 推进机制的科学性	—	—	100	5	5
		4.2.2 绩效自评材料的规范性	—	—	100		
材料成型与控制技术专业群中期自评得分汇总						100	99.85

附件2：佐证材料目录清单（略）

杨凌职业技术学院"双高计划"中期自评报告

2019年,学校被教育部、财政部确定为中国特色高水平高职学校建设单位(B档)。项目建设以来,在陕西省委省政府和杨凌示范区的大力支持下,在全校师生的共同努力下,学校先后被农业农村部、教育部确定为全国乡村振兴人才培养优质校,被水利部确定为全国优质水利高职院校,被教育部确定为全国高校毕业生就业能力培训基地,中国杨凌现代农业职教集团入选全国首批示范性职教集团培育单位,被工业与信息化部确定为校企协同就业创业创新示范实践基地,获陕西省教育系统党建工作示范高校,占地1 600亩的杨凌现代农业职教创新园(新校区)获省重点项目立项。学校办学水平、教学质量、服务能力、国际交流等取得了长足发展。

按照教育部、财政部《关于开展中国特色高水平高职学校和专业建设计划中期绩效评价工作的通知》要求和省教育厅、财政厅统一安排部署,对照学校"双高计划"建设方案和任务书,从总体实现程度等6个方面认真开展自评,具体情况如下:

一、总体实现程度

(一)总体目标的实现程度及效果

截至2021年,学校"双高计划"建设总体目标实现62.25%(见表1),阶段目标全部实现。取得省级以上标志性成果787项,其中国家级108项。学校各项办学条件明显改善,综合办学实力大幅提升,引领、支撑、推动职业教育高质量发展作用有效发挥,服务国家战略和地方经济社会发展能力进一步增强,一个具有旱区现代农业特色的职业教育"双高"校基本架构已经建立。学校自评分为98.68分,等级为优秀(见表2)。

表1 2019—2021年建设目标达成度一览表

评价方面	建设期计划任务数量/项			2019—2021完成任务数量/项	阶段目标达成成度/%	总体目标达成度/%
	一级子任务	二级子任务	三级子任务			
学校层面	10	49	747	465	100	62.25
农业生物技术专业群	9	30	379	237	100	62.53
水利工程专业群	9	37	273	169	100	61.90

表 2　中期绩效自评得分表

评价方面	一级指标	二级指标	自评分
学校层面	1. 产出指标（50%）	1.1 数量指标（20%）	20.00
		1.2 质量指标（20%）	20.00
		1.3 时效指标（10%）	10.00
	2. 效益指标（30%）	2.1 社会效益指标（15%）	14.75
		2.2 可持续性影响指标（15%）	14.70
	3. 满意度指标（10%）	3.1 服务对象满意度指标（10%）	9.85
	4. 管理与执行指标（10%）	4.1 资金管理指标（5%）	4.90
		4.2 项目管理指标（5%）	4.95
	小计		99.15
农业生物专业群	1. 产出指标（50%）	1.1 数量指标（20%）	20.00
		1.2 质量指标（20%）	20.00
		1.3 时效指标（10%）	10.00
	2. 效益指标（30%）	2.1 社会效益指标（15%）	14.65
		2.2 可持续性影响指标（15%）	14.60
	3. 满意度指标（10%）	3.1 服务对象满意度指标（10%）	9.75
	4. 管理与执行指标（10%）	4.1 资金管理指标（5%）	4.85
		4.2 项目管理指标（5%）	4.90
	小计		98.75
水利工程专业群	1. 产出指标（50%）	1.1 数量指标（20%）	20.00
		1.2 质量指标（20%）	20.00
		1.3 时效指标（10%）	10.00
	2. 效益指标（30%）	2.1 社会效益指标（15%）	14.15
		2.2 可持续性影响指标（15%）	14.10
	3. 满意度指标（10%）	3.1 服务对象满意度指标（10%）	9.75
	4. 管理与执行指标（10%）	4.1 资金管理指标（5%）	4.85
		4.2 项目管理指标（5%）	4.80
	小计		97.65
	总计（学校层面得分×0.5 + 农业生物技术专业群得分×0.25 + 水利工程专业群得分×0.25）		98.68

（二）项目经费到位和执行情况

2019—2021年项目经费全部到位，执行良好。具体执行情况见表3和表4。

表3 2019—2021年项目经费预算及执行情况一览表

评价方面	资金来源	建设项目总预算金额/万元	中期预算安排金额/万元	中期预算收入到位金额/万元	中期预算实际支出金额/万元	中期预算资金到位率/%	中期预算支出完成率/%	中期实际支出资金总预算占比/%
学校层面	中央财政支持资金	12 500.00	7 500.00	7 500.00	7 500.00	100.00	100.00	60.00
	地方财政投入资金	12 500.00	7 500.00	7 500.00	7 500.00	100.00	100.00	60.00
	行业企业支持资金	2 600.00	1 485.00	1 485.00	1 485.00	100.00	100.00	57.12
	单位自筹资金	40 400.00	21 935.00	21 935.00	21 935.00	100.00	100.00	54.29
	合计	68 000.00	38 420.00	38 420.00	38 420.00	100.00	100.00	56.50
专业群一（农业生物技术专业群）	中央财政支持资金	3 500.00	2 100.00	2 100.00	2 100.00	100.00	100.00	60.00
	地方财政投入资金	3 500.00	2 100.00	2 100.00	2 100.00	100.00	100.00	60.00
	行业企业支持资金	500.00	480.00	480.00	480.00	100.00	100.00	96.00
	单位自筹资金	1 500.00	890.00	890.00	890.00	100.00	100.00	59.33
	合计	9 000.00	5 570.00	5 570.00	5 570.00	100.00	100.00	61.89
专业群二（水利工程专业群）	中央财政支持资金	3 500.00	2 100.00	2 100.00	2 100.00	100.00	100.00	60.00
	地方财政投入资金	3 500.00	2 100.00	2 100.00	2 100.00	100.00	100.00	60.00
	行业企业支持资金	700.00	305.00	305.00	305.00	100.00	100.00	43.57
	单位自筹资金	3 300.00	2 055.00	2 055.00	2 055.00	100.00	100.00	62.27
	合计	11 000.00	6 560.00	6 560.00	6 560.00	100.00	100.00	59.64

表4 2019—2021年"双高计划"加强党的建设预算及执行情况一览表

资金来源	年度	预算金额/万元	预算资金到位金额/万元	预算资金支出金额/万元	预算收入到位率/%	预算支出执行率/%
自筹资金	2019	105.00	105.00	104.50	100.00	99.52
	2020	110.00	110.00	103.80	100.00	94.36
	2021	110.00	110.00	107.01	100.00	91.28
合计		325.00	325.00	315.31	100.00	97.02

二、学校层面任务及绩效指标完成情况

（一）产出情况

1. 党建引领，思政铸魂，党的领导全面加强

本任务包含子任务111项，截至2021年完成69项，阶段目标达成度100%，总体目标达成度62.16%。发挥党建在"双高"建设中的引领作用，创新"党建+X"工作机制，成立课程思政研究中心，将支部设在教研室，实现支部书记"双带头人"全覆盖，取得一批有影响力的标志性成果（见表5），党的领导全面加强。

表5 2019—2021年加强党的建设取得的主要标志性成果

序号	标志性成果名称	数量	授予单位
1	国家级样板党支部	1	教育部
2	全国职业院校校园文化"一校一品"学校	1	教育部
3	国家级课程思政示范课、名师及团队	2	教育部
4	全国校园文化品牌项目	1	教育部
5	全国水利院校德育教育优秀成果	1	水利部
6	国家级思政研究项目	1	教育部
7	省级样板党支部	2	陕西省委教育工委
8	省级标杆院系	2	
9	党建工作示范高校	1	
10	课程思政专项研究课题	257	陕西省职业技术教育学会

2. 五育并举，德技并修，人才培养高地初步成型

本任务包含子任务126项，截至2021年完成79项，阶段目标达成度100%，总体目标达成度62.70%。围绕抓基础、强内涵、促提升总基调，实施耕读教育、正禾育人工程、

"杨职金课"建设、标准建设、模式创新等，新增国家级标志性成果71项（见表6），新增省级成果388项，具有干旱半干旱地区现代农业特色的高素质技术技能人才培养高地初步成型。

表6　2019—2021年打造人才培养高地取得的主要标志性成果

序号	标志性成果名称	数量	授予单位
1	全国乡村振兴人才培养优质校	1	农业农村部、教育部
2	全国水利类优质高职院校	1	水利部
3	全国高校毕业生就业能力培训基地	1	教育部
4	主持国家职业教育专业教学资源库	3	教育部
5	"十三五"职业教育国家规划教材	14	教育部
6	林草局"十四五"规划教材	2	国家林业与草原局
7	首届全国优秀教材奖	2	教育部
8	国家精品在线开放课程	1	教育部
9	全国课程思政示范课	2	教育部
10	主持国家专业教学标准制定	8	教育部
11	学生获全国各类技能大赛奖项	29	教育部
12	学生获中国国际"互联网+"创新创业大赛奖项	7	教育部

3. 夯基垒台，区校融合，技术技能创新服务平台基本构筑

本任务包含子任务93项，截至2021年完成57项，阶段目标达成度100%，总体目标达成度61.29%。区校定期沟通协调、人才资源共享互补、技术协同创新机制全面建立，建立区校共建共享共管大学科创园等7个区校一体科创平台，建立院士工作室引领、博士+高职生、教授+成果+基地为支撑的2室2院7中心校内科创平台；出台系列科研及成果激励办法；获批陕西省高校工程研究中心1个；形成的《依托国家农业示范区深化产教融合"四维四化"模式》获陕西省教学成果特等奖，区校、校企、产教"二元三融"新形态全面形成。

4. 群策群力，打造样板，三级专业群建设体系全面建立

本任务包含子任务46项，截至2021年完成28项，阶段目标达成度100%，总体目标达成度60.87%。面向经济社会发展、产业转型升级和国家战略需求，建立专业动态调整机制，推进专业数字化升级改造，探索本科专业试点，专业适应性大大增强，服务产业发展能力进一步提升，国家级示范引领、省级重点建设、校级积极培育的三级专业群建设体系全面建立。

5. 引培并举,强基赋能,高水平双师队伍基本形成

本任务包含子任务77项,截至2021年完成48项,阶段目标达成度100%,总体目标达成度62.34%。实施梯队、能力(师德)5项引培、提升计划;修订"双师型"教师认定标准、开展分类评价。三年新增专任教师178名,外聘高层次人才8名,新增三级教授9名、二级教授3名、"双师型"教师52名。新增国家级标志性成果21项(见表7)、省级成果51项。一支结构合理、师德师风高尚、能力素质过硬的高水平双师队伍基本形成。

表7　2019—2021年打造高水平双师队伍取得的主要标志性成果

序号	标志性成果名称	数量	授予单位
1	国家教师教学创新团队	1	教育部
2	全国水利职业教育教师教学创新团队	2	水利部
3	全国课程思政教学名师及教学团队	2	教育部
4	首批全国职业院校"双师型"教师队伍建设典型案例	2	教育部
5	全国行业职业教育教学指导委员会委员	11	教育部
6	全国行业职业教育教学指导委员会副主任	1	教育部
7	全国教师教学能力大赛奖项	2	教育部

6. 双向嵌入,八向对接,校企合作持续深化

本任务包含子任务64项,截至2021年完成41项,阶段目标达成度100%,总体目标达成度64.06%。以产业(企业)学院为载体,理事会式体制为保障,校企"双元"融入为目标,出台推进产业(企业)学院建设指导意见,推进产教融合、校企合作走深走实。先后开办"中水学院"等产业(企业)学院10个,创新形成"五共同"育人机制以及"八向对接"校企利益共同体工作运行机制;现代学徒制在学校全面推进;中国杨凌现代农业职教集团入选全国首批示范性职教集团培育单位;获批工信部"校企协同就业创业创新示范实践基地"。企业兼职教师承担专业课教学任务占比36.2%,政企订单班专业覆盖率95%。校企"双元"推出了一批教学标准和教材,产教融合、校企合作得到持续深化,校企协同育人机制基本形成。

7. 产学研用,增值赋能,服务乡村振兴能力显著提升

本任务包含子任务55项,截至2021年完成34项,阶段目标达成度100%,总体目标达成度61.82%。构建"一体两翼"高素质农民育训体系、"基地+产业+农户"一体化的社会服务体系,创新了渭北旱源农业技术集成式推广、"培训+"等新模式。自2019年以来，学校先后承担纵横向课题 100 余项，到账科研经费 2 000 余万元。选育的武农 981、988 两个品种填补了我国大穗大粒优质高产小麦品种空白。年开展科技培训 13 万人日以上，推广新技术 63 项，解决企业技术难题 76 项，年社会服务收入 1 000 万元以上，取得各类标志性成果 232 项（见表 8）。学校连续三年被评为陕西省高校"双百工程"先进单位、杨凌示范区农业科技推广先进单位，有效支撑了国家乡村振兴战略和服务地方经济社会发展。

表 8　2019—2021 年提升服务水平取得的主要标志性成果

序号	标志性成果名称	数量	授予单位
1	通过国家审定小麦新品种/个	2	农业农村部
2	科研技术创新重要亮点成果/项	1	农业农村部
3	国家技术标准、规范/个	1	国家市场监督管理总局
4	通过省级审定小麦新品种/个	2	陕西省农业农村厅
5	地方标准、规范/项	8	陕西省市场监督管理局等
6	获省级及以上科技成果奖/项	12	陕西省教育厅、林业与草原局、农业农村厅等
7	获聘省级农业产业岗位体系专家/人	12	陕西省农业农村厅
8	获聘省级科技特派员/人	37	陕西省科技厅
9	授权专利/项	160	国家知识产权局

8. 改革创新，放管结合，学校治理水平显著提升

本任务包含子任务 49 项，截至 2021 年完成 31 项，阶段目标达成度 100%，总体目标达成度 63.27%。实施一院一群、一群一策、放管结合、自主发力、要素评价、绩效考核、容错纠错等改革，治理水平明显提升。财务治理案例入选全国职业高等院校财务治理十佳案例。

9. 数据集成，数字赋能，信息化水平全面提升

本任务包含子任务 74 项，截至 2021 年完成 46 项，阶段目标达成度 100%，总体目标达成度 62.16%。校园信息化基础设施全面升级，新建智慧教室 261 间，数据中心信息存储量达到 400 TB，形成统一的数据库，实现了信息共享；杨凌农业职业教育信息中心建成运营，教学培训课程资源不断丰富，全校所有课程实现线上线下混合。学校先后荣获全国"职业院校数字校园建设样板校""陕西省智慧校园示范校"。学生获得省级及以上信息化类竞赛奖 36 项。学校数字化校园环境基本形成，信息化水平全面提升。

10. 引融输建，探路先行，国际影响力不断增强

本任务包含子任务52项，截至2021年完成32项，阶段目标达成度100%，总体目标达成度61.54%。创新工作机制，先后引进国际产业（行业）技术标准5项、优质教学资源3套；开发农业类国际专业教学标准2个、课程标准10个；建成上合组织职业农民技术技能培训中心，推广农业新技术5项，培训上合组织国家技术人员4 115人·日；面向"一带一路"沿线国家培训农业类、水利类技术人才和管理人才1 621人·日，成立了几内亚水利工程学院、乌兹别克斯坦现代农业学院2个海外分校；在哈萨克斯坦和乌兹别克斯坦建立了科技示范园。服务"走出去"企业订单培养602人；面向"一带一路"沿线国家培养国际学生179人，"引融输建"的国际合作交流"杨职模式"初步形成，学校的国际影响力不断增强。

（二）贡献度

1. 引领农业职业教育改革创新，不断增强适应性

（1）构建基于立德树人、五育并举，具有干旱半干旱地区现代农业职业教育特色的高素质技术技能人才培养新体系

创新学生综合素质提升和行动能力培养的路径、方法、资源和模式，全面提升人才培养质量。获批国家级教师教学创新团队3个，师生获各类全国竞赛奖项38项，入选职业教育"十三五"国家规划教材14种，获国家优秀教材二等奖2项，入选国家课程思政示范课2门、省级及以上精品在线开放课程23门。

（2）创立职业农民（村干部）学历教育"334"和基于水利基层人才校地合作"订单式"人才培养新模式

招收职业农民（村干部）2 000多人，毕业学员中先后涌现出了全国优秀党务工作者万传慧、"育苗能手"李建辉等一批优秀代表。该模式获得2021年陕西省教育教学成果特等奖，教育部陈子季司长对该做法予以充分肯定，在全国10余所职业学校进行了推广应用，示范引领效果突出。

（3）打造基于国家农业高新技术产业示范区产教融合"四维四化"新模式

已启动建设的现代农业职教创新园项目被纳入陕西省、示范区和学校"十四五"规划重点项目，现代农业产教融合实训中心被纳入教育强国项目，6个技术技能协同创新中心、5个高水平专业化产教融合实训基地、1个区校融合科创中心，1个毕业生就业创业服务基地已进入实质化运行，实现了区校发展一体化、人才培养精准化、社会服务多样化、就业创业园区化。该模式获2019年陕西省教学成果特等奖，已推广到黑龙江佳木斯、山东黄河三角洲等8个农业高新技术产业示范区。

(4) 创新集成，打造数字化教学资源中心

建设了涵盖专业建设、课程教学、实践训练、社会服务等体系化的数字化教学资源，为师生及社会学习者提供"一站式"学习服务，中心注册用户达 99 200 多个，累计访问人数 32 960 070 人次。上线国家智慧教育平台课程 41 门，位列全国高职院校第 5、陕西第 1；学校荣获校联会评选的"高职院校资源建设优势学校 60 强"。

2. 服务"乡村振兴"战略，推动地方经济社会发展

(1) 选育优质高产小麦新品种服务国家粮食安全

共选育出 13 个品种，累计推广面积达 9 000 多万亩，遍及黄淮麦区，实现农民增收 60 亿元。特别是 2021 年赵瑜研究员团队培育出的大穗大粒优质高产新优品系"武农 981""武农 988"两个小麦新品种通过国家审定，在黄淮麦区 7 个省进行了区域生产试验，平均亩产 1 200~1 500 斤，成为继袁隆平"抗盐碱特殊类型水稻品种试验"后的全国第二例"特殊型"作物品种，实现小麦品种既高产又优质的突破性科技创新，为国家粮食安全贡献了杨职力量。

(2) "三果一菌一蜂"新品种新技术助推地方特色产业发展

研究形成的设施草莓"新机立智"高效栽培管理技术体系，提升单位面积收益 2.5 倍；培育"丝路黄金"等无花果新品种 2 个，通过省级审定，研制的有机无花果生产集成技术体系在生产中广泛推广应用，建成示范园 1 000 亩，辐射推广 5 000 亩，实现经济效益增收 5 000 万元；研制的新型双拱双模大棚火龙果栽培技术，实现南果北种，在省内外推广种植火龙果 3 万亩；先后引进羊肚菌新品种 12 个，建立 18 个种植基地，2021 年实现农民增收 300 余万元；陕西蜂产业体系首席科学家黎九洲团队，在全省中蜂人工养殖技术推广中发挥核心作用，使中蜂养殖成为全省脱贫攻坚的主打特色产业。

(3) 创新集成推广模式成为干旱半干旱地区现代农业技术推广的典范

在渭北旱塬彬州市、旬邑县建立"渭北生态农业建设示范与应用"产学研示范基地 2 个。推广新品种 28 个、新技术 63 项，累计完成新增产值 2 114.55 万元，彬州市 2021 年跻身陕西经济 10 强县。彬州基地被农业农村部确定为"农业科技创新与集成示范基地"，2021 年获批陕西省县域科技创新试验示范站。旬邑基地形成的"4321"（建设四支队伍、构建三个平台、寻找两个途径、抓好主导产业）"金桥模式"获陕西省农业科技推广二等奖。

(4) 陕西职业教育乡村振兴研究院成为陕西乡村振兴理论智库

创新"院校堂室"层级浸润式培训模式，构建校地合作"五联一抓"工作新机制（即专家联产业、科研联生产、企业联市场、部门联政策、党员联群众、书记抓典型），推

动职业教育服务乡村振兴理论研究与实践向纵深发展。

3. 参与政策、标准制定，推动职业教育高质量发展

（1）标准引领，积极参与国家、地方标准的修（制）订

作为副组长单位主持、参与教育部职业教育农林牧渔大类、水利大类专业目录修（制）订，主持职业教育专业教学标准研制8项，参与56项。参与陕西省《农民教育培训教学管理规程》和《农民教育机构管理规范》2个地方标准制定。主持中国杨凌农业高新技术产业示范区农民技术职称考试培训大纲及题库建设。

（2）建言献策，助推出台职业教育新政策、新机制

向教育部、农业农村部提交职业农民学历教育人才培养方案1份、本科层次职业教育试点专业设置建议报告5份，完成农指委《农民培训与职业教育衔接报告》和《农民培训与职业教育衔接人才培养与实施方案》的编制，承担中国教育会计学会《职业高等教育农林牧渔专业大类教育成本研究》项目。牵头编制《陕西省职业教育服务乡村振兴战略三年行动计划（2020—2022年）》，向省教育厅提交《陕西省中、高、本职业教育一体化发展情况调研工作报告》《陕西省教育事业"十四五"发展规划编制建议报告》。为国家和地方出台有关职业教育政策、制度提供有力支撑。

（三）社会认可度

1. 师生家长广泛信任

"双高"建设提高了人才培养质量，扩大了学校影响，学校招生就业两旺，学生及家长认可。西安泽瑞通信有限公司、西安贝米科技有限公司、麦可思数据有限公司等第三方机构调查显示，学生家长满意度96.25%、在校生满意度97.05%、毕业生满意度95.70%，教师对"双高"建设满意度98.6%。2019—2021年，学生报考率超过400%，统招考生录取成绩平均增加60分，毕业生初次就业去向落实率平均达到96%。学校被教育部确定为全国高校毕业生就业能力培训基地，获评陕西省2021年就业工作先进集体。

2. 行业企业高度认同

"双高"建设提升了师生技术技能水平，获得行业企业高度认可。学校先后荣获全国学生管理、服务贡献、实习管理、教师发展、教学资源等50强。学校教师入选全国行指委委员11人、副主任1人，担任陕西省现代农业产业技术体系专家12人，省级自然人科技特派员37名，省"三区"科技人才15名，62%以上教师担任行业企业咨询专家、技术指导等职务，学校成为省委组织部、退役军人事务厅、农业农村厅及地市政府和行业企业技术培训基地。中国水利水电集团等200余家大中型企业与学校建立长期、稳定、良好的用人关系。北控水务集团等大型企业在学校设置订单班，订单班专业覆盖率达到95%。西

安泽瑞通信有限公司、西安贝米科技有限公司、麦可思数据有限公司等第三方机构调查显示，用人单位满意度95.80%。

3. 社会同行普遍关注

牵头帮扶甘肃畜牧工程职业学院、新疆水利水电学校、西藏职业技术学院等西部学校；与重庆水利水电职业技术学院等院校在人才培养、教学资源建设等方面开展广泛合作。"双高"建设以来，学校影响力不断提高，央视《焦点访谈》、新华社、人民日报、光明日报、中国教育报、中国教育电视台等国家级媒体对学校办学事业的典型经验做法和成果报道50余篇，陕西日报、陕西电视台等省级媒体报道138篇，北京农业职业学院等全国130余所职业院校来校交流。省委书记刘国中、省长赵一德等省级领导，省教育厅、农业农村厅等厅局领导先后多次来学校调研指导，支持学校发展。

三、专业群层面任务及绩效指标完成情况

（一）农业生物技术专业群

1. 产出情况

（1）强内涵显特色，人才培养模式推广应用

本任务包含子任务48项，截至2021年完成30项，阶段目标达成度100%，总体目标达成度62.5%。主持国家职业教育农业生物技术（专科）专业教学标准以及农业生物技术（本科）专业简介的研制；与荷兰朗蒂斯教育集团共同修订完成了园艺技术等2个专业的教学标准；参与制定国家专业教学标准及简介5项；获批6个1+X职业技能等级证书试点，获1+X粮农食品安全评价职业技能等级证书试点领军院校和优秀师资团队。形成的"双主体、五融合、模块化"人才培养模式开始推广应用。

（2）思政融入、校企共建，优质课程教学资源更加丰富

本任务包含子任务36项，截至2021年完成22项，阶段目标达成度100%，总体目标达成度61.11%。研制了专业标准、核心课程及顶岗实习标准等，形成了专业群标准体系，与荷兰朗蒂斯教育集团共同修订完成了10门核心课程标准；主持完成国家级食品营养与检测专业教学资源库建设项目；1门课程被认定为教育部课程思政示范课、2门课程被确定为省级精品在线开放课程；专业群所有课程均已建成线上课程且实现了课程思政全覆盖，校企共建的课程体系和课程教学资源已基本建成。

（3）融合信息技术，教材与教法改革初见成效

本任务包含子任务22项，截至2021年完成14项，阶段目标达成度100%，总体目标达成度63.64%。入选职业教育"十三五"国家规划教材4本；获首届全国优秀教材（职业教育与继续教育类）二等奖1项，获批教育部课程思政示范课1门，形成课堂教学改革

案例 10 个,"三教改革"成效显著。

(4) 整合优质资源,高水平教师教学创新团队基本建成

本任务包含子任务 48 项,截至 2021 年完成 31 项,阶段目标达成度 100%,总体目标达成度 64.58%。获评全国职业院校技能大赛优秀指导教师 2 人、全国职业院校技能大赛优秀工作者 2 人;获评省级教学名师 2 人;入选陕西省产业体系首席专家 1 人、岗位专家 5 人、"三区"人才 5 人、陕西最美科技工作者 2 人、省级科技特派员 11 人;入选全国课程思政教学名师及教学团队 1 个。2019—2021 年获教师教学能力大赛国赛三等奖 1 项,省赛一等奖 1 项、二等奖 3 项,获陕西省教学成果特等奖 2 项、一等奖 1 项、二等奖 2 项。由名师引领的教学创新团队、院士领衔的科研创新团队和专家带头的社会服务团队已基本建成。

(5) 校政行企联动,技术技能创新与产教融合基地建设有序推进

本任务包含子任务 62 项,截至 2021 年完成 38 项,阶段目标达成度 100%,总体目标达成度 61.29%。设立了康振生院士植物生物技术工作室,成立了(小麦)育种工程中心、北方草莓产业研发中心等"1 室 6 中心",建成实践教学基地 3 个,启动了 1 个虚拟仿真中心建设。承办了 2021 年全国农产品质量安全检测技能大赛,获全国农产品质量安全检测技能大赛一等奖 1 项、第一届全国职业院校智慧农业种植大赛(试点赛)三等奖 1 项。农产品质量安全职业技能鉴定站被农业农村部确定为第一批职业技能鉴定承建单位,农林综合实训基地获批陕西省教育厅农林劳动教育实践基地,获批陕西省高技能人才培训基地。

(6) 校企协同共建,技术技能创新成效显著

本任务包含子任务 24 项,截至 2021 年完成 15 项,阶段目标达成度 100%,总体目标达成度 62.50%。建成 2 个技术技能协同创新中心,校企合作开展省级以上教科研项目和技术创新项目 21 项;开发《脱毒草莓立体栽培技术规程》等地方标准 8 项、《勉县菜籽油网络销售流通标准》等 11 项农产品网络销售流通标准;获专利、软著权 20 项,其中发明专利 2 项;解决合作企业技术难题 76 个,获批工信部"校企协同就业创业创新示范实践基地";获"互联网+"国赛金奖 1 项、铜奖 3 项,省赛金奖 4 项、银奖 10 项、铜奖 2 项,技术技能协同创新能力得到显著提升。

(7) 聚焦产业发展,社会服务能力和水平显著增强

本任务包含子任务 64 项,截至 2021 年完成 40 项,阶段目标达成度 100%,总体目标达成度 62.50%。开展新型职业农民(村干部)学历教育,在校学员已达 2 369 人;面向市、县级农产品质检机构人员开展职业资格证书培训,累计培训人数 820 人;获批农业农

村部农产品质量安全中心"重要亮点成果"荣誉1项、陕西农业技术推广成果二等奖2项、陕西省教育厅高校科学技术奖2项；2个小麦品种通过国审，2个小麦品种和2个无花果品种分别通过省审；草莓产业、猕猴桃产业等团队积极开展产业帮扶，间接带动就业5 017人，累计产业增收2 036万元。

（8）深化合作交流，国际影响力明显提升

本任务包含子任务52项，截至2021年完成33项，阶段目标达成度100%，总体目标达成度63.46%；数量指标4项、质量指标3项，阶段目标全部达成，总体达成度73.64%。在乌兹别克斯坦建立杨凌职业技术学院—古利斯坦国立大学现代农业学院，完成园艺技术专业人才培养方案、专业教学标准及7门核心课程资源输出；3名教师受邀对上合农业基地海外园区开展葡萄栽培等技术培训；引进荷兰"设施农业"等20余门课程，开展线上线下培训12期，2个专业教学标准及10门课程标准得到国际认可，并推广应用。

（9）强化管理服务，可持续发展保障机制逐步完善

本任务包含子任务23项，截至2021年完成14项，阶段目标达成度100%，总体目标达成度60.87%。组建专业群建设与改革指导委员会，创新形成"重点+日常"相结合的专业群双向考核制度，构建形成"双高目标引领、多元考核支撑、五纵五横嵌入、师生参与实施、螺旋往复上升"的内部质量保证体系。《生物工程学院工作量化考核办法》在全校推广，同时被多所院校借鉴学习。

2. 贡献度

（1）创新驱动，引领农业职业教育改革发展

以大赛为引领，构建形成了"赛训融合"技能培养新模式。获国家技能大赛一等奖1项，获国家优秀组织奖；获国家级教学能力大赛三等奖1项，省赛一等奖1项、二等奖3项；获"互联网+"国赛金奖1项、铜奖3项。积极推进中高本衔接、资源共享的办学体制，构建形成"一核心、三贯通、三共同"中、高、本衔接人才培养体系，招收"3+2"及联办本科学生两届。构建了引领职业教育改革的课程和教材体系。建成国家级课程思政示范课程1门，课程思政教学团队1个；主持完成食品营养与检测专业国家资源库建设项目；2门课程获批省级精品课程；4本教材被列为国家"十三五"规划教材；获陕西省教学成果特等奖2项、一等奖1项、二等奖2项。职业教育改革发展的引领作用日益凸显，人才培养质量明显提升。

（2）科技兴农，支撑国家战略和地方经济社会发展

聚焦"种业芯片"，良种选育取得新突破。2个小麦品种通过国审、2个通过省审，2个无花果品种通过省审。聚焦人才振兴，创新形成职业农民（村干部）学历教育"334"

模式。已成功培养 191 名学员，在校学员已达 2 369 人；举办陕西省农业厅农产品质量安全检测培训 24 期，培训基层检测人员 820 人。聚焦技术推广，创新集成式农业标准化生产技术推广模式，共建杨凌安全农产品溯源体系。开发了 8 项地方标准及 11 项农产品网络销售流通标准。围绕"两减三基本"研发形成"生物炭技术＋有机质技术＋微生物技术"三大土壤改良技术体系，基于生态农业建设的农技推广"金桥模式"在渭北地区全面推广。研发"EDDHA 有机螯合态铁肥"等 2 项成果，获发明专利 1 项；获陕西农业技术推广成果二等奖 2 项、高校科学技术奖 2 项。有效破解乡村振兴人才难题和技术难题，推动了地方经济的发展。

（3）建言献策，推动职业教育高质量发展

主持及参与制定中高职专业教学标准和简介 5 项。开发陕西省地方标准《农民教育培训教学管理规程》等 2 项。作为副组长单位主持修订了《职业教育农林牧渔类专业目录》（2021），向农指委提交了关于《农民培训与职业教育衔接报告》和《农民培训与职业教育衔接人才培养与实施方案》。《实施"菜单式方案＋模块化课程"，服务产业送教上门灵活施教》《（百万扩招）农业生物技术人才培养方案》入选教育部典型经验集。

3. 社会认可度

专业群实施"四位一体"人才培养方案、创新人才培养模式，健全各类保障体系，加强教师个人的提升培养和职业发展，"双高"建设以来，专业群报考人数、录取分数连年提升，兄弟院校交流频繁。学校近三年质量年报、陕西高校毕业生就业质量报告及第三方调查显示，在校生满意度 96.30%，毕业生满意度 95.60%，用人单位满意度 95.05%，家长满意度 95.70%，教职工满意度 98.41%。

（二）水利工程专业群

1. 产出情况

（1）政行企校四方联动，人才培养模式持续创新

本任务包含子任务 54 项，截至 2021 年完成 34 项，阶段目标达成度 100%，总体目标达成度 62.96%。建立了中水学院等 4 个产业（企业）学院，创新形成了专业群"同基础、共平台、短学时、微专业"复合型人才培养模式和课程体系；主持研制了水利工程等 3 个国家专业教学标准以及水环境智能监测与治理等 8 个行业专业教学标准，并通过中国水利教育协会和全国 21 所水利职业院校的审定；开展了混凝土材料检测、污水处理两项 1＋X 证书认证；建立了 3 个技能大师工作室，开展"工匠精神"教育和拔尖人才培养，获得全国职业技能大赛团体三等奖 2 项，行业国赛团体一等奖 5 项，个人一等奖 7 项，二等奖 18 项；与青海水利厅合作基于基层水利人才订单式培养模式获得水利部和中央人才办

认可并在全国推广。

（2）模块重构思政融入，课程教学资源日益丰富

本任务包含子任务 26 项，截至 2021 年完成 17 项，阶段目标达成度 100%，总体目标达成度 65.38%。主持水环境监测与治理、水利水电建筑工程等专业国家职业教育教学资源库建设，建成 17 门专业课程教学资源；主持省级水利工程专业教学资源库建设，开发 19 门课程的教学资源；开发建设省级精品在线开放课 4 门；专业群课程实现课程思政全覆盖，形成一系列课程思政研究和实践成果。完成水利工程领域国家、行业标准收集和汇编。获得中国水利教育协会"水利行业现代数字教学资源大赛"一等奖 2 项、二等奖 4 项、三等奖 5 项，总成绩位列全国水利院校第 1。

（3）岗课融通数字赋能，教材与教法改革不断深化

本任务包含子任务 21 项，截至 2021 年完成 13 项，阶段目标达成度 100%，总体目标达成度 61.90%。与中水十五局等企业合作，完成了 6 部工作手册式、3 部活页式、1 部项目化、1 部技能大赛培训教材编写；3 部教材入选职业教育"十三五"国家规划教材；完成 7 门平台课程的教法改革试点，新开发对接技能实验项目 36 项。利用专业群移动学习 APP、数字资源，构建全新模式的"数字"课堂。开展线上线下混合教学，推动"数字"课堂革命，促进全面、深刻、立体的教法改革。

（4）行业引领大师示范，教学创新团队基本建成

本任务包含子任务 42 项，截至 2021 年完成 23 项，阶段目标达成度 100%，总体目标达成度 54.76%。聘请中国旱区农业研究院蔡焕杰（"千人计划"）、陕水集团张卫宁、水利部技能大师金天龙等 25 人担任客座教授、产业教授。获批全国首批水利职业教育教师教学创新团队 2 个、全国水利职业院校优秀德育工作者 1 人，入选全国水利职业教育教学指导委员会副主任及委员 2 人、首批水利高水平建设专家组专家 1 人、陕西省综合评标评审专家库专家 1 人、陕西省水土保持技术评审专家 1 人，获中国水利职教名师 1 人、中国水利职教教学新星 2 人；主持的全国水利行业研究课题"基于校政行企协同育人的'订单式'水利人才培养模式的研究与实践"荣获一等奖。

（5）校企共建互惠共享，教学基地建设稳步推进

本任务包含子任务 28 项，截至 2021 年完成 17 项，阶段目标达成度 100%，总体目标达成度 60.7%。完成了水工监测实训中心等 3 个中心的升级改造，新建水利云学研中心等 3 个中心（基地）；与陕西省泾惠渠管理局、陕西省东庄水利枢纽工程建设有限责任公司等共建 9 个产教融合实训基地，实践教学基地体系基本构建完成；开展教师技能训练 364 人·日。

(6) 校企合作研训并举，技术技能创新成效明显

本任务包含子任务 37 项，截至 2021 年完成 23 项，阶段目标达成度 100%，总体目标达成度 62.2%。完成旱区农业节水灌溉共享研究院、水利云应用技术研究院、渭河（杨凌）水质检测中心、学生创新创业中心建设工作，建立 4 个"博士+高职生"工作室；学生技术技能创新创业中心成效显著，开发创新创业项目 150 余项，获"互联网+"创新创业大赛国赛银奖 1 项、陕西省金奖 2 项、陕西省"最佳带动就业奖"1 项、省赛组织工作先进个人 1 项。

(7) 黄河治理生态保护，社会服务水平显著提高

本任务包含子任务 26 项，截至 2021 年完成 17 项，阶段目标达成度 100%，总体目标达成度 65.4%。与杨凌示范区水务局合作，开展渭河"国控断面"水质检测，参与宝鸡峡灌区规划、渭北旱区高标准农田建设技术指导，参与陕西省水毁灾害调查，参与国家重点项目东庄水库建设；与中国水利水电第三有限公司等 14 家企业合作成立了人才培养基地，为陕西中小型水利企业提供技术培训 2 708 人·日；培训"走出去"企业员工 1 706 人·日，为中小微企业培养技术人员 9 790 人·日。

(8) 标准推广境外办学，国际合作交流持续深入

本任务包含子任务 27 项，截至 2021 年完成 17 项，阶段目标达成度 100%，总体目标达成度 63.0%。引入以色列技术标准，开展节水灌溉技术培训 3 期，培训教师 50 余名；培训"一带一路"沿线国家水利技术官员 1 590 人·日；设立几内亚水利工程学院，输出给排水工程技术专业教学标准、人才培养方案、6 门核心课程标准及课程教学资源，招收国际学生 50 人；开办葛洲坝集团等企业国际订单班，为"走出去"企业培养本土化人才 140 人。

(9) 四方共建协调联动，可持续发展保障机制逐步完善

本任务包含子任务 12 项，截至 2021 年完成 8 项，阶段目标达成度 100%，总体目标达成度 66.7%。建成"政行企校"四方共建水利工程专业群建设与改革智库，形成共同开展农业灌溉行业供给侧改革的协调联动的专业群发展机制等，建立各类制度 17 项。

2. 贡献度

(1) 引领职业教育改革发展和人才培养方面

建设优质资源，服务水利行业从业者。主持建成"水环境监测与治理"和"水利水电建筑工程"2 个国家级专业教学资源库、"水利工程"省级专业教学资源库，上线优质资源 59 838 条，服务用户 132 979 位，覆盖全国水利类院校。

岗课赛证融通，提升学生培养质量。专业群课程线上线下混合式教学全覆盖。3 部教

材入选职业教育"十三五"国家规划教材，4门课程获评省级精品在线课程，8门课程首批入选"国家智慧教育平台"高职院校优质课程，服务专业发展。获得全国职业技能大赛团体三等奖2项、行业国赛团体一等奖5项，个人一等奖7项、二等奖18项。

（2）支撑国家战略和地方经济社会发展方面

组建团队，服务黄河流域生态治理。联合杨凌示范区、陕西水利教育协会、陕西东庄水利枢纽公司、西北农林科技大学等19家涉水单位成立"政行企校"四方合作发展理事会，发挥团队优势助力陕西水利发展，深度参与黄河流域水生态治理和重大水利工程项目建设。6人入选全国农村供水专家库，1人成为陕西省科技特派员，3人成为陕西省水土保持技术专家。

订单培养，服务基层水利事业发展。为青海"三江源"地区（玉树、果洛、黄南）开办水利人才订单班，培养118名"思想靠得住""地方留得下""工作拿得动"的水利基层技术人才，服务当地水利事业发展。《"订单式"人才培养为地区脱贫提供人才支持——青海省玉树藏族自治州"订单式"水利人才培养案例》荣获联合国"全球最佳减贫案例"，水利部将该模式在全国推广。

（3）推动形成一批国家层面有效支撑职业教育高质量发展的政策、制度、标准方面

主持完成国家职业教育水利工程、水政水资源管理、水文测报技术3个专业教学标准和水利工程、水环境智能监测与治理2个专科专业及农业水利工程本科专业的专业简介修（制）订工作，参与国家职业教育水利大类专业目录（2021）修（制）订工作，引领水利类专业标准体系建设。

3. 社会认可度

专业群2019—2021年报考率分别为179.5%、210.6%和254.3%，报到率分别为94.5%、96.1%和98.5%，双率稳步提升。学校质量年报及陕西省质量年报数据显示，在校生对专业群的总体满意度97.2%；学生本地就业率由51%提高到64.4%，500强企业就业率由52.4%提高到56.9%，专业群毕业生平均满意度98.7%，学生家长满意度96.5%；2021年陕西高校毕业生就业质量报告显示，用人单位满意度99.5%；教职工对专业群建设、改革、发展及教学条件满意度97.29%。

四、实现绩效目标采取的措施

（一）项目推进机制建设与运行情况

1. 学校层面

（1）强化组织管理

学校成立由书记和校长任组长的"双高计划"建设领导小组，全面负责"双高计划"

项目决策、计划制订、组织实施、条件保障和督查考核；下设"双高计划"建设办公室，主管校领导任办公室主任，具体负责"双高"项目建设的日常组织与管理工作。根据建设方案和任务书，设立9个一级任务建设工作组，负责建设任务的具体实施；两个高水平专业群分别成立由副校长为负责人的建设团队，统筹推进专业群建设工作。

（2）深化制度建设

为了强化"双高"建设绩效管理，学校先后制定《"双高计划"项目建设管理办法（试行）》、《双高校建设专项资金管理办法（暂行）》、《"双高计划"建设项目绩效评价管理办法（试行）》等制度。同时，为了规范和推动"双高"任务具体实施，制定教育教学管理、师资队伍建设、产教融合、校企合作、技术创新、社会服务、国际合作等方面的管理办法、实施细则78项。

（3）建立推进机制

根据学校项目绩效管理系列制度，建立项目实施推进工作机制。按照学校建设任务书、建设方案，下达年度建设任务，明确主要责任人和责任部门，编制年度任务建设方案，经批准后实施，形成项目（任务）年度管理机制。强化项目监督检查，每半年对任务实施情况开展一次督促检查，年底对任务完成情况进行考核验收，双高办对任务实施情况进行常态化检查，对发现的问题及时总结梳理并反馈整改，形成项目（任务）中期检查和年终考核机制。定期邀请国内专家来校指导，组织教师外出交流、课题研究，在《杨凌职业技术学院学报》开设"双高"建设专栏，建设"双高计划"专题网站，通过上述系列举措，形成交流研讨机制。

2. 专业群层面

（1）农业生物技术专业群

加强党建引领。农业生物技术专业群坚持党建引领，思想铸魂，聚焦立德树人根本，打造"一领双促三结合"党建工作思路，构建"一总三支三室"党建组织结构，党建工作充分融入专业群建设中，开创"党建＋院士工作室""党建＋博士生＋高职生培养""党建＋教授＋科研推广"三个"党建＋"模式，夯实培养卓越农业技术人才的战斗堡垒，推动专业群各项工作任务建设。

强化考核制度。组建专业群建设与改革指导委员会，实行党总支保障引领、专业群建设委员会决策、学校行政负责日常运行、专业群教学团队执行落实的运行机制。形成"重点＋日常"相结合的专业群双向考核制度，构建形成"双高目标引领、多元考核支撑、五纵五横嵌入、师生参与实施、螺旋往复上升"的内部质量保证体系，真正做到"横向到边、纵向到底、内部渗透"的绩效管理格局。

推进机制建设。依托学校年度管理机制,建立农业生物技术专业群建设推进工作机制。建立专业群建设年度总结报告、中期检查和验收制度,形成分项检查、年度报告、中期检查、终期验收等环节组成的监督检查体系,保证农业生物技术专业群建设有计划、有步骤、有条理。同时系统总结农业生物技术专业群建设的特点、规律和做法,与兄弟院校广泛开展经验交流,多措并举推进研讨机制。

(2) 水利工程专业群

强化组织保障。在学校"双高计划"工作领导小组领导下,成立水利工程专业群建设工作小组。依托"四史"学习,结合"双高"建设,创新"党建+1+1"党建发展模式——"总支+支部+党员"党建模式。在"双高计划"建设过程中,水利工程分院领导班子多方协调各部门、处室,以"双带头人"教师党支部书记工作室为主阵地,以骨干教师为中坚力量,积极推进专业群任务建设。

完善管理制度。建立专业群发展制度、项目进展报告制度、评估评价制度、动态调整制度等四项制度。专业群按项目进行管理,目标任务与资源配置挂钩;充分发挥学校学术与教学工作委员会和专业群智库的指导作用,定期听取负责人以及分院院长汇报建设工作进展情况;采取年度评估和季度评估相结合方式,定期对建设绩效、发展水平、目标实现程度和存在问题进行评估分析;加强实施的过程管理,对重点任务、重要指标及时跟踪分析,实施动态监测。

创新推进机制。探索"揭榜制"双高工作新机制。实行"分配+认领"双高激励方法,三级项目由教师或课程团队认领,建立"揭榜—认定—评价"机制,提升教师参与"双高"工作积极性。在建设过程中,定期对各项任务进行检查,推进任务建设进度。

(二) 项目资金管理制度与执行情况

1. 建立内控制度

强化项目资金管理,制定《双高校建设专项资金管理办法(暂行)》;结合学校实际,形成涵盖决策机制、工作规则、岗位职责等层面和预算收支、资产采购等九大经济业务层面的内控制度体系,保证专项资金管理使用有章可循。

2. 严格收支管理

按照批复预算,将项目建设预算全额纳入学校年度财务综合预算管理,分年度上机控制执行,杜绝超预算支出;不存在从建设资金中提取管理经费,挤占、截留、挪用、虚列、套取项目预算收入,无预算支出,擅自扩大支出范围等行为。

严格执行项目资金支出审批程序,符合政府采购要求的支出全部纳入政府采购,形成的固定资产或无形资产按规定纳入学校资产统一管理;严格执行经济合同管理办法,确保所有项目资金全部用于项目建设。不存在利用项目建设资金偿还债务、支付利息、缴纳罚款、对外投资、弥补其他建设资金缺口、赞助捐赠等问题。

3. 自觉接受监督

学校项目建设资金管理使用自觉接受学校监督检查和审计部门以及上级主管部门、财政部门、审计部门的监督检查,做到了项目预算收支执行合法、规范。

五、特色经验与做法

(一)"正禾"育人,打造耕读教育文化新品牌

一是强化顶层设计,搭建工程架构。立足综合素质培养,加强顶层设计,强化高位推动,搭建"目标化引领、项目化管理、活动化支撑"的工程架构,使思政教育接地气、入人心。

二是聚焦机制创新,推进多元参与。构建联动工作机制,构建"党政协同育人、党员干部带头育人、思政教师专业育人、专任教师多元育人、广大学生接力育人"的育人格局。

三是聚焦涉农特色,加强耕读教育。结合学校"经国本解民生尚科学"的办学理念,将弘扬"后稷文化"与推进思政教育有机融合,并渗透到"正禾"育人工程相关活动中,构建全方位、深层次的耕读教育体系,引导学生厚植"学农爱农、强农兴农"的家国情怀。

四是聚焦见行见效,打造品牌活动。推出"中华经典晨读""二十四节气暨农耕文化"等23项特色鲜明、影响力大、带动性强的活动,促进了其他各项活动全面铺开、有序推进,形成"力耕勤读、尚德强能"的耕读文化育人新品牌。

(二)育训衔接,创新高素质农业技术技能人才培养新模式

一是搭建系统化育训平台。根据陕西自然地理特征,建立12个县(区)职业农民培育学院及陕西新型职业农民培训基地、陕西乡村振兴人才培养基地、陕西省农产品质量安全检测培训基地等,统筹各类培训资源,形成系统化育训平台,提升培训质量。

二是构建"一体两翼"育训体系。结合现代农业技术技能人才需求,探索新型职业农民(村干部)学历教育和培训途径,创新形成了以新生代(在校生)职业农民培养为主体,以职业农民(村干部)学历提升培养和综合实用技术培训为两翼的"一体两翼"新型职业农民培养与培训体系。

三是创新农业技术技能人才培养模式。针对涉农专业在校生和职业农民(村干部)等两类不同主体,创新形成"双主体、四融合、模块化、季节循环、递进上升"的人才培养模式和职业农民(村干部)"334"人才培养模式(即:校地合作"三共同",教学组织"三结合",精准培养"四对接"),造就了一批"永久牌"本土化实用型科技人才和乡村治理人才。

四是建立育训衔接机制。设立学分银行，对参加学历教育的职业农民、村干部、退役军人等人员的职业培训、取得的职业技能等级证书及其他学习成果进行认定，转换成相应课程学分，予以免修相应课程，促进职业培训等学习成果融通、互认，实现育训衔接。

（三）标准引领，推进课堂教学新变革

一是引融内化规范标准。以职业教育国家标准为基本遵循，引进以色列、荷兰等发达国家优质教学资源，引融内化，形成具有适合干旱半干旱地区现代农业职业教育发展的中国特色高水平专业教学标准体系。

二是先行先试推广应用。在农业生物技术和水利工程2个国家高水平专业群中，率先开展包括专业教学标准、课程标准、实习标准3个类别的专业标准体系建设，引领学校其他专业群建设"标准相通、模块相融"的专业标准体系，全校67个专业标准体系基本形成；积极参与国家职业教育标准体系建设，主持参与农林牧渔和水利2个大类专业目录、64个专业标准（简介）制定。

三是深化改革打造金课。以专业标准体系引领课程教学改革，实施"杨职金课"三年行动计划。通过"引进—培养—激励—评价—服务"等手段强化师资队伍建设；充分挖掘课程思政元素，引入新技术、新工艺、新规范、新业态，优化教材内容；融合信息技术深化教学方式方法改革，进一步丰富"杨职金课"内涵，推进课程教学新变革。

（四）科技强农，旱区小麦选育取得新突破

一是搭平台。建立院士工作室、"博士生+高职生"工作室、"专家教授+科研成果+推广基地"工作室和赵瑜旱区作物（小麦）育种工程中心为结构的"三室一中心"旱区小麦种业研发平台。

二是组团队。组建由30余名专家、教师组成的"武农""杨职"两个系列小麦育种研发团队，奠定研发坚实基础。

三是建基地。建立"武农""杨职"两个系列小麦育种专用基地，每年通过校内科研基金，单设项目予以支持。"武农981""武农988"通过国审，小麦育种取得新突破。

（五）创新集成，打造服务乡村振兴新范式

一是探索职业教育服务乡村振兴新机制。建立以院士领衔，教授、博士参与的"两室两院七中心"技术创新平台，出台促进技术转化系列制度；牵头成立陕西职业教育乡村振兴研究院；创建"院校堂室"层级浸润式培训模式（即乡村振兴学院、村干部发展学院、职业农民培育学院+田间学校+乡村学堂+乡村振兴专家工作室）；构建校地合作"五联一抓"工作新机制（即专家联产业、科研联生产、企业联市场、部门联政策、党员联群众、书记抓典型）。

二是创新集成式现代农业技术推广模式。在渭北旱塬彬州市、旬邑县建立"渭北生态农业建设示范与应用"产学研示范基地2个,开展农业科技创新与集成推广示范,形成的"4321""金桥模式"获陕西省农业科技推广二等奖。

三是"三果一菌一蜂"助推地方特色产业发展。成立了北方草莓、无花果、火龙果、秦岭食用菌等产业研发中心及蜂产业研究院,搭建特色产业研发平台;组建教授、博士领衔的研究推广团队,开展系列技术研发;延伸"小木耳、大产业"模式,助推地方特色产业发展取得显著成效。

六、问题与改进措施

(一)存在问题

一是受疫情影响,国际学生招生和来校培养任务有所滞后,师生去国外交流学习改为线上方式进行,学习效果受到影响。

二是个别子项目产出指标已完成,但形成的成果需要检验、完善和进一步提升。

(二)改进措施

一是克服疫情影响,转变思路,充分利用学校开设的2所海外分校,将国际学生招生对象主要集中在分校所在国家,汉语课程改为线上教学,专业课程改为线上线下相结合的方式进行,线上部分由学校教师在线上讲授,线下部分由分校教师按照学校确定的教学标准和内容进行。根据疫情发展情况,择机让国际学生集中到学校开展实践教学。

二是创新师生到国外交流学习方式,加强线上培训与交流。根据实际情况安排教师出国或改为到国内世界500强外资企业学习和实践锻炼,做到标准不变、质量不降。

三是将学校和专业群在"双高"建设过程中形成的成果,推广到兄弟院校和校内其他专业进一步检验、完善和提升,最终形成高质量建设成果,为推动职业教育高质量发展贡献杨职经验。

七、其他需要特别说明的有关事宜

学校对标职业本科院校及专业设置要求,统筹师资队伍、实训条件、教改科研等办学条件和水平提升,确立以国家高水平专业群骨干专业为重点、省级高水平专业群骨干专业为后备的职业本科专业建设目标。2020年开始与渭南师范学院、榆林学院、陕西理工大学等联合开展本科专业人才培养试点,为开展本科职教试点积累办学经验。2021年学校向省教育厅递交了举办农林水类本科层次职业学校的申请,通过了省教育厅高校设置评议委员会的复核评审,已纳入陕西省"十四五"高校设置规划。

附件(略)

陕西铁路工程职业技术学院"双高计划"中期自评报告

2019年,陕西铁路工程职业技术学院入选中国特色高水平高职学校建设单位(C档)。学校秉承"根植铁路、立足西北、服务全国、走向世界"的历史使命,主动融入国家交通强国、高铁"走出去"、乡村振兴战略,紧扣"双高计划"建设要求和学校建设方案,锚定"支撑高铁建设铸就筑路先锋"高水平高职学校建设目标,按照"建平台、树标杆、筑高峰"三步走思路,对接高铁高端产业和城轨产业高端,以立德树人为根本任务,以专业群建设为核心,深入推进产教融合,创新校企合作办学、人才培养、双师发展、科技服务、素质教育五种模式,建设党建领航、院校治理、人才培养、技术服务、校企合作、师资队伍、智慧校园、国际合作八大标杆,在"双高计划"的赛道上,跑出了现代职业教育高质量发展的"加速度"。

经过三年建设,学校核心竞争力、服务贡献力和国际影响力显著提升,铁路特色高素质技术技能人才培养高地、产教融合协同创新服务高地和"一带一路"国际铁路人才培训高地建设富有成效,实现了争先进位、增值赋能。以第3位次入选陕西省高水平高职学校(A档);首批入选全国示范性职教集团(联盟)培育单位,获得教师教学创新团队等7类国家级项目,优秀教材奖、教学能力比赛、技能大师工作室等10类国家级标志性成果,获奖数量居全国铁路类高职院校第1;入选《2021中国职业教育质量年度报告》教师发展指数、学生发展指数双料百强。为川藏铁路等国家重点工程提供技术服务71项,合同额超4 200万元,产生经济效益3亿元,开展技术培训10.2万人·日。成立海外鲁班工坊2个,开展肯尼亚蒙内铁路等海外本土人才培训1.02万人·日。据智慧职教平台统计,学校教学资源应用全国第2、教学资源贡献度全国第3。主持或参与国家职业教育标准31项,改革经验被全国126所院校借鉴应用,开发的标准和资源在马来西亚等10个"一带一路"沿线国家认证推广。

一、总体实现程度概述

(一)总体目标的实现程度及效果概述

学校党政齐抓共管,校企联合聚力,聚焦关键领域改革,高标高效推进"双高计划"建设,阶段任务全部完成、预期目标超额实现、绩效产出成效显著,成为展示现代职业教育高质量发展的亮丽名片。学校层面、高速铁道工程技术和城市轨道交通工程技术专业群三年任务完成率均为100%,五年任务完成率分别为63.08%、64.49%、62.91%。对照"双高计划"中期绩效评价办法,自评99.70分(此项得分=学校层面99.69分×50%+高铁专业群99.73分×25%+城轨专业群99.68分×25%)、"优秀"等次。

1. 党建工作创新发展"示范者"

领导班子坚强有力、干部队伍争先创优、教师队伍锐意进取、内部治理持续优化、二级学院充满活力、政治生态风清气正、铁路文化特色鲜明，被省委、省政府授予陕西省先进集体。教育部样板党支部，陕西省高校先进党委、标杆院系、校园文化成果奖、智慧校园示范校、思政课综合改革等全省示范。

2. 铁路特色人才培养"引领者"

立德树人业绩突出，"三全育人"成效显著。近三年培养1.3万名毕业生扎根铁路建设一线，应届毕业生薪酬待遇等7项指标高于全国平均水平，500强企业就业人数全国高职院校第1，呈现出"一年站稳岗位、二年技术骨干、三年独当一面"的职业成长路线，在业内形成了"修高铁、建地铁、找陕铁"的品牌效应。

3. 职业教育"三教"改革"践行者"

"三教"改革活力足，内涵建设成果多，学校90%以上的专利、技术服务成果转化为教学资源，融入课程内容。铁路工程类专业实训条件、教学资源、师生竞赛、教学成果等全国领先；获示范性职教集团、教学创新团队、优秀教材奖、专业资源库、教学能力比赛、虚拟仿真实训基地、技能大师工作室等国家级成果83项、省级165项。

4. 国家交通强国战略"贡献者"

对接交通强国战略，联合盾构与掘进技术国家重点实验室等29家单位，开展银西高铁隧道注浆新材料等国家重点工程科技攻关11项，立项课题105项，师生共同完成高铁智慧建造、自动化掘进、动态化监测、BIM应用等技术服务，合同额超4 200万元，为企业产生经济效益3亿元。

5. 国家教学标准体系"参与者"

承担全国教学诊改试点并首批通过复核，承接教育部现代学徒制试点并通过验收，1+X证书实现专业全覆盖。作为全国铁道行指委副主任委员、铁工专指委主任委员单位，主持、参与国家专业教学标准、课程标准、1+X证书标准等31项。

6. 中国铁路标准国际"传播者"

紧随高铁"走出去"，牵头成立高铁建设应用技术人才培养国际联盟，联合中国路桥等龙头企业在肯尼亚、卢旺达建设鲁班工坊2个，输出中国铁路标准和技术，开展海外培训1.02万人·日；开发职业教育国际化资源包11个，通过云课堂、云培训、云论坛，在10个"一带一路"沿线国家推广应用。

建设期国家级荣誉和奖励见表1，第三方评价统计见表2。

表1 建设期国家级荣誉和奖励一览表

序号	名称	数量	授予单位
1	全国党建工作样板支部	2个	教育部
2	全国工人先锋号	1个	中华全国总工会
3	全国优秀教材	3部	国家教材委员会（全国铁路院校第1名）
4	国家级教师教学创新团队	2个	教育部（全国并列第1名）
5	国家级专业教学资源库（第一主持单位）	2个	教育部
6	全国示范性职业教育集团（联盟）培育单位	1个	教育部（首批）
7	国家级技能大师工作室	1个	2020年人社部、财政部，2019年教育部
8	"职教国培"示范项目	1项	教育部（首批，全国铁路院校唯一）
9	国家"十三五"规划教材	4部	教育部
10	国家级示范性虚拟仿真实训基地培育项目	1个	教育部（首批）
11	虚拟仿真示范实训基地教学资源建设规划项目	2个	教育部
12	国家骨干专业	8个	教育部
13	应用技术协同创新中心	2个	教育部
14	"双师型"教师培养培训基地	2个	教育部
15	生产性实训基地	3个	教育部
16	全国行（教）指委委员	6人	教育部
17	全国优秀教师	1人	教育部
18	全国职业院校技能大赛教学能力比赛获奖	一等奖2项 二等奖2项 三等奖2项	教育部（全国铁路院校第1名）
19	全国职业院校技能大赛学生获奖	7项	教育部

续表

序号	名称	数量	授予单位
20	中国"互联网+"大学生创新创业大赛获奖	5项	教育部(数量位列全国铁路院校第1)
21	全国大学生电子设计竞赛	1项	教育部
22	全国"校企协同就业创业创新示范实践基地"建设单位	1个	工信部(首批)
23	全国职业院校"双师型"教师队伍建设典型案例	1个	教育部

表2 第三方评价统计表

序号	名称	机构
1	教师发展指数100所优秀院校 学生发展指数100所优秀院校	全国职业高等院校校长联席会
2	毕业生平均月薪达5 712元 (全国第8位、陕西省首位)	全国职业高等院校校长联席会
3	教学资源应用全国排名第2 教学资源贡献度全国排名第3	智慧职教平台
4	"5★"专业群2个 全国排名第1专业5个、排名第2专业3个	"金平果"中国科教评价网
5	GDI高职高专排行榜第27位	广州日报数据和数字化研究院(GDI智库)
6	学校就业质量获评A+	中国西部高等教育评估中心

(二)项目经费到位和执行情况概述

学校"双高计划"五年总预算50 000万元。经第三方审计,2019—2021年,经费预算为30 300万元,到位资金30 300万元,资金到位率100%,预算执行率98.43%;高铁专业群到位经费7 882万元,预算执行率99.10%;城轨专业群到位经费6 696万元,预算执行率98.94%。

二、学校层面任务及绩效指标完成情况

2019—2021年,学校"双高计划"建设686项任务全部完成,实现了十大任务高标产出,四个方面贡献卓越,五方评价高度认可,自评99.69分(见表3)。

表3 学校层面中期绩效评价得分表

一级	二级指标	三级指标设置数量	三级指标完成(达成)数量	分值	得分	备注
产出指标	数量指标	45个	45个	20	20	
	质量指标	52个	52个	20	20	
	时效指标	4个	3个	10	9.84	支出预算执行率为98.43%,扣减0.16分
效益指标	社会效益指标	52个	52个	15	15	
	可持续影响指标	5个	5个	15	15	
满意度指标	服务对象满意度指标	5个	5个	10	10	
管理与执行指标	资金管理指标	—	资金管理制度健全,执行合理规范	5	4.85	资金预算支出未达到100%,扣减资金管理0.15分
	项目管理指标	—	管理机构完善、制度健全、运行顺畅	5	5	
合计				100	99.69	

(一)产出情况

1. 加强党的建设

截至2021年年底,该项39项中期任务全部完成,经自评,等级为"优秀"。

四大工程赋能,党建硬核引领事业争先。通过深化"政治领航、党建创新、素养筑基、文化塑魂"四大工程,党建"火车头"全面引领"双高计划"建设,在智慧党建、校园文化等方面取得显著成效。入选教育部文化素质教指委课程思政研究中心,20项成果获全国课程思政和思想政治工作创新案例。教师党支部"双带头人"全覆盖,建成国家级、省级党建工作样板支部3个,省级标杆院系1个。入选全国校园文化建设"一校一

品"院校,连续 3 年获省级校园文化成果奖,获评陕西高校先进党委。同"双高"建设前相比,教师党员比例增加 9 个百分点,学生申请入党人数增加 17%。

2. 打造技术技能人才培养高地

截至 2021 年年底,该项 42 项中期任务、16 个绩效指标中期目标全部完成,自评 6 分(见表 4)。

表 4 "打造技术技能人才培养高地"中期自评表

一级指标	二级指标	三级指标	中期目标值	中期实现值	完成率	分值	得分
产出指标	数量指标	专业建设四类标准(专业教学标准、课程标准、顶岗实习标准及实习实训基地建设标准)	2 套	2 套	100.00%	3	3
		活页式、工作手册式等新型教材	19 部	21 部	110.53%		
		省级校外创新创业实践教育基地	2 个	2 个	100.00%		
		1+X 证书试点	13 个	13 个	100.00%		
		项目化教学改革课程	100 门	103 门	103.00%		
		模块化教学改革课程	40 门	41 门	102.50%		
		新时代铁路工匠精神教育平台	1 个	1 个	100.00%		
		文化研究中心(红色文化、铁路文化、传统文化)	3 个	3 个	100.00%		
产出指标	质量指标	主持或参与国家专业教学标准	2 套	4 套	200.00%	3	3
		省级以上优秀教材和规划教材	5 部	6 部	120.00%		
		省级以上技能大赛获奖	55 项	66 项	120.00%		
		省级以上创新创业大赛获奖	24 项	34 项	141.67%		
		省级以上校园文化成果奖	1 项	2 项	200.00%		
		主持或参与 1+X 证书考核评价标准	1 套	2 套	200.00%		
		1+X 证书取得人数	1 800 人	1 856 人	103.11%		
		就业率	95.00%	96.23%	100.00%		

五大行动支撑，人才培养成效业内点赞。推进"铁军传承、模式引领、三教改革、技能筑梦、双创赋能"五大陕铁行动，铁路特色高素质技术技能人才培养高地建设成效显著。"'1115'专业群人才培养体系的创建与实践（见图1）""高职铁路工程类专业职业素养培养体系的构建与实践"获省级教学成果特等奖，主持国家专业教学资源库2个，主持或参与国家教学标准、课程标准等31项，3部教材获首届国家优秀教材奖。技能大赛校赛实现专业全覆盖，"双创"和技能大赛国赛获奖12项。超80%毕业生就职于铁路央企，入选全国学生发展指数100强。

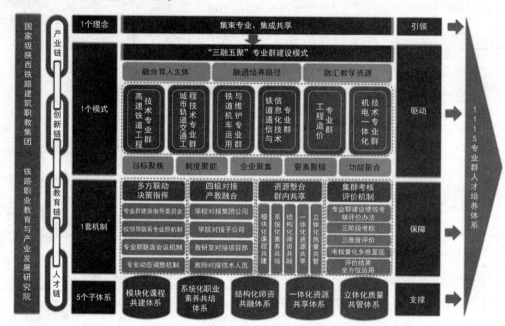

图1 "1115"专业群人才培养体系

3. 打造技术技能创新服务平台

截至2021年年底，该项21项中期任务、8个绩效指标中期目标全部完成，自评6分（见表5）。

表5 "打造技术技能创新服务平台"中期自评表

一级指标	二级指标	三级指标	中期目标值	中期实现值	完成率	分值	得分
产出指标	数量指标	协同创新中心（高铁智慧建造、城轨智慧建造、铁路智能运维）	3个	3个	100.00%	3	3
		产业学院	8个	8个	100.00%		
		职业教育与产业发展研究院	1个	1个	100.00%		
		协同创新中心	功能齐全、设施先进	达成	100.00%		

续表

一级指标	二级指标	三级指标	中期目标值	中期实现值	完成率	分值	得分
产出指标	质量指标	协同创新中心共建企业中世界500强企业数量	2家	2家	100.00%	3	3
		承担纵、横向课题（其中省级及以上课题）	75（16）项	105（21）项	140.00%		
		专利授权	90项	106项	117.78%		
		市厅级以上科技类成果	20项	28项	140.00%		

产教四融增效，创新服务平台效应凸显。实施"产教四融、协同创新"科技服务模式（见图2），打造创新服务平台。联合中铁四局等龙头企业组建"科学家+工程师"团队，通过轨道交通未来产业创新研究院开展先导研究、高铁施工与维护等15个技术应用研究中心开展应用研究、高铁智慧建造等3个协同创新中心对接陕西秦创原创新驱动平台实现成果转化。建成国家级应用技术协同创新中心2个，省级高性能混凝土工程实验室、高校工程研究中心、重点科技创新团队研发基地各1个，技术服务71项，专利106项，成果转化6项，获科技类成果奖28项，有效服务了高铁高端产业发展和城轨产业高端转型升级。

图2 "产教四融协同创新"科技服务模式

4. 打造高水平专业群

截至 2021 年年底,该项 456 项中期任务、192 个绩效指标(含两个专业群)中期目标全部完成,自评 4 分(见表 6)。

表 6 "打造高水平专业群"中期自评表

一级指标	二级指标	三级指标	中期目标值	中期实现值	完成率	分值	得分
产出指标	数量指标	组建专业群	6 个	6 个	100.00%	2	2
	质量指标	中国特色高水平专业群	2 个	2 个	100.00%	2	2
		行业领先专业群	1 个	1 个	100.00%		

三级体系聚力,专业集群发展树立标杆。构建动态调整、集群建设、协同发展机制,数字化升级改造专业,强化资源集成、共建共享,8 个专业入选国家骨干专业,重点建设的 6 个专业群立项陕西省"双高"专业群,形成国家专业群引领、省级专业群支撑、校级专业群协同发展的三级体系,打造专业群集聚发展"动车组",专业群建设体系获省级教学成果特等奖。中国教育报以《集束办学集群建设打造铁路职教高地》报道专业群建设特色做法。

5. 打造高水平双师队伍

截至 2021 年年底,该项 27 项中期任务、15 个绩效指标中期目标全部完成,自评 4 分(见表 7)。

表 7 "打造高水平双师队伍"中期自评表

一级指标	二级指标	三级指标	中期目标值	中期实现值	完成率	分值	得分
产出指标	数量指标	技能大师工作室	5 个	5 个	100.00%	2	2
		企业兼职教师	370 人	375 人	101.35%		
		骨干教师	50 人	51 人	102.00%		
		国家水平"双师型"教师培养培训基地	2 个	2 个	100.00%		

续表

一级指标	二级指标	三级指标	中期目标值	中期实现值	完成率	分值	得分
产出指标	质量指标	国家级教师教学创新团队	1个	2个	200.00%	2	2
		万人计划名师或全国优秀教师、黄炎培杰出教师	1个	1个	100.00%		
		全国教师教学能力比赛获奖	3项	6项	200.00%		
		新增省级、行业教学名师	2人	3人	150.00%		
		省级以上教学成果奖	7项	7项	100.00%		
		兼职教师中行业领军人才	10人	10人	100.00%		
		兼职教师高级职称比例	50.00%	57.10%	100.00%		
		"双师型"教师占专业课教师总数比例	70.00%	73.20%	100.00%		
		入选全国职业院校"双师型"教师队伍建设典型案例	1次	1次	100.00%		
		国家水平教师技艺技能传承创新平台	1个	1个	100.00%		
		核心期刊论文、出版著作	180篇	204篇	113.33%		

一个模式提质，双师队伍建设塑造样板。通过"1334"双师型教师培养模式（见图3），建成结构化高水平双师队伍，工作经验入选教育部"双师型"教师队伍建设典型案例。新增二、三级教授8人，17人获省级以上人才称号，新增10名行业领军人才来校兼职，6人在全国行指委任职，双师比例超73%。国家级教学能力比赛获奖6项，居全国铁路院校首位。入选全国教师发展指数100强；建成国家级"双师型"教师培养基地2个、技能大师工作室1个；立项国家级教师教学创新团队2个。

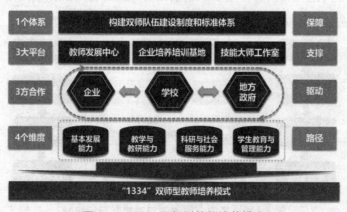

图3 "1334"双师型教师培养模式

6. 提升校企合作水平

截至2021年年底，该项20项中期任务、11个绩效指标中期目标全部完成，自评4分（见表8）。

表8 "提升校企合作水平"中期自评表

一级指标	二级指标	三级指标	中期目标值	中期实现值	完成率	分值	得分
产出指标	数量指标	现代学徒制培养人数	600人	727人	121.17%	2	2
		新建、改扩建产教融合实训基地（室）	10个	10个	100.00%		
		校外实训基地	50个	52个	104.00%		
		职教集团信息共享平台	1个	1个	100.00%		
		稳定合作企业总数	310家	314家	101.29%		
		合作企业接收实习学生数	10 800人次	11 186人次	103.57%		
		合作企业接收就业学生数	9 796人	9 987人	101.95%		
	质量指标	示范性职业教育集团	1个	1个	100.00%	2	2
		教学科研仪器设备总值	1.67亿元	1.78亿元	106.59%		
		企业兼职教师承担专业课时比例	50.00%	50.00%	100.00%		
		校企共同开发专业课程数占专业课程总数比例	100.00%	100.00%	100.00%		

三项机制驱动，校企合作实现集团发展。深化校企"四级对接"（见图4）、现代学徒制联动和实训基地共建三项机制，推动职教集团实体化运行。陕西铁路建筑职业教育集团入选国家首批示范性职教集团（联盟）培育单位，新增成员单位24家，书记、校长带队

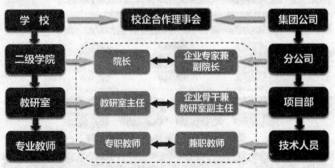

图4 校企紧密合作"四级对接"运行机制

走访企业600余次。教育部第二批现代学徒制试点验收通过，新增学徒制班21个。联合中铁一局等共建8个产业学院，立项首批国家示范性虚拟仿真实训基地，新建产教融合实训基地10个，获评国家级生产性实训基地3个、校企协同就业创业示范基地1个。

7. 提升服务发展水平

截至2021年年底，该项14项中期任务、7个绩效指标中期目标全部完成，自评4分（见表9）。

表9 "提升服务发展水平"中期自评表

一级指标	二级指标	三级指标	中期目标值	中期实现值	完成率	分值	得分
产出指标	数量指标	技术服务项目数	60项	71项	118.33%	2	2
		社会培训项目数	21项	23项	109.52%		
		民间技艺大师工作室	2个	2个	100.00%		
		区域经济发展综合服务平台（含4个中心）	1个	1个	100.00%		
	质量指标	技术服务合同额	3 000万元	4 218.6万元	140.62%	2	2
		社会培训	8.5万人·日	10.2万人·日	120.00%		
		公益性培训	2万人·日	2.76万人·日	138.00%		

四大品牌彰显，优质资源输出成就示范。依托优势资源服务铁路建设和区域发展，彰显人才培养、技术服务、技能培训、乡村振兴四大品牌。教师带领学生为铁路企业开展高铁精调等技术服务71项，产生经济效益3亿元。开展工程建设技能培训1.2万人次、公益培训2.76万人·日，"职教国培"5 000人·日，入选全国职业教育社会培训联盟副理事长单位，连续3年获陕西省"双百工程"先进单位。三年培养铁路建设高素质技术技能人才1.3万名，超70%成长为技术骨干。毕业生以平均月薪5 712元居全国第8，带动上万个农村家庭步入小康。

8. 提升学校治理水平

截至2021年年底，该项17项中期任务、7个绩效指标中期目标全部完成，自评4分（见表10）。

表 10 "提升学校治理水平"中期自评表

一级指标	二级指标	三级指标	中期目标值	中期实现值	完成率	分值	得分
产出指标	数量指标	入选全国 50 强院校	2 次	2 次	100.00%	2	2
		内部控制管理机制	1 套	1 套	100.00%		
		绩效考核评价管理机制	1 套	1 套	100.00%		
		二级管理运行机制	1 套	1 套	100.00%		
	质量指标	优化内部质量保障体系诊断与改进运行机制	1 套	1 套	100.00%	2	2
		内控覆盖面	80.00%	80.00%	100.00%		
		诊断与改进工作机制覆盖率（学校、专业、课程、教师、学生各层面）	100.00%	100.00%	100.00%		

四个优化释能，院校治理体系科学高效。通过优化办学环境、制度体系、校院二级治理、质量保障机制，释放学校发展动能。深化校企合作理事会运行机制，健全学术委员会等机构职能，发挥教代会作用。科学绘制"十四五"发展规划，制（修）订172项规章制度。实施以群建院，二级治理稳步推进。建立招生质量、毕业生就业质量和教学质量报告年度发布制度，入选全国教学诊改优秀案例。获第七届黄炎培职业教育杰出校长奖，学校获陕西省文明校园，被省委省政府授予陕西省先进集体。

9. 提升信息化水平

截至2021年年底，该项27项中期任务、19个绩效指标中期目标全部完成，自评4分（见表11）。

五化目标牵引，智慧校园建设区域领先。升级基础硬件和云计算平台，打通90%的业务系统，部门无界化共享信息。升级49个应用系统，打造130个"微服务"流程，提升两校区工作效率30%。建成国省校三级信息化教学资源体系，虚拟仿真实训资源再现真实生产环境，96%的课程实现混合式教学，学生学习空间开通率达100%，教学应用活跃度位居全国第2。实现了日常管理数据化、师生办事标准化、资源共享无界化、学生学习泛在化、实习实践可视化，学校入选陕西智慧校园示范校，连续三年获省级教育信息化先进集体。

表 11 "提升信息化水平"中期自评表

一级指标	二级指标	三级指标	中期目标值	中期实现值	完成率	分值	得分
产出指标	数量指标	财务智能机器人	1 套	1 套	100.00%	2	2
		高性能云计算中心	1 个	1 个	100.00%		
		大数据分析与质量监控平台	1 个	1 个	100.00%		
		教育教学管理信息化系统	9 个	10 个	111.11%		
		网络安全监测预警与应急体系	1 套	1 套	100.00%		
		一站式网上办事事务数	75 件	80 件	106.67%		
		智慧教室	60 间	60 间	100.00%		
		在线开放课程	60 门	60 门	100.00%		
		仿真教学实训平台	3 个	3 个	100.00%		
	质量指标	国家职业教育土木工程检测技术专业教学资源库	1 个	1 个	100.00%	2	2
		国家职业教育地下与隧道工程技术专业教学资源库资源年更新率	10.00%	10.60%	100.00%		
		省级专业教学资源库	2 个	2 个	100.00%		
		省级以上精品在线开放课程和职业教育在线精品课程	7 门	9 门	128.57%		
		陕西省教育网络安全与信息化先进集体	3 次	3 次	100.00%		
		财务智能机器人业务覆盖率	80.00%	80.00%	100.00%		
		校园 IPV6 互联网络覆盖率（有线+无线）	70.00%	70.00%	100.00%		
		互联网出口带宽	24 GB	24.5 GB	100.00%		
		日常业务线上办理覆盖率	60.00%	60.00%	100.00%		
		信息化教学改革课程占课程总数比例	85.00%	85.00%	100.00%		

10. 提升国际化水平

截至 2021 年年底，该项 23 项中期任务、11 个绩效指标中期目标全部完成，自评 4 分（见表 12）。

表 12 "提升国际化水平"中期自评表

一级指标	二级指标	三级指标	中期目标值	中期实现值	完成率	分值	得分
产出指标	数量指标	海外鲁班工坊	2 个	2 个	100.00%	2	2
		高铁建设应用技术人才培养国际联盟	1 个	1 个	100.00%		
		培养中俄合作办学学生	500 人	609 人	121.80%		
		培养国际铁路人才	60 人	109 人	181.67%		
		培养留学生、研修生	40 人	70 人	175.00%		
	质量指标	面向"一带一路"沿线国家开展技术技能培训	0.9 万人·日	1.02 万人·日	113.33%	2	2
		开发国际化专业教学标准	3 套	5 套	166.68%		
		开发双语教材、培训包	9 个	11 个	122.22%		
		国内外教师互访、研修、交流等	60 人次	86 人次	143.33%		
		合作办学机构外方承担课程课时比例	30.00%	34.00%	100.00%		
		海外鲁班工坊合作单位	世界 500 强企业或外方高校	恒华职业学院（FOREVER TVET INSTITUTE）	100.00%		

盟院坊圈成型，国际交流合作逆势突破。牵头成立高铁建设国际人才教育联盟，中俄共建萨马拉交通学院，建成鲁班工坊，拓展国合朋友圈，实现了疫情防控常态下国际合作办学新突破。选聘 10 名外籍教师，接收 70 名海外师生来校交流学习，选派 86 名师生赴

海外研修，开展"中文+职业技能"教学，培养国际化铁路人才 109 名。合作国家（地区）由 9 个增加到 17 个，开发的铁路线路工等 10 个专业教学标准和岗位培训标准被马来西亚等国家采用。在肯尼亚、卢旺达成立 2 个鲁班工坊，开发 11 个双语培训包，线上线下结合开展海外培训 1.02 万人·日，入选《2021 中国职业教育质量年度报告》典型案例，成果被主流媒体报道 42 次。

学校层面产出指标中的时效指标，除支出预算执行外均已完成，自评 9.84 分（见表13）。

表 13 学校层面时效指标中期自评表

一级指标	二级指标	三级指标	中期目标值	中期实现值	完成率	分值	得分
产出指标	时效指标	任务终期完成度	60.00%	63.08%	105.13%	10	9.84
		收入预算执行率	100.00%	100.00%	100.00%		
		支出预算执行率	100.00%	98.43%	98.43%		
		年度任务完成率	100.00%	100.00%	100.00%		

（二）贡献度情况

学校层面各项效益指标圆满达成，自评 30 分（见表 14）。

表 14 学校层面效益指标中期自评表

一级指标	二级指标	三级指标	中期目标值	中期实现值	完成率	分值	得分	备注
效益指标	社会效益指标	引领职业教育改革发展和人才培养的贡献度	显著增强	达成	—	5	5	
		支撑国家战略和区域经济社会发展的贡献度	显著增强	达成	—	5	5	
		推动形成一批国家层面有效支撑职业教育高质量发展的政策、制度、标准的贡献度	明显提升	达成	—	5	5	

续表

一级指标	二级指标	三级指标	中期目标值	中期实现值	完成率	分值	得分	备注
效益指标	可持续影响指标	人才培养质量	明显提升	达成	—	15	15	铁道行指委副主任委员单位
		铁路类职业院校影响力	不断增强	达成	—			
		毕业生在世界500强企业就业比例	80.00%	88.00%	100.00%			
		毕业生3~5年迅速成为企业技术骨干比例	70.00%	70.00%	100.00%			
		职业院校来校交流学习数量	260所	273所	105.00%			

1. 改革"多点开花",引领同类院校发展

一是"1115"培养体系引领同类专业群发展。坚持沿着铁路办学,创新形成"1115"铁路工程类专业群人才培养体系,进一步强化了专业集束发展、资源集成共享、专业产业同频共振。推动专业群获国家级标志性成果63项,5个专业竞争力居全国第1,毕业生薪酬等7项指标高于全国平均水平。该体系被新疆铁道职业技术学院等54所院校采用,成效在主流媒体宣传报道100余次。

二是"名师名课名教材"锻造教学改革典范。创新"1334"双师型教师培养模式,培育形成"教学名师+创新团队+大师工作室"系列成果,在省内外31所院校推广。构建"纸质教材+在线课程+混合式学习"资源体系,4部教材入选"十三五"规划教材,3部获首届全国优秀教材奖。在国家智慧教育平台上线专业教学资源库8个、在线开放课60门,信息化教学资源注册用户34万,访问1.9亿人次,资源贡献位居全国第3、教学应用位居全国第2,教育部职成司副司长谢俐点名表扬学校地隧资源库助力高铁"走出去"。

三是"铁军精技匠心"塑造文化育人示范。创新实施"大师引领、六化联动"职业素养教育模式,形成了"铁军精技匠心"为核心的校园文化。1.3万名毕业生自觉践行"吃苦奉献、拼搏争先"学校精神,超60%毕业生扎根西部建功立业,服务西部大开发。校园文化育人经验被西藏职业技术学院等86所院校借鉴,开发的文化育人教材被29所院校采用,为交通土建类专业学生素质培养树立典范。

2. 铁路"线上添彩",支撑交通强国战略

一是先导研究介入,联手攻克关键难题。与盾构及掘进技术国家重点实验室等单位合作,建立轨道交通未来产业创新研究院,聚焦超长深埋海底隧道、高地温条件下高性能混凝土配制及施工技术等领域开展攻关,授权发明专利23项,形成"高铁隧道二衬拱顶注浆材料"等高铁建设高水平成果2项,有力服务了高铁高端产业发展。

二是建设过程融合,携手解决应用堵点。针对复杂地质盾构机事故频发等堵点,聚焦渣土改良研发,降低盾构机故障率20%,延长寿命15%,为企业年节省成本2 000万元;开发新型土压平衡盾构用泡沫剂"中铁壹号",在北京地铁16号线等项目应用,相比国外泡沫剂节省62万元/千米,有效服务了城轨产业高端转型升级。将BIM技术应用于工程项目全周期,助力东溪河特大桥等项目建设,节约成本超1 000万元,产生经济效益近亿元。

三是后期数据整合,保障项目智慧运维。围绕施工运维管理,学校在渝贵铁路夜郎河大桥、北京冬奥会延庆赛区综合管廊等项目中,通过BIM技术将隐蔽工程竣工状态实现可视化,集成设计、施工、竣工交付等多源信息,有效应对了复杂局面下监控、管理和故障处理三大运维挑战,为企业降低成本近千万元。

3. 职教"面上结果",贡献标准制度政策

一是制定标准服务高质量发展。学校是全国铁道行指委第一副主任委员单位、铁工专指委主任委员单位,牵头组织、主持参与国家职业教育标准31项,为国家标准体系做出贡献。

二是承担改革试点支撑制度实施。承担全国诊改试点并首批通过复核;承接现代学徒制试点通过验收,新增学徒727人;全程参与BIM职业技能等级证书试点的方案研制、标准制定、师资培训、试题开发,为教育部、省教育厅政策制定、经验推广提供理论依据、实践支撑。

三是参与顶层设计推动政策落地。参与制定陕西省职业教育改革实施方案、陕西省深化产教融合的实施意见、陕西省教育事业发展"十四五"规划、陕西省"双高计划"实施方案、陕西"双高计划"院校联办本科工作方案、高职扩招专项工作实施方案,推动区域职教增值发展。

4. 扶贫"立体推进",助力陕西乡村振兴

一是扶智行动带动万户农民奔小康。推进汉中洋县、渭南临渭区对口教育帮扶,与洋县职教中心等共建智能焊接实训中心2个。开展"一对一"结对帮扶,每年资助家庭困难学生近2 000万元。学校农村生源超80%,毕业后在中国中铁等大型国企就业,形成了"一人上陕铁、全家奔小康"的良好效应。

二是扶技行动助力千名劳动力再就业。依托"乡村公路建设技术服务中心"省级示范性基地,先后选派61名技术专家常年开展技术服务,开发焊工、电工等12个扶技项目,三年累计开展公益性培训2.76万人·日,帮助1 100余名返乡农民工实现家门口就业。

三是扶业行动推动农产品出国门。联合京东物流共建智慧物流实训中心,成立师生电商直播团队,开展助农直播136场,帮助农村打造20个直播团队品牌;发挥专业优势,服务"中欧班列",将农产品销往"一带一路"沿线国家,富裕美丽乡村。

(三)社会认可度情况

1. 满意度调查

面向在校生、毕业生、教职工、用人单位、家长等5个主体,从学生培养质量、教师教学水平、校企合作育人水平等10个方面开展问卷调查,满意度均达到95%以上,较建设前平均提高了3个百分点,自评10分(见表15)。

表15 学校层面满意度自评表

一级指标	二级指标	三级指标	中期目标值/%	中期实现值/%	完成率/%	分值	得分
满意度指标	服务对象满意度指标	在校生满意度	95.00	95.40	100.00	2	2
		毕业生满意度	95.00	95.66	100.00	2	2
		教职工满意度	95.00	98.12	100.00	2	2
		用人单位满意度	94.00	97.86	100.00	2	2
		家长满意度	90.00	96.26	100.00	2	2

2. 口碑与评价

(1)在校生口碑:多彩铁院,魅力无限

在校生普遍认为,学校以人为本,教师有爱、学习有获、生活有乐,是一所充满温度、别具特色的学校,是他们技能成才、人生出彩的舞台。根据2021年全国高职高专院校满意度排行榜,学生满意度居陕西前列。

(2)毕业生口碑:三年铁院人,一生铁路情

毕业生普遍认为,母校培养的良好素养和扎实技能是他们安身立命之本,母校校训和精神是激励他们建功立业的不竭动力。学校毕业生工作与专业相关度比全国平均值高12个百分点;离职率比全国平均值低28个百分点;平均月薪5 712元,比"双高"校平均值高1 279元。

(3) 教职工口碑：幸福铁院，拼搏奉献

教职工普遍认为，学校风清气正，教学中心地位突出，干事创业氛围浓厚，教师成长空间大，幸福感和获得感强。

(4) 用人单位口碑：修高铁、建地铁、找陕铁

行业企业普遍认为，学生能吃苦、上手快、留得住、干得好，是他们的理想选择。据统计，用人单位年均提供就业岗位1.4万个，岗位供需比3∶1，中铁一局等行业龙头企业委托培训10.2万人·日。

(5) 家长口碑：做铁路人，读陕铁院

家长普遍认为，学校招生旺、牌子亮、就业有保障，学生能学到真技术、端上铁饭碗。近三年单招报到率居陕西前列，出现了一村十余人，父子、兄妹同上陕铁院的现象。

三、专业群层面任务及绩效指标完成情况

(一) 高速铁道工程技术专业群任务及绩效指标完成情况

1. 产出情况

高铁专业群聚焦服务国家"交通强国、铁路先行"和高铁"走出去"战略，高标准推进专业群建设工作，着力高铁施工与维护高素质技术技能人才培养高地和高铁智慧建造应用技术技能创新服务高地建设，三年中期182项建设任务全部完成，97项产出指标全部实现，任务完成率100%，五年终期累计完成率64.49%，自评99.73分（见表16）。

表16 高铁专业群中期绩效评价得分表

一级指标	二级指标	三级指标设置数量/个	三级指标完成（达成）数量/个	分值	得分	备注
产出指标	数量指标	34	34	20	20	
	质量指标	63	63	20	20	支出预算执行率为99.10%，扣减0.09分
	时效指标	4	3	10	9.91	
效益指标	社会效益指标	31	31	15	15	
	可持续影响指标	6	6	15	15	
满意度指标	服务对象满意度指标	5	5	10	10	

续表

一级指标	二级指标	三级指标设置数量/个	三级指标完成（达成）数量/个	分值	得分	备注
管理与执行指标	项目管理指标	—	管理机构完善、制度健全、运行顺畅	5	5	
	资金管理指标	—	资金管理制度健全，资金执行合理规范	5	4.82	资金预算支出未达到100%，扣减资金管理0.18分
合计				100	99.73	

（1）人才培养模式创新

截至2021年年底，该项37项中期任务、14个绩效指标中期目标全部完成，自评5分（见表17）。

表17 高铁专业群"人才培养模式创新"中期自评表

一级指标	二级指标	三级指标	中期目标值	中期实现值	完成率	分值	得分
产出指标	数量指标	专业群人才培养模式及专业人才培养方案	1套	1套	100.00%	2.5	2.5
		专业建设四类标准（专业教学标准、课程标准、顶岗实习标准及实训条件基地建设标准）	1套	1套	100.00%		
		铁路文化研究中心	1个	1个	100.00%		
		新时代铁路工匠精神教育平台	1个	1个	100.00%		
		1+X证书试点	2个	2个	100.00%		
		现代学徒制培养人数	190人	202人	106.32%		

续表

一级指标	二级指标	三级指标	中期目标值	中期实现值	完成率	分值	得分
产出指标	质量指标	专业群系列标准和人才培养模式等专著	1部	1部	100.00%	2.5	2.5
		毕业生就业率	97.00%	98.51%	100.00%		
		主持或参与国家专业教学标准	1个	2个	200.00%		
		省级校园文化成果奖数量	1项	1项	100.00%		
		省级以上教学成果奖数量	3项	3项	100.00%		
		1+X证书研究省级重点课题	1项	1项	100.00%		
		省级以上技能大赛获奖	14项	22项	157.14%		
		省级以上创新创业大赛获奖	8页	16项	200.00%		

聚焦职业岗位需求，丰富人才培养模式新内涵。深化岗课赛证融通，创建"双主体、三融合、四对接"专业群人才培养模式。构建职业素养和模块化课程体系，推进分层分类培养、现代学徒制、1+X证书试点，探索本科人才培养试点。获省级以上教学成果奖3项、校园文化成果奖1项。培养现代学徒202人，联办本科学生99人。获批"1+X"考核站点2个，学生证书通过率83.4%。学生获省级以上技能大赛奖22项、"互联网+"创新创业大赛奖16项，其中国家银奖2项。

（2）课程教学资源建设

截至2021年年底，该项16项中期任务、8个绩效指标中期目标全部完成，自评5分（见表18）。

表18　高铁专业群"课程教学资源建设"中期自评表

一级指标	二级指标	三级指标	中期目标值	中期实现值	完成率	分值	得分
产出指标	数量指标	高铁专业群教学资源库	1个	1个	100.00%	2.5	2.5
		在线开放课程	25门	25门	100.00%		

续表

一级指标	二级指标	三级指标	中期目标值	中期实现值	完成率	分值	得分
产出指标	数量指标	国家级专业教学资源库	1个	1个	100.00%	2.5	2.5
		省级专业教学资源库	1个	1个	100.00%		
	质量指标	资源总数	2.1万条	2.3万条	109.52%	2.5	2.5
		双语课程	2门	2门	100.00%		
		双语技能训练模块	10个	10个	100.00%		
		省级以上水平精品在线开放课程和职业教育在线精品课程	3门	4门	133.33%		

融入高铁前沿技术，搭建教学资源共享新平台。基于四类学习者需求，着力集专业教学、继续教育与培训、科技与教学成果应用于一体的开放共享型专业群教学资源库建设，打造泛在学习平台。牵头59家院校、企业等组建教学资源库建设联盟，合力进行标准化课程、在线精品课程、专项技能模块等开发与应用，资源量达到2.3万余条，原创占86%，使用单位497个，注册用户12.3万余人。

（3）教材与教法改革

截至2021年年底，该项26项中期任务、9个绩效指标中期目标全部完成，自评5分（见表19）。

表19 高铁专业群"教材与教法改革"中期自评表

一级指标	二级指标	三级指标	中期目标值	中期实现值	完成率	分值	得分
产出指标	数量指标	活页式、工作手册式等新型教材	12部	13部	108.33%	2.5	2.5
		专业群教学改革课程	32门	33门	103.13%		
		智慧教室	18间	18间	100.00%		

续表

一级指标	二级指标	三级指标	中期目标值	中期实现值	完成率	分值	得分
产出指标	质量指标	省级以上优秀教材和规划教材	3部	5部	166.67%	2.5	2.5
		专业核心课使用新型教材比例	50.00%	52.00%	104.00%		
		项目化教学改革课程	32门	33门	103.13%		
		模块化教学改革课程	20门	21门	105.00%		
		课程思政改革示范课	10门	10门	100.00%		
		信息化教学改革课程占课程总数比例	95.00%	95.00%	100.00%		

深化教材教法改革，开发课堂教学改革新载体。紧跟高铁技术发展，着力新形态教材开发、模块化教学和课程思政改革，支撑技术技能培养和价值引领同频深入。校企联合出版活页式、工作手册式教材13部，3部教材入选国家"十三五"规划教材、1部获国家优秀教材奖，使用院校55所，累计使用量22 678册。模块化、项目化和信息化教学改革课程占95%；课程思政改革100%覆盖，建成课程思政示范课10门。

（4）教师教学创新团队

截至2021年年底，该项26项中期任务、22个绩效指标中期目标全部完成，自评5分（见表20）。

表20　高铁专业群"教师教学创新团队"中期自评表

一级指标	二级指标	三级指标	中期目标值	中期实现值	完成率	分值	得分
产出指标	数量指标	"双师型"教师培养培训基地	1个	1个	100.00%	2.5	2.5
		1+X技能证书教师教学创新团队	2个	2个	100.00%		
		技能大师工作室	2个	2个	100.00%		

续表

一级指标	二级指标	三级指标	中期目标值	中期实现值	完成率	分值	得分
产出指标	数量指标	培养骨干教师	16 人	16 人	100.00%	2.5	2.5
		培养双语教师	30 人	30 人	100.00%		
		企业兼职教师总数	60 人	72 人	120.00%		
		专业群领军人才和名师工作室	4 个	4 个	100.00%		
	质量指标	国家水平"双师型"教师培养培训基地	1 个	1 个	100.00%	2.5	2.5
		万人计划名师或全国优秀教师、黄炎培杰出教师	0 人	0 人	按计划推进		
		省级和行业教学名师	1 人	1 人	100.00%		
		持有职业资格证书的专业课教师总数比例	53.00%	55.06%	133.78%		
		"双师型"教师占专业课教师总数比例	85.00%	85.30%	103.00%		
		1+X 建筑信息模型（BIM）职业技能等级证书专家委员会委员或师资培训讲师	3 人	3 人	100.00%		
		引入国家级技能大师工作室	1 个	1 个	100.00%		
		聘请行业领军人才	5 人	5 人	100.00%		
		全国教师教学能力比赛获奖	3 项	4 项	133.33%		
		教师获国家级、省级、行业奖	35 人次	48 人次	137.14%		
		高级职称教师比例	50.00%	50.56%	103.68%		
		企业能工巧匠、技术骨干占兼职教师比例	100.00%	100.00%	100.00%		
		具有双语教学能力的教师比例	13.50%	14.50%	117.76%		
		国家水平教师技艺技能传承创新平台	1 个	1 个	100.00%		
		核心期刊论文、出版著作	58 篇（部）	65 篇（部）	112.07%		

培育大师名师双师，打造教师创新团队新引擎。坚持"四有"标准，着力领军人才引聘、教学名师培育、双师教师培养、教研创服能力提升，推进教学创新团队建设。聘请行业技术专家5人，建成领军人才、名师、技能大师工作室6个，1+X证书教学团队2个，"双师型"教师比例达85.3%。新增二级教授1人、省级教学名师1人，受聘铁道行指委副主任委员、铁工专指委主任委员等3人。获教学能力大赛国家级奖4项、省级8项。高铁专业教学团队入选国家级教学创新团队并立项主课题，牵头全国高铁和城轨工程领域团队共同体建设。

（5）实践教学基地

截至2021年年底，该项20项中期任务、13个绩效指标中期目标全部完成，自评5分（见表21）。

表21 高铁专业群"实践教学基地"中期自评表

一级指标	二级指标	三级指标	中期目标值	中期实现值	完成率	分值	得分
产出指标	数量指标	新建、改扩建产教融合实训基地（室）	6个	6个	100.00%	2.5	2.5
		新建高铁智慧建造虚拟仿真中心	1个	1个	100.00%		
		实训基地智慧管理平台	1个	1个	100.00%		
		新增校外实训基地和创新创业基地	24个	24个	100.00%		
		高水平高铁产教融合综合实践教学基地	1个	1个	100.00%		
	质量指标	生均教学科研仪器设备值	1.7万元	1.74万元	116.00%	2.5	2.5
		校内实践教学工位数	4 700个	5 190个	144.54%		
		示范性虚拟仿真实训基地	1个	1个	100.00%		
		行业领先的实训基地智慧管理平台	1个	1个	100.00%		
		实训基地利用率	100.00%	100.00%	100.00%		

续表

一级指标	二级指标	三级指标	中期目标值	中期实现值	完成率	分值	得分
产出指标	质量指标	省级创新创业实践教育基地	1个	1个	100.00%	2.5	2.5
		在中国中铁、中国铁建和各铁路局等大型央企建立的校外实训基地占比	90.00%	95.10%	100.00%		
		校外实训基地年均接收学生实习	1 000人次	1 205人次	120.50%		

优化实践教学体系，树立实训基地建设新标杆。深化产教融合，着力实践教学体系优化、"全真实体+虚拟仿真+智慧管理"综合实训基地拓能升级。立项国家级高铁智慧建造虚拟仿真实训基地，新建钢轨探伤等实训室6个、校外实训基地24个，开发生产性实训项目352项，新增实训工位1 590个，学生技能水平明显提升。专业群七维度实践教学体系、高铁实训基地建设标准和方案被全国18所院校借鉴。

(6) 技术技能平台

截至2021年年底，该项14项中期任务、9个绩效指标中期目标全部完成，自评5分（见表22）。

表22 高铁专业群"技术技能平台"中期自评表

一级指标	二级指标	三级指标	中期目标值	中期实现值	完成率	分值	得分
产出指标	数量指标	中铁高铁产业学院	1个	1个	100.00%	2.5	2.5
		高铁职业教育与产业发展研究中心	1个	1个	100.00%		
		技术应用研究中心	4个	4个	100.00%		
	质量指标	企业（准）捐赠教科研仪器设备值	500万元	539.4万元	107.88%	2.5	2.5
		省级以上教科研课题	7项	10项	142.86%		
		市厅级以上科技类成果	10项	10项	100.00%		
		科技成果转化数量	3项	3项	100.00%		
		专利授权	25项	28项	112.00%		
		参与制定工法	2项	2项	100.00%		

搭建技术创新平台,助力企业技术攻关新突破。聚焦企业技术难题,着力产业学院、技术应用研究中心和创新团队建设,开展企业技术应用课题研究,提升高铁智慧建造创新平台服务企业效能。校企共建中铁高铁产业学院,依托 4 个技术应用研究中心组建 10 个技术创新团队,完成企业委托攻关课题 12 项,破解高地温条件下高性能混凝土配置等生产难题 33 个,参与制定行业标准 2 项、工法 2 项,取得专利授权 28 项、市厅级以上科技类成果 10 项,转化 3 项,产生经济效益 8 200 万元。

(7) 社会服务

截至 2021 年年底,该项 12 项中期任务、10 个绩效指标中期目标全部完成,自评 5 分(见表 23)。

表 23　高铁专业群"社会服务"中期自评表

一级指标	二级指标	三级指标	中期目标值	中期实现值	完成率	分值	得分
产出指标	数量指标	技术服务项目	43 项	47 项	109.30%	2.5	2.5
		社会培训项目	8 项	10 项	125.00%		
		职业院校教师培训项目	4 项	4 项	100.00%		
		承办行业、企业及省级以上技能大赛	12 项	13 项	108.33%		
	质量指标	技术服务合同额	1 500 万元	1 850.21 万元	123.35%	2.5	2.5
		社会培训	3.3 万人·日	3.62 万人·日	109.70%		
		职业院校教师能力师资培训	2 000 人·日	2 968 人·日	148.40%		
		中小学高铁科普教育和职业启蒙教育	2 000 人次	2 338 人次	116.90%		
		技能大赛办赛满意度	90.00%	94.00%	100.00%		
		公益性培训	0.8 万人·日	1.04 万人·日	130.00%		

创新社会服务模式,凸显优势资源应用新增值。汇聚优势资源,着力"师资培训+技术服务+业务培训+科普教育"多元并进,提升社会服务水平。承担全国教师教学能力、陕西省教师素质培训等项目 4 项,培训 2 968 人·日,支援新疆铁道职业技术学院等 3 所院校专业建设。为"三铁"企业提供技术服务 47 项,员工培训 3.62 万人·日,承办技能

大赛 13 项，合同额 1 850 余万元。面向中小学生开展职业启蒙和高铁智慧建造科普教育 2 338 人次。

（8）国际交流与合作

截至 2021 年年底，该项 18 项中期任务、12 个绩效指标中期目标全部完成，自评 5 分（见表 24）。

表 24　高铁专业群"国际交流与合作"中期自评表

一级指标	二级指标	三级指标	中期目标值	中期实现值	完成率	分值	得分
产出指标	数量指标	成立高铁建设应用技术人才培养国际联盟	1 个	1 个	100.00%	2.5	2.5
		海外鲁班工坊	1 个	1 个	100.00%		
		开发涉外培训和技术服务项目	2 项	2 项	100.00%		
		中俄合作办学培养学生	140 人	245 人	175.00%		
		培养留学生、研修生	16 人	26 人	162.50%		
		引进国（境）外优质教学标准	1 套	1 套	100.00%		
	质量指标	双语教材、培训包（训练模块）	4 个	4 个	100.00%	2.5	2.5
		学生赴国（境）外访学交流	25 人次	29 人次	116.00%		
		在国际交流会议发言	2 次	3 次	150.00%		
		输出专业教学标准	1 套	1 套	100.00%		
		面向"一带一路"沿线国家开展技术技能培训	0.55 万人·日	0.605 万人·日	110.00%		
		国内外教师互访、研修、交流等	35 人次	37 人次	105.71%		

服务高铁"走出去"，拓宽国际人才培养新路径。紧跟高铁"走出去"，着力"资源定制＋联合培养＋技术培训＋标准输出"协调推进，加强国际铁路人才培养。聚焦高铁"走出去"企业需求，牵头成立高铁建设应用技术人才培养国际联盟，建设肯尼亚鲁班工坊，联合开发高铁专业教学标准、双语教材、技能培训包等系列资源。中俄合作培养高铁人才 245 人，开展"一带一路"沿线国家本土铁路人才培训 6 057 人·日。

（9）可持续发展保障机制

截至 2021 年年底，该项 13 项中期任务全部完成，自评"优秀"（见表 25）。

完善校企共建机制,激发专业协同发展新动能。深化产教融合,着力校企协同运行、专业建设管理保障、人才培养质量自主保障等体制机制建设。成立专业建设指导委员会,形成校企"产学研用"协同发展、优质资源共建共享、建设任务绩效考核评价、常态化自主人才培养质量保障、专业群动态调整等运行机制,推动专业群建设和人才培养定位紧随高铁产业发展,保障人才培养与高铁技术发展同频共进。

高铁专业群产出指标中的时效指标,除支出预算执行外均已完成,自评9.91分(见表25)。

表25 高铁专业群时效指标中期自评表

一级指标	二级指标	三级指标	中期目标值	中期实现值	完成率	分值	得分
产出指标	时效指标	任务终期完成度	60.00%	64.49%	107.48%	10	9.91
		收入预算执行率	100.00%	100.00%	100.00%		
		支出预算执行率	100.00%	99.10%	99.10%		
		年度任务完成度	100.00%	100.00%	100.00%		

2. 贡献度情况

高铁专业群各项效益指标圆满达成,自评30分(见表26)。

表26 高铁专业群效益指标中期自评表

一级指标	二级指标	三级指标	中期目标值	中期实现值	完成率	分值	得分
效益指标	社会效益指标	引领职业教育改革发展和人才培养的贡献度	显著增强	达成	—	5	5
		支撑国家战略和区域经济社会发展的贡献度	显著增强	达成	—	5	5
	可持续影响指标	推动国家形成一批有效支撑职业教育高质量发展的政策、制度、标准的贡献度	显著增强	达成	—	5	5
		专业群年招生规模	800人	1 035人	129.38%	15	15
		毕业生3~5年成为企业技术骨干比例	70.00%	73.27%	100.00%		

续表

一级指标	二级指标	三级指标	中期目标值	中期实现值	完成率	分值	得分
效益指标	可持续影响指标	行业企业影响力突出	中长期	达成	—	15	15
		同类院校影响力突出	中长期	达成	—		
		职业院校来校学习交流专业建设成果和经验	20 所/年	22 所/年	110.00%		
		专业随产业动态调整机制	运行良好	达成	—		

(1) 专业群综合实力全国领先,引领国内高铁建设类专业发展

引领国内同类专业标准体系建设。3 人受聘铁道行指委副主任委员、铁道专指委主任委员等,受教育部委托组织研制铁路工程类高职专业教学标准 9 个、职教本科专业教学标准 1 个。

引领高铁施工与维护领域教学团队建设。入选国家级教师教学创新团队,立项团队建设主课题,牵头全国高铁施工与维护领域团队共同体建设,建成"双师型"教师培养培训基地,面向全国同类院校培养师资 2 968 人·日。

引领同类专业教学资源库建设。建成开放型高铁专业群教学资源库,涵盖标准化课程 30 门,资源数量 2.3 万余条,为全国同类院校开展"线上+线下"混合式教学提供资源支撑,注册用户 12.3 万余人。

引领产教融合实训基地建设。建成"全真实体+虚拟仿真+智慧管理"的高铁智慧建造综合实训基地,获评国家生产性实训基地 2 个,建设方案和实训项目被哈尔滨铁道职业技术学院等 18 所院校借鉴应用。

(2) 打造人才培养和技术创新品牌,服务"交通强国"战略

树立了人才培养品牌。坚持育训结合,近三年为"三铁"企业输送 3 100 名高铁建设人才;打造"工地流动课堂",培训企业员工 3.62 万人·日,企业满意度 97.9%。

树立了技术创新品牌。建成高铁施工与维护协同创新平台,承担无砟轨道精调等技术课题研究与技术服务 47 项,参与行业标准、工法制定 4 项,获市厅级以上科技类成果 10 项,转化 3 项,创造效益 8 200 万元。

树立了服务高铁"走出去"品牌。与萨马拉国立交通大学合作培养高铁人才 245 人;面向"一带一路"沿线国家进行"教学标准+培训方案+课程资源"精准输出,培养研修生、留学生 26 人,培训铁路本土人才 6 057 人·日。

(3) 构建专业群标准体系，推动高铁建设类专业高标准建设

形成了专业人才培养紧跟产业发展范本。成立高铁职业教育与产业发展研究中心，发布《高铁专业群对接产业发展态势研究白皮书》2 期，保障高铁建设类专业人才培养与高铁产业需求同频共进。

形成了高水平专业群标准体系建设范本。专业群人才培养模式、职业素养培养体系、专业教学标准、课程标准、顶岗实习标准和实习实训基地建设标准等被吉林铁道职业技术学院等 18 所院校借鉴应用。

3. 社会认可度情况

经过三年建设，专业群综合实力和人才培养质量不断提升，"金平果"中国科教评价网显示，专业群为"5★"，居全国第 11 位，群内 3 个专业全国排名第 1，毕业生深受铁路企业欢迎，初次就业率在 98% 以上，自评 10 分（见表 27）。

表 27　高铁专业群服务对象满意度指标

一级指标	二级指标	三级指标	中期目标值/%	中期实现值/%	完成率/%	分值	得分
满意度指标	服务对象满意度指标	在校生满意度	95.00	96.79	101.88	2	2
		毕业生满意度	95.00	95.80	100.84	2	2
		教职工满意度	95.00	98.70	103.89	2	2
		用人单位满意度	95.00	97.90	103.05	2	2
		家长满意度	92.00	96.40	104.78	2	2

麦可思调查、企业调研等数据显示，在校生、毕业生、教职工、用人单位、学生家长等对专业群建设和人才培养的满意度持续走高（见图 5）。

(二) 城市轨道交通工程技术专业群任务及绩效指标完成情况

1. 产出情况

城轨专业群对接城轨工程智慧建造，聚焦教学资源库、实训基地、协同创新中心三大平台建设，推进专业升级和数字化改造，筑牢"产教研用"高质量发展基石，有效支撑两大高地建设，引领职教改革和人才培养，服务国家城市轨道交通发展。三年中期 274 项建设任务、92 个绩效指标 100% 完成，五年终期累计完成率 62.91%，自评 99.68 分（见表 28）。

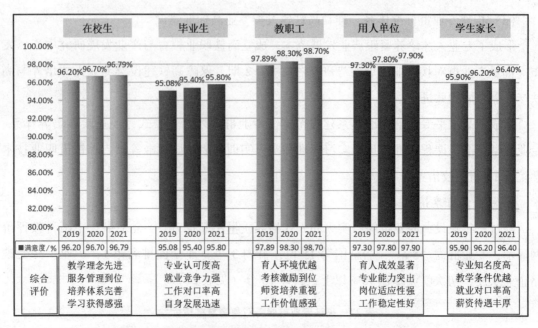

图 5 高铁专业群建设满意度评价要点及结果分析情况

表 28 城轨专业群中期绩效评价得分表

一级指标	二级指标	三级指标设置数量	三级指标完成（达成）数量	分值	得分	备注
产出指标	数量指标	33 个	33 个	20	20	
	质量指标	59 个	59 个	20	20	
效益指标	时效指标	4 个	3 个	10	9.89	支出预算执行率为 98.94%，扣减 0.11 分
	社会效益指标	28 个	28 个	15	15	
	可持续影响指标	7 个	7 个	15	15	
满意度指标	服务对象满意度指标	5 个	5 个	10	10	
管理与执行指标	资金管理指标	—	资金管理制度健全，资金执行合理规范	5	4.79	资金预算支出未达到 100%，扣减资金管理 0.21 分
	项目管理指标	—	管理机构完善、制度健全、运行顺畅	5	5	
合计				100	99.68	

(1) 人才培养模式创新

截至 2021 年年底，该项 37 项中期任务、12 个绩效指标中期目标全部完成，自评 5 分（见表 29）。

表 29　城轨专业群"人才培养模式创新"中期自评表

一级指标	二级指标	三级指标	中期目标值	中期实现值	完成率	分值	得分
产出指标	数量指标	专业建设四类标准（专业教学标准、课程标准、顶岗实习标准及实习实训基地建设标准）	1 套	1 套	100.00%	2.5	2.5
		1+X 证书试点	2 个	3 个	150.00%		
		现代学徒制培养人数	300 人	404 人	134.67%		
		人才培养方案	4 套	4 套	100.00%		
	质量指标	职业教育本科层次人才培养方案	1 套	1 套	100.00%	2.5	2.5
		就业率	95.00%	96.57%	100.00%		
		课程思政占比	100.00%	100.00%	100.00%		
		主持或参与 1+X 证书考核评价标准	1 套	2 套	200.00%		
		1+X 证书取得人数	400 人	543 人	135.75%		
		学徒制合作企业	世界 500 强企业	世界 500 强企业	100.00%		
		学徒制班级企业奖学金设置占比	100.00%	100.00%	100.00%		
		学徒制毕业生合作企业接收率	96.00%	96.00%	100.00%		

创新人才培养模式，"五双"育人成效显著。推进"三全"育人、书证融通、现代学徒制改革。立项全国党建工作样板党支部和陕西省党建工作标杆院系。制定 1+X 职业技能等级标准、国家职业技能标准、专业建设四类标准，立项国家级 1+X 证书研究课题 1 项。现代学徒制试点通过验收，形成"双主体、双身份、双导师、双管理、双考核"的现代学徒制协同育人机制。获省级教学成果奖 2 项，入选职业院校"战疫课堂"课程思政典

型案例 6 个,专业群人才培养模式及专业相关标准推广到 7 所院校。

(2) 课程教学资源建设

截至 2021 年年底,该项 18 项中期任务、9 个绩效指标中期目标全部完成,自评 5 分(见表 30)。

表 30　城轨专业群"课程教学资源建设"中期自评表

一级指标	二级指标	三级指标	中期目标值	中期实现值	完成率	分值	得分
产出指标	数量指标	在线开放课程	17 门	22 门	129.40%	2.5	2.5
		专业群教学资源库	1 个	1 个	100.00%		
	质量指标	专业群双语教学资源库	1 个	1 个	100.00%	2.5	2.5
		国家职业教育地下与隧道工程技术专业教学资源库	1 个	1 个	100.00%		
		国家职业教育地下与隧道工程技术专业教学资源库资源年更新率	10.00%	10.60%	100.00%		
		专业群教学资源库颗粒化资源	2 万条	2.48 万条	124.00%		
		专业群教学资源库用户	7 万人	9.4 万人	134.29%		
		省级以上精品在线开放课程和职业教育在线精品课程	3 门	4 门	133.00%		
		校企共同开发专业课程数占专业课程总数比例	100.00%	100.00%	100.00%		

迭代升级教学资源,应用辐射全国领先。持续发挥国家地隧专业教学资源库功效,升级专业群教学资源库。建成颗粒化资源 2.48 万条,标准化课程 14 门,在线开放课程 22 门,省级精品在线开放课程 4 门。1 200 多家企业、院校 9.4 万余人注册使用资源库,覆盖全国同类专业院校 80%。在线开放课程应用企业、院校 900 多家,在线学习者 7 万余人。

(3) 教材与教法改革

截至 2021 年年底,该项 17 项中期任务、8 个绩效指标中期目标全部完成,自评 5 分(见表 31)。

表31 城轨专业群"教材与教法改革"中期自评表

一级指标	二级指标	三级指标	中期目标值	中期实现值	完成率	分值	得分
产出指标	数量指标	活页式、工作手册式等新型教材	7部	8部	114.29%	2.5	2.5
		项目化教学改革课程	16门	18门	112.50%		
		模块化教学改革课程	5门	5门	100.00%		
		智慧教室	24间	24间	100.00%		
	质量指标	省级以上优秀教材和规划教材	1部	1部	100.00%	2.5	2.5
		专业核心课使用新型教材比例	50.00%	60.00%	100.00%		
		线上+线下混合式教学、翻转课堂占比	70.00%	92.00%	100.00%		
		专业核心课程智慧课堂覆盖率	100.00%	100.00%	100.00%		

深化教材教法改革,课堂教学提质增效。创新教学模式与方法,改进教学内容与教材。课程思政全覆盖,立项省职业技术教育学会课程思政专项课题48门,获评省级课程思政示范课1门。建成智慧教室24间,18门课程实施项目化教学改革、5门课程模块化教学改革,线上+线下混合式教学占92%。出版活页式等新型教材8部,1部教材先后获省级优秀和国家规划教材,推广应用院校35所。

(4) 教师教学创新团队

截至2021年年底,该项50项中期任务、21个绩效指标中期目标全部完成,自评5分(见表32)。

表32 城轨专业群"教师教学创新团队"中期自评表

一级指标	二级指标	三级指标	中期目标值	中期实现值	完成率	分值	得分
产出指标	数量指标	"双师型"教师培养培训基地	1个	1个	100.00%	2.5	2.5
		教师教学创新团队	1个	1个	100.00%		

续表

一级指标	二级指标	三级指标	中期目标值	中期实现值	完成率	分值	得分
产出指标	数量指标	技能大师工作室	2个	2个	100.00%	2.5	2.5
		专业带头人	10人	10人	100.00%		
		骨干教师（培养）	15人	16人	106.67%		
		"双师型"教师	80人	81人	101.25%		
		企业兼职教师	50人	69人	138.00%		
		双语教师	18人	21人	116.67%		
	质量指标	国家水平"双师型"教师培养培训基地	1个	1个	100.00%	2.5	2.5
		国家级教师教学创新团队	1个	1个	100.00%		
		万人计划名师或全国优秀教师、黄炎培杰出教师	1人	1人	100.00%		
		省级及以上教师教学能力比赛获奖	2人	4人	200.00%		
		新增省级、行业教学名师	1人	1人	100.00%		
		省级以上教学成果奖	2项	2项	100.00%		
		市厅级以上科技类成果	5项	5项	100.00%		
		兼职教师中行业领军人才	4人	4人	100.00%		
		省级技能大师	1人	1人	100.00%		
		"双师型"教师占专业课教师总数比例	85.00%	86.00%	100.00%		
		企业兼职教师承担专业课时比例	51.00%	51.00%	100.00%		
		具有双语教学能力的专业教师比例	40.00%	46.00%	100.00%		
		发表核心期刊论文、出版著作	30篇（部）	31篇（部）	103.33%		

打造国家教学团队,双师"四能"显著提升。立项国家首批职业教育教师教学创新团队。1人先后获全国优秀教师、全国黄炎培杰出教师奖,3人入选全国行指委委员。培育省级技能大师1人,建成省级技能大师及工作室和职工创新工作室。立项国家级教科研课题4项,教师执教、信息技术应用、技术服务、双语教学等能力显著提升,"双师型"教师占86%,团队建设机制及运行成果推广应用到5所单位。

(5)实践教学基地

截至2021年年底,该项52项中期任务、13个绩效指标中期目标全部完成,自评5分(见表33)。

表33 城轨专业群"实践教学基地"中期自评表

一级指标	二级指标	三级指标	中期目标值	中期实现值	完成率	分值	得分
产出指标	数量指标	省级校外创新创业实践教育基地	1个	1个	100.00%	2.5	2.5
		校外实训基地(新增)	18个	18个	100.00%		
		仿真教学实训平台	2个	2个	100.00%		
		新建智慧建造综合实训基地	1个	1个	100.00%		
		新建、改扩建产教融合实训工区、场(室)	7个	7个			
		城轨工程智慧建造产教融合实训基地	国内引领	国内引领	100.00%		
		城轨工程智慧建造虚拟教学工厂	国内引领	国内引领	100.00%		
	质量指标	生均设备值	1.7万元	1.75万元	102.94%	2.5	2.5
		校内实践教学工位数	5 000个	5 200个	104.00%		
		校外实训基地(工地流动课堂)合作企业	世界500强企业	世界500强企业	100.00%		
		省级创新创业实践教育基地	1个	1个	100.00%		
		省级以上技能大赛获奖	9项	11项	122.22%		
		省级以上创新创业大赛获奖	9项	9项	100.00%		

建设虚实结合基地，实训标准示范引领。突出示范引领、教育教学、社会培训等功能，建设"实体+仿真"产教融合实训基地。主持教育部职教虚拟仿真示范实训基地专业课程与教学资源建设规划项目2项，制定国家示范性虚拟仿真实训教学标准2套。新建、改扩建产教融合实训工区、场（室）7个、仿真教学实训平台2个，虚实结合，实现标段式全流程作业技能训练。建成国家级生产性实训基地、省级创新创业实践教育基地，学生获国家技能大赛奖4项、省级创新创业大赛奖9项。

（6）技术技能平台

截至2021年年底，该项46项中期任务、9个绩效指标中期目标全部完成，自评5分（见表34）。

表34 城轨专业群"技术技能平台"中期自评表

一级指标	二级指标	三级指标	中期目标值	中期实现值	完成率	分值	得分
产出指标	数量指标	产业学院	1个	1个	100.00%	2.5	2.5
		技术应用研究中心	3个	3个	100.00%		
		城轨工程职业教育与产业发展研究中心	1个	1个	100.00%		
		协同创新中心	国内引领	国内引领	100.00%		
	质量指标	协同创新中心共建研究机构	国家重点实验室	国家重点实验室	100.00%	2.5	2.5
		协同创新中心共建企业	世界500强	世界500强	100.00%		
		地铁项目实时监控的盾构大数据应用平台	行业领先	行业领先	100.00%		
		承担纵、横向课题（其中省级及以上课题）（科研）	20（4）项	32（5）项	160.00%		
		专利授权	16项	18项	112.50%		

构筑协同创新中心，产学研用赋能融合。构建"城轨工程职业教育与产业发展研究中心+产业学院+技术应用研究中心"的校企协同创新平台，产学研用融合。与行业领军企

业组建盾构产业学院与发展研究中心各 1 个，组建技术应用研究中心 3 个，专利授权 18 项。承担课题 32 项，其中省级以上 5 项，获市厅级以上科技类成果 5 项。

（7）社会服务

截至 2021 年年底，该项 19 项中期任务、8 个绩效指标中期目标全部完成，自评 5 分（见表 35）。

表 35　城轨专业群"社会服务"中期自评表

一级指标	二级指标	三级指标	中期目标值	中期实现值	完成率	分值	得分
产出指标	数量指标	技术服务项目数	15 项	17 项	113.33%	2.5	2.5
		企业培训项目	5 个	6 个	120.00%		
		职业院校教师能力培训项目	2 个	2 个	100.00%		
	质量指标	技术服务合同额	1 100 万元	1 167.68 万元	106.15%	2.5	2.5
		企业精品培训项目新技术、新材料、新工艺、新设备占比	60.00%	75.00%	100.00%		
		社会培训	1.8 万人·日	2.06 万人·日	114.44%		
		工艺工法改进、技术创新项目	6 项	6 项	100.00%		
		公益性培训	0.5 万人·日	0.74 万人·日	148.00%		

聚焦社会服务质量，盾构品牌效应彰显。瞄准"自动化掘进、装配化施工、动态化监测、信息化管理"等智慧建造关键技术，提升服务品质与形象，彰显盾构品牌效应。师生联合开展智慧地铁云平台等技术服务 17 项，合同额 1 167.68 万元。建成国家"双师型"教师培养培训基地，承接城市轨道交通工程类访学研修等国培项目 2 项，开展工艺工法改进、技术创新项目 6 项，开发盾构等精品培训项目 6 个，开展培训 2.8 万人·日，支援山西交通职院等 6 所院校。

（8）国际交流与合作

截至 2021 年年底，该项 21 项中期任务、12 个绩效指标中期目标全部完成，自评 5 分

（见表36）。

表36 城轨专业群"国际交流与合作"中期自评表

一级指标	二级指标	三级指标	中期目标值	中期实现值	完成率	分值	得分
产出指标	数量指标	海外鲁班工坊	1个	1个	100.00%	2.5	2.5
		培养留学生、研修生	12人	17人	141.67%		
		培养国际城轨人才	30人	39人	130.00%		
		学生赴国（境）外研修交流	25人次	36人次	144.00%		
	质量指标	海外鲁班工坊合作单位	世界500强企业或外方高校	中铁一局集团有限公司	100.00%	2.5	2.5
		面向"一带一路"沿线国家开展技术技能培训	3 500人·日	4 150人·日	118.57%		
		国际工程技术服务	1项	2项	200.00%		
		引进国际优质课程资源	4门	4门	100.00%		
		输出国际化专业教学标准	1套	1套	100.00%		
		输出双语教材、培训包	5个	7个	140.00%		
		国内外教师互访、研修、交流等	15人次	20人次	133.33%		
		国际城轨人才世界500强企业就业占比	90.00%	92.50%	100.00%		

搭建国际合作平台，标准资源走向国际。对接"走出去"企业，搭建以技术服务、国际人才培养、本土化人才培训为内涵的国际合作交流平台。建立卢旺达鲁班工坊，承接国际工程技术服务2项，引进国际优质课程资源4门，开发国际化专业教学标准1套，培养国际城轨人才39人，开发双语教材、培训包7个，培训马来西亚东海岸铁路等本土化人

才 4 150 人·日。

（9）可持续发展保障机制

截至 2021 年年底，该项 14 项中期任务全部完成，自评"优秀"。

健全运行管理制度，专业建设协同发展。建立"决策指导、共建共享、协同发展"的专业群运行管理机制。成立政行企校组成的专业群建设指导委员会。组建专业群建设领导小组，制定专业群联席会议等制度。建立城轨工程职业教育与产业发展白皮书发布制度，及时跟踪城市轨道交通产业发展状况。

城轨专业群产出指标中的时效指标，除支出预算执行外均已完成，自评 9.89 分（见表 37）。

表 37　城轨专业群时效指标中期自评表

一级指标	二级指标	三级指标	中期目标值	中期实现值	完成率	分值	得分
产出指标	时效指标	任务终期完成度	60.00%	62.91%	104.85%	10	9.89
		收入预算执行率	100.00%	100.00%	100.00%		
		支出预算执行率	100.00%	98.94%	98.94%		
		年度任务完成率	100.00%	100.00%	100.00%		

2. 贡献度情况

城轨专业群各项效益指标圆满达成，自评 30 分（见表 38）。

表 38　城轨专业群效益指标自评表

一级指标	二级指标	三级指标	中期目标值	中期实现值	完成率	分值	得分
效益指标	社会效益指标	引领职业教育改革发展和人才培养的贡献度	显著增强	达成	—	5	5
		支撑国家战略和区域经济社会发展的贡献度	显著增强	达成	—	5	5
		推动形成一批国家层面有效支撑职业教育高质量发展的政策、制度、标准的贡献度	明显提升	达成	—	5	5

续表

一级指标	二级指标	三级指标	中期目标值	中期实现值	完成率	分值	得分
效益指标	可持续影响指标	毕业生3~5年迅速成为企业技术骨干比例	70.00%	74.20%	100.00%	5	5
		人才培养质量	明显提升	达成	—		
		持续提高技术技能创新能力	铁路类院校领先水平	达成	—		
		专业群在行业企业社会影响力突出	校企合作单位首选	达成	—		
		专业群在同类院校社会影响力突出	铁路类院校领先水平	达成	—		
		持续提高专业办学水平、技术服务水平	同类院校领先水平	达成	—		
		专业群人才培养模式及专业相关标准推广院校	7所	7所	100.00%		

(1) 集成三大资源,引领同类专业建设

引领资源库建设与应用。建成国家地隧专业教学资源库,全国1 200多所院校、企事业单位应用,覆盖全国同类专业院校80%,访问量突破6 800万次。全国院校利用资源库组建课程702门。

引领教学团队建设。入选国家首批教师教学创新团队,建成了国家"双师型"教师培养培训基地,承接职业院校教师能力国家级培训2项,团队建设机制及运行研究成果在5所单位推广应用。

引领实践教学条件建设。开发全国首批虚拟仿真实践教学标准2套、实训方案2套、场地建设方案2套、脚本104个,助力职业教育虚拟仿真示范实训基地建设,为全国同类院校提供借鉴。

（2）树立盾构品牌，服务城市轨道交通发展战略

服务央企盾构人才需求。学生面向中国中铁、中国铁建、中国建筑等企业就业，遍布全国地铁建设城市、80%的地铁项目。中国建筑企业将学生与"双一流"高校毕业生一同列入"青苗计划""卓越工程师"等青年员工招聘计划，学生成为行业企业招聘首选，为国家城市轨道工程建设提供人才支撑。

服务盾构技术攻关。联合盾构与掘进技术、轨道交通工程信息化国家重点实验室，开展全断面隧道掘进机数字模拟与虚拟仿真技术、智慧地铁云平台关键技术的研究及应用。承担中铁一局盾构施工BIM平台关键技术研发及应用、高性能盾构泡沫剂研发等技术攻关，获中铁一局创新科技一等奖、陕西高校科技研究成果三等奖。开展技术服务17项，产生经济效益1.16亿元。

服务企业盾构培训。为中国铁建等公司开发"盾构操作工"培训课程、培训标准、培训方案。为中国中铁等企业盾构操作技能大赛制定竞赛方案、开展竞赛培训、担任大赛评委等。承办首届全断面隧道掘进机操作研讨会，开展社会培训2.8万人·日。

（3）制定两类标准，助力国家职业技能标准建设

助力"1+X"职业技能等级标准建设。联合盾构与掘进国家重点实验室等单位，开发了《全断面隧道掘进机操作职业技能等级标准》等1+X证书标准2个，负责教材开发、师资培训、证书推广。

助力职业技能及技术标准建设。参与制定人社部《建筑信息模型技术员》职业技能标准、住建部《装配式建筑职业技能标准》，参与制定陕西省第一部《市政工程信息模型应用标准》，填补了BIM技术应用标准的空白。

3. 社会认可度情况

通过问卷调查、企业走访、麦可思等评价反馈，专业群师资队伍、平台基地、教学水平、科研产出、声誉影响等评价指标显著提升，在同类院校中社会影响力突出，社会美誉度持续提升，专业群获"金平果"中国科教评价网"5★"，在校生、毕业生、教职工、用人单位、家长满意度持续走高，均在95%以上，自评10分（见表39和图6）。

表39 城轨专业群满意度自评表

一级指标	二级指标	三级指标	中期目标值/%	中期实现值/%	完成率/%	分值	得分
满意度指标	服务对象满意度指标	在校生满意度	95.00	98.03	100.00	2	2
		毕业生满意度	95.00	96.10	100.00	2	2
		教职工满意度	98.00	98.90	100.00	2	2
		用人单位满意度	95.00	96.92	100.00	2	2
		家长满意度	95.00	97.15	100.00	2	2

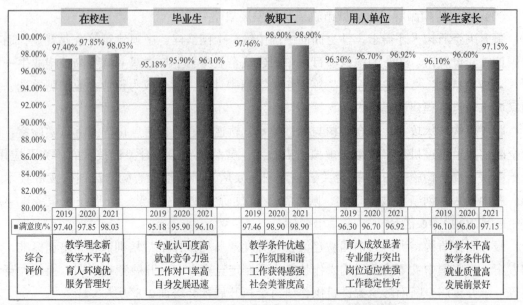

图6 城轨专业群满意度评价要点及结果分析情况

四、实现绩效目标采取的措施

（一）项目推进机制建设与运行情况

建立了陕西省委常委、纪委书记王兴宁同志和渭南市副市长刘强定点联系指导学校"双高"建设机制；出台《陕西省职业教育改革实施方案》等多项利好政策，在人才引进、政策支持等方面予以倾斜。在足额配套省级财政投入的基础上，下达2022年专项债券预算1亿元，同时为学校争取"教育强国推进工程项目"中央预算内投资8 000万元，支持学校发展建设。

成立党委书记、校长为组长的"双高计划"建设领导小组，系统架构人才培养、产教融合等12个工作组、6个项目组，院士专家咨询指导、政行企校联合共建、校领导分工负责、部门无界化合作。制定25项相关管理制度，挂图作战、定时跟踪、阶段评价、销账管理，高质高效推进建设。学校层面自评5分，高铁专业群自评5分，城轨专业群自评5分（见表40）。

表40 项目管理指标自评表

一级指标	二级指标	层面	中期目标值	中期实现值	完成率	分值	得分
管理与执行指标	项目管理指标	学校层面	—	—	—	5	5
		高铁专业群	—	—	—	5	5
		城轨专业群	—	—	—	5	5

1. 强化统筹谋划，构建"一图一表一清单"顶层架构

明确作战图。对接交通强国战略、服务高铁"走出去"，融合提质培优、"十四五"事业发展规划，科学擘画"双高"建设"12358"作战图。

制定工期表。全面梳理总目标、中期目标和年度目标，制定倒排工期表，明确项目关键时间节点，确保项目按期推进。

建立任务清单。根据项目任务重要性和难易程度分A、B、C、J四类，明确责任人，精准靶向，高效建设。

2. 完善制度标准，建立"一册一尺一平台"保障体系

完善制度手册。制定"双高计划"建设管理办法、绩效考核评价、校领导联系专业群等制度文件，明确建设标准和规范。

健全评价标尺。健全绩效考核评价标准，奖励激励和问责追责结合，一月一总结、一季一考核、一年一总评，从任务完成度、目标达成度和成果贡献度开展评价。

搭建监管平台。搭建"双高"建设网络监管平台，对照任务建立台账，实时监控项目推进情况，一事一结，销账管理。

（二）项目资金管理制度与执行情况

成立经费管理与审计工作组，严格按照国家规定和财务管理制度，建立预算编审、预算监管、执行审计等机制，制定《专项资金管理办法》等5项制度，优化资金预算、支出、采购、合同、资产管理等业务流程，做到专款专用、专项核算、注重绩效、问效问责，推进业财融合，确保项目顺利完成。学校层面自评4.85分，高铁专业群自评4.82分，城轨专业群自评4.79分（见表41）。

表41 资金管理指标自评表

一级指标	二级指标	层面	中期目标值	中期实现值	完成率	分值	得分
管理与执行指标	资金管理指标	学校层面	—	—	—	5	4.85
		高铁专业群	—	—	—	5	4.82
		城轨专业群	—	—	—	5	4.79

审计报告显示，截至2021年12月31日，学校全面完成了学校"双高计划"任务书提出的阶段性建设内容，经费预算执行率达到中期投入的98.43%，完成了绩效目标，并在产出指标、效益指标和满意度指标方面均取得了良好成效，项目预算执行情况良好，资

金使用效益明显。

五、特色经验与做法

（一）三大高地支撑，凸显"高"

学校坚持人才培养、技术服务、社会培训统筹推进，彰显"双高"建设的"高地效应"。通过创建"1115"人才培养体系，满足学生多元化、个性化成长需求；实施"铁军传承、模式引领、技能筑梦、双创赋能、三教改革"五大行动，为铁路工匠培养提供了"混合"动能，全面提升人才培养质量，毕业生成为"工程局的首选，铁路局的必选"，打造了铁路特色高素质技术技能人才培养高地。聚焦高铁、地铁行业技术创新链，以轨道交通未来技术创新研究院为依托，成立8个产业学院、15个技术应用研究中心，形成了高铁智慧建造、城轨智慧建造、铁路智能运维三大协同创新中心，打造对接高铁和城轨产业升级的产教融合协同创新高地。组建铁路培训学院，整合优势资源，采用市场运作模式，实施"技术攻关转化、铁路员工培训、技能人才培养、教育精准帮扶、继续教育赋能"五大工程，形成BIM技术应用、乡村公路技术服务、肯尼亚铁路员工培训等知名品牌，打造"一带一路"沿线国家铁路技术技能人才培训高地。

（二）五种模式引领，彰显"强"

学校通过全方位创新模式、提供范式，实现了"双高"建设的提质培优、以质图强。一是"四级对接、六位一体"校企合作办学模式。校企紧密型"四级对接"机制立体推动校企合作办学理事会高效运行，实现共建基地、共享资源、合作教学、协同创新、联合招生、合作就业"六位一体"的校企合作新模式，形成政府主导、行业企业深度参与的校企合作新生态。二是"双主体、三融合、四对接"专业群人才培养模式。深化校企双主体育人，实施思政教育与专业教育、双创教育与技能培养、校园文化与企业文化相融合，专业与职业岗位、课程内容与职业标准、教学过程与生产过程、职业教育与终身学习相对接，以此为基准和引领，推动各专业群协同发展。三是"1334"双师型教师培养模式。以"制度引路、平台铺路、培训拓路"为思路，形成建设制度和标准体系引领，教师发展中心、企业培养培训基地、技能大师工作室支撑，学校、企业、地方政府联合培养，基础发展能力、教学科研能力、科研服务能力、学生教育管理能力集成的"双师型"教师培养模式。四是"产教四融、协同创新"科技服务模式。以产业需求为导向，以互惠共享为纽带，深化"产业技术与专业教学、企业发展与专业实践、产业发展与技术研发、人力资源与人才培养"融合，形成科技服务模式。五是"六化联动"素质教育模式。构建"精准化培养标准贯穿、一体化课程矩阵塑造、融合化文化生态渗透、协同化培养团队保障、项目化实践平台支撑、智慧化评价体系检验"的素质教育模式，获评陕西高校教学成果特等奖。

（三）聚焦铁字锻造，体现"特"

学校强化铁路办学特色，着力培养支撑高铁建设的筑路先锋。一是紧随铁路的专业集群发展特色。始终围绕铁路办专业，6大专业群覆盖铁路线上线下，强化资源集成，突出共建共享，专业建设从"各自为战"到"集群作战"，彰显专业群发展特色。二是根植铁路的深度产教融合特色。发挥与中国中铁血脉渊源优势，紧密型"四级对接"校企合作机制高效运行，职教集团实体化运行，新建产教融合实训基地10个。三是铁军精神引领的文化育人特色。融通高职文化、行业文化、企业文化，形成了"铁军精技匠心"为内核的校园文化理念，坚持铁路半军事化管理传统，铁路文化进校园、工匠精神进课堂，实现校企"精神融合、制度对接、环境浸润、行为同步"，打造具有高职特性、行业特征、学生特点的校园文化品牌。

（四）四维路径辐射，示范"广"

学校通过"标准化引领、菜单化培训、精准化帮扶、立体化宣传"四维路径全面推广经验、输出成果。一是标准化引领。主持或参与国家专业教学标准、课程标准等31项，紧跟高铁"走出去"，建立海外鲁班工坊2个，制定、输出海外教学标准5个，为国家职业标准体系建设、中国职教国际交流贡献陕铁力量。二是菜单化培训。以个性化培训、差异化培训为切入点，推行"菜单式"供给+"点单式"培训模式，实现了培训无缝对接、精准授课，依托"双高"专业群承接国培项目9项，受到广泛好评。三是精准化帮扶。从合作办学、专业共建、项目支持、师生交流等方面与新疆铁道职业技术学院、西藏职业技术学院、陕西省建筑材料工业学校等8所院校进行对接合作和对口援助，通过定期交流互访、干部互派挂职、二级学院"结对子"等方式，推进院校协同发展。四是立体化宣传。主持召开全国铁路类职业院校研讨会、第四届中国高职校长论坛等大型活动4次，在全国轨道交通职业院校高质量发展研讨会等重要会议上交流发言39次。及时总结经验、固化成果，入选全国职业院校教学诊断与改进典型案例、"双师型"教师队伍建设典型案例等21项，光明日报、中国青年报等主流媒体宣传报道400余次。

六、问题与改进措施

（一）成果推广还需进一步加强

学校"双高计划"建设中已经形成了一批典型改革经验和优质教学改革成果，但还需进一步加强经验成果辐射的深度和广度研究，推动成果惠及全国更多院校，努力为现代职业教育高质量发展做出更大贡献。

（二）成果转化还需进一步发力

学校通过创新机制、搭建平台，产出了一批应用技术创新成果，但与高水平高职学校建设目标相比，还需进一步加强创新能力提升和成果转化，推动更多教学成果转化为教学资源，更多科技成果结出产业硕果。

七、其他需要特别说明的有关事宜

无

附件（略）

西安航空职业技术学院"双高计划"中期自评报告

为贯彻落实《关于实施中国特色高水平高职学校和专业建设计划的意见》精神及《中国特色高水平高职学校和专业建设计划绩效管理暂行办法》要求,根据《关于开展中国特色高水平高职学校和专业建设计划中期绩效评价工作的通知》,学校(高水平高职学校C档)认真对照建设方案和任务书,扎实开展绩效自评工作,建设期以来,全面实现2019—2021年预期建设目标。现将有关情况报告如下:

一、总体实现程度概述

(一)总体目标的实现程度及效果概述

学校"双高计划"建设以习近平新时代中国特色社会主义思想为指导,以"高质量完成任务、兑现承诺"为主线,聚焦"人才培养、社会服务"两大关键任务,打造航空特色品牌。建设期以来,取得省级以上标志性成果1 756项,其中国家级619项(国家专利418项),省级1 033项,其他104项,如表1所示。

表1 2019—2021年省级及以上教育教学标志性成果一览表

类别	成果名称	级别	预期值	完成值	备注	授予部门
综合类	1. 国家优质专科高等职业院校	国家级	—	1	增值	教育部
	2. 现代学徒制试点单位	国家级	—	1	增值	教育部
	3. 直招士官试点单位	国家级	—	2个(军种)	—	教育部、中央军委
	4. 全国高职院校实习管理50强院校	国家级	—	1	增值	教育部
	5. 全国职业院校校园文化"一校一品"学校	国家级	—	1	增值	教育部
	6. 全国十佳职院校园媒体	国家级	—	1	增值	中国青年报等
	7. 陕西省"一流学院"建设单位	省级	—	1	增值	陕西省教育厅

续表

类别	成果名称	级别	预期值	完成值	备注	授予部门
党建思政	8. 全国党建工作示范高校、标杆院系、样板支部培育创建单位	国家级	1个	4个	—	教育部
	9. 全国高校思想政治理论课教学展示活动	国家级	—	2个	增值	教育部
	10. 国家级课程思政专项研究课题	国家级	—	1项	增值	教育部
	11. 全国高校思想政治工作精品项目	国家级	—	2项	增值	教育部
	12. "三全育人"课程思政教育资源建设示范院校	国家级	—	1项	增值	—
	13. 国家课程思政示范课程、教学名师和团队	国家级	—	1个	增值	教育部
	14. 陕西省课程思政示范课程和教学团队	省级	—	1门	增值	陕西省教育厅
	15. 陕西高校先进校级党委	省级	—	1	增值	陕西省委教育工委
	16. 陕西省先进基层党组织	省级	—	1（省高职唯一）	增值	中共陕西省委
	17. 高职院校网络思政工作创新示范案例50强	省级	—	—	增值	中国青年报社
	18. 全省党建工作示范高校	省级	—	—	增值	陕西省委教育工委
	19. 陕西省标杆院系、样板支部创建单位	省级	3个	6个	—	陕西省委教育工委
	20. 陕西省课程思政专项研究课题	省级	—	368项	增值	陕西省职业技术教育学会
	21. 易班网络思政建设全国推广	省级	—	—	增值	—

续表

类别	成果名称	级别	预期值	完成值	备注	授予部门
人才培养	22. 牵头参与制定国家职业教育教学标准	国家级	2项	34项	—	教育部等
	23. "十三五"职业教育国家规划教材	国家级	—	3本	增值	教育部
	24. 工信部"十四五"规划教材立项	国家级	—	7本	增值	工信部
	25. 首届全国教材建设奖全国优秀教材	国家级	—	1本	增值	国家教材委员会
	26. 全国职业院校大学生技能大赛	国家级	一等奖4项	36项（一等奖4项）	—	全国职业院校技能大赛组委会等
	27. 中国国际"互联网+"大学生创新创业大赛	国家级	5项	6项（金奖1项）	—	教育部等
	28. "挑战杯"大学生创业计划竞赛	国家级	—	2项（金奖1项）	增值	团中央等
	29. 国家骨干专业	国家级	—	7个	增值	教育部
	30. 国家级现代学徒制试点专业	国家级	—	2个	增值	教育部
	31. 1+X证书认证站点	国家级	5项	10项		教育部
	32. "黄炎培杯"中华职业教育非遗创新大赛	国家级	—	3项	增值	中华职业教育社
	33. 全国高等职业院校"发明杯"大学生创新创业大赛	国家级	—	16项（金奖4项）	增值	中国发明协会等
	34. 全国高职院校"发明杯"专利创新大赛	国家级	—	10项（金奖5项）	增值	中国发明协会
	35. "创客中国"智能融合应用中小企业创新创业大赛	国家级	—	1项	增值	工信部

续表

类别	成果名称	级别	预期值	完成值	备注	授予部门
人才培养	36. 中华职业教育创新创业大赛	国家级	—	4项	增值	中华职教社
	37. 职业教育"课堂革命"典型案例	省级	—	3个	增值	中国通信工业协会
	38. 陕西省职业院校技能大赛	省级	—	367项	—	陕西省教育厅等
	39. 陕西省优秀教材	省级	—	1本	增值	陕西省教育厅
	40. 陕西省教育教学成果奖	省级	—	9项	—	陕西省人民政府
	41. 全国航空行指委教学成果奖	省级	—	8项	—	全国航空工业职业教学指导委员会
	42. 中国通信工业协会第二届教育教学成果	省级	—	2项	—	中国通信工业协会
	43. 中国国际"互联网+"大学生创新创业大赛陕西赛区	省级	—	61项	—	陕西省教育厅
	44. "挑战杯"陕西大学生课外学术科技作品竞赛	省级	—	7项	增值	共青团陕西省委
	45. 省级教学工作诊断与改进工作试点单位	省级	—	—	增值	陕西省教育厅
	46. 专业综合改革试点单位	省级	—	—	增值	陕西省教育厅
	47. 陕西省高等学校大学生校外创新创业实践教育基地	省级	—	—	增值	陕西省教育厅
	48. 陕西省高等学校创新创业教育改革试点学院（系）	省级	—	—	增值	陕西省教育厅
	49. 全国示范性职业教育集团（联盟）培育单位	国家级	1个	1个	—	教育部

续表

类别	成果名称	级别	预期值	完成值	备注	授予部门
产教融合	50. 复合材料工程技术协同创新中心	国家级	—	1个	增值	教育部
	51. 无人机应用技术实训基地等	国家级	—	4个	增值	教育部等
	52. 协助建成产教融合型企业	省级	2家	4家	—	陕西省发改委
	53. 航空高端陕西省高校工程研究中心	省级	—	1个	增值	陕西省教育厅
	54. 陕西省青年科技创新团队	省级	1项	2项	—	陕西省教育厅
	55. 陕西省高校科学技术奖	省级	1项	2项	—	陕西省教育厅
	56. 高水平专业化产教融合实习实训基地	省级	1个	3个	—	中国通信工业协会
	57. 首批高职院校产教融合100强	省级	—	—	增值	高职院校"双百强"组委会
	58. 大学生创新创业就业服务基地	省级	—	—	增值	高校毕业生就业协会
	59. 大学生实习实践就业服务基地	省级	—	—	增值	教育部
	60. 全国高校黄大年式教师团队	国家级	—	1个	增值	教育部

续表

类别	成果名称	级别	预期值	完成值	备注	授予部门
双师队伍	61. 国家级职业教育教师教学创新团队	国家级	1个	1个	—	教育部
	62. 国家"万人计划"教学名师	国家级	1人	1人	—	中共中央组织部
	63. 航空机电类等"双师型"教师培养培训基地	国家级	2个	2个	—	教育部
	64. 全国职业院校技能大赛教师教学能力比赛	国家级	2项	5项（一等奖2项）	—	教育部
	65. 全国行指委副主任、委员	国家级	—	7个	增值	教育部等
	66. 高等教育优秀管理者	省级	—	1人	增值	省委组织部等
	67. 全国航空行指委教学名师	省级	—	3人	增值	全国航空工业职业教育教学指导委员会
	68. 陕西省教学能力比赛	省级	—	36项	—	陕西省教育厅
	69. 陕西省高校辅导员素质能力大赛等	省级	—	19项	增值	陕西省委教育工委、陕西省教育厅
	70. 陕西省大师工作室	省级	1个	1个	—	陕西省人社厅
	71. 陕西省师德建设示范团队	省级	—	1个	增值	陕西省教育厅

续表

类别	成果名称	级别	预期值	完成值	备注	授予部门
双师队伍	72. 陕西省师德标兵	省级	1人	1人	—	陕西省教育厅
	73. 陕西省教学名师	省级	1人	4人	—	
	74. 陕西高校思政课教师大练兵"教学标兵"	省级	—	3人	增值	陕西省教育厅
	75. 陕西高校思政课教师大练兵"教学能手"	省级	—	1人	增值	陕西省教育厅
	76. 陕西省黄炎培职业教育奖杰出校长奖	省级	—	1人	增值	陕西省中华职教社
	77. 陕西省黄炎培职业教育奖杰出教师奖	省级	—	2人	增值	陕西省中华职教社
	78. 陕西省黄炎培职业教育奖杰出贡献奖	省级	—	1人	增值	
	79. 陕西高校青年杰出计划人才支持计划	省级	—	5人（全省第1）	增值	
	80. 陕西省"首席技师"	省级	—	1人	增值	陕西省人社厅
	81. 双高计划"背景下高职院校现代学徒制推进策略研究"十三五"规划教育部重点课题等	国家级	—	3项	增值	全国教育科学规划领导小组办公室等
社会服务	82. 国家专利	国家级	—	418项	增值	国家知识产权局
	83. 民用航空器维修培训基地（CCAR147）	国家级	—	—	增值	中国民用航空局
	84. 航空工业/中国航发检测及焊接人员资格认证	国家级	—	—	增值	中航工业、中国航发
	85. 基于铝合金铸件致密化的热等静压工艺研究与应用服务地方专项课题等	省级	—	70项	增值	陕西省教育厅等

续表

类别	成果名称	级别	预期值	完成值	备注	授予部门
社会服务	86. 全国乡村振兴比赛陕西省选拔赛	省级	—	1项	增值	陕西省人社厅
	87. 社会服务产值	—	3 000万元	5 125万元	—	—
	88. 专利、技术合同转移转化	—	6项	88项	—	—
	89. 省级职教师资培养培训基地	省级	—	—	增值	陕西省人社厅
	90. 陕西省高技能人才培训基地	省级	—	—	增值	陕西省人社厅、财政厅
	91. 陕西省首批高校农民培训基地	省级	—	—	增值	陕西省人社厅
	92. 陕西省"双百工程"先进单位	省级	—	—	增值	陕西省委教育工委
信息化	93. 国家级职业教育专业教学资源库	国家级	1个	2个	—	教育部
	94. 国家职业教育虚拟仿真示范资源/实训基地	国家级	—	4/1个	增值	教育部
	95. 陕西省职业教育专业教学资源库	省级	2个	3个	—	陕西省教育厅
	96. 省级精品在线开放课程	省级	—	12门	增值	陕西省教育厅
	97. 教育部"人文交流经世项目"首批"经世国际学院"	国家级	—	—	增值	教育部

续表

类别	成果名称	级别	预期值	完成值	备注	授予部门
国际化	98. 教育部中外语言交流合作中心"汉语桥"线上项目	国家级	—	1项	增值	教育部中外人文交流中心
	99. 智能制造领域中外人文交流人才培养基地项目	国家级	—	—	增值	美国数学及其应用联合会
	100. 美国大学生数学建模竞赛	国际级	4项	6项		
	101. 嘉克杯国际焊接大赛焊条电弧焊赛项	—	—	2项	—	国际焊接组委会
	102. 中英"一带一路"国际青年创新创业技能大赛	—	—	4项（金奖2项）	—	中国职业技术教育学会等
	103. 中美青年创客大赛陕西省赛区	—	—	4项	增值	海南省教育厅
	104. 输出职业教育教学标准	—	1套	3套	—	
	合计		1 756			

学校高质量持续完成中期建设任务。学校层面，三年任务布点253项，中期任务完成度为98.81%，终期累计完成度为64.82%，绩效指标全部达成中期目标；飞机机电设备维修专业群三年任务布点173项，中期完成度为98.84%，终期累计完成度为65.97%；无人机应用技术专业群三年任务布点143项，中期任务完成度为100%，终期累计完成度为67.81%。自评得分98.94分，专项具体赋分值见附件3，综合评定等级为"优"。

学校持续引领全国航空类职业院校发展。学校以资金配置效益和使用效率为杠杆，推动绩效目标如期高质量完成，引领航空类院校发展。一是样板引领成效初显。学校培养人才获得社会认可，三年来为航空工业输送万余名技术技能人才，C919、ARJ21等"铁鸟"试验台技术人员30%来自学校；教学改革成效显著，优化8个航空特色专业集群，教学成果奖、技能大赛、教学能力大赛、"互联网+"创新创业大赛等标志性成果跃居全国第一方阵。二是首位示范业内认可。近三年主持参与制定各类标准46项，其中领衔制定飞机机电设备维修、无人机应用技术等 34 项国家职业教育专业教学标准，引领航空职业教育高质量发展。三是标杆先行引领发展。建设期以来，学校在国家级教育教学标志性成果实现新突破，入选国家级优质校、全国现代学徒制试点单位、实习管理 50 强等，国家"万人计划"教学名师、黄大年式教师团队、教师教学创新团队、课程思政团队等国家级师资队伍建设实现大满贯。

"金平果"中国科教评价 2022 年数据显示，学校综合竞争力排名第 45，较 2021 年提升 10 位，较 2020 年提升 35 位，彰显学校"双高计划"建设以来的新跨越。

（二）项目经费到位和执行情况概述

学校严格履行承诺、积极筹措资金，足额配齐建设经费，实施项目预算绩效评价与考核机制，确保经费投入和使用安全合规高效，保障"双高计划"建设任务顺利完成。学校中期经费到位和执行情况见表 2，学校各专项中期资金执行情况见表 3。

表 2　学校中期经费到位和执行情况一览表

经费来源	中期预算金额/万元		中期到位金额/万元		到位率/%	中期实际执行金额/万元		资金使用率/%
	2020 年（含 2019）	2021 年	2020 年（含 2019）	2021 年		2020 年（含 2019）	2021 年	
中央财政投入资金	2 000	1 000	2 000	1 000	100	2 000	1 000	100
地方各级财政投入资金	2 000	1 000	2 000	1 000	100	2 000	1 000	100
行业企业支持资金	251	1 200	295	1 200	103.03	295	1 200	100
学校自筹资金	11 323	8 600	13 177	8 600	109.31	13 177	8 015.2	97.31
合计	15 574	11 800	17 472	11 800	106.93	17 472	11 215.2	98.00

表3　学校各专项中期资金执行情况一览表

序号	项目名称		总预算金额/万元	中期执行金额/万元		终期执行率/%
				2020年（含2019）	2021年	
1	打造技术技能人才培养高地		1 550	677	312	63.80
2	打造技术技能创新服务平台		2 410	1 875	286	89.65
3	打造高水平专业群	飞机机电设备维修专业群	9 800	1 788	4 174	60.83
4		无人机应用技术专业群	7 970	1 803	3 019	60.50
5	打造高水平双师队伍		1 440	768	221	68.65
6	提升校企合作水平		4 180	3 635	190	91.52
7	提升服务发展水平		3 340	1 229	637	55.89
8	提升学校治理水平		150	40	39	52.67
9	提升信息化水平		4 710	2 015	525	53.94
10	提升国际化水平		360	65	63	35.64
11	打造军民融合"标杆校"		7 090	3 576	1 749	75.12

备注：加强党的建设的任务经费纳入其他专项，如干部培训费纳入打造高水平双师队伍，党员培训等费用纳入打造技术技能人才培养高地中。

二、学校层面任务及绩效指标完成情况

坚持落实立德树人根本任务，坚持"整体规划、系统推进、聚焦重点、创新发展"的原则，学校持续推进十大专项任务和特色建设项目，2019—2021年11项任务完成情况见表4。

表4　2019—2021年11项任务完成情况一览表

序号	项目名称	任务类型		中期预期值/项	中期完成值/项	中期目标完成率/%	终期累计完成度/%
1	加强党的建设	建设任务		30	30	100.00	—
2	打造技术技能人才培养高地	建设任务		25	25	100.00	74.42
		绩效指标	数量指标	4	4	131.67	
			质量指标	3	3	112.18	
3	打造技术技能创新服务平台	建设任务		20	20	100.00	68.11
		绩效指标	数量指标	6	6	126.96	
			质量指标	4	4	100.00	

续表

序号	项目名称	任务类型		中期预期值/项	中期完成值/项	中期目标完成率/%	终期累计完成度/%
4	打造高水平专业群	建设任务		21	21	100.00	66.17
		绩效指标	数量指标	3	3	103.70	
			质量指标	3	3	100.00	
5	打造高水平双师队伍	建设任务		31	30	97.00	64.35
		绩效指标	数量指标	7	6	95.24	
			质量指标	4	4	111.06	
6	提升校企合作水平	建设任务		15	15	100.00	60.28
		绩效指标	数量指标	11	11	116.79	
			质量指标	3	3	100.00	
7	提升服务发展水平	建设任务		18	18	100.00	64.21
		绩效指标	数量指标	4	4	122.96	
			质量指标	3	3	126.53	
8	提升学校治理水平	建设任务		25	25	100.00	60.83
		绩效指标	数量指标	3	3	100.00	
			质量指标	3	3	100.00	
9	提升信息化水平	建设任务		15	15	100.00	69.29
		绩效指标	数量指标	3	3	122.22	
			质量指标	4	4	100.00	
10	提升国际化水平	建设任务		30	28	93.00	57.90
		绩效指标	数量指标	11	9	105.17	
			质量指标	3	3	100.00	
11	打造军民融合"标杆校"	建设任务		21	21	100.00	75.61
		绩效指标	数量指标	4	4	117.45	
			质量指标	1	1	109.56	

说明：中期目标完成率即"双高计划"监测平台各专项数量指标、质量指标的完成度；中期目标完成率数值根据各专项中期目标完成度计算。

(一) 产出情况

1. 任务一：思想引领强基铸魂，加强党的建设

学校坚持将党建工作贯穿"双高计划"全过程，形成具有航空特色的"11224"西航党建工作模式，以高质量党建引领学校高质量发展。获批党建"双创"全国样板支部4个（全国第三），省级党建工作示范高校、标杆院系、样板支部5个。连续三年获省属高校领导班子考核优秀等次，荣获"陕西高校先进校级党委"称号，党委书记抓党建述职连续三年被评为"好"，入选全国职业院校校园文化"一校一品"学校，荣获"陕西省先进基层党组织"荣誉称号（全省高职唯一）。党建工作经验被陕西省委教育工作领导小组简报"陕西教育工作情况"刊载，在全省高校党建工作会议进行经验交流（全省高职唯一）。

2. 任务二：立德树人质量为本，打造技术技能人才培养高地

学校坚持立德树人根本任务，实施"航空职业素养提升计划""航空杰出技术人才培养计划"等，构建"35231"教育教学管理体系，筑牢人才培养"高原"，勇攀质量提升"高峰"。牵头或参与制定《飞机机电设备维修专业实训教学条件建设标准》等国家教学标准46项，其中国家专业教学标准34项、1+X证书标准12项；获得中国国际"互联网+"大学生创新创业大赛、"挑战杯"中国大学生创业计划竞赛、全国职业院校技能大赛等国家级奖项45项、省级奖项428项。

3. 任务三：产教融合提质转型，打造技术技能创新服务平台

深度参与陕西秦创原创新驱动平台建设，完善科技成果转化体系，打造集人才培养、技术服务、产教融合于一体的技术技能创新服务平台。获批国家自然科学基金依托单位（陕西2所）、航空高端制造陕西省高校工程研究中心（陕西首批）、陕西省科技创新团队2个（陕西高职第一）；获陕西省高校科学技术奖、人文社科奖3项，专利418项、科技成果转移转化25项，纵向课题立项233项，国家级、省级、厅级课题96项；培育孵化3家科技企业，横向课题到款额增长22倍，科技成果转移转化与推广7项。

4. 任务四：航空特色引领发展，打造世界领先高水平专业群

坚持航空特色，面向航空维修、航空制（智）造、航空运输与服务三大职业岗位群，构建"双核引领、四群协同、两基支撑"的专业集群发展格局。获全国高校优秀思政课教师三等奖1项，陕西高校思政课教师"大练兵"活动"教学标兵"3人、"教学能手"1人；获省级教学成果奖9项，全国行指委教学成果奖10项；获国家优秀教材二等奖1项、"十三五"国家规划教材3本，省级优秀教材2本。

5. 任务五：高端集聚引智精育，打造高水平双师队伍

坚持人才强校战略，实施"初心强基、靶心瞄准、匠心提升、恒心改革"四心工程，系统推进高水平人才队伍建设。制定人事制度19项，引聘人才115名，建立1 108名兼职教师库,建成国家级"双师型"教师培养培训基地 2 个;全国高校黄大年式教师团队、教师教学创新团队、课程思政示范课程教学团队等国家级教师团队实现大满贯;培育国家"万人计划"教学名师 1 人,省级师德建设示范团队 1 个,省级教学名师、教书育人楷模等 7 人,首届航空职业教育教学名师 3 人;入选陕西高校青年杰出人才支持计划 5 人(陕西第一),省市级"首席技师""三秦工匠"等 6 人。

6. 任务六:名企引领深度融合,提升校企合作水平

坚持"三融战略",形成"四层次三融合"的校企合作管理模式,吸引企业以资本、技术、管理等要素深度参与学校育人,形成校企命运共同体。制定学校《产业学院管理办法》等制度 9 项,入选国家示范性职教集团(联盟)培育单位,获批国家级生产性实训基地 4 个、国家级协同创新中心 1 个、高水平专业化产教融合实训基地 3 个、高素质技术技能人才培养基地 3 个;协助建设产教融合型企业 4 个,校企共建产业学院 5 个、技改服务 75 项,向航空企业输送技术技能人才 10 000 余名。

7. 任务七:拓宽面向加强供给,提升服务发展水平

依托中国航发检测及焊接人员资格认证管理中心、CCAR–147 民用航空器维修培训机构等 22 个平台,开展多层次、全方位的技术技能培训 399 项。开展退役军人、农民工等专项培训 135 项,培训 24.03 万人·日;以航空科技馆、航模社等为载体开展航空文化育人,服务"线上线下看航空"23.82 万人次;与延安大学共建红色研修基地,获批"陕西省科普教育基地""西安市爱国主义教育基地"等。

8. 任务八:优化结构创新机制,提升学校治理水平

以"一章八制"为统领,坚持党委领导下的校长负责制。围绕"双高计划"目标,构建"立、改、废、释"机制,制(修)订 154 项制度。发挥理事会、董事会作用,推动政军行企校多元协同育人。以群建院、以群强院,精准对接国家战略需求和区域产业布局,形成"169"教学组织架构。坚持绩效目标导向,深层次推进两级治理改革,明确二级学院人才培养和社会服务主体责任;优绩优酬,形成"双高计划"的"项目绩效—质量工程—揭榜挂帅—评优评先"绩效奖励体系。

9. 任务九:两化融合泛在学习,提升信息化水平

集成教务、人事、科研、学生实习等管理系统,构建大数据中心,推进数据标准化、决策科学化、管理精准化。主持国家专业教学资源库 2 项、国家职业教育虚拟仿真示范实训基地 1 项、国家级虚拟仿真教学资源建设项目 4 项。获教师教学能力大赛国家级奖项 5 项(其中一等奖 2 项)、省级奖项 36 项,省级精品在线开放课程 12 门。依托智慧职教、超星尔雅等平台,打造学生自主、个性、泛在学习模式。

10. 任务十：融通中外开放办学，提升国际化水平

服务"一带一路"倡议，援建老挝巴巴萨航空学院，输出无人机等专业建设方案。携手大疆创新公司等，将主流技术、产品资源转化为培训项目，服务海外中资企业技术培训486人；踏上"汉语桥"，开发"中文+焊接"课程包，开展职业素养提升与文化交流活动。校际共培泰国、印尼等外籍留学生38人；受中航工业西飞公司委托，为安哥拉共和国开展空中乘务员技能提升培训6人；为马里共和国开展职业教师开展教学技能培训20人；与乌克兰国立航空大学定期开展交流机制，提升教师国际化视野。

11. 任务十一：政军企校聚力发力，打造军民融合"标杆校"

集合优势航空教学资源，构建联培联训"三元三段三融"定向军士（原士官）培养模式。三年为部队输送1 077名优秀军士，入伍率达98.56%。推广省级重点攻关课题"军民融合"背景下定向士官人才培养模式的研究与实践成果，深化人才培养模式，先后荣获陕西省教育教学成果特等奖1项、一等奖1项，航空行指委教学成果奖1项。央广网等多家知名媒体专题报道，军士品牌效应凸显。

（二）贡献度情况

1. 引领职业教育改革和人才培养方面

——形成航空特色专业集群发展的模式创新。紧密对接高端产业和产业高端，专业设置与区域重点产业匹配度超过92%，与航空龙头企业共建专业比例达40%，形成国家级—省级—校级梯式专业集群发展格局。2个专业群入选国家级高水平专业群，7个专业入选国家级骨干专业。

——形成立德树人课程思政建设的典型示范。推进思专融合，获批省级课程思政课题368项，编制形成"飞机机电设备维修专业群课程思政集"等系列化课程思政案例集9本、案例554个。获国家级与省级课程思政示范课程、课程思政教学名师和团队各1项，全国高校思想政治理论课教学展示活动一、二等奖各1项。

——形成课堂教学人才培养体系的范式引领。推进课堂教学与企业技术服务有机融合，形成航空维修类专业"标准融通、军民两用"人才培养体系、航测类专业"项目引领、技教融合"人才培养模式、"一体三维三进阶"双创教育模式等50个"西航特色"的人才培养模式，先后获全国航空工业职业教育教学成果特等奖等，为航空职教改革发展提供范式引领。

2. 支撑国家战略和地方经济发展方面

——传承军工基因，军士培养树标杆。三年来，为解放军五大战区输送定向军士（原士官）1 077人，刘巍卓、辛子豪等一批西航军士执行国庆阅兵等重大任务获部队好评。开发培训课程模块9个，为陆军、海军现役军官、5 706等军工企业员工、退役军人等开

展技能培训 43 项、8 057 人·日。

——精准技术培训，乡村振兴立榜样。为潼关县、西乡县等开展电子商务、农业种植技术等 14 个专项培训，受益群众达 1 482 人次，为新农村建设提供多种形式的资源供给，获批"双百工程"先进单位。

——助力产业升级，技术服务担使命。聚合"飞机城"中小微企业人员、技术、设备资源，组建航空超精密零部件精整技术等 6 个科技创新团队，为鑫创航空公司等企业开展技术改造与革新 75 项，相关技术转化为教学模块 205 个，成为区域中小微企业的"技改服务中心"。

——建成航空科技馆，航空科普展作为。依托学校自建的航空科技馆（西部最大），融入"中国航空城 5+N 之旅""i 航空研学游"，打造"中国航空城"全域旅游文化品牌，入选文化与旅游部"建党百年红色旅游百条精品线路"，成为区域"航空科普中心"，服务"线上线下看航空" 23.82 万人次。

3. 推动形成国家层面支撑职业教育高质量发展的政策、制度、标准方面

——国家教学标准定规范。发挥头雁引领效应，将学校专业建设经验，转化为引领全国专业建设实践。主持或参与制定国家职业教育教学标准 34 项，1+X 标准 12 项，成为全国航空类专业建设的基本规范和遵循。主持完成"空中乘务""飞行器维修技术"国家级资源库，成为该专业"互联网+职业教育"的生动实践，资源覆盖教师用户 8 497 人、学生用户 176 498 人、企业用户 4 879 人、社会学习者 6 360 人。

——国际教学标准拓维度。积极推进教学标准"走出去"，服务"一带一路"倡议。为老挝巴巴萨技术学院、加蓬共和国等输出专业建设方案 3 套，参与全球首个 ISO/TS 44006《校企合作指南》国际标准，为中国职业教育迈向世界舞台贡献"西航智慧"。

（三）社会认可度情况

1. 学生家长满意度高

学生报考率持续上涨，学校成为"航空学子"实现航空报国梦想的"理想地"，得到考生和家长的高度认可，2021 年理工科录取分数线较 2019 年上涨 55.6%。2021 届毕业生月均收入 5 011.19 元，高于期望薪资 25%（数据来源：第三方新锦成 2021 年就业质量报告 4 000 元/月），就业一人致富一家，提高家庭幸福指数。

2. 教职工满意度高

完善"校本培训、企业锻炼、国内访学、海外研修"的立体多元教师培养体系。创新人才评价机制，实施目标管理与考核，科学评价教师业绩，制定《人才激励管理办法》《科研成果奖励办法》等激励制度，实现一流人才、一流业绩、一流薪酬。教师晋升有通道、发展有途径，收入增幅 20% 以上，对学校发展前景充满信心。

3. 企业满意度高

为"丝绸之路经济带""航空航天装备制造"等重点建设项目提供坚实的人才和技能支撑,成为中航工业定点招聘学校、中航发"高素质技术技能人才培养基地"。中国工程物理研究院、中国航天推进技术研究院等优质单位来校招聘人数逐年提升,招聘企业由2019年1 089家增至2021年1 471家,增幅35.1%。向国企和科研院所输送毕业生数量增幅高达307%,其中航天九院增幅292%,中航工业成飞公司增幅541%。

4. 行业影响力强

"双高计划"建设以来,获国家级标志性成果619项,位居全国航空类院校第一。7人担任全国行指委副主任、委员等,业内话语权显著增强。承办全国职业院校技能大赛软件测试赛项、中英"一带一路"国际青年创新创业技能大赛等国际国内赛项;学校办学成果先后被人民网、教育部官网等媒体报道807次,学校影响力显著提升。

三、专业群层面任务及绩效指标完成情况

(一) 飞机机电设备维修专业群

专业群瞄准军航民航发展前沿,服务国家航空产业和区域经济社会发展,深化产教融合、校企合作,筑牢人才培养"高地",打造社会服务"标杆";三年任务完成度为98.84%,终期累计完成度为65.97%(见表5)。

表5 飞机机电设备维修专业群任务完成进度

序号	项目名称	任务类型		中期预期值/项	中期完成值/项	中期目标完成率/%	终期累计完成度/%
1	人才培养模式创新	建设任务		12	12	100.00	58.94
		绩效指标	数量指标	7	7	113.09	
			质量指标	2	2	102.10	
2	课程教学资源建设	建设任务		17	17	100.00	67.10
		绩效指标	数量指标	5	5	105.36	
			质量指标	2	2	128.40	
3	教材与教法改革	建设任务		16	16	100.00	90.56
		绩效指标	数量指标	4	4	117.50	
			质量指标	2	2	135.00	
4	教师教学创新团队	建设任务		24	24	100.00	80.78
		绩效指标	数量指标	12	12	105.95	
			质量指标	7	7	109.20	

续表

序号	项目名称	任务类型		中期预期值/项	中期完成值/项	中期目标完成率/%	终期累计完成度/%
5	实践教学基地	建设任务		37	37	100.00	57.89
		绩效指标	数量指标	21	21	101.32	
			质量指标	7	7	115.15	
6	技术技能平台	建设任务		17	16	94.11	71.87
		绩效指标	数量指标	15	14	109.77	
			质量指标	4	4	106.83	
7	社会服务	建设任务		18	18	100.00	58.93
		绩效指标	数量指标	7	7	120.19	
			质量指标	3	3	108.78	
8	国际交流与合作	建设任务		21	18	85.71	56.51
		绩效指标	数量指标	13	12	100.87	
			质量指标	4	2	112.50	
9	可持续发展保障机制	建设任务		10	10	100.00	—

说明：中期目标完成率即"双高计划"监测平台各专项数量指标、质量指标的完成度；中期目标完成率数值根据各专项中期目标完成度计算。

1. 产出情况

（1）模式创新，筑牢人才培养新高地

紧跟航修产业发展，不断深化校企合作内涵，创新航空维修类专业"标准融通、军民两用"人才培养模式，获省级教学成果特等奖；与中航工业西飞公司等龙头企业在人才培养、技术创新等方面深度合作，成立航空维修产业学院；为中国人民解放军第5702工厂、春秋航空公司等企业开设现代学徒制班、校企订单班，学生人数580余人，就业率98%。

（2）课岗对接，建成教学资源新典范

与厦门航空公司等10余个企业合作，以飞机维修过程为主线，以典型工作任务和职业能力为核心，校企共建"共享课程＋特色课程＋拓展课程"的专业群课程体系；将航空维修行业新技术、新工艺、新规范转化为教学内容，主持国家级"飞行器维修技术"专业教学资源库，获评省级精品在线开放课程2门，成为航空维修类专业建设的典范。

（3）技术同步，探索教材教法新模式

紧跟行业技术发展，联合东方航空技术有限公司等10余家企业，校企双元开发新型活页式、工作手册式教材12本,《航空电气设备与维修》获首届全国优秀教材二等奖;发挥国家级专业教学资源库以及虚拟仿真实训基地优势,推进"线上+线下"混合式一体化教学改革,创设"虚拟+现实"交互式学习情境,获教学能力大赛国奖3项、省赛10项。

(4) 名师引领,集聚教学团队新优势

依托国家航空产业基地人才集聚优势,选聘中航工业"首席技师"黄孟虎、飞机维修总师魏严峰等航空顶级大师组建"双师型"教学创新团队,提升教师整体水平。获批全国黄大年式教师团队、首批国家级职业教育教师教学创新团队各1个,培育国家万人计划教学名师1人,培养省级教书育人楷模、技能大师6名,专任教师"双师"比例达90%。

(5) 标准先行,打造实践基地新样板

依据航空工业和民航CCAR-66部培训标准,联合海航航空技术有限公司等企业,整合扩建民用航空器维修培训基地(简称147培训基地)。牵头制定国家职业教育实践教学条件建设标准,立项建设国家职业教育示范性虚拟仿真实训基地,建成国家级航空机电类"双师型"教师培养培训基地和省级高技能培训基地;承办全国职业院校技能大赛,获技能大赛一等奖2项,"互联网+"大赛金奖1项,挑战杯大赛金奖1项(陕西唯一)。

(6) 校企协同,共铸技术创新平台

与国家航空产业基地、中航工业等单位合作,打造航空维修与制造创新服务平台,获批陕西省高校工程技术中心和陕西高校青年科技创新团队各1个,为西安久源航空机械科技有限公司等企业解决外开式水密舱门研制等关键技术30余项。承担国家级课题2项、省部级项目10余项,获省级科学技术奖2项,发表核心论文40余篇,授权专利20余项,科技成果转化、推广10项。

(7) 科技赋能,打造社会服务新标杆

瞄准"航空装备深度修理""航空装备高端制造"两条主线,依托航空维修与制造创新服务平台资源,服务中小微企业,技术服务产值2 300余万元;利用国家级"双师型"教师培养培训基地、高水平教学团队等优势资源,为5702工厂、南京工业职业技术大学等50余家企业和兄弟院校开展员工、师资培训。

(8) 多路并进,拓展国际合作新空间

服务"一带一路"倡议,通过合作办学、专业共建、资源共享、国际大赛等多种方式开展国际合作交流。援建老挝巴巴萨航空学院、巴基斯坦瓜达尔港国际职业学院,承办中英"一带一路"创新创业大赛,引进国际航空维修优质教学资源10套,输出西航标准3套,辐射带动国内外同类专业建设,提升国际知名度和影响力。

(9) 机制创新,启航专业发展新征程

优化组织机构,组建专业群"指导委员会—领导小组—项目建设办公室—分项建设小组"的组织保障机构；构建专业群"整体规划—管理运行—监督检查—绩效考核"的四级管理运行机制；完善专业群绩效、教师目标考核管理等10余项激励办法，推动专业群各项任务高质量完成。

2. 贡献度情况

（1）输出"航修方案"，引领航空专业建设

构建西航特色航空维修类专业人才培养模式，为北京电子科技职业学院、无锡职业技术学院等50余所院校输出航修专业建设方案；主持参与国家专业教学标准、实训教学条件建设标准9项；主持国家级"飞行器维修技术"专业教学资源库，为成都航空职业技术学院等30余所院校、5720工厂等20余家企业提供学习资源，注册人数累计10余万，引领全国航空维修类专业建设。

（2）培养"航修人才"，支撑航空行业发展

培养适应企业岗位需求的航空维修类技术技能人才。三年为航空企业输送人才2 000余名，学生到民航维修企业、中航工业及空军装备部等航空企业就业85%以上，涌现出"成都工匠"王凯等一批在行业内有较高公认度、起示范引领作用的行业人才，解决诸如飞机机翼制造公差等一批"卡脖子"技术难题。

（3）贡献"航修智慧"，服务区域经济发展

建成航空维修工程技术中心，为陕西长羽航空装备有限公司等企业开展培训，社会培训到款额530余万元；打造航空维修与制造技术创新与服务平台，为西安航空发动机有限公司解决限制发动机重熔层去除、单晶叶片气膜孔精整、燃油喷嘴内流道精整等关键技术难题，技术服务产值2 300余万元，服务区域经济发展。

3. 社会认可度情况

（1）初心导航，铺就学生成才路

三年开发航空类优质企业100余家、新建大学生就业与实习基地40余家，专业对口率85%以上，培养了"全国技术能手"叶牛牛等一批技术技能人才。专业群报考率增长201%，形成"飞机维修找西航"的良好口碑，得到学生家长高度认可。

（2）精心护航，筑起教师成长梯

打通"新进教师—合格教师—骨干教师—名师专家—领军人才"的教师阶梯成长路径。三年中有27名教师出国培训，校企共建教师企业实践基地17个，高级职称人数增幅40%，打造"全国黄大年式教师团队"以及国家级教师教学创新团队。

（3）同心远航，架好校企连心桥

组建航空超精密零部件精整技术创新团队，服务中小微企业新产品研发和技术成果转化，科研服务立项16项。及时将科研成果转化成教学资源，提高学生专业知识和技能水

平；与5702厂、5720厂等组建现代学徒制班，精准输送专业对口人才，打通校企育人"最后一公里"，用人单位满意度98%，实现校企协同发展，互惠共赢。

（二）无人机应用技术专业群

无人机应用技术专业群全力推进"双高计划"建设，三年任务完成度100%，终期累计完成度67.81%，专业群人才培养质量、技术服务水平、社会服务能力等显著提升（见表6）。

表6 无人机应用技术专业群任务完成进度

序号	项目名称	任务类型		中期预期值/项	中期完成值/项	中期目标完成率/%	终期累计完成度/%
1	人才培养模式创新	建设任务		20	20	100.00	62.04
		绩效指标	数量指标	5	5	124.22	
			质量指标	2	2	100.00	
2	课程教学资源建设	建设任务		10	10	100.00	72.69
		绩效指标	数量指标	6	6	112.50	
			质量指标	2	2	115.88	
3	教材与教法改革	建设任务		12	12	100.00	61.18
		绩效指标	数量指标	4	4	116.67	
			质量指标	2	2	125.00	
4	教师教学创新团队	建设任务		16	16	100.00	69.44
		绩效指标	数量指标	14	14	118.61	
			质量指标	5	5	115.00	
5	实践教学基地	建设任务		28	28	100.00	62.28
		绩效指标	数量指标	2	2	100.00	
			质量指标	2	2	142.56	
6	技术技能平台	建设任务		27	27	100.00	74.05
		绩效指标	数量指标	20	20	130.22	
			质量指标	4	4	100.00	
7	社会服务	建设任务		14	14	100.00	64.93
		绩效指标	数量指标	4	4	135.31	
			质量指标	2	2	100.00	

续表

序号	项目名称	任务类型		中期预期值/项	中期完成值/项	中期目标完成率/%	终期累计完成度/%
8	国际交流与合作	建设任务		8	8	100.00	55.31
		绩效指标	数量指标	5	5	116.46	
			质量指标	3	3	133.33	
9	可持续发展保障机制	建设任务		9	9	100.00	—

说明：中期目标完成率即"双高计划"监测平台各专项数量指标、质量指标的完成度；中期目标完成率数值根据各专项中期目标完成度计算。

1. 产出情况

（1）多措并举，打造人才培养新路径

落实"三融战略"，构建"集群发展、能力递进、协同创新"人才培养模式，培养无人机行业急需人才，服务国防建设与区域经济发展。成立南方测绘产业学院，1个协同创新中心，1个技能大师工作室；组建现代学徒制班、企业订单班30余个，建立顶岗实习"1＋M＋N"轮训制度。毕业生就业率95％，就业竞争力持续提升。

（2）固本强基，筑牢资源建设压舱石

"岗课赛证"综合育人，形成"通用化基础课程＋模块化专业课程＋平台化拓展课程"专业群课程架构。牵头建设国家级虚拟仿真专业课程体系及课程资源2个。与大疆创新等企业紧密合作，联合开发数字化教学资源20门。获批国家级现代学徒制试点专业1个，国家级课程思政示范课程1门，省级课程思政示范课程及精品在线开放课程5门。

（3）聚焦重点，探索三教改革新实践

对接无人机领域相关行业标准，融入新技术、新工艺、新方法，优化教材内容和形式，编写《无人机生产设计与检测维修》等7本信息化教材，2本教材入选工信部"十四五"规划教材建设，牵头或参与国家专业教学标准4项，1＋X证书标准6项。打造"互联网＋"、虚拟仿真等智慧课堂。

（4）内培外引，健全教师团队人才库

实施"名师计划""英才计划"，构建教师职业能力发展体系，提升教学能力与工程实践能力，"双师型"比例达90％。建成国家级航空机电类"双师型"教师培养培训基地1个，获全国教师教学能力比赛一等奖2项、省级奖4项。选聘校外专业群带头人、企业兼职教师83人，全力打造高水平专业教学创新团队。

(5) 对标高端，建设实践教学主阵地

建设无人机飞行试验中心、无人机应用服务中心和通用航空工程技术中心，建成实验实训室 15 个，涵盖基本技能训练、专业综合训练、生产性实习和实践创新四类功能。建成无人机应用技术实训基地等 2 个国家级生产性实训基地。

(6) 产教融合，搭建服务平台新高地

依托无人机应用协同创新平台，组建无人机科技创新团队，将行业技术要求规范转化为 30 余项教学标准。三年完成各类科研项目 40 余项，横向课题到款额 196.71 万元，解决企业各类技术难题 76 项，授权专利 23 项，成功孵化 2 个企业，服务企业产值 1 400 余万元。

(7) 多元并进，提升社会服务新品质

主动对接秦创原民用无人机重点产业链的"链主"企业，为企业员工、退役军人、新型职业农民等群体开展师资培训、技术技能培训和企业定向培训，培训 7 107 人·日。同时，开展无人机巡检、遥感测绘等 19 项社会服务。

(8) 拓宽视野，推进国际交流快车道

积极引进优质教育资源，引进塞斯纳 172R、罗宾逊 R44 两架通用航空机型及教学资源，联合行业龙头企业大疆创新公司成立"大疆国际学院"，建设 6 门双语课程，参与国际标准制定，培养行业国际应用人才。三年来，18 名教师参与海外学术交流培训项目，参与国外技术援助，培训外籍员工 346 人。

(9) 强化保障，完善保障机制总开关

聘请航空工业第一飞机设计研究院总师陈晓刚等 12 名行业专家、技能大师，成立"双高"建设专家咨询委员会，对建设项目进行指导、审议与评估；实施项目化管理运行机制，明确项目建设目标、任务和进度，制（修）订《专业群绩效考核管理办法》等 10 余项制度。

2. 贡献度情况

(1) 创新模式，引领专业建设新动力

创新"集群发展、能力递进、协同创新"人才培养模式，实现资源共享和专业协同发展。专业群教学团队获教学成果奖 5 项，建设经验在中国—新西兰高等职业教育研讨会等国际国内会议中交流分享 10 余次，36 所院校到校交流学习，先后被中国教育电视台、陕西传媒网等媒体报道 20 余次，引领全国同类专业发展。

(2) 标准引领，支撑企业发展续航力

总结全国首开专业建设经验，牵头或参与制定国家专业教学标准 4 项，1 + X 证书标准 6 项，校企共建生产性实训基地，合作开展科研与技术服务，打造集人才培养与技术技能服务于一体的无人机应用协同创新平台。获省高校科技进步奖 1 项，服务企业产值 1 400 余万元，为无人机产业和区域经济的发展提供强力支撑。

（3）提升服务，提升专业品牌影响力

服务乡村振兴，与对口帮扶潼关县共建无人机农业植保基地，开展飞播造林、喷洒农药等无人机作业培训 5 000 余人次，利用无人机技术，帮助当地政府获取大量农田数据，得到高度认可；与 50 余家企业深入合作、共育人才，为陕西乃至全国输送无人机应用技术领域高素质技术技能型人才 480 人，为行业发展提供源源不断的生力军。

3. 社会认可度情况

（1）家长学生高度认可

第三方数据调查显示，三年来在校生满意度、毕业生满意度、家长满意度均达 98% 以上。得到学生、家长及社会的高度赞誉，专业报考率持续提升。

（2）教职员工高度认可

通过深化教师目标责任考核、构建教师成长路径、提升教师待遇等措施，实现教师事业有平台、发展有空间、生活有保障。涌现出"全国航空职业教育教学名师""陕西省教学名师""陕西省优秀共产党员"等一批师德师风高尚、业务能力精湛的优秀教师，教职员工满意度达 95%。

（3）行业企业高度认可

三年就业率均达 95% 以上，40% 毕业生就业于中国工程物理研究院、大疆创新等行业龙头企业。无人机专业毕业生江厚翔、郭猛刚等众多学子迅速成长为企业骨干力量，用人单位满意度达 96%。"金平果"中国科教评价 2022 年数据显示，无人机应用技术专业水平等级为"5★"，位居全国第 1（共 303 所学校开设该专业）。

四、实现绩效目标采取的措施

（一）项目推进机制建设与运行情况

充分发挥党委的政治核心作用，顶层设计"双高"建设蓝图，建立以"双高"建设目标为导向、质量提升为主线的项目推进机制。

1. 强化组织管理

搭建"政军行企校"五方联动平台。聘请航空领域权威专家 27 人，组建"双高计划"建设咨询委员会，建立"咨询委员会—领导小组—项目办公室—专项建设小组"四级"双高"建设组织机构，逐级压实任务。

2. 健全运行机制

出台学校《"双高计划"项目管理办法》等 154 项制度，实行项目管理、挂牌督战、绩效督查，建立"每月碰头、季度研讨、学期总结、学年研判"工作机制。

3. 强化绩效考核

推进专项小组自查和项目办督查相结合，实施"揭榜挂帅"方案，着力解决项目推进中的重点、堵点、难点，24 个单位揭榜、806 名教师挂帅，形成人人参与、人人出力、人人奉献的良好氛围。

（二）项目资金管理制度与执行情况

1. 资金投入科学

学校成立"双高计划"建设资金专项小组，坚持"中央引导、地方配套、学校主导、社会支持"，多元筹措资金。以全面预算绩效管理为抓手，将绩效理念和方法深度融入预算编制、执行、监督全过程，实行专项负责人制，全面落实"谁使用，谁负责"要求，形成项目资金管理"一盘棋"。

2. 制度保障有力

为确保"双高"建设资金使用合法合规，制定学校《现代职业教育质量提升计划专项资金管理办法》《"双高计划"建设资金管理办法》，明确资金开支范围和标准，规范资金支出审批流程，确保项目资金指向明确、项目建设合理可行。

3. 监督执行有效

完善党委全面监督、纪委专责监督、审计专审监督和财务日常监督的立体监督体系与联动机制，形成监督合力，确保项目资金在"阳光下"运行，资金使用规范、安全、高效。支持审计部门独立行使审计监督职权，全面审计，规范管理。

五、特色经验与做法

（一）体现"特"，三项赋能打造校企合作新高地

学校紧密对接航空产业发展，构建"技术＋资源＋文化"校企共同体。一是技术赋能。聚焦航空技术创新，紧跟航空产业升级步伐，瞄准航空产业高端——航空维修技术，坚持"产教融合、校地融合、军民融合"的"三融战略"，以服务军航和民航发展为宗旨，构筑"政军行企校"五方协同新格局。二是资源赋智。通过引名企、聚团队、强平台、创模式、增实力，聚合航空优质资源，重点打造 2 个航空类国家级专业群，建立紧密对接航空产业集群发展要求的专业集群（见图 1）。三是文化赋魂。推行富有航空文化特色、传承航空报国精神的航空文化育人体系，以文化维度将立德树人系统贯穿于人才培养全过程，以人才培养为核心，以蕴含航空报国使命的"西航精神"为动力，以 CIS 战略为着力点，以内外两种文化资源为依托，实现校园文化育人的系统性和有效性。

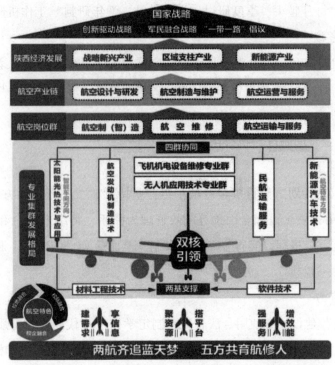

图 1 "双核引领、四群协同、两基支撑"专业集群发展格局

(二) 支撑"强",两维续航推进蓄能前行新标杆

以"双高计划"为抓手,不断深化内涵建设。一是建"强"平台,蓄积动能再发力(见图 2)。与航空行业头部企业共建"西航职院—深圳大疆创新校企合作基地""南方测绘产业学院"等校企合作平台 15 个,推进资源共享、平台共建、技术共研、人才共育、合作共赢;引进西部地区高校首架波音 737 飞机,与西北民航局共建西部地区高校首家 CCAR-147 部培训机构。二是增"强"内涵,赋能前行再加速。对接创新驱动发展等国家战略,强化顶层设计,聚焦航空维修"卡脖子"关键技术,强化社会服务能力;聚焦课堂教学质量,打造"一课一书一空间"的课堂革命;推行"扬长教育""个性化教育",

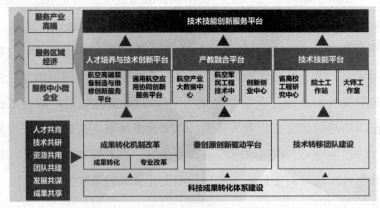

图 2 技术技能服务平台建设架构

促进学生增值成长，为"铁鸟"等航空高端装备实验台培育航空类高素质技术技能人才1万余人。

（三）凸显"高"，三核增值加速成果转换新典范

发挥全国航空类唯一"双高"学校的头雁效应，加强资源统筹与协同，突出向优势专业群倾斜、向领军人才倾斜、向标志性重大平台倾斜。一是聚焦职教理论研究。成立现代职业教育研究学院，促进"双高计划"实践探索与理论研究两个融合，聚焦职教类型特色、产教融合等改革任务，推出党建引领的"11224"航空文化特色育人模式，西航特色的"35231"教育教学管理体系。二是搭建成果产出平台。强化自主性与能动性，鼓励二级学院立足专业优势、发挥特色，搭建重大标志性成果产出平台。以3~5年为周期进行项目策划，开展基础性、长期性重大问题研究，瞄准大领域、大项目、大体系，规划标志性项目，孵化标志性成果，推动二级学院成为"孵化平台、能力平台、产出平台"。三是转化成果提升育人实效。聚力打造标志性成果"高峰"的同时不断夯实人才培养"高原"，优化学校评价体系。全面开展课堂革命，促进"两个融合"，即：教育教学改革与科研技术服务相融合、教学基础条件建设与标志性成果培育相融合。

（四）突出"广"，双元协同助力标准引领新高度

对接行业企业新技术、新工艺、新规范和职教高质量发展新要求，形成一批可示范可推广的制度、标准和模式。一是国家标准引领。牵头或参与各类国家级标准46项，覆盖中职、高职和本科三个层次，"航空智能制造技术"等7项专业教学标准为本科层次。对接10个X证书标准，将其融入专业课程中，重构课程体系。对接国家教学标准，结合各专业特色制定50个高于国家标准的专业教学标准。二是突出模式创新。围绕"双高计划"11个专项，坚持"强组织、严落实、重绩效"的理念，创新党建、教学、专业群人才培养体系等10余个西航模式，支撑航空职教改革发展。

六、问题与改进措施

一是重大项目引领效应有待提升。"双高计划"建设以来，学校国家级标志性成果位居全国第一方阵，重大项目在提升高质量发展首位度的带动和引领作用有待提升。

二是国际合作交流项目有待加速。受新冠疫情、国际形势等多种因素影响，留学生培养、鲁班工坊等国际交流任务进度和建设成效未能达到预期成效。

下一步，学校将强化政策支持，推动重大成果转化和引领；积极与航空类"走出去"企业密切对接，推进国际合作走实走深。

七、其他需要特别说明的有关事宜

无

附件（略）

陕西国防工业职业技术学院"双高计划"中期自评报告

依据《中国特色高水平高职学校和专业建设计划绩效管理暂行办法》（教职成〔2020〕8号），按照《教育部办公厅 财政部办公厅关于开展中国特色高水平高职学校和专业建设计划中期绩效评价工作的通知》（教职成厅函〔2022〕10号）和《陕西省中国特色高水平高职学校和专业建设计划省级中期绩效评价工作方案》要求，对照学校"双高计划"项目建设方案和任务书，从建设任务落实情况、绩效目标实现情况、资金到位和执行情况、改革发展成果成效等多方面，认真组织开展中期绩效评价，自评98.6分、"优秀"等次。现报告如下：

一、总体实现程度概述

（一）总体目标的实现程度及效果概述

1. 高质量完成中期目标，产出指标、效益指标达成度均超100%

坚持弘扬军工以固本、特色党建以强基、建章立制以行稳、凝聚科技以立新、智慧职教以增效、深耕专业以提质、引培并举以蓄力、多元共建以致远，全过程提升绩效理念，扎实推进十大任务，推动"双高计划"建设工作创新实施。截至2021年年底，"双高计划"学校层面数量指标134项、质量指标87项，专业群层面数量指标87项、质量指标51项，年度任务全部完成，中期绩效指标完成度100.62%。

2. 标志性成果突出，学校核心竞争力显著提升

通过三年建设，军工特色文化育人成效凸显，党建标杆引领作用突出，协同创新省内领先，专业群协同发展机制逐渐形成，综合实力稳步提升，教学团队建设持续增强，产教融合、校企合作更加深入，社会服务能力持续增强，智慧校园有效推进，学校治理能力、国际影响力稳步提升，办学影响力不断增强。2019—2021年标志性成果见表1。

表1 2019—2021年标志性成果一览表

序号	级别	成果名称	数量	序号	级别	成果名称	数量
1	国家级	全国党建工作样板支部	2个	5	国家级	全国优秀教材一等奖	1项
2		国家级教学名师	1人	6		"十三五"规划教材	1门
3		国家级职业教育教师教学创新团队	2个	7		联合主持国家职业教育专业教学资源库	4个
4		教师教学能力比赛国奖	2项	8		全国课程思政示范课程、教学名师和团队	1个

续表

序号	级别	成果名称	数量	序号	级别	成果名称	数量
9	国家级	国家级示范性虚拟仿真实训基地	1个	20	省级	教师教学能力比赛省级一等奖	3项
10		国家级示范性职教集团	1个	21		课堂创新大赛省级一等奖	3项
11		国家级重点（骨干）专业	7个	22		教学成果奖省级特等奖	2项
12		国家级优质高职院校		23		教学成果奖省级一等奖	1项
13		学生参加全国高等职业院校技能大赛、互联网+大赛、挑战杯系列大赛国赛获奖	21项	24		主持省级专业教学资源库建设	2个
14		主持国家级职业技能标准制定	2项	25		主持陕西省精品在线开放课程	11门
15		主要参与制定国家专业教学标准	3项	26		省级"课程思政大练兵"标兵	2人
16		全国党建工作标杆院系	1个	27		省级"课程思政大练兵"能手	5人
17	省级	全省党建工作样板支部	2个	28		陕西省一流高职院校立项建设学校	
18		陕西高校"双带头人"教师党支部书记工作室	1个	29		承办省级以上技能大赛	13项
19		省级教学名师	7人	30		学生参加陕西省高等职业院校技能大赛、互联网+大赛、挑战杯系列大赛省赛一等奖	43项

（二）项目经费到位和执行情况概述

1. 项目经费足额到位

学校层面：2019—2021 年预算总资金 18 189 万元，其中，中央财政投入资金 2 100 万元、地方财政投入资金 2 100 万元、行业企业支持资金 1 860 万元、学校自筹资金 12 129 万元。2019—2021 年总资金到位 18 398.31 万元，项目经费到位率 101.15%。

专业群层面：2019—2021 年度预算资金 7 895 万元，其中，中央财政投入资金 2 100

万元、地方财政投入资金 2 100 万元、行业企业支持资金 1 060 万元、学校自筹资金 2 635 万元。2019—2021 年专业群资金到位 7 895 万元,项目经费到位率为 100.00%。

2. 项目经费执行率高

学校层面:2019—2021 年资金支出 18 313.12 万元,资金执行率为 99.54%(见表 2)。

表 2　学校层面资金支出情况一览表

支出项目	项目预算总额/元	支出额/元		
		2019—2020 年	2021 年	2019—2021 年
打造技术技能人才培养高地	22 000 000.00	9 000 551.55	4 772 039.72	13 772 591.27
打造技术技能创新服务平台	68 000 000.00	14 287 207.91	1 625 599.02	15 912 806.93
打造高水平专业群	120 000 000.00	60 501 537.38	18 323 123.88	78 824 661.26
打造高水平双师队伍	20 500 000.00	7 953 294.17	3 588 991.78	11 542 285.95
提升校企合作水平	33 500 000.00	16 508 469.31	10 399 355.24	26 907 824.55
提升服务发展水平	15 000 000.00	6 300 553.85	2 881 965.91	9 182 519.76
提升学校治理水平	1 000 000.00	175 951.56	263 676.80	439 628.36
提升信息化水平	29 800 000.00	18 753 441.26	4 711 610.34	23 465 051.60
提升国际化水平	5 200 000.00	1 862 066.05	1 221 769.00	3 083 835.05
合计	315 000 000.00	135 343 073.04	47 788 131.69	183 131 204.73

专业群层面:2019—2021 年资金支出 7 882.47 万元,资金执行率为 99.84%(见表 3)。

表 3　专业群层面资金支出情况一览表

支出项目	项目预算总额/元	支出额/元		
		2019—2020 年	2021 年	2019—2021 年
人才培养模式创新	1 000 000.00	200 112.00	198 012.24	398 124.24
课程教学资源建设	14 650 000.00	2 600 207.00	5 948 790.00	8 548 997.00
教材与教法改革	1 450 000.00	250 131.90	499 841.00	749 972.90
教师教学创新团队	9 800 000.00	3 350 020.99	2 550 056.46	5 900 077.45
实践教学基地	55 500 000.00	35 850 099.04	7 427 344.23	43 277 443.27
技术技能平台	16 500 000.00	2 500 367.50	349 551.25	2 849 918.75
社会服务	1 200 000.00	650 010.00	250 111.00	900 121.00

续表

支出项目	项目预算总额/元	支出额/元		
		2019—2020 年	2021 年	2019—2021 年
国际交流与合作	18 400 000.00	14 550 530.89	699 345.00	15 249 875.89
可持续发展保障机制	1 500 000.00	550 058.06	400 072.70	950 130.76
合计	120 000 000.00	60 501 537.38	18 323 123.88	78 824 661.26

二、学校层面任务及绩效指标完成情况

(一) 产出情况

1. 加强党的建设

本项任务含子任务 20 项，截至 2021 年，中期建设完成度为 100.00%，终期建设完成度为 60.00%。

通过创新实施"头雁引领、精忠铸魂、强基固本"三大工程，推进军工特色文化融入党建工作，构建"校—省—国"党建"双创"培育体系，形成"一二三四五"党建领航育人模式，师生党员干部组织力、凝聚力和战斗力持续增强。建成国家级"样板支部"2 个，建成省级"标杆院系"1 个、"样板支部"2 个、"双带头人"教师党支部书记工作室 1 个，省级以上"双创"单位数居全省高职前列。

2. 打造技术技能人才培养高地

本项任务数量指标 9 项、质量指标 7 项，截至 2021 年，中期建设完成度为 101.23%，终期建设完成度为 66.23%。

通过融合"忠博武毅"精神，构建军工特色大思政格局，打造"一体两翼，四轮驱动"专业集群。以职教集团为平台，以校企合作工作站、技能大师工作室为载体，校企开展航天工匠班、FANUC 英才班等，创新形成了"双站双师""校企联动、工学耦合"现代学徒制培养模式，军工特质高端人才培养质量持续提升。获国家级课程思政示范课 1 门、国家"十三五"规划教材 1 部、国家优秀教材奖 1 项、省级精品在线开放课 11 门，教师教学比赛获省级以上奖项 22 项，学生技能比赛获国赛一等奖 3 项。

3. 打造技术技能创新服务平台

本项任务数量指标 10 项、质量指标 14 项，截至 2021 年，中期建设完成度为 100.52%，终期建设完成度为 61.47%。

随动智能制造、数字技术等产业发展，加强技术创新和转移转化，助力产业转型升级成效凸显。校地共建省级科技示范镇 1 个，建成腾讯云创新创业人才培养基地和软件信息

应用技术中心2个、众创空间和孵化基地6个、技能大师工作室8个。实现科技成果转移转化38项，横向到款925.99万元。获省级科技成果奖3项、科研立项35项，授权专利248件。获得"互联网+"大赛国家级奖项6项、省赛金奖16项。

4. 打造高水平专业群

本项任务数量指标33项、质量指标24项，截至2021年，中期建设完成度为100.66%，终期建设完成度为65.52%。

推进以群建院，创新形成"校企七联动、工学七耦合"军工特质人才培养模式，构建起"创新贯通、基础共享、核心分立、拓展互选"课程体系和"六平台、四层级"实践教学体系，获批国家级职业教育教学创新团队和课程思政教学团队、教育部生产性实训基地、国家职业教育示范性虚拟仿真实训基地；建成机械产品检测检验技术国家级教学资源库；获国家课程思政示范课程1门；主持制定国家职业技能标准2个、机械行指委专业教学标准3个。建成技术创新服务团队5个，开展企业技术攻关4项、横向技术服务20余项，社会培训和横向课题到款180余万元。三年来，学生在省级以上技能大赛中获奖21项，双创类大赛获奖13项；毕业生就业率98%以上，其中30.40%在军工企业就业，毕业生50余人获省市级工匠、技术能手及军工企业技术骨干等荣誉称号。

5. 打造高水平双师队伍

本项任务数量指标12项、质量指标3项，截至2021年，中期建设完成度为100.29%，终期建设完成度为61.81%。

突出师德师风第一标准，持续深化绩效考核评价改革，累计制（修）订制度26项；构建"四引六培"师资队伍建设体系，"双师"队伍质量持续提升。建立大国工匠领衔的大师工作站、名师工作室，组建校企"两栖"教学团队。培养二、三级教授4人，省"特支计划"教学名师2人，省（行业）教学名师5人，省"青杰"2人，柔性引进领军人才、能工巧匠20人，培养双语教师15人。获批国家级职业教育教师教学创新团队1个，省级师德建设示范团队1个，省级、市级技能大师工作室共2个。

6. 提升校企合作水平

本项任务数量指标13项、质量指标5项，截至2021年，中期建设完成度为100.16%，终期建设完成度为62.7%。

推进"政军行企校"五方共建以陕西国防工业职业教育集团为主体，"产教协同联盟、产业学院、协同创新中心"为三翼的军民融合平台，形成校企命运共同体。获批全国首批示范性职教集团培育单位、教育部"示范性虚拟仿真实训基地"，建成"全国人工智能职业教育产教协同创新联盟""军工装备智能制造协同创新联盟"，建设现代产业学院 4 个、协同创新中心 3 个、军工品质智能制造中心 1 个、科学仪器应用示范中心 1 个，校企合作协同育人成效显著。

7. 提升服务发展水平

本项任务数量指标 17 项、质量指标 16 项，截至 2021 年，中期建设完成度为 102.00%，终期建设完成度为 61.83%。

创新"政府、乡镇、学校"共建、共管、共享的体制机制，建成省级科技示范镇。组建技术服务团队 20 支，选派技术人员 150 人到企业挂职，面向企业需求开展技术研发。以"职业教育+培训"形式实施分类培训，累计完成培训 37 757 人·日。承办陕西省国防科技工业职业技能大赛 4 项。扶贫扶智，投入扶贫项目资金 73 万元，培训 1 541 人·日，连续三年被评为省"双百工程"先进单位。

8. 提升学校治理水平

本项任务数量指标 8 项、质量指标 7 项，截至 2021 年，中期建设完成度为 100.50%，终期建设完成度为 63.45%。

秉承"多元开放、互利共赢、稳定高效"思路，构建"政、军、行、企、校"多元参与、多方联动的办学机制。完善"一章八制"为核心的制度体系，学校各类制度达 253 项；建立理事会专家智库，不断完善理事会制度及理事会构架，吸纳校外专家 8 人，搭建资源共享多元信息平台 11 种，推进订单班、工坊班、工匠班、本科班、五年制高职（三二分段制）等合作办学。实施学校首席信息官制度，建立信息化发展 CIO 体系，挖掘整合潜在信息资源 10 种，初步形成智慧决策模式。

9. 提升信息化水平

本项任务数量指标 12 项、质量指标 7 项，截至 2021 年，中期建设完成度为 100.37%，终期建设完成度为 61.37%。

持续升级校园云算中心、数据中心等，构建"检测—防御—响应"纵深防护的网络安全体系，信息基础能力全面升级，被行业龙头授予"安全运营中心示范院校"；持续推进 6 个国家级教学资源库、2 个省级教学资源库的建设和推广，资源利用率 95% 以上；建设精品在线开放课程 51 门，获省级精品在线开放课程 11 门，信息化教学应用效果被中青报报道，被教育部肯定推广。建成信息应用系统 30 个，全面覆盖教学、管理、服务各个领域。

10. 提升国际化水平

本项任务数量指标 20 项、质量指标 4 项，截至 2021 年，中期建设完成度为 100.32%，终期建设完成度为 63.59%。

成立"国际学院",共建"经世学堂",搭建国际化办学平台,打造职业教育国际示范项目。累计与12个国家的20余所院校和机构签订合作协议。教师在国际组织兼职30人次、交流访学21人次、交流服务5批次;学生在国际技能比赛中获奖5项。实施"中文+职业技能"培训,承接"走出去"中资企业海外员工培训7 027人·日,以"直播+点播"形式推进职教类慕课国际化,助推中国职教走出去,服务"一带一路"建设能力持续增强。

(二) 贡献度情况

1. 引领职业教育改革发展和增强适应性

一是创新党建领航育人新模式,引领职业教育高质量发展。传承红色基因和光荣传统,坚持立德树人,夯实党的领导核心,将"把一切献给党"的"吴运铎精神"、"忠博武毅"的国防职教精神和"厚德重能、励学敦行"的军工特质校园精神文化深度融合,实施"头雁引领""强基固本""精忠铸魂"三大工程,打造"四位一体"党建工作体系,加强课堂、实践、环境、管理和服务"五个阵地"建设,创新形成"一二三四五"党建领航育人模式,为职业教育高质量发展提供了"国防职院"方案。二是加快推进供给侧结构改革,增强职业教育适应性。创新激励、共享、风险共担和成果转化四项机制,不断调动企业参与职业教育改革创新积极性。依托国家示范性职教集团,组建"军工装备智能制造协同创新联盟",与行业头部企业共建FANUC、人工智能等4个特色产业学院,构筑校企命运共同体,形成了"产业—企业—岗位—能力"随动机制,更好地服务现代国防装备制造业技术升级和产业需求。三是着力探索现代职教体系建设新路径,推进中高本贯通培养。与蓝田职教中心、柞水职教中心等进行"3+2"合作办学,与陕西理工大学联办本科专业,搭建"中高本衔接"的职业教育人才立交桥,职业教育适应性进一步增强。

2. 服务国家战略和地方经济社会发展

一是优化专业结构,服务制造强国战略。围绕国家制造业所需的新兴专业、民生工程所需的紧缺专业、经济转型升级所需的传统专业,及时调整专业结构。三年来,增设工业互联网技术等5个专业,撤销热能动力工程等4个专业,专业结构与市场需求的匹配度持续增强。二是创新人才培养模式,服务军民融合战略。联合中国航天科技国际交流中心、中国航天六院共同实施"航天产教融合应用型创新人才培养工程",与区域10余家航天科技企业共建新时代航天人才培养基地。开设航天工匠班,实施1+X证书制度,协同培养航天、军工未来工匠,助力国防科技工业和武器装备发展。三是实施"科技赋能"计划,服务乡村振兴战略。建成省级科技示范镇,以博士等优势师资为核心组建机械产品优化设计与制造技术等20个技术服务团队,选派教师150人次到企业挂职,为企业提供技术服务,近三年"四技"合同超过1 000万元。校地企共建社区干部学院,开展村(社区)党组织书记培训、社区"两委"干部履职能力培训等7 000余人次,为区域乡村振兴提供了强大动力。四是共建大学科技园,助力创新驱动发展战略。联合鄠邑区政府、中国仪器仪表学会、兵器204所、惠安集团等共建秦创原鄠邑·大学科技园平台,服务陕西23条重点产业链发展。对接生物医药产业链,建成中国科学仪器应用示范中心,成为生物医药分析仪器标准的制定者;对接乘用车(新能源)产业链,与比亚迪汽车有限公司共建比亚迪汽车产业学院,建成高素质、应用型、创新型汽车领域技术技能人才培养基地;对接集成电路产业链,校企合作开设"航天电子工匠班",培养航天电子领域高素质技术技能人才,服务陕西创新驱动发展战略。五是搭建"培训+鉴定"平台,助推技能型社会建设。发挥学校获批的西安市"社会评价组织"类职业技能等级认定机构平台优势,建成西安市养老服务技能人才培训基地、西安市创业和失业培训机构、就业培训机构和退役军人职业技能承训机构,入选省级政府补贴培训机构和培训工种(项目)目录。2019年以来,以"职业技能+培训"形式开展企业员工培训37 757人次、新型职业农民等培训9 597人次,有力服务"技能中国"人才培养,助推区域经济高质量发展。

3. 推进形成国家层面支撑职业教育高质量发展的政策、制度、标准

一是积极推动1+X证书制度,校企共同培养复合型人才。依托产业学院和校企合作工作站等平台,校企共同制定复合型技术技能人才培养方案,及时更新教学标准,将新技术、新工艺、新规范、典型生产案例及时纳入教学内容。把1+X证书标准和职业技能等级证书标准融入人才培养方案,实施工业机器人操作与运维等29个"1+X"试点,覆盖40.35%的专业,产教融合、校企合作育人机制不断丰富完善,有力推进"三教"改革,助推学校教育教学改革走向深入。二是参与制定教学标准,引领智能制造专业群高质量发展。聚焦军工行业核心职业工种,按照军工行业要求,校企共同研制《多工序数控机床操作》《可编程控制系统集成及应用》国家级职业技能标准;与中国兵器工业集团共同开发与《多工种数控机床操作1+X证书标准》匹配的教材和题库,助力解决人力资源的规范化管理、测评体系的统一化建设、人员技能的标准化提升等关键性问题;对接国际标准,面向巴基斯坦师生开展双语培训,机电一体化技术专业群人才培养方案得到认可和借鉴;开展HSK4培训,学校的国际中文课程规范和资源被泰国格乐大学采纳,国际化办学水平逐年提升。

(三) 社会认可度情况

1. 在校生满意度

2019年以来,向学生随机发放问卷18 000份,回收14 226份。调查表明,学生对学

校的满意度为97.70%，学生普遍认为学校口碑好，是报考的首选学校。

2. 毕业生满意度

2019年以来，从对母校评价、就业满意度、就业对教育教学反馈等方面对毕业生跟踪调查。2021年毕业生满意度为96.82%，同比增长0.4个百分点。

3. 教职工满意度

按照年度任务面向全校教职员工进行问卷调查，2021年满意度为99.60%，同比增长0.8个百分点。

4. 用人单位满意度

聚焦用人单位评价、毕业生在单位的综合表现，对省内外158家用人单位进行回访，普遍认为毕业生技术技能、职业素养、敬业精神等方面良好，适应性强。2021年满意度为95.15%，同比增长0.07个百分点。

5. 家长满意度

为充分了解家长对学校工作的建议和意见，三年来向学生家长发放问卷18 000份，回收14 226份，家长普遍认为学校知名度和人才培养质量高，满意度为97.80%。

三、专业群层面任务及绩效指标完成情况

（一）产出情况

1. 人才培养模式创新

本项任务数量指标8项、质量指标4项，截至2021年，中期建设完成度为100.79%，终期建设完成度为68.5%。

通过多方拓展合作载体，校企共建FANUC产业学院，联合兵器202所等10余家军工企业成立航天工匠学院、兵器工匠学院、智造工坊、西门子工坊、经世学堂等，构筑"两学院+两工坊+一学堂"产业高端人才培养平台，深化"工学七耦合、校企七联动"人才培养模式改革，毕业生就业率为98%以上，其中30.4%在军工企业就业，企业用人满意度为97.30%。学生在全国各类技能竞赛中获省级以上奖励30余项，"时代楷模"大国工匠徐立平班组7人中有5人毕业于专业群，"大国工匠"杨峰班组中专业群毕业生达33.00%，50余人获省、市级工匠、技术能手及军工企业技术骨干等荣誉。参与制定教育部专业教学标准3项、职业技能等级标准2项，修订军工特有工种职业技能标准3项，建成国家级智能制造人才培养基地1个。人才培养模式推广应用到陕西理工大学、西北工业学校等8所院校。

2. 课程教学资源建设

本项任务数量指标15项、质量指标8项，截至2021年，中期建设完成度为

100.84%，终期建设完成度为66.67%。

面向智能制造和军工装备制造业的核心技术，划分通用核心、专业方向和迁延发展三个学习领域，构建"创新贯通、基础共享、核心分立、拓展互选"的专业群课程体系。三年来，建成"机器人制作与编程"等省级以上职教精品课5门，"UG软件应用（CAM）"获批教育部课程思政示范课；联合主持建成国家级教学资源库1个，参与建成资源库2个，资源存储量达1 011.5GB，在50余家院校、企业推广应用；深度参与教育部1＋X证书制度试点工作的培训评价组织和国防兵工类企业职工培训标准研制，校企联合开发了"面向军工的长度计量工""弹箭装配工"等面向军工特有工种在线培训资源包，组织开展了陕西省国防科技工业职工技能培训、军工企业职工技能培训等。

3. 教材与教法改革

本项任务数量指标7项、质量指标4项，截至2021年，中期建设完成度为100.00%，终期建设完成度为67.18%。

遵循"因材施教，分类培养"理念，以职业能力培养为主线，引入智能制造和军工高端装备制造产业的"四新"，对接行业岗位标准，将军工文化、工匠精神、国防职教精神和劳动意识等有机融入教材，结合职业技能标准，开发新型教材，大力推进"三教"改革，打造职教"金课程"。校企开发军工特质新型教材《军工装备数控编程与加工》等5部，主编《工业机器人编程》等双语教材9部；主编的特色教材在全国9所职业院校中推广应用；获全国优秀教材奖1项、陕西省优教材秀奖2项；教师获省级以上教学比赛11项，其中国家级二等奖1项、陕西省一等奖4项；"UG软件应用（CAM）"获批教育部课程思政示范课，"数控编程加工"等5门课程获批陕西省精品在线开放课程；开发双语课程及资源7门。

4. 教师教学创新团队

本项任务数量指标16项、质量指标7项，截至2021年，中期建设完成度为100.56%，终期建设完成度为66.64%。

教学团队弘扬红色军工文化，筑牢师德师风之魂，实施"四引进五计划"工程，打造教学、科技创新团队，形成校企"两栖"建设模式；聘请杨峰等大国工匠，成立大师工作站，开展技术研发项目，扶持大学生创业等项目；柔性引入领军人才7人、专业带头人5人；培养校内专业带头人5人、骨干教师12人；聘请企业兼职教师75人，专任教师"双师"比例达到93.97%；获批国家级课程思政教学名师、团队和国家级教学创新团队，入选新华网思政资源库专家1人、中国兵器工业集团特聘专家3人、陕西省高层次人才计划1人；申报国家级课题1项、省级3项，专利授权60项，其中发明专利8项，核心论文81

篇，其中EI、SCI 7篇；获陕西省高校科学技术奖1项，横向课题及技术攻关9项，其中1项产品出口海外。

5. 实践教学基地

本项任务数量指标6项、质量指标6项，截至2021年，中期建设完成度为100.15%，终期建设完成度为65.24%。

基于"校企共建，资源共享，互惠互利"建设思路，联合中船重工872厂等企业，构建了"六平台、四层级"的实践教学体系，瞄准智能制造和军工高端装备制造关键技术，与北京发那科合作投资5 800余万元，建成全国知名、西部领先的智能制造实训基地；引进智能制造成套设备，建成军工装备智能制造工厂1个；建成虚拟教学工厂1个，虚拟仿真实训基地入选教育部培育项目名单；建成西门子工坊和智造工坊，累计开发实训项目30余项，100%源于企业真实生产；建成生产性实训基地3个，数控加工技术实训基地获批国家级生产性实训基地；依托基地，承办省级及以上技能大赛6项，实施1+X证书试点7个，为军工企业开展技能提升培训9 300人·日。

6. 技术技能平台

本项任务数量指标14项、质量指标5项，截至2021年，中期建设完成度为100.15%，终期建设完成度为64.94%。

按照"传承军工文化，弘扬工匠精神，培育高端技能"的理念，建成"智造工坊"，由"大师+名师"任导师，通过现代学徒制模式培养军工特质拔尖人才。柔性引进杨峰、张新停、贾广杰、张超、周信安等5名技能大师，建成技能大师工作站5个；建成兵器"智造工坊"和"西门子工坊"；为智能制造业和军工企业培养未来工匠150余人。遵循融合创意激发、创新实践、创业孵化"三创融合"理念，围绕"智能+X"复合专业的创新型人才培养，建成2个军工特色众创空间；培育创新创业导师4名，服务军工企业6家；近三年，在省部级以上双创大赛中获奖14项；与多个航天企业合作建成航天工匠学院、兵器工匠学院，遴选培养未来工匠人才120名。

7. 社会服务

本项任务数量指标7项、质量指标6项，截至2021年，中期建设完成度为102.09%，终期建设完成度为64.72%。

发挥共享型实践教学平台、协同创新中心和共享型教学资源库等资源优势，建立面向中高职院校教师、军工企业员工、退役军人、中小微企业员工等群体的"三位一体"培训体系；与北京发那科、西门子等高端装备制造企业共建"双师型"培训团队；依托国家制造类"双师型"教师培养培训基地和FANUC产业学院，组建智能制造技术研究所，基于切削加工单元应用科技创新等5个技术服务团队，搭建地方中小微企业帮扶平台；大力开展多层次、多形式的智能制造行业师资和职业技能培训，形成服务智能制造和军工装备制造企业培训新模式；助推区域经济提质增效和创新发展。

8. 国际交流与合作

本项任务数量指标7项、质量指标5项，截至2021年，中期建设完成度为101.07%，终期建设完成度为65.70%。

参与搭建教育国际化平台，融入"一带一路职教联盟""东南亚职业教育产教融合联盟""中德职业教育联盟"等组织，"陕西国防工业职业技术学院与巴基斯坦无限工程学院远程教育合作项目"成果落地，服务支持巴方专业和实验实训基地建设；建成了依托移动互联网、人工智能等技术的"中文+职业教育"数字资源体系，与海外10余所高校建立了密切合作关系；通过推进教育部中外人文交流中心"人文交流经世项目"，打造"企业主导、学校主体、学生参与、校内实施"的"校企校"教育国际化创新发展新模式；通过智能制造专业技术输出和国际化人才培养，提升丝路沿线国家职业院校专业建设水平，促进中国职业教育对外开放，引领全国高职院校国际交流与合作。

9. 可持续发展保障机制

本项任务数量指标7项、质量指标6项，截至2021年，中期建设完成度为100.00%，终期建设完成度为66.80%。

以群建院成立智能制造学院，制定规章制度21项，获批陕西省高等学校教学管理先进集体、陕西省师德建设示范团队等荣誉16项；与20余家企业成立产业学院理事会，制定理事会章程，形成"虚实结合"理事会管理模式；与兵器248厂、兵器844厂等10余家军工企业成立军工装备智能制造产教协同创新联盟；成立专业群建设指导委员会，开展专题活动5次；专业群废改立制度12项，形成"优化结构、注重内涵、整体提升、动态管理"的专业群运行机制；获陕西省教学成果奖3项，其中特等奖2项，随动产业发展动态调整机制不断完善，人才培养质量不断提升。

（二）贡献度情况

1. 引领国内同类专业建设

一是成果带动，教学改革创新发展模式可借鉴。"外搭协同平台、内建产业学院、随动产业发展"的建设模式及"三匠四创、五阶递进、学训一体"的行企校所共育航天未来工匠的产业高端人才培养路径等创新成果获陕西省教学成果特等奖2项，成果在省内外多所双高院校应用，引领装备制造类专业群建设与发展。二是案例示范，产学研用深度融合路径可推广。与省内外百余家军工企事业单位开展全方位、深层次的合作，探索出在全国具有广泛影响的人才培养新模式,成功做法和案例入选全国机械行指委产教融合"十佳案例",带动了兄弟院校装备制造类专业群产教深度融合发展。三是校企联动,高水平实训基地建设模式可示范。联合智能制造领域领军企业和细分领域头部企业10余家共建全国领先的智能制造实训基地,获批国家职业教育示范性虚拟仿真实训基地,人才培养和社会服务的高地作用凸显,成功经验先后被国内180余家单位2 200余人交流学习。

2. 服务国家战略新兴产业、区域支柱产业发展

一是聚焦技术技能,为军工企业发展提供"人才支撑"。主动适应区域军工装备制造产业转型升级的人才需求,校企七联动、工学七耦合培养军工特质人才"未来工匠",三年来,累计培养军工特质人才3 000余人,其中兵器、航天企业就业占比30.40%,未来工匠人才150余人,培养陕西省技术能手7人、陕西国防科技工业技术能手24人,成为服务区域军工装备制造产业转型升级的强力贡献者。二是聚焦智能制造,为装备智造产业发展提供"智力支撑"。建成FANUC智能制造中国区培训中心,面向军工企业员工开展技能提升、大赛集训、技能比武17 000余人·日,建成FANUC技术应用中心、FANUC产教协同创新中心,成立智能制造技术研究所,组建技术创新服务团队5个,开展技术攻关20余项,授权专利60余项,累计为企业创收2 000余万元,推动低碳节能铝箔涂层装备技术水平处于国内领先地位。

3. 资源、标准和平台建设

一是资源建设彰显教改实力。主持及参与建成国家级专业教学资源库3个,建成军工特有工种的在线培训资源包,资源库注册用户数达80 000余人,访问量达150余万次,优质共享资源存储量超过400 GB,保障了全国50余所合作院校抗疫不停学,并在国家高职百万扩招生培养方面发挥巨大作用。二是标准编制贡献专业智慧。主持《多工序数控机床操作》《可编程控制系统集成及应用》2个国家级职业技能标准制定,主要参与机电一体化技术、机械制造及自动化、数控技术3个国家专业教学标准研制,将专业群人才培养实践成果融入标准,自主研制的10余门课程标准在22所职业院校推广应用。三是平台建设创新合作模式。搭建"两院两坊一站一联盟"技术技能人才培养平台和技术服务平台,即航天工匠学院、兵器工匠学院、智造工坊、西门子工坊、大师工作站、军工装备智能制造产教协同创新联盟,人才培养和社会服务的平台作用显著,成功做法被天津职业大学等多所院校学习,被中国教育报、陕西日报等主流媒体报道,产生了广泛影响。

(三)社会认可度情况

1. 在校生满意度

聚焦培养复合型高素质技术技能人才,通过校企合作创新人才培养模式,引进大国工

匠打造教师教学团队，落实"三教"改革提升教师教学能力，建设线上课程资源等方式，遵循技能型人才成长规律，为学生搭建成才平台，学生满意度达98.26%。

2. 毕业生满意度

为提升专业群毕业生的就业竞争力，助力学生树立正确的就业观，实施全方位全程化就业指导教育。经调查，毕业生对专业群人才培养的满意度达97.50%。

3. 教职工满意度

依托数控实训中心、FANUC现代产业学院、校企合作工作站进行教师、员工培训，有效提升教师课程思政能力、教师教学能力、技术服务能力。通过调查，教职工满意度为99.27%。

4. 用人单位满意度

紧密围绕人才培养目标定位，立足于服务地方经济和国防科技工业，对省内116家、省外42家用人单位进行回访，用人单位满意度达97.30%。

5. 家长满意度

专业群不断加强教学环境、教学管理、教学设施等建设，完善高职生心理健康教育制度及参加社会活动制度，家长对专业群的认可度逐年提升，满意度为97.93%。

四、实现绩效目标采取的措施

（一）项目推进机制建设与运行情况

1. 学校层面

一是完善机构，统筹规划。成立党委书记、校长为组长的"双高计划"建设工作领导小组，下设"双高计划"建设工作监督、经费保障和绩效考核三个专项工作组，系统搭建组织机构，精准规划与施策。二是以群建院，集群发展。全省率先按照"以群建院"思路，集聚优势，整合资源，凸显合力，构建"国—省—校"三级专业群建设体系，以国家高水平专业群为引领，带动其他专业群协同发展。三是完善制度，高效推进。制定学校《国家"双高计划"建设项目管理办法》《"双高计划"建设项目监督检查办法》《"双高计划"建设项目绩效考核奖励办法（试行）》《"双高计划"建设经费支出管理办法》等制度，确保建设任务高质量、高标准完成。四是强化绩效，激发动力。实施学校层面和专业群层面分类绩效管理，按照"花钱必问效、无效必问责、有效必奖评"的要求，实施年初发布"年度任务表＋绩效要求表"、年中实施"双周自查、单月汇报、双月会评"阶段性考评、年终落实"年度考核＋配套奖励"的"三步走"举措，保障绩效进度、标志性成果等高效推进。五是专家把关，确保质量。实施问题导向评价机制，落实建设任务进度适中、资金配套到位、建设成效凸显、成果可信的建设要求，定期实施评价，聘请专家把关,精准反馈,有效保障"双高计划"建设质量。

2. 专业群层面

一是以群建院,集中管理。成立智能制造学院,打造高水平专业群。面向智能制造产业和军工高端装备制造业,按照"岗位集群相近、技术领域相通、服务领域相同、教学资源共享"的原则,构建机电一体化技术专业为核心、机械制造与自动化和机械产品检测检验技术专业为骨干、数控技术和工业机器人技术专业为支撑的专业集群,实施集中统一管理。二是汇聚资源,政策扶持。柔性或全职引进行业领军人才、专业带头人、技能大师等,汇聚人才资源;与中船重工872厂、北京华晟经世、北京发那科等智能制造领军企业合作,重组教学内容,序化知识结构,利用"互联网+""智能+"等手段,汇聚教学资源,打造泛在学习体验;学校优先支持高水平专业群和产业学院的教学项目建设,对专业群教师团队在考核、奖励、职称评审等方面给予适当政策倾斜。三是完善制度,有序推进。成立项目建设指导委员会,制定"双高计划"项目专项管理制度及配套政策,夯实项目督察、绩效考核与奖励等制度基础,确保建设工作落实到位。四是责任到人,保障实施。由发展规划处将专业群"双高"建设任务细化分解,智能制造学院结合建设实际,将建设任务逐条落实到人,明确权责,确保各项任务稳步推进,高质量完成。五是强化考核,激发动力。按照专业群组织管理与建设需求,实施周例会、月总结和季汇报制度,系统开展周例会58次、月总结23次、季汇报6次,年终进行绩效奖励,激发教师内生动力,营造良好工作氛围。

(二)项目资金管理制度与执行情况

一是加强制度建设。学校制定了《"双高计划"建设项目专项资金管理办法》,在"双高计划"建设工作领导小组下设经费保障组,负责落实"双高计划"建设专项资金。二是严格资金使用。各项目负责人是项目资金使用、管理的第一责任人,对项目资金实行全程负责,定期向学校"双高计划"领导小组汇报项目实施进展和资金使用情况。资金专款专用,杜绝挤占、挪用、截留现象。三是强化监督检查。学校"双高计划"领导小组及审计处对"双高计划"建设各项目资金使用的合法性、合理性和有效性全面监督,并接受上级有关部门的检查和监督。

五、特色经验与做法

(一)党建领航构建大思政育人格局,培养红色军工传人

实施"头雁引领""强基固本""精忠铸魂"党建三大工程,探索"党建+"新模式,在军工企业建立思政教育基地、制定军工特色人才培养方案、打造课程思政"金课"、编写军工特色教材、创新军工文化育人活动、加强军工特色校园文化建设、推进军工文化

进课堂等七大举措,构建大思政育人格局。发掘学校60余年服务国防、服务军工的厚重底蕴,融合"自力更生、艰苦奋斗、军工报国、甘于奉献、为国争光、勇攀高峰"的军工文化和"敬业、精益、专注、创新"的工匠精神,创新形成了"忠博武毅"国防职教精神,实现技能培养和德育有机融合;依托学校国家军工文化教育基地和教育部国防教育特色学校的"红色文化资源"优势,开展"大国工匠进校园"、国防大讲堂等活动100余场,形成"人文滋养""典型引路""高端传播"三大军工文化育人品牌,引导大学生将爱国热情转化为具体行动,做到"德技并育、内化外行"。充分发挥军工文化长廊、吴运铎雕像等军工文化典型示范作用,让学生近身感受老一辈军工人"把一切献给党"的崇高追求,身心受到革命精神、优良传统、红色文化的感染熏陶;制定了《军工文化育人实施方案》,出版了《"两弹一星"元勋的故事》等6本军工特色教材,开设"火炸药生产技术"等12门军工特色课程,讲好"军工故事",实现知识传授、能力培养和价值观引领有机统一,强化军工办学特色,打造红色军工品牌,激发新时代学生热爱祖国、献身国防的责任感和使命感,培养红色军工传人。

(二)校地共建大学科技园,推进"产学研创"深度融合

一是在陕西省军民融合办、西安市科技局指导下,由鄠邑区政府牵头,学校联合中国仪器仪表学会、西安近代化学研究所等企事业单位共建秦创原鄠邑·大学科技园,打造立体联动"孵化器"。由鄠邑区政府和学校共同牵头,联合兵器204研究所、西安北方惠安集团公司共同投资1 200余万元,"政行企校"共建"科学仪器应用示范中心";联合陕西省户县东方机械有限公司、西安莱纳生物科技有限公司共建"铝箔涂层装备工程研究中心"和"农业废弃物综合利用工程研究中心"。二是校企共建产业学院和产教融合实训基地,打造两链融合"促进器",建设"产学研创转用"于一体的高水平产教融合实训基地,吸引北京发那科、腾讯、比亚迪等行业领军企业,建成智能制造实训基地、腾讯云实训基地、新能源汽车实训基地。三是建立校企合作创新平台和技术转移中心,打造成果转化"加速器",联合西安东仪科工集团等共建7个"校企合作工作站",与鄠邑区文体局共建"民间艺术大师工作站",培育校内3名技能大师建成省级"石雷技能大师工作室"、省级"周信安智造创新工作室"和市级"付斌利技能大师工作室";聘请中国兵器西北工业集团张新停、中国航天六院杨峰等大国工匠建成4个军工特色的"技能大师工作室",发挥行业大师的"开发—研究—创新—创业"引领作用,推动技术攻关、创新成果转化,联合研发服务项目32项,"产学研创"不断深入。

(三)搭建技能培训平台,打造赋能乡村振兴新模式

以人人学习技能、人人拥有技能为目标,以开展高质量、特色化技能培训为抓手,形成了"技能培训赋能乡村振兴"的社会服务新模式。一是与地方政府共建科技示范镇,为技能入户赋能。成立农业科技服务站、应用技术研发实验室、工程技术研究中心等平台,开展技能培训;组建智慧农业、乡村规划、电商服务等团队,构建现代产业科技示范服务体系,为1 000余人开展技能培训。二是共建社区干部学院,为乡村振兴"领路人"赋能。实施干部专业能力提升工程,开展村(社区)党组织书记培训等7 000余人次;实施乡村振兴人才培养工程,对226名村(社区)后备干部开展专项培训,为区域乡村振兴提供人才支撑。三是与鄠邑区共建农民画美术学院,为地域文化技艺传承赋能。与农民画展览馆、农民画协会等共同成立民间艺术大师工作室,举办非遗进校园等形式多样的传统文化传承活动,形成文化赋能乡村振兴新模式。四是与铜川市王益区共建技能培训示范基地,为区域经济发展赋能。开展教师专业技能、直播带货等培训,提升区域经济社会发展质量。

(四) 三院两站双导师,行企校所共育国防工匠

机电一体化专业群积极寻求新时代党建工作与人才培养切合点,精心打造"党建+人才培养"品牌,以"党建+创新、课程、教学、培训、活动"等为抓手,全面推动创新思维培养、特色课程建设、教学实践开展、技术技能培训、素质提升等工作。以"党建+人才培养"为基础,主动适应区域军工装备制造产业转型升级的人才需求,集聚"行、企、校"优质资源,联合兵器202所、兵器248厂、航天771所等企业成立兵器工匠学院、航天工匠学院,与行业头部企业共建FANUC产业学院,建成大国工匠工作站、校企合作工作站,形成"三院、两站"产业高端人才培养平台。融入国防职教精神、工匠精神、劳模精神、载人航天精神四种品格,创新"校企七联动、工学七耦合"军工特质人才培养模式,营造红色军工文化育人氛围,联合制定军工特质人才培养方案,开发军工特色课程,开设航天工匠班、FANUC英才班,为学生配备"双导师",聘请张新停、杨峰等大国工匠担任企业导师,刘跃博士等担任校内导师,协同共育国防工匠。三年来,毕业生就业率98.00%以上,其中30.40%在军工企业就业,企业用人满意度97.30%。学生在全国各类技能竞赛中获省级以上奖励30余项,"时代楷模"大国工匠徐立平班组7人中有5人毕业于"双高"专业群,大国工匠杨峰班组中"双高"专业群毕业生33.00%,李鹏辉等50余人获省、市级工匠、技术能手及军工企业技术骨干等荣誉称号。

(五) 打造校企合作命运共同体,探索产业学院建设新机制

遵循"以生为本、开放合作、优势互补、互利共赢"理念,紧密对接智能制造产业链,紧盯高端产业和产业高端,立足区位优势,精准识别定位智能制造产业需求。牵手北京发那科等行业头部企业,政府主导、军企合作、行业指导、企业参与、学校主体,多方

共建 FANUC 产业学院。基于产业学院建立培训中心、技术应用中心和产教协同创新中心、智造工坊、技能大师工作站等，与北京发那科、西门子、海克斯康等高端装备制造企业共建高水平结构化"双师型"师资培训团队，获批国家级智能制造虚拟仿真实训基地。创新形成"1 学院 +1 龙头企业 + N 个细分领域企业或区域紧密合作企业"（简称"1 + 1 + N"模式）现代产业学院建设模式；建立"一章五制"共治共管体制机制，探索形成理事会领导下的院长负责制运营模式；形成"需求对接、技术共享、信息互通、过程共管、协同育人"的产业学院民主管理新模式。建立起"三位一体"社会服务体系，聚焦数字孪生、智能制造 VR、工业网络与通信、数字化制造、智能检测等"智造"技术，开展智能制造行业师资和员工技能培训 17 000 余人·日。协同推动技术研发、成果转化和产品升级等项目研究，打造校企命运共同体，形成企业深度参与的现代产业学院建设新范式。

六、问题与改进措施

一是受疫情影响，师生"进不来，出不去"，教师出国研修、学生来华或出国留学主要在线进行，培训与教学质量难以保证。学校将适当调整后疫情时代国际交流合作策略，加快国际线上教学平台建设，加大优质专业教学标准、课程标准、课程资源等优质教学资源建设力度，扩大国际影响力。

二是混合所有制办学落地政策供给不足，体制机制尚待完善。后续将深入开展办学理论研究、制度设计和实践探索，进一步明确混合所有制办学定位，探索多元股权制度，探索混合所有制院校办学新模式、新路径。

七、其他需要特别说明的有关事宜

无

附件（略）

陕西职业技术学院"双高计划"中期自评报告

2019年12月，学校立项为国家"双高计划"建设旅游管理专业群B档建设单位。学校始终坚持以习近平新时代中国特色社会主义思想为指导，按照《教育部财政部关于实施中国特色高水平高职学校和专业建设计划的意见》（教职成〔2019〕5号），紧盯"引领"、强化"支撑"、凸显"高"、彰显"强"、体现"特"，系统性推进"双高计划"建设，全面完成中期建设任务。根据《中国特色高水平高职学校和专业建设计划绩效管理暂行办法》（教职成〔2020〕8号）《教育部办公厅 财政部办公厅关于开展中国特色高水平高职学校和专业建设计划中期绩效评价工作的通知》（教职成厅函〔2022〕10号）《陕西省中国特色高水平高职学校和专业建设计划省级中期绩效评价工作方案》文件精神，学校组织开展"双高计划"中期绩效自评，现将自评工作报告如下：

一、绩效目标实现程度及效果

（一）绩效目标的实现程度

学校"双高计划"中期任务绩效目标总体完成率为99.94%，终期绩效完成率为67.67%。其中，学校层面中期任务数172个，数量绩效指标67个，质量绩效指标37个，中期任务绩效目标完成率为99.84%，终期绩效完成率为67.71%；旅游管理专业群中期任务数230个，数量绩效指标130个，质量绩效指标55个，中期任务绩效目标完成率为100%，终期绩效完成率为67.63%。

（二）绩效目标的实现效果

1. 学校层面

学校秉承"德技并修、千天向上"的校训，坚持"大合作、大联盟、大培训，特色化、信息化、国际化"（"三大三化"）的办学理念，遵循"扎根西安、服务陕西、全国领先、世界一流，打造现代服务业特色人才培养高地"的办学定位，聚焦"双高计划"建设任务，通过三年建设，学校内涵建设持续深化，社会服务能力显著提高，职业教育国际化持续推进，育人质量不断提升，建设成效显著，取得了一系列标志性成果（见表1）。

表1 学校层面标志性成果一览表

年份	项目名称	成果级别
2019	国家优质专科高等职业院校	国家级
2020	示范性职业教育集团（联盟）培育单位	国家级
2019	全国党建工作样板支部培育创建单位	国家级
2019	国家级骨干专业（学前教育）	国家级
2019	国家级骨干专业（电子商务）	国家级
2019	国家级骨干专业（物流管理）	国家级
2019	国家级骨干专业（计算机应用技术）	国家级
2019	国家级生产性实训基地（雕塑艺术工作坊）	国家级
2019	国家级生产性实训基地（SMT表面组装技术实训基地）	国家级
2019	国家级生产性实训基地（会计专业校企共建实训基地）	国家级
2019	国家级生产性实训基地（怡亚通创业工厂）	国家级
2020	"十三五"职业教育国家规划教材（《财务管理项目化教程》）	国家级
2021	全国职业技能大赛二等奖（创业创新赛项）	国家级
2019	全国职业技能大赛三等奖（信息安全管理与评估赛项）	国家级
2019	全国职业技能大赛三等奖（物联网技术应用赛项）	国家级
2019	全国大学生"互联网+"创新创业大赛铜奖（上下文化赛项）	国家级
2020	"挑战杯"中国大学生创业计划竞赛铜奖（SVTC赛车俱乐部）	国家级
2019	陕西省职业院校教学诊断与改进工作试点院校	省级
2021	陕西省大中小学劳动教育实践基地	省级
2019	陕西省高等职业院校专业综合改革试点（汽车营销与服务专业）	省级
2019	陕西省高等职业院校专业综合改革试点（会计专业）	省级
2019	陕西省高等职业教育专业教学资源库项目（动漫制作技术）	省级
2019	陕西省级精品在线课（创业策划及项目路演实训）	省级

续表

年份	项目名称	成果级别
2021	陕西省级精品在线课（价值创造的管理会计）	省级
	陕西省级精品在线课（电子商务常用软件操作）	省级
	陕西省级精品在线课（物流那些事）	省级
	陕西省级精品在线课（教你从0起步开展社群营销）	省级
	陕西省级精品在线课（高职口才与写作）	省级
2020	陕西省级精品在线课（教你如何做淘宝——创业基础实训）	省级
	陕西省级精品在线课（物联4技术应用创新创业实践）	省级
	陕西省级精品在线课（创业素养提升之魔力口才）	省级
	陕西省级精品在线课（大学语文）	省级
	陕西省级精品在线课（消费心理学）	省级
	陕西省级精品在线课（营销创意文案策划实训）	省级
	陕西省级精品在线课（电子商务项目策划实务）	省级
2020	陕西省职业技能大赛一等奖［虚拟现实（VR）设计与制作赛项］	省级
	陕西省职业技能大赛一等奖（信息安全管理与评估赛项）	省级
	陕西省职业技能大赛一等奖（互联网+国际贸易综合技能赛项）	省级
	陕西省职业技能大赛一等奖［建筑信息模型技术应用（BIM）赛项］	省级
	陕西省职业技能大赛一等奖（移动融媒体应用技术赛项）	省级
	第十届京东未来"挑战杯"陕西省大学生创业计划竞赛金奖（SVTC赛车俱乐部）	省级
2019	陕西省职业技能大赛一等奖（HTML5交互融媒体内容设计与制作赛项）	省级
	陕西省职业技能大赛一等奖（互联网+国际贸易综合技能赛项）	省级
	陕西省职业技能大赛一等奖（物联网4技术应用赛项）	省级
	陕西省职业技能大赛一等奖（信息安全管理与评估赛项）	省级
2019	第五届中国"互联网+"大学生创新创业大赛陕西赛区红旅赛道金奖（构梦三秦）	省级
	第五届中国"互联网+"大学生创新创业大赛陕西赛区职教赛道金奖（上下文化项目）	省级

续表

年份	项目名称	成果级别
2021	第十二届陕西高职院校教学名师奖	省级
2020	陕西省师德标兵称号	省级
2020	陕西高校思政课教师"大练兵"思政课程教学标兵	省级
2019	陕西高校思政课教师"大练兵"思政课程教学标兵	省级
2020	陕西省职业院校教师教学能力比赛一等奖	省级
2021	第八届陕西高校辅导员素质能力大赛一等奖	省级
2021	承办陕西省高等职业院校技能大赛"创新创业"赛项	省级
2020	承办陕西省高等职业院校技能大赛"互联网+国际贸易综合"赛项	省级
2019	承办陕西省高等职业院校技能大赛"互联网+国际贸易综合"赛项	省级
2021	2022年发布《高等职业院校质量年度报告》	省级
2020	2021年发布《高等职业院校质量年度报告》	省级
2019	2020年发布《高等职业院校质量年度报告》	省级

2. 专业群层面

旅游管理专业群紧密对接产业链、岗位群，深化产教融合，建设智慧文旅职教高地，服务地方区域经济发展。在三年建设期内，学校契合智慧文旅产业发展，以文塑旅、以旅彰文，打造出具有智慧文旅特色的旅游管理专业群，培养高素质技术技能型人才，建成了地方需要、行业认同的高水平技术技能人才培养高地，取得了一系列标志性成果（见表2）。

表2 旅游管理专业群标志性成果一览表

年份	项目名称	成果级别
2019	国家文物局文博人才培训示范基地	国家级
2019	第三批现代学徒制试点专业	国家级
2019	"中国特色高水平高职学校和专业建设计划建设"高水平专业群建设单位（B档）	国家级
2019	国家级骨干专业（旅游管理）	国家级
2019	国家级旅游类"双师型"教师培养培训基地	国家级
2021	全国高职"智慧旅游技术应用"专业简介与教学标准制定	国家级

续表

年份	项目名称	成果级别
2021	1+X会展管理职业技能等级标准	国家级
2020	会展项目管理职业技能等级标准	国家级
2021	全国课程思政示范课程	国家级
2021	全国课程思政教学团队	国家级
2021	课程思政教学名师8人	国家级
2020	2019年高等教育教学成果奖一等奖（产需导向标准统领资源聚合模式贯推——旅游管理专业群建设的创新实践）	省级
2020	陕西省首批1+X证书制度试点专业	省级
2019	陕西省高等职业教育专业教学资源库项目（旅游管理）	省级
2022	数字会展服务规范	省级
2021	省级精品在线课（民航旅客运输）	省级
2021	省级精品在线课（地方导游基础知识）	省级
2021	省级精品在线课（客舱播音艺术）	省级
2021	省级精品在线课（塑造经典——酒店金牌GRO）	省级
2020	省级精品在线课（魅力沟通）	省级
2020	省级精品在线课（客舱服务英语）	省级
2019	省级精品在线课（旅游礼仪）	省级
2021	红色旅游导游讲解大赛一等奖	省级
2021	"云驴通杯"第十二届全国旅游院校服务技能（导游服务）大赛一等奖	省级
2020	陕西省职业技能大赛一等奖（餐厅服务赛项）	省级
2020	中华人民共和国第一届职业技能大赛"餐厅服务"赛项陕西省选拔赛一等奖	省级
2021	第十二届陕西高职院校教学名师奖	省级
2021	陕西省"教书育人楷模"称号	省级
2020	陕西省师德标兵称号	省级
2021	陕西省职业院校教师教学能力比赛一等奖	省级
2021	承办陕西省高等职业院校技能大赛"导游服务"赛项	省级
2020	承办陕西省高等职业院校技能大赛"餐厅服务"赛项	省级
2020	承办中华人民共和国第一届职业技能大赛"餐厅服务"赛项陕西省选拔赛	省级

3. 学校自评结果

根据国家、省文件精神，学校结合评价指标体系对任务完成度和建设绩效进行了总体评价，学校层面得分为29.25分，旅游管理专业群得分为68.6分，合计后学校自评得分97.85分（见表3），级别为"优"。

表3 自评情况一览表

评分情况	具体扣分指标	扣分情况说明
对学校层面的建设任务评分	对照"双高计划"检测平台中产出指标"1.2.6提升服务发展水平"	因疫情影响，文保人才培训人数中期预期目标完成度为83.65%，打分权重占比20%，此处扣除0.5分
对学校层面的建设任务评分	对照《陕西省中国特色高水平高职学校和专业建设计划省级中期绩效评价工作方案》附件1《建设单位中期绩效评价指标体系》中学校层面建设任务评分"2.2.2标志性成果"	学校尚有两项任务未获得，按照打分权重占比15%计算，此处扣除2分
对专业层面的建设任务评分	对照《陕西省中国特色高水平高职学校和专业建设计划省级中期绩效评价工作方案》附件1《建设单位中期绩效评价指标体系》中专业群层面建设任务评分"2.2.1指标完成度"	学校尚有两项任务未完成，按照打分权重占比15%计算，此处扣除2分

注：学校层面自评分为97.5分，按照30%权重占比，得分为29.25分；旅游管理专业群自评分为98分，按照70%权重占比，得分为68.6分。

（三）项目经费到位和执行情况

资金到位情况：学校项目建设2019—2021年三年资金预算为15 967万元，资金实际到位16 719.38万元，到位率为104.71%；其中中央财政资金到位2 100万元，地方财政资金到位2 100万元，行业企业支持资金到位1 763万元，学校自筹资金到位10 756.38万元。旅游管理专业群项目建设2019—2021年三年资金预算为5 260万元，资金实际到位5 329.78万元，到位率为101.33%；其中中央财政资金到位2 100万元，地方财政资金到位2 100万元，行业企业支持资金到位350万元，学校自筹资金到位779.78万元。

资金执行情况：学校项目建设2019—2023年五年总预算31 000万元，2019—2021年三年实际支出16 561.11万元，占五年支出总预算的53.42%；其中2019年、2020年经费支出9 069.38万元，2021年经费支出7 491.73万元。旅游管理专业群项目建设2019—

2023 年五年总预算 9 000 万元，2019—2021 年三年实际支出 5 280.49 万元，占该专业群五年支出总预算的 58.67%；其中 2019 年、2020 年经费支出 3 026.38 万元，2021 年经费支出 2 254.11 万元。

二、学校层面任务及绩效指标完成情况

（一）产出情况

1. 千天向上，实现师生共同成长

"加强党的建设"中期任务 24 项。学校健全"三重一大"决策机制；组建并运行"三全育人"联盟，深入推进思政课程和课程思政提升工程；创新实施"千天向上"师生共同成长工程，构建育人工作体系（见图 1）；创建国、省、校三级样板支部 16 个，校级标杆院系 4 个，"双带头人"工作室 3 个，品牌支部 25 个，实现了教师党支部"双带头人"全覆盖。

图 1 "千天向上"师生共同成长工程

2. 多向聚力，构筑人才培养高地

"打造技术技能人才培养高地"中期任务 31 项，数量指标 11 个，质量指标 5 个。实施通用能力和基本素质教育教学改革，公共课程更加精准化服务学生专业能力发展，学生职业素养全面提升；强化劳动教育，创新劳动教育形式，建立评价指标体系；聚焦"双创"教育，建设大学生创业孵化基地；修订技能竞赛管理及奖励办法，深化"岗课赛证"人才培养模式；积极开展中小学职业教育认知和劳动教育等活动，引入"彩陶烧制技艺"等 2 项非遗项目，推动工匠精神传承培育；完成 1 + X 证书考核 1 972 人次；开展工作过程导向课程及教材改革，建成 64 门在线课程、编写 114 本活页式教材；实施分类分层培养方式改革，推进"三堂交互"课堂教学创新。"三教"改革不断深化，人才培养质量显著提升。

3. 立足专业，打造技术技能平台

"打造技术技能创新服务平台"中期任务 18 项，数量指标 6 个，质量指标 3 个。不断

健全研究院制度体系，聘用研究员51人，搭建职业教育智库平台；建设智慧文旅实践平台、物联网技术应用研究平台，完成9项成果转化，制定3项现代服务业规范化标准；攻克30项企业技术难题，年均开展企业技术服务110次；成立陕西省会展研究院，取得省级重点攻关优秀研究项目等标志性成果。学校技术技能服务水平逐步增强，服务区域现代服务业水平稳步提升。

4. 对接产业，建设高水平专业群

"打造高水平专业群"中期任务2项，数量指标5个，质量指标4个。学校制定专业群建设规划及相关建设和管理制度，保障专业群可持续发展；制定实施方案，探索专业群大类招生模式；按照"底层共享+中层互融+高层互选"原则，重构专业群课程体系（见图2），改革覆盖率100%；基于课程模块建设11个校级教学创新团队；推进专业群双专业带头人模式，比例达100%；形成建设总结报告10个，委托第三方机构开展专业群评估，覆盖率100%。紧密对接区域产业结构转型升级需求，专业结构不断优化，影响力持续增强。

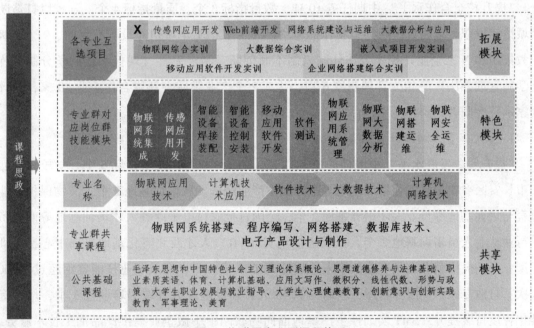

图2 物联网专业群课程体系

5. 引育并举，提升师资队伍水平

"打造高水平双师队伍"中期任务16项，数量指标11个，质量指标6个。建立国内外教师培训基地3个，教师接受国内外培训1 120余人次；引聘技术技能骨干、高层次、高技能人才37人，培养专业带头人30人，建立600余人的兼职教师资源库，建立技能大师、名师工作室8个、非遗工作坊2个；获批国家级课程思政示范项目教学团队1个、教学名师8人，新增省级教学名师2人、省级师德标兵1人、省级教书育人楷模1人、省级技术能手2人。师资结构更加合理，基本形成一支专兼结合、充满活力的高素质"双师型"教师队伍（见图3）。

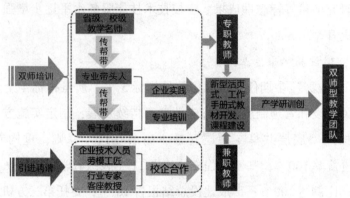

图3　双师型教师团队建设体系

6. 集团统领，助推产教深度融合

"提升校企合作水平"中期任务10项，数量指标3个，质量指标4个。学校以打造陕西城镇建设职教集团升级版为引领，构建"1+9+N"（1个城镇建设职教集团、9个二级职教集团和N家企业）校企合作体制机制不断创新，制定完善《现代学徒制学分制和弹性学制管理办法》等相关管理制度6项，建成2个产业学院，新增合作企业40家，获评国家示范性职教集团。

7. 多元融合，增强社会服务能力

"提升服务发展水平"中期任务30项，数量指标10个，质量指标6个。学校建成西安市长安区乡村振兴人才培训基地等服务地方产业经济发展培训基地2个，文物保护职业教育与培训基地等行业人才培养基地2个，全国首批农村电子商务人才培训基地等商务贸易行业从业人员培训基地2个，以及虚拟现实（VR）人才西北孵化基地培训中心，培训新型农民、灵活就业人员、退伍军人等超过30 000人·日，完成职业技能鉴定超过4 000人次；打造专家咨询服务智库，新聘专家43人；建设继续教育课程培训包3个，培训标准化程度持续提升；SMT实训性生产基地面向物联网中小微企业提供产品加工技术服务，年营业额超1 000万元。

8. 守正创新，优化内部治理体系

"提升学校治理水平"中期任务16项，数量指标4个，质量指标3个。学校持续深化党委"一委六部"大部制改革；不断完善学校章程建设和制度体系修订，制定内部质量管理手册；依法治校、依规办学，学校治理结构和管理机制更加完善；每年面向社会公开发布人才培养质量年报和就业质量年报。

9. 共建共享，推进智慧校园建设

"提升信息化水平"中期任务11项，数量指标4个，质量指标3个。学校持续优化智慧校园基础设施建设，两校区采用裸光直连、Ipran链路、5G隧道，实现双活互联互通。建立事前防护、事中响应、事后审计的网络安全防护体系；建立"e云陕职"融合门户APP+一站式服务大厅，集成应用26项；建立了基于教学质量评价系统的校情分析平台，实现对课堂教学质量的多元化、多维度立体评价。校企共建教学资源中心"树下白鹿课栈"，加大资源建设力度，推进"线上线下+自学"混合式教学和翻转课堂，截至2021年年底学校信息化教学资源访问突破50万人次。实现了学习资源数字化、教学方式多样化、管理服务科学化、评价反馈精准化。

10. 互通互补，深化国际交流合作

"提升国际化水平"中期任务14项，数量指标13个，质量指标3个。学校依托"一带一路"职教联盟，建立境外研修基地1个、境外应用型人才培养基地2个，完成境外交流38人次、境内外研修290人次；开展中外合作办学项目1个，参与30人次；制定国际课程标准2个、专业标准1个；引进人才培养方案1个、境外课程2门，引聘外教4名。学校入选教育部2021年中外人文交流全媒体产教融合项目合作单位；"一带一路"职教联盟分别列入2019年、2020年陕西省《"一带一路"建设行动计划》和2021年陕西省人民政府《中国（陕西）自由贸易试验区进一步深化改革开放方案》中；学校获得陕西省委教育工委、省教育厅2021年度外事工作先进单位称号。

（二）贡献度情况

1. 引领职业教育改革发展和人才培养的贡献度

学校秉持"三大三化"的办学理念，牵头成立陕西城镇建设职业教育集团、"一带一路"职教联盟、白鹿原大学城高校联盟；深化"政、行、校、企、研"五方联动的产教融合长效育人机制，构建"集团化办学、联盟式发展"的办学格局，深入推进校企混合所有制办学模式，实现企业参与人才培养方案制定全覆盖，有力促进人才培养与企业需求精准匹配；落实"职教20条"精神，从行业企业引进教师71人，推进校企岗位互聘，充分发挥企业人员学历教育和职业经历的双重优势，入职后联系合作企业151家，与企业合作开展项目、课题24项，将校企合作贯穿人才培养全过程，为职业教育改革发展贡献"陕职方案"。

2. 支撑国家战略和区域经济社会发展的贡献度

"一带一路"职教联盟吸纳"一带一路"沿线国家和地区成员199家，列入了教育部与陕西省开展"一带一路"教育国际合作行动备忘录、陕西省"一带一路"建设行动计

划。响应国家"百万扩招政策",2019—2021年计划扩招1 800人,实际录取1 514人,对外培训年均超过6万人次,为区域经济发展培养了大批高素质技术技能人才。弘扬优秀传统文化,将非遗项目引入校园;校企共建技能大师工作室,由高技能领军人才带徒传技、技能攻关,实现技艺传承、技能推广,传播工匠精神。将"三大三化"办学理念、"双高建设""三全育人"等重点工作与乡村振兴战略深度融合,与西北综合勘察设计研究院共建乡村振兴规划设计研究院,采取定点帮扶和驻村帮扶的方式,2019—2021年消费帮扶143.58万元,开展职业培训项目111项,人数12 669人,累计8 137学时,学校连续五年荣获陕西省"双百工程"先进单位。

3. 支撑国家职业教育高质量发展标准的贡献度

学校积极参与制定职业技能标准,建设期学校教师参与起草了《会展项目管理职业技能等级标准》(T/CCPITCSC 044—2020)1项全国性会展业团体标准,并于2020年4月8日发布实施;参与起草《直播培训指南》(T/CCPITCSC 059—2020)和《线上展会服务规范》(T/CCPITCSC 066—2021)2项全国性会展业团体标准,服务会展行业高质量发展。任锁平同志参与《职业教育提质培优行动计划(2020—2023年)》《关于推动现代职业教育高质量发展的意见》等国家职业教育重大政策文件研制。

(三)社会认可度情况

学校分别委托西安超星教育科技有限公司、西安海内教育科技有限公司对学校建设期内在校生满意度、毕业生满意度等五个方面开展第三方调研评价,总体满意度较高。

1. 在校生满意度及认可度

2019—2021年在校生对学校"双高计划"建设满意度累计实现值为93.04%。其中2021年校学生对学校高水平专业群建设的满意度为95.5%,对双师队伍的满意度为96.19%,对学校校企合作的满意度为96.44%,对学校信息化水平满意度为95.99%,对学校国际化水平的满意度为95.38%。在校生普遍高度认可学校在师生"双主体"课堂教学改革、企业实景教学模式创新等方面的实践。

2. 毕业生满意度及认可度

2019—2021年毕业生对学校"双高计划"建设满意度累计实现值为93.93%。其中2021届毕业生就业满意度为97.86%,对学校社团活动满意度为91.39%,对学校建设综合满意度为98%,学校在人才培养模式、校风学风、教学资源建设等方面的做法均获得毕业生的广泛认可。毕业生王倩被评选为"陕西高职院校优秀毕业生"并应邀做客陕西新闻广播1066《教育直通车》节目直播间,讲述学校人才培养特点、个人职业初心及工作感悟。

3. 教职工满意度及认可度

2019—2021年教职工满意度累计实现值为96.44%。其中2021年教职工对学院党建工作满意度为98.06%，对技术技能人才培养的满意度为96.78%，对学校高水平专业群建设的满意度为97.1%，对学校打造高水平双师队伍的满意度为96.45%，对学校提升校企合作水平的满意度为96.13%。教职工普遍认为通过"双高计划"建设，学校服务发展水平、治理水平、信息化水平和国际化水平均稳步提升，"三教"改革成效显著。

4. 用人单位满意度认可度

2019—2021年用人单位对学校"双高计划"建设满意度累计实现值为99%。其中用人单位对2021届毕业生的政治思想与道德品质、工作态度、专业水平、职业能力评价较高，满意度均达到100.00%。用人单位给予毕业生实践应用能力强、岗位适应性强、职业素养高、专业可胜任的高度评价。

5. 家长的满意度及认可度

2019—2021年家长满意度累计实现值为93.38%。其中2021年家长对学校技术技能人才培养的满意度为97.19%，对学校开展技术技能创新服务的满意度为97.28%，对学校层面高水平专业群建设的满意度为97.26%，对学校打造高水平双师队伍的满意度为97.04%。学校严格的学生管理、优质的教育资源、精准的就业帮扶、畅通的沟通机制均得到家长肯定。

三、专业群层面任务及绩效指标完成情况

（一）产出情况

1. 五方联动，创新人才培养模式

旅游管理专业群"创新人才培养模式"中期任务51项，数量指标18个，质量指标16个。形成"政、行、企、校、家"五方协同育人新机制；通过对标就业面向的核心岗位，画像核心能力图谱，对应构建模块化、项目化课程包，重组创新型教学团队，架构专业群课程体系，推进教育教学改革进入深水区；同时对思想政治教育与专业群建设规划耦合，制定专业群课程思政标准，开展"课程思政大练兵"、课程思政课题研究、听评课，提升课程思政育人效能，完成陕西省职业技术教育学会课程思政专项课题研究27项，实现了"课程思政"内容全覆盖。

2. 校企协同，建设课程教学资源

旅游管理专业群"课程教学资源"中期任务24项，数量指标12个，质量指标6个。课程教学资源建设对标岗位链、能力链，调研分析文旅产业发展的新业态，遴选核心技能包，重构课程体系；将企业核心技能融入课程资源中，加强信息化教学资源开发，打造精

品在线开放课程，建设服务学生自主学习的教学资源云。现已建成省级专业教学资源库1个，资源库课程占全部专业群平台课程比例达到80%，教学资源共享率达到50%；建设在线开放课程20门，获批省级精品在线开放课程7门，参建3个国家级专业教学资源库。

3. 三堂交互，实施教材教法改革

旅游管理专业群"教材与教法改革"中期任务13项，数量指标11个，质量指标2个。专业群聚焦智慧文旅职业教育，精准实现对"岗课赛创证"融通教育（见图4）。校企合作重组教学内容，把岗位技能要求、技能大赛、1+X证书培训等模块与授课内容和课程标准精准对接，按照项目化教学及课程包知识、技能及素质的要求，开发新型活页式、工作手册校本教材50本，其中5本教材在2021年已完成招标及初稿的编写工作；修订关于教学管理办法、教法改革激励管理办法，形成了具有专业群特色的"三堂交互"（校内课堂、线上课堂、企业课堂）教学模式。

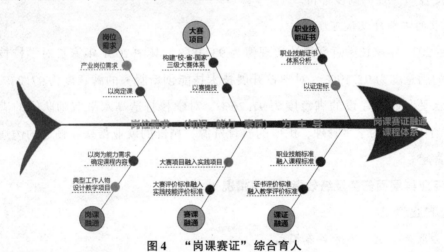

图4 "岗课赛证"综合育人

4. 外引内培，打造教学创新团队

旅游管理专业群"教学教师创新团队"中期任务30项，数量指标16个，质量指标6个。培育省级教学创新团队1个；新入职教师100%具有企业经验；多名教师赴企事业单位参与实践项目。师资团队现有副高级以上人员18名，省级教学名师3名，省级师德标兵1名，省级教书育人楷模1名；引进培养4名专业群带头人、非遗传承人和文旅行业领军人物。获"智慧树杯"课程思政典型案例卓越奖2项，文化和旅游部提质培优研究项目1项、省级教育教学重点攻关课题结题优秀奖1项。

5. 校企协同，建设实践教学基地

旅游管理专业群"实践教学基地"中期任务25项，数量指标13个，质量指标8个。完成麦道-82全机舱、航空CBT实训室、航空急救实训室、白鹿原五星餐饮实训性生产基地等建设，启动建设智慧文旅综合实训中心。建成白鹿仓文旅产业学院，打造"基础技能+仿真实训+岗位实训+就业实习"一体化推进的产业学院样板（见图5）；与陕西文化投资控股集团、陕旅集团等龙头企业签订校企合作协议，建成学生实习实践基地；与三亚凤凰机场、西安咸阳国际机场、西安会展中心、西咸会议中心等企业合作不断深化。

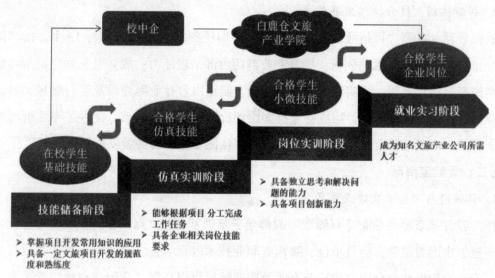

图5 协同共建产业学院

6. 集智创新，打造技术技能平台

旅游管理专业群"技术技能平台"中期任务24项，数量指标14个，质量指标5个。联合西北综合勘察设计研究院建设乡村振兴规划设计研究院，组成校企产业协同创新项目团队，引入企业工作实践项目；联合省文物局、西安市文物考古保护研究院等单位，推进开发文博岗位职业标准；联合西北大学文化遗产学院进行文物修复专业建设研究及行业相关标准制定；与企业协同开展智慧旅游项目开发，创新"机制灵活、产出高效、区域辐射"的技术技能平台。

7. 团队协作，提升社会服务能力

旅游管理专业群"社会服务"中期任务33项，数量指标24个，质量指标8个。专业群多次为黄帝陵景区、渭南市文旅局、白鹿仓景区、西安开元名都大酒店等单位进行岗前培训和继续教育培训；承办陕西省人社厅、教育厅技能大赛"餐厅服务"赛项、陕西省总工会"红色旅游"导游讲解大赛等。学生承担"两会""丝路起点·世界绽放"2021国际交流活动、"灞桥樱桃"采摘文化旅游节、"十四运"等志愿服务工作，学生培养质量受到行业企业一致好评。

8. 拓宽视野，推进国际合作交流

旅游管理专业群"国际交流与合作"中期任务10项，数量指标9个，质量指标4个。与西安社科院共建"一带一路"5个培训指导项目；与汉唐文化创意研究院合作，通过

"文化赋能"项目,展开"一带一路"国家文旅项目合作与交流;建设推广2门双语线上课程;选拔教师参加国际课程的培训;组织师生参加《马来西亚旅游专业课程设置与发展、实习与就业》线上讲座,并做好了泰国留学生培养准备工作。

9. 创新机制,提升持续发展能力

旅游管理专业群"可持续发展保障机制"中期任务20项,数量指标13个。按"以群建院"推进专业群体制机制创新,提升专业群的内部治理能力;成立专业群建设指导委员会、实施资金预算管理、落实专业群建设经费,制定出台专业群建设及运行管理文件、搭建专业群建设诊断改进平台,形成专业群多维评价和动态调整体系,促进了专业群群内专业协同发展,形成过程监测、动态管理、优胜劣汰的专业群可持续发展保障机制。

(二)贡献度情况

1. 引领国内同类专业建设发展

作为教育部旅游类专业"双师型"教师培养培训基地、文旅部旅游职业教育企业合作示范基地、中国旅游学会会员单位、陕西省职业技术教育学会旅游类专业指导委员会主任单位,专业群积极面向全国文旅行业企业及职业院校组织开展"全国高职旅游管理专业群建设与实践高峰论坛"等促进行业发展与专业群建设的研讨交流活动,搭建合作交流平台,增强人才供给侧与产业需求侧适应性,促进旅游类专业群内涵建设水平的有效提升;与西安文理学院联办旅游管理本科专业、与陕西省石油化工学校等中职院校开展"3+2"模式中高职贯通培养,积极探索职业教育人才培养体系一体化设计,推动中、高职及职教本科培养目标、课程体系、培养方案衔接;校企共建白鹿仓文旅产业学院、师生共营"秦风雅苑"星级文旅主题餐厅、构建"师生共营+实践教学+实训生产+文化熏陶"专业群服务经营教学模式,在推进产教深度融合、改革人才培养模式、创新课堂教学模式等方面,为同类学校提供了范式,形成了可复制、可借鉴、可推广的"陕职模式",总结凝练的创新实践成果获省级教学成果一等奖。

2. 服务国家区域支柱产业发展

旅游管理专业群服务陕西文化和旅游强省建设、传承中华优秀文化的世界级旅游目的地发展战略,与陕文投集团、西旅集团等知名文旅企业协同开展景区策划、运营与管理、文创产品设计。学校教师作为陕西白鹿原白鹿仓景区首席规划师和总设计师,负责景区规划建设工作;教师团队开展白鹿仓景区产品规划设计、文化IP打造、服务流程再造,设计与规划《民国街区》和《民国往事》等增值旅游产品,不断丰富着景区内涵。校企双方携手打造的白鹿仓景区,顺应时代发展,开创了民俗文化与现代时尚旅游的新纪元,改变了区域的生态与业态,成为当前国内为数不多的功能齐全、涵盖面广、跨界经营的综合文旅智慧景区，成为全域旅游旗舰项目，成为业内旅游项目开发的成功示范。白鹿仓建设模式不断向甘肃、河南、海南等省成功推广，在促进当地旅游发展、产业带动、经济发展中发挥了重要作用。

3. 研究制定旅游专业建设标准

由学校三级教授王平担任总体工作组副组长、朱晔教授担任研制组企业需求组长，组织完成全国高职"智慧旅游技术应用"专业的简介与教学标准制定。学校参与完成全国高职院校旅游类专业旅行社经营管理、景区开发与管理、旅游管理、酒店管理等教学标准的修订，以及《会展项目管理职业技能等级标准》全国性会展业团体标准的制定工作。

（三）专业群社会认可度

学校委托西安超星教育科技有限公司面向在校生、毕业生、教职工、用人单位、家长五方对专业群建设的满意度及认可度进行调研，整体满意度较高。

1. 在校生满意度及认可度

在校生对学校人才培养方案、教学组织、实训条件、校企合作、教师师德师风等高度赞扬；尤其针对学校进行线上线下混合式、项目化、实景化、"三堂交互"教学方式非常满意，对基于工作导向、职业标准、1＋X证书标准等自编的活页式、工作手册式教材应用评价较高。在实践教学方面，在校生对学校组织的相关活动高度认可。学生对上述几点的综合评价满意度高达92%以上。

2. 毕业生满意度及认可度

2019—2021年，毕业生对学校人才培养质量普遍认可，学生认为学校注重学生的思想品德、职业素养和职业技能的培养，同时学校极其注重培养学生社会服务能力。毕业生对人才培养模式满意度达92%以上，认为专业群实现了"政、行、企、校、家"五方共育人才培养模式，能够落实落细课程资源建设和信息化教学改革，师资水平高，使毕业生的综合素质、社会服务能力、技术技能水平和就业质量得到了极大提升。大部分学生已经被陕西宾馆、三亚凤凰机场、陕西旅游、华夏文旅等企业在毕业前一年提前"预订"。

3. 教职工满意度及认可度

教师对人才培养模式创新、教材教法改革、实训条件改善、校企合作技术技能平台的打造、社会服务及保障机制满意度高；教师对自身能力提升及发展积极性高，对专业建设的各项激励政策都比较满意，尤其是专业群推荐骨干教师赴企业进行轮岗工作、参与企业项目、参与进修学习与技能培训、支持课题申报与横向课题研究、绩效工资二次分配制度等正向激励机制极度认可，总体满意度达95%以上。通过教学改革，教师的幸福感、获得感、满足感显著提升。

4. 用人单位满意度认可度

2019—2021年，用人单位满意度达95%以上。在深化"校企合作、产教融合"方面，用人单位对专业群人才培养方案、教师素质、实训条件建设、学校的治理能力及支持企业发展等方面认同度高。随着专业群建设进一步推进，学校与陕文投、陕西旅游集团、华夏文旅、咸阳国际机场、三亚凤凰机场、西安W酒店等30余家企业深度合作，通过岗位实习、在岗学习实践，提升了学生综合素养，多家企业就学生实习表现发来表扬喜报。

5. 家长的满意度及认可度

2019—2021年，家长满意度高达98%以上。家长十分认同学校建设产业学院、开展人才培养模式创新、推动"三教"改革等实践举措，对学校提升实习实训条件、鼓励学生参与社会服务项目的做法非常赞同。家长普遍认为，学校专业群人才培养模式逐渐完善，学生实操技能显著提升，学生综合能力素养得到发展，学生就业质量高、稳定性好。

四、实现绩效目标采取的措施

（一）项目推进机制建设与运行情况

1. 学校层面

学校充分发挥党委核心领导作用，成立"双高计划"项目建设领导小组和专家咨询委员会，制定了《陕西职业技术学院"双高"建设项目实施管理办法》等107份符合新时代职业教育发展的制度，为提升学校治理水平、推进"双高计划"建设成效提供制度保障。学校坚持服务大局、适应地方经济发展需求、响应国家战略的基本原则，精准施力，以"十大任务"为抓手，加强项目建设内部管控，对照目标、分析研判、梳理进度，建立了项目建设"落实具体化、管控可视化、建设内容纠偏及时化"工作机制，学校及专业群层面的所有项目运行良好，实施过程中无负偏离情况。

2. 专业群层面

学校成立专业群建设领导小组，进行专业群治理机制创新研究。"以群建院"，修订完善白鹿仓文旅产业学院、校企合作、实习实践等管理制度；聚焦团队建设，通过不断加强绩效工资改革、职称评审、评优评先等激励机制创新，激发团队的内生动力；重视专业群教学诊断与改进，不断优化专业群建设数量指标和质量指标建设成效，对进度缓慢项目加强督促问效，形成专业群人才培养内部质量监控和质量保障评价体系，专业群建设工作推进平稳有序。

（二）项目资金管理情况

按照业财融合的理念，学校坚持"全面完整、量入为出、收支平衡、统筹兼顾、保证重点、讲求绩效"的原则，规范合理制定项目资金预算和支出，确保资金使用效益。

1. 学校层面

管理机制健全：学校成立"双高计划"项目建设监督小组，坚持科学化、精细化管理，强化制度保障，建立项目资金专项管理、跟踪研判、动态调整的管理机制，合理资金配比，确保资金下达及时，资金使用合规高效。

资金足额投入：学校通过多渠道筹措建设资金，建立财政专项拨款、行业企业支持与学校自筹的多元化经费投入机制，紧密联系行业企业，开拓合作渠道，吸引各方资源投入建设，积极创收，增强自身造血功能，确保项目建设资金足额到位。

预算编制规范：以项目库动态管理为基础，编制专项资金年度总体安排计划和具体使用计划，专项资金预算纳入学校年度总体预算。将"花钱必问效、无效必问责"的绩效管理理念融入预算编制、执行、监控、评价全过程，全面加强对项目建设资金使用情况的跟踪与研判，对总体建设方案与预算支付进度的匹配度、预算支付时间节点等实行全程监管。

2. 专业群层面

学校健全项目预算编制、执行、监督"全过程"经费管理机制，将专业群项目建设专项资金纳入学校整体预算管理，以财务信息化平台管理数据为依托，紧贴项目任务建设动态，实时掌握预算资金支出进度，提高资金可控性；项目资金支出按照"无预算不支出"的原则，推进专项资金支出管理标准化、规范化、科学化，实现"先有优质项目储备、再有资金安排"的项目库预算管理目标，对入库项目采取滚动管理，让优质项目建设实施更加通畅；依托纪委监审平台，强化纪委对经费使用的实时监督，建立学校审计与第三方审计的联动机制，充分发挥监督职能，确保项目资金在阳光下运行。

五、特色经验与做法

（一）引领职业教育改革发展

学校通过强化党委管党治党、办学治校主体责任，完善内部治理结构（见图6）。实施党委"一委六部"大部制改革，将23个职能部门统整，畅通了部门间的沟通协作；实施常态化校内政治巡查，营造出风清气正的工作氛围；依法治校，充分发挥各类理事会、委员会及群团的作用，形成多元参与的民主治理机制；强力推进"放管服"、职员制改革，施行扁平化治理，提升了决策执行响应速度；实行职务晋升、职称评审、绩效工资分配改革，充分激发教职工工作积极性。学校内部治理的创新实践得到省内外兄弟院校和社会的广泛认可，《中国教育报》刊发学校党委书记何树茂，党委副书记、院长刘胜辉署名文章《奏响职校治理能力提升"三部曲"》。

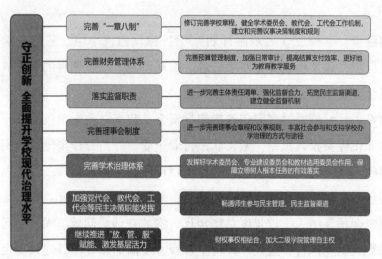

图 6　学校内部治理体系

学校对接区域产业发展需求，构建重点突出、集群发展的 1＋N 区域服务型高职专业群体系。落实立德树人根本任务，强化德育为先、工学结合，探索联盟集团型、混合资本型、产业学院型等不同类型产教融合模式，实践引企驻校、引校进企、校企一体等不同形式产学结合模式。实施分层分类培养方式改革，开展精准通识教育、职业导向课程改革，推进"三堂交互"（校内课堂、线上课堂、企业课堂）等课堂教学创新，凝聚形成现代服务业领域职教品牌。

（二）争创高绩效标志性成果

旅游管理高水平专业群面向智慧文旅产业，以产业学院建设为主要突破口，强化专业群服务地方文旅产业发展能力；成立产业学院理事会，聘请企业人员担任院长，构建理事会管理、财务管理、人事管理、教学管理等运行机制，明确双方权责。双方在招生招工一体化、师资互聘、教学实践场地共用、社会资源共享、利益共赢、风险共担等方面开展深入合作。凝练总结的旅游管理专业群"产需导向标准统领资源聚合模式贯推"创新实践成果获省级高等教育教学成果奖一等奖。

专业群打造"英语＋思政＋职业"的教学团队，以政治理论学习、教研活动和专业培训为抓手，探索思政理论赋能教师—立足时代分析学情—探索价值开发教材—创新教法实现价值，构建系统化课程思政实施路径；2021 年 5 月学校《职业素质英语》被教育部认定为课程思政示范课程，授课教师、团队被认定为课程思政教学名师和教学团队。

（三）增强学校整体办学实力

通过与鼎利集团、陕文投集团等企业合作，共建具有混合所有制性质的产业学院，构建产教深度融合的协同育人长效机制，促进产业链、创新链、人才链、教育链有效衔接，实现学校与产业之间信息、人才、技术与物质资源共享；通过发起组建"一带一路"职教联盟，创建了人才联合培养模式，打通了新技术引进、交流帮扶的通道；通过"白鹿原大学城高校联盟"联动区域内兄弟院校共享优质教学资源，形成育人合力，服务地方经济发展。

通过创新人才培养模式，建立多元化学徒评价模式，开办现代学徒制班，实现了现代学徒制各专业横向精准覆盖、各班级纵向特色化育人；构建"基础共享、专业分立、综合互选"的网络化、逻辑化课程包集群，完成了模块化课程改革，提升"教育＋平台"质量与广度，实现了分层分类职教；开发满足 1＋X 职业技能等级证书要求的动态化、模块化活页式教材，建设对接岗位标准、工作流程、工艺要求的工作手册式教材，推进了高职人才培养"三教"改革。

（四）形成职业教育类型特色

学校坚持"三大三化"的办学理念，遵循"打造现代服务业特色人才培养高地"的办学定位，在"合"字上做文章、下功夫，服务区域经济社会发展，凝聚形成现代服务业领域职业教育类型特色。

一是校校联合。发起组织西安思源学院、西安财经学院行知学院等 9 所高校组建"白鹿原大学城高校联盟"，形成园区联盟式发展的办学格局；与西安电子科技大学合作共建"秦创原集成电路职教发展联盟"；与陕西理工大学、西安航空职业技术学院组建"三全育人"联盟；与西北大学合作共建文保技术技能服务平台。

二是校企合作。与陕文投集团等知名文旅企业协同开展景区策划、运营与管理、文创产品设计；与陕果集团合作培养现代果业高素质技能型人才；与京东集团共建京东物流校园商服中心；刘文西绘画艺术研究院落户学校，发挥大师引领作用，传播优秀传统文化，开展浸润式美育教育。

三是校地融合。与省科技资源统筹中心合作，融入秦创原创新驱动平台；承建灞桥区公众科学素质与创新发展研究中心，被灞桥区政府认定为文旅人才培训示范基地；与西北综合勘察设计研究院共建"乡村振兴规划设计研究院"，被长安区委确定为"西安市长安区乡村振兴人才培训基地"；充分发挥网络营销与直播电商、无人机应用技术、旅游管理等专业优势，牵头举办白鹿原"互联网＋果业"高峰论坛、全国科普日电商惠农科普讲座等科技活动，为白鹿原樱桃种植户开展电商品牌营销与新媒体运营技能培训、进行无人机植保防病灭虫服务，为"灞桥樱桃"采摘文化旅游节提供礼仪、嘉宾引导、技能展演等专业服务，促进师生团队融入当地果业生产与销售，助推新业态下乡村数字经济多渠道发展，打造"白鹿原樱桃"果业品牌。

（五）形成示范推广育人模式

学校聚焦职业教育类型特点，整合校内教育教学资源，建立"旅游与文化学院—后勤保障部""新商科学院—财务部""建筑工程学院—基建办公室""电子信息工程学院—数据信息中心"等"二级学院—职能部室"结对建设、融合发展架构，积极探索"院部融合、师生共建、一体建设、实体管理"育人模式。旅游管理专业群师生共建共营"秦风雅苑"星级文旅主题餐厅，从项目策划、装修设计、用材采购、成品制作到销售服务等全程均由师生完成。"周、秦、汉、唐"文化主题餐厅，将历史特色文化融入环境营造、菜品研发、礼仪服务、节目演艺等环节，就餐服务与传统文化传播充分融合，提升了顾客的文化体验与自豪感。在真实的工作情境中，在实际经营过程中，培养提升了师生的服务意识与服务技能，形成"师生共营+实践教学+实训生产+文化熏陶"的文旅专业群服务经营教学模式。成功打造"酒店运营+文化演艺+精准营销策划+电子商务智能采购+专业财务"文旅品牌，凝聚形成旅游类专业人才培养典型模式。

学校是中外人文交流全媒体产教融合项目首批合作院校、中国职业教育学会国际交流委员会副主任单位，党委书记何树茂应邀在全国职业院校外语教育与国际交流合作高级论坛会上做主旨发言，署名文章《聚合协同提质赋能——陕西职业技术学院国际交流合作实践与探索》在《中国教育报》刊发；学校联合 17 个"一带一路"沿线国家的 74 家教育机构组建"一带一路"职业教育联盟，实施跨境专业人才合作培养项目，推进与德国、日本、西班牙、老挝等国家的学术交流和人员培训；"创新创业与路演实训""旅游礼仪"等课程通过平台走向世界，单节课程有来自 44 个国家 54 000 多个登录点；省级精品在线课程"魅力沟通"在印尼科技大学、加德满都大学中学生选课人数超过 17 万人次。

六、改进措施

一是对接地方产业，与区域发展实现同频共振。学校将依托自身科教优势，积极搭建政校行企等各方参与的产教融合平台，推进人才培养供给侧改革，优化专业设置，服务产业需求，深化校地联合、校企结合、产教融合，服务地方经济社会发展。

二是强化专业支持，为乡村振兴注入职教强音。学校将着力打造"专业支撑+技能培训+产业扶贫"特色的乡村振兴服务模式。培养技能型人才、为乡村振兴和农业农村现代化提供有力支持。

三是创新合作机制，为文化强省传递陕职力量。学校将进一步加强"一带一路"职教平台的服务功能，突显"丝绸之路"文化特色，在将文物大省打造成文化强省、将旅游资源大省打造成旅游经济强省的进程中，展现智慧文旅国际教育品牌，彰显陕西职院的担当与活力。

七、其他需要特别说明的有关事宜

无

附件（略）

陕西能源职业技术学院"双高计划"中期自评报告

2019年12月，学校入选国家"双高计划"高水平专业群建设单位（C档），是全国唯一的"煤矿智能开采技术"专业群建设单位。三年来，在省委教育工委、省教育厅的正确领导下，在中国煤炭教育协会的大力支持下，在行业企业的通力协作下，按照"党建引领，双高强基，产教融合，强化特色"总体思路，聚焦大能源、聚力大健康，扎实推进"双高计划"建设，较好地完成了中期建设任务，学校综合竞争力和人才培养质量显著提升。"煤矿智能开采技术"专业群竞争力居于国内领先地位，学校已初步建成能够引领区域和行业职业教育改革，支撑陕西乃至西部地区能源化工和医疗卫生产业发展，办学特色、专业特色、育人特色鲜明，具有国际交流能力的高水平高职学校，产出了一系列标志性成果，推动了学校事业高质量发展，为打造中国特色高等职业教育品牌贡献力量。

根据《教育部办公厅 财政部办公厅关于开展中国特色高水平高职学校和专业建设计划中期绩效评价工作的通知》和《陕省教育厅办公室陕省财政厅办公室关于陕西省国家"双高计划"建设单位中期绩效评价工作方案的通知》要求，学校扎实开展"双高计划"中期绩效评价自评工作，形成中期自评报告。

一、总体实现程度概述

（一）总体目标的实现程度及效果概述

学校"双高计划"项目中期共有建设任务549项、绩效指标202个。截至2021年12月31日，建设任务完成545项，完成率99.27%；产出指标198个达成中期目标，达成率98.02%，学校层面自评得分为97.92分，专业群层面自评得分为97.08分，学校中期自评得分为97.33分，自评结果为优秀。

（二）项目经费到位和执行情况概述

1. 项目经费到位情况

学校2019—2021年"双高计划"项目实际落实资金总计19 412.74万元。其中，中央财政拨款1 200万元，地方各级财政投入1 200万元，行业企业支持3 941万元，学校自筹13 071.74万元，建设资金全部落实到位。

2. 项目经费执行情况

截至2021年年底，"双高"项目支出总计16 982.56万元。其中，中央财政资金支出1 200万元，地方各级财政资金支出1 200万元，行业企业支持资金支出3 941.01万元，学校自筹资金支出10 641.55万元。中期支出预算执行率为96.83%。

二、学校层面任务及绩效指标完成情况

学校层面三年共有建设任务 379 项,已完成 377 项,完成率 99.47%;产出指标 122 个,120 个已达成预期目标,达成率 98.36%,自评总分 97.92 分。

(一)产出情况

1. 加强党的建设

项目建设期共有 48 项建设任务,建设任务全部完成(见表 1)。

表 1 加强党的建设任务自评表

任务类型	数量/项	中期达成数/项	完成率/%
建设任务	48	48	100

以思想政治工作质量提升工程和思想政治理论课"创优行动"、思想政治理论课教师素质提升计划、"五个五十工程"革命文化教育实践为抓手,高擎党建引领旗帜,深化铸魂育人,推动党建工作创优创先。基层党建水平不断提升,教师党支部"双带头人"100% 全覆盖。形成了"国—省—校"三级接续党建示范"双创"工作创建和培育体系,目前已有国家级样板支部 2 个、省级样板支部 2 个。打造省级精品在线思政课程 1 门。7 名思政教师荣获陕西思政课教师"教学标兵""教学能手"等称号。积极发挥校园文化育人作用,"一院一品"全覆盖,获得全省高校校园文化三等奖 1 项,荣获 2021 年团中央全国暑期"三下乡"社会实践活动优秀单位。1 名教师荣获省教育系统"我身边的好典型"2020 年度人物称号,荣获陕西省高校优秀党员 2 人、先进基层党组织 1 个。2 名学生荣获"中国大学生自强之星",荣获全国煤炭行业"五四红旗团支部"3 个、"优秀共青团干部"3 人、"优秀共青团员"8 人,荣获咸阳市"五四红旗团支部"1 个、"优秀共青团员"1 人。

2. 打造技术技能人才培养高地

项目产出指标 10 项,其中数量指标 6 项,质量指标 4 项,中期指标任务全部完成。项目建设期共有 63 项建设任务,建设任务全部完成(见表 2)。

表 2 打造技术技能人才培养高地建设任务自评表

任务类型		数量/项	中期达成数/项	完成率/%
建设任务		63	63	100
绩效指标	数量指标	6	6	100
	质量指标	4	4	100

主持教育部 2021 职业教育专业目录修订、专业简介与专业教学标准研制 14 个。现已建成矿山开采数字技术应用、老年照护、电子商务数据分析、网店运营推广、智能财税、建筑信息模型（BIM）等 14 个 1+X 证书考评点，并开展取证工作。将"思政课堂"与"社会课堂"紧密结合，通过"见证抗疫、传承精神"思政微视频等系列活动，创建"无边界"思政课堂，打造了"行走的思政实践课"。调整思政课程体系，增设必修课程 1 门，选修课程 2 门；建设思政教育网络实践平台 1 个；着力打造了 18 门课程思政示范课程，56 项课程思政研究课题获批陕西省职业技术教育学会立项，形成了"课程思政"教学典型案例。实施学徒制专业 12 个；试点 1+X 证书制度专业 41 个；获批全国煤炭类院校思政课及课程思政教师研修基地；获省级以上教学成果奖 7 个，建设在线开放课程 56 门并上线运行，其中 8 门获批省级精品在线开放课程；主、参编校企"双元"合作教材、新型活页式教材、工作手册式教材 63 部，其中国家"十三五"规划教材 1 部、省级优秀教材 3 部；持续建设煤矿智能化开采、现代医学技术等综合实训基地 6 个；学生获全国技能大赛奖项 10 项，1 人荣获"全国技术能手"并进入国家集训队，人才培养质量进一步提升，人才培养高地雏形已现。

3. 打造技术技能创新服务平台

项目产出指标 19 项，其中数量指标 14 项，质量指标 5 项，中期指标任务全部完成。项目建设期共有 43 项建设任务，建设任务全部完成（见表 3）。

表 3　打造技术技能创新服务平台建设任务自评表

任务类型		数量/项	中期达成数/项	完成率/%
建设任务		43	43	100
绩效指标	数量指标	14	14	100
	质量指标	5	5	100

依托政、校、企、科研院所协同建设技术研发中心，打造"协同创新中心+团队+转化"人才培养与技术创新平台、"创新实验室+专家（博士）工作室+项目+创新实践基地"产教融合平台和"技能大师+骨干教师+学生"技术技能平台。围绕"1 中心 3 平台"，建设技能大师、名医、博士等 22 个工作室和 1 个创新学院，"平台+团队+项目"运行已具规模。成立了陶瓷烧结新技术开发与应用实验室、咸阳市煤炭工程技术研究中心和矿山灾害防治工程技术研究中心，以及煤炭清洁生产与设备防护重点实验室、煤矿应用技术协同创新中心。参与编制国家标准 1 项、行业标准 6 项，均已发布实施，立项陕西省科技计划项目 4 项。"双高"院校专利联合申请情况排名全国第 16，成

功转化科技成果2项。主动融入秦创原,三年来,成果转化和横向项目在陕西省科技资源统筹中心登记技术交易额1 086万元,到款889.2万元,年均增幅超过120%。

4. 打造高水平专业群

项目产出指标2项,其中数量指标1项,质量指标1项,中期指标任务全部完成。项目建设期共有21项建设任务,建设任务全部完成(见表4)。

表4 打造高水平专业群建设任务自评表

任务类型		数量/项	中期达成数/项	完成率/%
建设任务		21	21	100
绩效指标	数量指标	1	1	100
	质量指标	1	1	100

重点打造煤矿开采技术国家级高水平专业群建设样板,形成具有中国特色的能源职业教育品牌,引领国内同类专业群发展。同时,面向智慧矿山、智慧医疗、现代测绘、乡村振兴等产业方向,着力打造"康复治疗技术""煤化工技术""通风技术与安全管理""护理""医学影像技术"5个省级特色专业群,形成"1+5+N"三级专业群同频发展新格局。

5. 打造高水平双师队伍

项目产出指标21项,其中数量指标16项,质量指标5项,中期指标任务全部完成。项目建设期共有47项建设任务,建设任务全部完成(见表5)。

表5 打造高水平双师队伍建设任务自评表

任务类型		数量/项	中期达成数/项	完成率/%
建设任务		47	47	100
绩效指标	数量指标	16	16	100
	质量指标	5	5	100

大力推进团队建设,打造国—省—校三级教学创新团队,康复治疗技术入选全国职业院校教师教学创新团队,并获批教育部教师教学创新团队培训基地和共同体牵头单位。获批全国煤炭类院校思政课与课程思政教师研修基地、煤炭类"双师型"教师培训基地、陕西省养老护理员培训基地,线上线下协同开展国内外培训,已完成国培计划3期。培育具有国家"万人计划"教学名师水平的教师1人,新增教育部行指委副主任委员1人,教育

部行指委委员 2 人，新增二级教授 1 人、三级教授 4 人、陕西省"五一巾帼标兵"2 人，5 名教师入选全国煤炭行业技能大师、20 人入选全国煤炭行业教育培训资源编审专家，培育省青年杰出人才 1 人，培育省级及行业协会等名师 5 人。

6. 提升校企合作水平

项目产出指标 15 项，其中数量指标 12 项，质量指标 3 项，中期指标任务全部完成。项目建设期共有 35 项建设任务，建设任务全部完成（见表 6）。

表 6 提升校企合作水平建设任务自评表

任务类型		数量/项	中期达成数/项	完成率/%
建设任务		35	35	100
绩效指标	数量指标	12	12	100
	质量指标	3	3	100

通过"政行企校"合作共建校企合作办学理事会，与龙头企业合作共建产业学院、协同创新中心等。牵头组建陕西能源化工职教集团、陕西康养职教集团，推动职教集团实体化运行。与陕煤集团、延长石油集团等世界 500 强企业合作开设能源类订单班；与深圳康泰健集团、西安中医脑病医院合作开设医学类订单班，实现定制化人才培养；与彬长矿业集团合作实施技能人才"学历 + 技能"双提升工程。揭榜挂帅，解决安子洼矿区开发利用、彬县拜家河灾区缩封施工方案及安全技术措施等多个企业生产技术难题 36 项。陕西康养职教集团《康教融合四共同校企协同三递进——残疾人康复人才培养双元育人模式的探索与实践》入选教育部典型案例。参与编写《产教融合提升服务能力"十四五"专项规划》，报送《产教融合意见及建设项目》和《产教融合试点城市建设实施方案》，助力咸阳市创建国家产教融合型城市建设，被咸阳市政府授予"产教融合示范高校"。

7. 提升服务发展水平

项目产出指标 11 项，其中数量指标 7 项，质量指标 4 项，中期指标任务全部完成。项目建设期共有 23 项建设任务，建设任务全部完成（见表 7）。

表 7 提升服务发展水平建设任务自评表

任务类型		数量/项	中期达成数/项	完成率/%
建设任务		23	23	100
绩效指标	数量指标	7	7	100
	质量指标	4	4	100

立足煤炭产业和医疗健康行业,依托学校"煤炭行业职业能力评价中心""陕西省高技能人才培训基地""省级技能鉴定中心",联合企业开展50多个工种技能鉴定工作,累计开展各工种技能鉴定1.76万人次。依托应用技术协同创新中心、咸阳顺安煤矿设计院,开展煤矿工程设计、技术咨询、资源开发及清洁利用、矿山安全产品研发等活动,累计完成技术服务项目104项。响应高职扩招,完成百万扩招4 965人。助力乡村振兴,培训农民工、乡村医生770人次。三年来,累计开展各类型培训15.62万人·日,成人学历教育1 728人,开发能源类培训教学资源库1个。

8. 提升学校治理水平

项目产出指标7项,其中数量指标6项,质量指标1项,中期指标任务全部完成。项目建设期共有24项建设任务,建设任务全部完成(见表8)。

表8 提升学校治理水平建设任务自评表

任务类型		数量/项	中期达成数/项	完成率/%
建设任务		24	24	100
绩效指标	数量指标	6	6	100
	质量指标	1	1	100

修订了学校章程、理事会章程、教职工代表大会制度、学术委员会章程,以章程为统领的现代大学制度体系进一步完善。形成了"1+8+10"的"十四五"学校发展规划体系。以"三全育人"为导向的文化治理体系不断完善,文化氛围进一步浓厚,研讨并修订以章程、"太阳石"精神、校训、校风、教风、学风、工作作风为核心的共同价值观体系。

9. 提升信息化水平

项目产出指标22项,其中数量指标17项,质量指标5项,中期指标任务全部完成。项目建设期共有35项建设任务,建设任务全部完成(见表9)。

表9 提升信息化水平建设任务自评表

任务类型		数量/项	中期达成数/项	完成率/%
建设任务		35	35	100
绩效指标	数量指标	17	17	100
	质量指标	5	5	100

建成全景业务大数据分析应用平台、大数据中心、一站式服务大厅、网络云平台,实现教学—学习应用覆盖全体师生。建设线上教学、培训、督导平台,实现全流程、多模式

的人人互通、处处覆盖、时时共享。实现了对教师教学质量的线上监控与评价，教风和学风大幅改进。开设新一代信息技术公共课，将学生信息素养纳入学生综合素质评价。教师和学生的信息素养显著提升，在陕西省信息素养大赛中荣获一等奖6项、二等奖7项、三等奖10项。

10. 提升国际化水平

项目产出指标15项，其中数量指标13项，质量指标2项，数量指标完成13项，质量指标完成1项。项目建设期共有40项建设任务，完成38项建设任务（见表10）。

表10 提升国际化水平建设任务自评表

任务类型		数量/项	中期达成数/项	完成率/%
建设任务		40	38	95
绩效指标	数量指标	13	13	100
	质量指标	2	1	50

依托中德职教联盟、中文联盟、中泰职教联盟，与10个国家的高校和教育机构签署合作协议，开设中日、中德特色国际班，创新多元化人才培养模式培养国际技能人才。积极组织学生参加国际赛事，2019年荣获国际时尚美妆大赛特等奖2项、金奖1项、银奖2项；获得2021年"一带一路"暨金砖国家技能发展与技术创新大赛二等奖1项、三等奖3项、优秀奖2项以及优秀组织奖2项。

（二）贡献度情况

效益指标建设任务自评见表11。

表11 效益指标建设任务自评表

任务类型		数量/项	中期达成数/项	完成率/%
效益指标	社会效益指标	31	31	100
	可持续影响指标	3	3	100

1. 引领职业教育改革发展和增强适应性方面

按照"对接高端、多元协同、标准引领、团队支撑"原则，开发了专业群建设指导标准1套；率先在全国编制了煤炭类高职院校校内实训室建设标准；建成了由人才培养方案、教材、教学资源库、实践教学基地和创新创业教育组成的5个维度立体化教学资源。先后承办了第七届、第八届全国煤炭职业院校技能大赛，第十六届全国煤炭职业教育校长论坛等全国性会议。

打造了政行企校"共定标准、共建平台、共研项目、共育人才"的"四共"政行企校协同体系。三年来,获批国家骨干专业、国家级培训中心、协同创新中心4个;获陕西省教学成果奖7项,其中特等奖1项,一等奖2项;获全国煤炭、全国石油和化工行业教学成果奖特等奖2项,一等奖2项。

构建了服务矿企的"五对接、三评价、双主体"人才培训模式,形成了一系列培训范式、培训标准、培训资源,并向同类院校推广,学校多次被授予"全国煤炭教育先进单位",获批"陕西省高技能人才培训基地"、全国煤炭清洁高效利用技术培训中心。年均社会培训到款额超过1 200万元。

形成了"党建引领、标准指导、平台服务、积分评价"的团队建设模式。获批全国党建样板支部2个、省级样板支部2个,荣获全国煤炭行业"五四红旗团支部"3个。康复治疗技术教师团队入选全国职业院校教师教学创新团队,并获批团队培训基地及共同体牵头单位;应用化工教学团队被评为全国石油和化工行业教育优秀教学团队。近三年来,新增二级教授1人,三级教授4人,5人获全国煤炭行业技能大师、8人获省级以上教学名师等称号。创新实践了教职工积分制激励奖励制度,并在多个全国性会议、论坛上进行交流。

2. 服务国家战略和地方经济社会发展

通过"政行企校"合作共建校企合作办学理事会,实体化运行陕西能源化工职教集团、陕西康养职教集团,打造校企命运共同体。《康教融合四共同校企协同三递进——残疾人康复人才培养双元育人模式的探索与实践》入选教育部产教融合校企合作典型案例;学校被咸阳市政府授予"产教融合示范高校";完成了教育部教师"国培计划"项目8个,入选国培示范项目1个。

服务能源安全、健康中国战略。近三年完成"百万扩招"计划4 956人;服务乡村振兴,培养新型职业农民770人。获批省委教育工委"双百工程"示范基地,被评为2021年度"双百工程"先进单位。

主动融入陕西秦创原平台,实现成果转化和横向项目在陕西省科技资源统筹中心登记技术交易额1 086万元,三年横向项目合同额1 679万元。

专业群助力煤炭企业智能化转型升级。面向陕西煤业化工集团、陕西延长石油集团等企业单位,开展煤矿企业安全管理人员、安全培训师、特种作业人员、技术能手集训、职业技能培训累计9.6万人·日,完成煤炭工种职业技能鉴定5 475人,输送高素质技术技能人才1 840人。实现"育人时间并行、育人空间并用、育人主体并力"立体化互融,推进校企合作系统化育人。

3. 推动形成国家层面支撑职业教育高质量发展的政策、制度、标准等方面

受全国煤炭行指委委托,作为核心成员完成原煤炭类采矿技术等5个中职专业,煤矿智能开采技术等6个高职专业,智能采矿技术、煤炭清洁利用工程2个职教本科专业的中高本一体化目录修订。

主持煤炭综合利用技术、煤炭清洁利用技术、煤化工技术、煤田地质勘查、矿山机电与智能装备专业等8个专业简介、专业标准的研制工作,参与煤矿智能开采技术、煤化工技术等9个专业简介、标准的研制工作。

与中国煤炭教育协会、中国平煤神马集团共同开发煤矿智能化开采、矿山应急救援、煤炭清洁高效利用3个职业技能等级证书标准,标准开发案例入选教育部"职业教育提质培优、增值赋能"典型案例。

(三)社会认可度情况

"双高计划"建设促进了学校人才培养质量提升,政府、企业和社会对学校的认可度、支持力度与"十三五"期间相比大幅提升。学校委托麦可思数据(北京)有限公司、北京新锦成教育技术有限公司,围绕技术技能人才培养质量、技术技能创新水平、专业服务产业发展能力、双师教师队伍建设成效、校企合作协同育人水平、服务经济社会发展能力、现代化治理水平、信息化技术覆盖及应用程度、国际合作与交流水平九个方面对在校生满意度、毕业生满意度、教职工满意度、用人单位满意度、家长满意度进行调研,结果表明,学校层面五方满意度均超过92%。"双高"建设以来,学校招生就业持续向好,全校招生量由4 092人增长到5 112人,增长24.9%。专业群持续领跑全国煤炭类专业,招生人数由2018年453人增至2021年817人,增长80.4%;煤矿企业2 256员工通过百万扩招报考煤炭智能化开采技术群内专业。2020年、2021年连续两年煤炭类专业位居金平果高职院校分专业类竞争力排行榜第1,学校关注度稳步提升。

三、专业群层面任务及绩效指标完成情况

(一)产出情况

按照陕西能源职业技术学院煤矿智能开采技术高水平专业群建设方案和任务书,对照专业群9项建设任务,2019—2021年度设置任务170项,完成168项,中期任务完成率为98.82%。设置绩效指标100项,其中数量指标、质量指标合计80项,效益指标12项,满意度指标5项。实际产出数量指标、质量指标78项,效益指标12项,满意度指标5项,产出指标、效益指标、满意度指标达成度分别为97.5%、100%和100%。

1. 人才培养模式创新

项目产出指标8项,其中数量指标6项,质量指标2项,数量指标完成6项,质量指

标完成1项。项目建设期共有14项建设任务，完成13项（见表12）。

表12 人才培养模式创新建设任务自评表

任务类型		数量/项	中期达成数/项	完成率/%
建设任务		14	13	92.86
绩效指标	数量指标	6	6	100
	质量指标	2	1	50

坚持立德树人根本任务，创新"德技并修、分层分类"人才培养模式，以太阳石精神、乌金精神和企业文化为引领，以"校内课堂+校外课堂"为载体，面向"普招生、单招生、非学历提升在校生"等多元化生源，实施思政课程与课程思政协同育人。按照岗位制导、课程实现、能力提升、终端检验的逻辑，重构专业群课程体系，形成岗位工作任务化、工作任务课程化、赛教融合一体化、证书验收达标化协同培养模式，实现岗、课、赛、证互通互融，形成岗位能力调研报告4份，开发课程体系1个，制定人才培养培训方案1套。陕西煤业化工集团蒲洁学徒制班、陕西延长石油集团巴拉素委培班等11个教学班实施分层分类培养，煤炭类企业"253"人才培训模式荣获2020年全国煤炭行业教学成果一等奖。

2. 课程教学资源建设

项目产出指标13项，其中数量指标5项，质量指标8项，中期指标任务全部完成。项目建设期共有23项建设任务，建设任务全部完成（见表13）。

表13 课程教学资源建设建设任务自评表

任务类型		数量/项	中期达成数/项	完成率/%
建设任务		23	23	100
绩效指标	数量指标	5	5	100
	质量指标	8	8	100

紧跟行业动态发展趋势，实施学生线上自主学习与面授有机结合，开展翻转课堂、混合式教学，上线运行在线开放课33门，打造混合式"金课"18门，获评省级在线开放课1门。

以智慧职教为载体，根据产业发展，在教学资源建设中融入职业标准，煤矿智能开采技术、矿山机电与智能装备、煤化工技术专业教学资源库新增动画、微课2 995个，新增注册人数19 129人，年均资源更新率≥10%，建成省级教学资源库3个，达到国家水平教学资源库1个。

在煤炭行指委、中国煤炭教育协会的指导下,与陕西煤业化工集团等企业合作,主持(参与)制定国家职业教育专业目录修订、职业技能等级证书标准、专业教学标准14项,形成群内专业人才培养与教育教学系列校本标准,涵盖从人才培养目标、人才培养过程到人才培养质量监控的各个环节。

3. 教材与教法改革

项目产出指标3项,其中数量指标1项,质量指标2项,中期指标任务全部完成。项目建设期共有16项建设任务,建设任务全部完成(见表14)。

表14 教材与教法改革建设任务自评表

任务类型		数量/项	中期达成数/项	完成率/%
建设任务		16	16	100
绩效指标	数量指标	1	1	100
	质量指标	2	2	100

针对煤矿机电设备维修、井下钻探施工等过程,采用对接企业真实生产工艺,利用VR、AR技术,进行沉浸式虚拟仿真教学。组建"煤炭智能开采概论"等课程教学团队,按照"因材施教"的教学原则,进行分类备课、分类授课、分类训练、分类指导和分类测试,模块化教学、混合式教学、虚拟仿真教学比例达81.8%。联合企业技能大师校企联合开发工作手册式、立体化教材28部,《矿井水文地质勘查》获批国家"十三五"规划教材,《矿井火灾防治》《煤矿机械设备电气技术》等3部教材参评国家"十四五"规划教材。

4. 教师教学创新团队

项目产出指标12项,其中数量指标7项,质量指标5项,中期指标任务全部完成。项目建设期共有32项建设任务,建设任务全部完成(见表15)。

表15 教师教学创新团队建设任务自评表

任务类型		数量/项	中期达成数/项	完成率/%
建设任务		32	32	100
绩效指标	数量指标	7	7	100
	质量指标	5	5	100

引智聚贤建团队。对标"四有"好老师标准,以"培、育、聘、引"为思路,组建

专业群"双师型"教师教学创新团队，实施"国家级—省级—校级"三级建设模式，培养（引进）产业导师、技能大师、三秦工匠、企业专家、职教专家等各类人才130人，建设企业教师库1个，培育省级以上团队1个。教师省级以上竞赛获奖5项，发表核心论文43篇。

五类平台促发展。搭建由国家级样板支部、教师发展中心、煤炭类"双师型"教师培养培训基地、教师企业实践流动站、技术服务平台和专业群模块化教学虚拟教研室组成的团队发展服务平台，推动教师立足煤炭行业企业，开展科学研究，服务企业技术升级和产品研发，全面提升师德师风、教学改革和专业能力。

三项计划强德能。面向团队教师实施"筑垒计划""强能计划""研创计划"，开展"双带头人"培育工程；制定《煤矿智能开采技术专业群团队教师分级培训方案》，实施团队教师分级培训，开展师德培训4期，教师累计参加各类培训327人次。专业群团队建设模式获批全国煤炭行业教学成果"特等奖"。

5. 实践教学基地

项目产出指标12项，其中数量指标10项，质量指标2项，数量指标完成9项，质量指标完成2项。项目建设期共有17项建设任务，完成16项（见表16）。

表16 实践教学基地建设任务自评表

任务类型		数量/项	中期达成数/项	完成率/%
建设任务		17	16	94.12
绩效指标	数量指标	10	9	90
	质量指标	2	2	100

以智能开采监测平台为核心，建设"基地一张网，数据一片云，资源一视图"和五大实训中心，构建"1+3+5"架构总体建设方案。升级教学矿井感知、执行、管理系统，以先进、智能、高可靠性的矿井装备为基础，打造坚实可靠的实践教学运行体系；依托互联网、增强现实、VR技术实现实训资源赋能升级，以"资源化、场景化、平台化"为手段，基于"全局优化、专业分级、多点协同"改造模式，建设煤炭地质绿色勘查实训中心、煤炭智能开采实训中心、煤矿智慧运维技术中心和矿井安全保障实训中心，新增/升级实训室34个，开发生产性实训项目25个，基地对外承接实习实训、企业员工培训、技能鉴定等服务3 215人次，承办全国煤炭职业院校技能大赛、陕西省职业技能大赛9项，学生大赛获省奖19项、国奖2项。基地建设模式获评全国煤炭行业2020年教学成果一等奖。

6. 技术技能平台

项目产出指标 13 项，其中数量指标 8 项，质量指标 5 项，中期指标任务全部完成。项目建设期共有 11 项建设任务，建设任务全部完成（见表 17）。

表 17　技术技能平台建设任务自评表

任务类型		数量/项	中期达成数/项	完成率/%
建设任务		11	11	100
绩效指标	数量指标	8	8	100
	质量指标	5	5	100

有效发挥咸阳顺安煤矿设计院在矿井建设、技能改造等方面的人才优势，持续服务煤矿企业生产；聚焦煤炭智能开采关键领域，新建煤矿智能开采技术研究所和"双碳"研究所；汇集大师、名师等高层次人才，发挥引领示范作用，建设技能大师工作室、博士工作室、名师工作室 10 个；新增国家级煤矿应用技术协同创新中心、全国煤炭清洁高效利用技术培训中心、省级高技能人才培训基地、省级能源类创新创业基地、市级煤炭工程技术中心、市级煤矿地质灾害防治研究中心，校企合建罗克韦尔智能控制协同创新中心等高水平技术服务平台 7 个，实行"技术服务目标责任制、学术研究带头人责任制"，实现平台、项目、人才一体化管理，促进校企协同创新和成果转化。

7. 社会服务

项目产出指标 9 项，其中数量指标 7 项，质量指标 2 项，中期指标任务全部完成。项目建设期共有 23 项建设任务，建设任务全部完成（见表 18）。

表 18　社会服务建设任务自评表

任务类型		数量/项	中期达成数/项	完成率/%
建设任务		23	23	100
绩效指标	数量指标	7	7	100
	质量指标	2	2	100

按照"分类培养、分层教学、复合成才"的人才培养模式，对普招生、单招生、企业非学历提升人员等生源施行弹性制培养，累计为企业输送 1 840 名复合型技术技能人才，服务煤矿产业智能化建设与发展。组建煤矿智能开采、煤炭清洁利用、能源地质信息技术方向科研团队，积极参与秦创原创新驱动平台建设，为陕西省内煤矿提供煤矿智能化建设顶层设计、煤矿智能开采与信息化系统建设、煤矿安全生产专项设计等技术服务，合同额

累计657.4万元。年均煤炭类社会培训收入超过1 000万元。

8. 国际交流与合作

项目产出指标6项，其中数量指标5项，质量指标1项，中期指标任务全部完成。项目建设期共有9项建设任务，建设任务全部完成（见表19）。

表19 国际交流与合作建设任务自评表

任务类型		数量/项	中期达成数/项	完成率/%
建设任务		9	9	100
绩效指标	数量指标	5	5	100
	质量指标	1	1	100

坚持走出去，发挥专业群国际化服务能力。专业群教师杨相海教授应国家"一带一路"倡议投资农业及煤炭专家考察团邀请出访塔吉克斯坦，为塔方企业人员开展专业技术咨询服务；专业群刘彦锋教授应西安协力动力科技有限公司邀请，为其孟加拉国巴瑞萨及土耳其胡努特鲁驻外项目开展技术人员安全培训，助力企业培养具有国际视野、通晓国际规则的技术技能人才。

坚持引进来，不断增强专业群内涵建设。先后聘任2名双语教师充实教学团队，邀请外方专家为专业群教师开展专题讲座4场，培训教师26人。获得美国罗克韦尔驻中国教育集成商捐赠2 522万教学资源，校企联合建设智能控制协同创新中心，承担重大产学研合作项目，开展协同研发、技术服务和人才培养工作。

9. 可持续发展保障机制

项目产出指标6项，其中数量指标4项，质量指标2项，中期指标任务全部完成。项目建设期共有25项建设任务，建设任务全部完成（见表20）。

表20 可持续发展保障机制建设任务自评表

任务类型		数量/项	中期达成数/项	完成率/%
建设任务		25	25	100
绩效指标	数量指标	4	4	100
	质量指标	2	2	100

成立由中国煤炭教育协会、陕西煤业化工集团、神木职业技术学院等合作院企共同组建的专业群指导委员会，每年召开研讨会议1次。校企联合制定《专业群创新团队建设计划》《专业群教学、科研团队管理办法》《专业群分类分层培养管理办法》《专业群现代学

徒制（新型学徒制）班管理办法》等系列管理制度。按照专业群5年发展规划，确立专业群教学诊改目标链和标准链，周期性实施自我诊改，充分发挥预警和实时改进的作用，建立专业群自主质量保证体系。

（二）贡献度情况

专业群自获批立项建设以来，坚持以服务陕西煤炭、化工支柱产业转型升级为己任，充分发挥专业办学优势，成为支撑能源化工企业健康发展的"人才池"和"技术池"，成为同类专业建设的"指南针"和"样板房"。

1. 引领职业教育改革发展和人才培养方面

第一，党建引领职教显担当，提供团队保障，服务能源发展践初心。专业群贯彻全国高校思想政治工作会议精神，以提升组织力和业务力为根基，依托国家级样板支部构建了"四梁八柱"党建工作体系，创新党建工作"八大柱石"，实施锻柱工程，对照"七个有力"要求，发挥政治引领、规范组织生活、团结凝聚师生、促进人才培养的主体作用，把思想引领和价值塑造有机融入教育教学工作中，党史学习实现100%全覆盖。分类打造教师教学创新团队，10名教师荣获全国煤炭行业技能大师，行业级、省级教学名师，职业院校技能大赛优秀指导教师称号，18名教师参与研制《煤矿智能化开采技术》《煤田地质勘查》《煤炭高效清洁利用》等1+X职业技能等级证书标准、国家专业简介和专业教学标准修订工作。团队被授予全国石油化工行业教育优秀教学团队称号。

第二，深化专业建设模式改革，提供变革经验，服务专业高质量发展。专业群按照"对接高端、多元协同、标准引领、团队支撑"原则，开发了专业群建设指导标准1套，形成了"标准指导、平台服务、积分评价"的团队建设模式，建成了由人才培养方案、教材、教学资源库、实践教学基地和创新创业教育组成的5个维度立体化教学资源，构建了服务"政府+企业+矿区+终身学习"的"四位一体"社会服务体系和政行企校"共定标准、共建平台、共研项目、共育人才"的"四共"政行企校协同体系。同时，形成了服务矿企的"五对接、三评价、双主体"人才培训模式。三年来，专业群获批国家骨干专业、国家级培训中心、协同创新中心4个，变革经验获省级教学成果特等奖、一等奖、二等奖各1项，获全国煤炭行业、石化行业教学成果特等奖2项、一等奖2项。

第三，适应国家战略新需求，提供智力支撑，服务能源化工产业转型升级。推动专业教学改革向纵深发展，促进职业教育与继续教育有机融合，专业群进一步丰富生源构成，探索育训结合、分层分类教学、线上线下相结合等教学组织形式。积极响应百万扩招政策，面向能源化工行业扩招2 268人，以全日制形式，面向42个教学班分类开展普通班、学徒制班、企业委培班等多样化教学。以短期培训形式，面向陕西煤业化工集团、陕西延长石油集团等企业单位，开展煤矿企业安全管理人员、安全培训师、特种作业人员、技术能手集训、职业技能培训累计96 418人·日，完成煤炭工种职业技能鉴定5 475人，为企业输送高素质技术技能人才1 840人。

2. 支撑国家战略和地方经济社会发展方面

第一，贯彻习近平总书记生态文明思想和能源安全新战略，建设服务智能采煤、清洁低碳专业体系。坚持服务能源化工产业不动摇，以煤田地质勘查、煤矿开采技术、机电一体化技术（煤矿机电方向）、应用化工技术（煤炭清洁利用方向）专业集群建设为载体，争当职业院校中服务陕西能源多元安全供给、高碳资源低碳发展、做优高端能源化工产业目标的排头兵、顶梁柱。

第二，推深做实校企全要素多维合作，助力陕西建设世界一流高端能源化工基地目标实现。牵头组建陕西能源化工职教集团，打造命运共同体。服务国家《现代煤化工产业创新发展布局方案》，与蒲城清洁能化公司联合组建"陕煤蒲洁现代学徒制班"，开展"三同步"联合育人工程，搭建校企合作的"连通桥"；采取"学校＋企业"模式，共建"双师型"教师培训基地，完成2020年度教师企业实践国培项目，并获批"全国煤炭清洁高效利用技术培训中心"。服务陕西煤炭企业智能化转型升级，实施企业员工"学历＋技能"双提升培育工程，与陕西煤业化工集团合作开发培训项目，有效实现"育人时间并行、育人空间并用、育人主体并力"立体化互融，推进校企合作系统化育人。

第三，坚持人民至上、生命至上，树牢安全发展理念。专业群立足煤炭、化工产业安全生产现实，从贯彻新思想新理念、落实中央决策部署、健全安全生产责任体系、强化新问题新风险的防范应对、加大对违法行业的惩处力度等方面先后为陕西省何家塔煤矿、延安能源化工集团车村煤矿等10余家企业详细宣讲新修订的《中华人民共和国安全生产法》，营造安全生产尊法、学法、用法、守法的深厚氛围。

3. 推动形成一批国家层面有效支撑职业教育高质量发展的标准方面

第一，应全国煤炭职业教育教学指导委员会邀请，参与全国资源环境与安全领域煤炭类专业职业教育专业目录修（制）订工作，参与完成原煤炭类中职采矿技术等5个专业，高职煤矿开采技术、选煤技术等8个专业的修订；通过对煤炭开采和清洁利用行业企业深入调研，对原专业进行合并、取消、更名、增设等超前规划，设置采矿技术等5个中职专业，煤矿智能开采技术、煤炭清洁利用技术等6个高职专业，增设智能采矿技术、煤炭清洁利用工程2个职教本科专业，并形成专业目录修订报告，有效支撑了职业教育高质量发展。

第二，应全国煤炭职业教育教学指导委员会、全国石油和化工职业教育教学指导委员会邀请，主持煤炭综合利用技术、煤炭清洁利用技术、煤化工技术、煤田地质勘查、矿山机电与智能装备专业等7个专业简介、专业标准的研制工作，参与煤矿开采技术、应用化工技术等3个专业简介、标准的研制工作。一体化设计中职、高职、职教本科专业标准体系，为全国同类专业的建设提供依据。

第三，由中国煤炭教育协会牵头，中国平煤神马集团、陕西能源职业技术学院等参与，共同开发煤矿智能化开采、矿山应急救援、煤炭清洁高效利用3个职业技能等级证书标准。标准的编制为煤炭类院校优化专业建设标准、专业教学标准、核心课程建设标准，对建设职业教育学分银行、实现学分互换具有重要的意义。

（三）社会认可度情况

学校委托麦可思数据（北京）有限公司、北京新锦成教育技术有限公司，围绕技术技能人才培养质量、技术技能创新水平、专业服务产业发展能力、双师教师队伍建设成效、校企合作协同育人水平、服务经济社会发展能力、现代化治理水平、信息化技术覆盖及应用程度、国际合作与交流水平九个方面对在校生满意度、毕业生满意度、教职工满意度、用人单位满意度、家长满意度进行调研，结果表明，专业群层面五方满意度均超过90%（见表21）。"双高"建设以来，专业群持续领跑全国煤炭类专业，招生人数由2018年453人增至2021年817人，增长80.4%；煤矿企业2 256员工通过百万扩招报考煤炭智能化开采技术群内专业。2020年、2021年连续两年煤炭类专业位居金平果高职院校分专业类竞争力排行榜第1，学校关注度稳步提升。

表21 2019—2021年专业群满意度调查结果

对象	2019—2020年满意度/%	2021年满意度/%
在校生	97.0	95.0
毕业生	91.5	92.3
教职工	90.7	93.0
用人单位	98.5	98.3
家长	92.0	93.0

四、实现绩效目标采取的措施

（一）项目推进机制建设与运行情况

1. 领导高度重视，健全项目推进机制形成合力

成立了由党委书记、校长担任组长，相关校领导担任副组长的"双高计划"项目建设

领导小组；成立了"双高计划"建设办公室。成立了"双高"建设项目咨询专家委员会，为项目建设重大政策、总体方案、审核立项、监督评价等提供咨询服务。

2. 重视学习交流，营造"双高"建设良好氛围

要求各二级单位召开座谈会，明确"双高"建设的目标和要求，查找不足和存在的问题，探寻实现目标的路径和方法。同时，多角度、全方位开展"双高"宣传活动，营造"人人了解双高、人人支持双高、人人参与双高"的浓厚氛围。

3. 创新工作方法，实施"一页纸"任务管理制

学校双高办牵头逐项研究、逐项细化建设任务，列出项目清单，并统筹进度安排，及时跟踪进展。编制"一页纸"任务管理表格，明确每项任务的完成人和完成时间，让每一位任务实施人员清楚地了解自身的任务和要求。

4. 设立"双高"专账，加强"双高计划"资金保障

强化制度约束，加强预算控制，规范会计核算与监督管理行为。由双高办统筹管理与审批全校"双高"建设资金，并结合任务书和绩效目标编制了"双高"年度资金使用计划，确保各项任务按计划实施。

5. 完善激励机制，促进"双高计划"落实落地

实施积分制管理，将"双高计划"作为学校重大任务积分的重要内容，引导广大教职工积极投身于学校"双高"建设，为学校实现高质量发展贡献力量。

（二）项目资金管理制度与执行情况

1. 专项预算

学校出台了"双高计划"专项资金管理办法，实行项目资金专款专用。同时，建立"双高计划"项目储备库，对"双高"单列预算科目，强化项目资金管理和监督。

2. 专家审定

学校邀请校内外财务方面的专家，根据"双高"任务书，分年度任务合理论证成本、预算资金、项目绩效等，规范资金使用程序，加强预算执行管理，确保资金成本效益。

3. 专门管理

借助信息化手段对专项资金入库项目实施网上申报、审核、实时处理等信息化管理，提高效率，增加透明度，严格监管项目资金，充分发挥资金效益。

五、特色经验与做法

（一）与产业发展同频共振，打造"产教深度融合"样板

通过"政行企校"合作共建校企合作办学理事会，与中国煤炭工业协会、中国煤炭教育协会深度合作，共同编制专业目录、专业标准和职业标准，与世界500强企业陕煤集团

合作共建产业学院、协同创新中心等，不断推进产教深度融合，凸显能源化工和医护康养行业特色，努力打造校企命运共同体。

（二）与地方经济同向同行，打造"服务地方发展"样板

紧密对接陕西经济发展，建立与地方经济发展相适应的专业动态调整机制。适应陕西打造国家级能源革命创新示范区目标，在做好煤炭类专业转型升级的基础上，积极打造氢能、光伏、风能等绿色能源类专业，成立了"双碳"研究所、新型能源技术研究所等。

（三）引领发展，打造"煤炭职业教育"样板

学校发挥"煤矿智能开采技术"国家高水平专业群优势，通过建标准、出制度、塑案例，引领全国煤炭职业教育高质量发展。借行业之水行职教之舟、兴煤炭之业，走出了一条与行业融合互动、持续创新发展之路。

六、问题与改进措施

一是国家级教学成果还需努力突破。虽然学校在全国煤炭行业、石油化工行业取得了多个教学成果奖，但是在国家教学成果奖方面还要继续努力。学校将依托省级教学成果特等奖、一等奖，持续凝练、打磨，争取实现新的突破。

二是国际交流合作还需进一步创新。虽然专业群在引领煤炭产业发展、助力煤炭行业企业"走出去"方面做出了大量努力，但是受到国际环境、疫情等客观因素影响，工作进展没有达到预期目标。学校将创新思路和方法，利用信息技术助力国际交流合作实现新突破。

七、其他需要特别说明的有关事宜

"双高计划"项目资金使用情况中总投入不变，按照资金来源，其中 2019 年和 2020 年学校自筹资金分别为 43 017 446 元、27 661 611 元，2020 年中央财政投入 800 万元（含 2019 年中央财政投入 400 万元），2020 年地方各级财政投入 800 万元（包括 2019 年投入 400 万元）。

附件（略）

咸阳职业技术学院"双高计划"中期自评报告

咸阳职业技术学校于2004年9月经陕西省人民政府批准成立，是咸阳市人民政府举办的全日制综合性高等职业院校。2019年12月，学校被教育部、财政部确定为"双高计划"高水平专业群建设单位（C档），学前教育专业群为在建高水平专业群。项目实施三年来，学校坚持以习近平新时代中国特色社会主义思想为指导，全面贯彻党的教育方针，落实立德树人根本任务，紧扣职业教育高质量发展主线，以服务为宗旨，以贡献求发展，积极增强学校教育适应性，主动践行"引领、支撑、贡献"的职业教育新使命，在建设"西部领先、国内一流高水平高职学校"的征程中迈出了坚实步伐。

根据教育部、财政部和陕西省教育厅、财政厅关于开展"双高计划"中期绩效评价工作的相关要求，学校对照"双高计划"建设方案和任务书，扎实开展中期自评工作，形成"双高计划"中期自评报告。

一、总体实现程度概述

（一）总体目标的实现程度及效果概述

1. 学校层面总体目标的实现程度及效果概述

设置建设任务345项、绩效指标281个（包含产出指标227个、效益指标49个、满意度指标5个），总体完成度63.38%，中期完成度99.64%。

历经三年建设，学校综合办学实力显著增强，人才培养质量显著提高，标志性成果不断涌现，高质量发展的内涵根基更加坚实。学校荣获全国党建工作样板支部等国家级荣誉40多项，陕西高校团建示范院校等省级荣誉200多项。入选第二批示范性职教集团（联盟）培育单位，获批职业院校教师"国培计划"联合培训项目承办单位，高质量完成第十四届全国运动会武术套路赛项和足球男子（U20）赛项承办工作。5名教师入选全国行业职业教育教学指导委员会成员名单，27名教师获评技能大赛国赛奖优秀指导教师。承办全国职业院校技能大赛1次。获各类教师教学能力比赛、学生技能大赛、"双创"大赛等赛项国家级奖33项、省级一等奖59项。主动融入秦创原建设，获陕西省高校最具转化潜力科技成果2项、陕西省科学技术奖1项、高等学校科学技术奖2项。入选全国高职院校技术研发与应用成果展优秀案例1个。"大榛子引种示范推广"获陕西省科技厅专项经费50万元。有30多所兄弟院校来校交流学习，行业话语权不断加强，学校办学质量和水平得到社会高度认可。

2. 专业群层面总体目标的实现程度及效果概述

设置建设任务170项、绩效指标112个（包含产出指标88个、效益指标19个、满意度指标 5 个），总体完成度 63.67%，中期完成度 99.53%。

学前教育专业群建设成绩斐然。入选教育部第三批全国党建工作样板支部培育创建单位、陕西省普通高校中华优秀传统文化传承基地。获批全省首批高校团建标杆院系。3 名教师入选教指委、行指委，4 名教师荣获陕西省"高层次人才特殊支持计划"、陕西省黄炎培杰出教师奖等荣誉。参与制定国家职业技能等级标准 3 项。主编"十三五"职业教育国家规划教材 1 部。在全国职业院校技能大赛、全国大学生数学建模竞赛、"互联网+"大学生创新创业大赛等赛项中屡获佳绩。立项陕西省高等职业教育教学改革研究重点攻关项目、重点项目各 1 项。获陕西省高等教育教学成果奖 2 项。专业群引领示范作用显著发挥，业内影响力和社会美誉度显著增强。

3. 学院自评情况

根据《陕西省中国特色高水平高职学校和专业建设计划省级中期绩效评价工作方案》相关要求，学校对照绩效评价指标体系进行自评打分，结果如下：学校得分 98.97 分，专业群得分 98.86 分，加权计算总得分 98.89 分，处于"优"档（见表 1）。

表 1 学校自评情况得分明细表

一级指标及权重	二级指标及权重	学校/分	专业群/分	合计/分
产出指标（50%）	数量指标（20%）	19.92	19.71	19.77
	质量指标（20%）	19.90	20	19.97
	时效指标（10%）	10	10	10
效益指标（30%）	社会效益指标（15%）	15	15	15
	可持续影响指标（含标志性成果）（15%）	14.15	14.15	14.15
满意度指标（10%）	服务对象满意度指标（10%）	10	10	10
管理与执行指标（10%）	资金管理指标（5%）	5	5	5
	项目管理指标（5%）	5	5	5
合计		98.97	98.86	98.89

（二）项目经费到位和执行情况概述

1. 经费到位情况

项目总预算 24 880 万元，2019—2021 年预算 13 810 万元。截至 2021 年年底，项目到位资金总计 14 426.28 万元；其中，中央财政拨款 1 200 万元，地方财政拨款 3 610 万元，行业企业投入 1 286 万元，学校自筹资金 8 330.28 万元，资金到位率 104.46%。

2. 经费执行情况

截至 2021 年年底，项目总计支出 14 093.18 万元，资金执行率 97.69%（见表 2）。

表 2　2019—2021 年资金执行情况表

资金来源	到位金额/万元	支出金额/万元	执行率/%
中央财政	1 200.00	1 200.00	100
地方财政	3 610.00	3 610.00	100
行业企业投入	1 286.00	1 286.00	100
学校自筹	8 330.28	7 997.18	96
合计	14 426.28	14 093.18	97.69

二、学校层面任务及绩效指标完成情况

（一）产出情况

设置产出指标 227 项（包含数量指标 126 项、质量指标 98 项、时效指标 3 项），总体完成度 63.80%，中期完成度 99.56%。

1. 坚持党建统领发展，全面加强党的建设

设置建设任务 50 项，中期完成度 100%，总体完成度 63.86%。

构建思政阵地、领导核心、基层组织、育人体系"四维"联动党建工作格局，建成党员党性体检中心，获批"全国党建工作样板支部"培育创建单位 1 个，荣获陕西省团建示范院校等省级以上团建荣誉 3 项。推进"思政铸魂"计划，建立 4 个爱国主义教育基地，打造"行走的思政课堂""咸职名片"，荣获全国高校思政课教学展示一等奖 1 项，陕西省高校思政课大练兵教学标兵、能手 7 名，省级高校校园文化建设优秀成果奖 3 项。建成融媒体中心，获中国高职高专官微 20 强。通过"全国文明单位"复检。

2. 坚持立德树人根本，打造技术技能人才培养高地

设置建设任务 51 项，数量指标 24 项、质量指标 17 项，总体完成度 66.95%，中期完成度 98.78%。

构建国、省、校高水平专业群协同发展机制，承办学生技能大赛国家级赛项 1 次、省级赛项 5 次；获技能大赛国家级奖 27 项、省级奖 189 项，"互联网+"创新创业大赛国家级奖 3 项、省级奖 23 项，大学生数学建模竞赛国家级奖 3 项、省级奖 43 项。实施学生职业生涯教育导师制、金牌导师培育制度，培育金牌导师 20 名。"三二连读"贯通

培养学生 3 000 人。入选教育部"十三五"规划教材 1 部,获评省级以上优秀教材 3 部。立项省级在线开放课程 12 门。获评省级教学成果奖 6 项。校企联合研发职业技能等级标准 5 部。

3. 坚持校企协同创新,打造技术技能创新服务平台

设置建设任务 24 项,数量指标 28 项、质量指标 12 项,总体完成度 69.56%,中期完成度 100%。

构建"1 中心+3 研究院"创新服务平台体系,建成 4 个创新服务平台。获批国家级协同创新中心 1 个、咸阳市重点实验室 1 个。获陕西省科学技术奖 1 项、高等学校科学技术奖 2 项。立项陕西省科技计划项目 7 项、科研计划项目 15 项;授权专利 189 项,其中,发明专利 9 项。7 名教师被认定为省级科技特派员。2 项成果获陕西省高校最具转化潜力科技成果,并入选"秦创原"高校科技成果展暨校企对接洽谈会精品项目。获全国高职院校技术研发与应用成果展优秀案例 1 个。

4. 服务教育强国战略,打造高水平专业群

设置建设任务 170 项,数量指标 34 项、质量指标 51 项,总体完成度 64.49%,中期完成度 99.41%。

聚焦幼儿教师培养、幼儿教师培训、幼儿教育"三大高地"建设目标,推进学前教育专业群建设"十项行动",获职业院校技能大赛、"互联网+"大学生创新创业大赛、数学建模竞赛等国家级奖项 6 项,其中一等奖 3 项;主编"十三五"职业教育国家规划教材 1 部,参与制定国家职业技能等级标准 3 项,立项陕西省高职教育教学改革研究重点攻关项目、重点项目各 1 项,获陕西省高等教育教学成果奖 2 项。

5. 坚持"四有"教师标准,打造高水平双师队伍

设置建设任务 33 项,数量指标 12 项、质量指标 10 项,总体完成度 64.74%,中期完成度 100%。

推进卓越人才领航、团队培植等五项计划,评聘产业导师 232 人,高标准建成教师发展中心,引进专业领军人才 4 名,引培博士 46 名,评聘三级教授 2 名,获评省级教学名师 2 名、师德标兵 1 名、师德示范团队 1 支。1 名教师荣获陕西省"特支计划"区域发展人才称号。5 名教师入选行指委、教指委委员名单,其中,副主任委员 1 名。获省级以上教师教学比赛奖 22 项,其中,国家级一等奖 3 项。

6. 实施校企协同育人,提升校企合作水平

设置建设任务 42 项,数量指标 14 项、质量指标 12 项,总体完成度 64.25%,中期完成度 100%。

搭建"3+9+2"（3个产业学院、9个产教融合实训基地、2个实体性职教集团）产教融合平台体系，组建陕西学前教育职教集团、陕西医养健康职教集团，建成工匠工坊4个，获批国家示范性职业教育集团（联盟）培育单位1个。建设咸阳市产教融合示范高校。开设现代学徒制专业5个，培养学徒学生203人。稳定合作企业达300多家，3家合作企业获批产教融合型试点企业。

7. 主动融入区域发展，提升服务发展水平

设置建设任务55项，数量指标10项、质量指标12项，总体完成度55.61%，中期完成度100%。

推进"一项工程、六项计划"，毕业生就业率连年达95%以上，荣获陕西高校"就业工作先进集体"称号。新增省级基地4个、市级基地5个，基地总数达到32个。职业培训规模每年超过30 000人次，职业培训收入每年超过500万元，职业培训满意率达到94%以上。获批职业院校教师"国培计划"联合培训项目承办单位，承接体育文化赛项6项，连续五年荣获陕西省"双百工程"先进单位称号。

8. 完善内部治理体系，提升学校治理水平

设置建设任务23项，数量指标11项、质量指标7项，总体完成度61.67%，中期完成度100%。

推进以学校章程为核心的现代职业学校制度体系建设，构建"五会共治"治理构架，新增、修订制度100多个，编印出版"双高计划"典型案例集1部。引入星空书院等第三方评价机构开展质量评价。荣获全省教育系统信息工作先进集体、教学管理工作先进集体等省级以上荣誉50多项。教职工对职能部门服务质量的满意度达到95%以上，各部门治理效能显著增强。

9. 加强智慧咸职建设，提升信息化水平

设置建设任务30项，数量指标14项、质量指标10项，总体完成度57%，中期完成度100%。

建立智慧校园"一把手"工程，推进"e咸职"平台、智慧教室、智慧教育教学管理系统、咸职校情大数据中心等信息化建设重点任务，推动新一代信息技术支持下学校教育教学、管理服务的环境优化、设施改造、平台搭建、模式变革和生态重构。荣获全省教育网络安全和信息化工作先进集体，入选陕西省高等学校智慧校园培育校。

10. 服务"一带一路"倡议，提升国际化水平

设置建设任务26项，数量指标12项、质量指标10项，总体完成度62.20%，中期完成度100%。

搭建"一带一路"幼教联盟、中德汽车技能人才培养联盟、"一带一路"工程教育中心。建立坦桑尼亚海外分院和鲁班工坊,获东非大学理事会中非教育合作与人文交流优秀单位。开发的职业汉语教材被菲律宾巴利乌格大学采用。培养留学生34名,有30多名学生赴海外留学就业。当选"21世纪海上丝绸之路职教研究会"副秘书长单位,1名教师当选专家委员。入选"2020年智能制造领域中外人文交流人才培养基地"筹建合作院校,教育部中德先进合作项目首批试点院校。1个案例入选《2021年中国职业教育质量年度报告》。

(二)贡献度情况

设置效益指标49项(包含社会效益指标40项、可持续影响指标9项),总体完成度62.80%,中期完成度100%。

1. 成果导向,形成引领职教改革"咸职示范"

学校以"双高计划"舞起改革龙头,创新产教融合办学模式,以"三教"改革赋能课堂革命"咸职行动",切实增强学校教育和人才培养的适应性。学校搭建"一体化、实体化、集团化"办学格局,建成陕西学前教育职教集团、陕西医养健康职教集团,咸阳职业教育集团获批国家示范性职业教育集团(联盟)培育单位。依托"国、省、校"专业群协同发展布局,形成校企联合、工学结合、教练耦合、理实统合、赛教融合"五合"时代工匠培养模式。获省级教学成果奖6项,受益学生6 000多人,在75所高职院校推广应用。近三年具有研究生学位教师占专任教师的比例从49.34%上升至62.19%,具有高级专业技术职务教师占专任教师的比例从21.46%上升至33.43%。教师主参编教材70多部,开发活页式、工作手册式等教材16部,相继被28所院校选用。建成省级在线精品课程12门,累计学习43万人次。

2. 创新驱动,彰显支撑国家战略"咸职担当"

紧贴高水平专业群布局,助力教育强国、健康中国等国家战略。服务幼有所育国计民生事业,建设学前教育高水平专业群,为西部地区培养输送"身正德善、爱岗爱幼、才优艺雅、擅保擅教"的优质幼儿园师资。依托陕西省养老护理培训基地,完成583名养老从业人员岗前培训和职业技能鉴定、25名1+X证书制度老年照护师资培训。高质量完成第十四届全国运动会武术套路赛项和足球男子(U20)赛项承办工作。先后与西藏职院、玉树州职校等院校,在教学管理、专业建设、师资队伍等方面开展帮扶。成立乡村振兴学院、现代农业产业研究院,开展"双百工程""两联一包"结对帮扶,先后投入300多万元,选派干部30名帮扶贫困户60多户,完成3个村脱贫;靶向供给,帮助农户种植大榛子200多亩,实现经济收入150万元;荣获地市级扶贫殊荣4项,学院连续五年被评为全省"双百工程"先进单位。

3. 主动融入，打造服务区域发展"咸职品牌"

实施优质就业工程，开展访企拓岗促就业专项行动，毕业生就业去向落实率连年95%以上，本省就业率87.83%，荣获陕西省普通高校就业创业信息化工作先进集体、就业工作先进集体称号，就业工作被列为2020年全国职教改革创新实践典型案例。构建实施"五个一"培训制度，采取"政府+院校+基地"方式，开展社会服务6万多人次，开发职业培训资源包2个，建成幼师培训等省市级培训基地32个，获全国优秀教材奖1项。近三年，职业培训规模从19 626人次/年增加到31 883人次/年，年均递增20.82%。2021年职业培训收入增至577.65万元。创办老年大学，招生规模589名。依托学前教育专业群，实施"三秦儿童阳光计划"项目，助力区域农村儿童教育事业；与新疆、甘肃等西部地区12所幼儿园所签订园校融合发展合作框架协议，助力西部地区学前教育质量提升。主动融入秦创原建设，承接咸阳市"揭榜挂帅"第一批技术难题，签订技术开发合同金额10万元。获批陕西省"高校最具转化潜力科技成果"2项。动物疫病快速诊断技术协同创新团队年均稳定服务300余家养殖场，对地方畜牧经济做出突出贡献。

4. 标准贯通，搭建职教高质量发展"咸职样板"

按照高标准引领、高段位落地、高速率对标、高绩效输出的思路，建立国、省、校"三级"标准构建机制，先后开发顶岗实习标准9套、岗位职业标准9套、仪器设备装备规范5套，制定本科、三年制、五年制专业人才培养方案70份、课程标准400门。参与国家职业教育专业目录及简介、专业教学、实训条件建设等标准制定。联合湖南金职伟业母婴护理有限公司、新华国采教育网络科技有限公司、南京第五十五所技术开发有限公司、北京神州数码云科信息技术有限公司开发的《幼儿照护职业技能等级标准》《产后恢复职业技能等级标准》《器乐艺术指导职业技能等级标准》《云计算平台运维与开发职业技能等级标准》《Web安全测试职业技能等级标准》等5项标准已正式发布，在全国1 000多所院校进行推广。与甘肃冶金职院、玉树州职校开展对口帮扶，输出人才培养方案等教学标准。

（三）社会认可度情况

设置满意度指标5项，包含服务对象满意度指标5项，总体完成度50%，中期完成度100%。根据星空书院第三方评价报告，学校利益相关方总体满意度97.77%。

1. 在校生满意度

以"十育人"工作体系为统领，大力促进学生全面发展。在校生对教师教学方法、教学团队、教材、信息化、前沿内容、课时数量的满意度均超过93%。在校生整体满意度98.02%。

2. 毕业生满意度

实施"六个"精准保就业，就业率连年95%以上，专业对口率86.16%，本省就业率87.83%。99%的毕业生认为能胜任当前工作，近60%的毕业生工作岗位为前沿性岗位。毕业生整体满意度98.06%。

3. 教职工满意度

建立过教学关、教坛新秀、骨干教师、教学名师"四级递进"的教师培养体系，促进教师成长发展。教师对教学技能提升、职业发展活动、专业化发展等方面的满意度均较高，专业化发展满意度96.99%。教职工整体满意度96.76%。

4. 用人单位满意度

实施访企拓岗促就业专项行动，合作企业372家，其中产教融合型试点企业3家；新增订单班27个。用人单位对毕业生在学校声誉、道德品质、能力胜任、职业素养等方面的满意度均超过98%，对毕业生的招聘意愿较强。用人单位整体满意度98.98%。

5. 家长满意度

连续15年超额完成省定招生计划，网上申报考生人数连续7年位居全省高职院校第1，高考文理科录取分数线居全省前列。家长对在校期间学生成长的满意度为97.39%，并表示愿意将学校向亲朋好友推荐，学生家长推荐度96.25%。家长整体满意度97.08%。

三、专业群层面任务及绩效指标完成情况

（一）产出情况

设置产出指标88项（包含数量指标34项、质量指标51项、时效指标3项），总体完成度64.29%，中期完成度99.43%。

1. 推进培养模式创新行动

设置建设任务18项，数量指标4项、质量指标8项，总体完成度72.92%，中期完成度95.83%。

基于德能、园校、赛教"三融合"，制（修）订专业人才培养方案并出版发行。获技能大赛一等奖1项、二等奖2项，全国"互联网+"创新创业大赛铜奖1项，早期教育专业保教技能竞赛国家级一等奖1项，全国数学建模竞赛一等奖1项。与本科院校联办学前教育本科专业，招收学生两届96名。有1 061名学生专升本进入本科院校学习，6名学生攻读硕士学位。参与教指委专科、本科专业教学标准制定，协同企业院校共同制定3项1+X职业技能等级标准。获评陕西省高等教育教学成果奖特等奖1项、二等奖1项。

2. 推进课程资源富集行动

设置建设任务13项，数量指标2项、质量指标5项，总体完成度71.90%，中期完成度100%。

基于学前儿童学习与发展核心经验培养，重构课程体系，制定核心课程标准20门。推进课程思政教育教学改革，课程思政实现专业群课程全覆盖，出版《学前教育专业群课程案例汇编》1部，1名教师获评陕西省高校课程思政教学标兵。建设在线开放课程22门，其中省级在线精品课程6门，在线学习突破180 000人次。联建早期教育专业教学资源库，素材近6 500个，课程15门，微课86个，并在国家智慧教育公共服务平台运行。

3. 推进教学改革创新行动

设置建设任务9项，数量指标5项、质量指标6项，总体完成度59.09%，中期完成度100%。

创新实践"三段五步"课堂教学模式、"三习贯通"实践教学体系。适应新形态教材发展趋势，出版工作手册式、活页式等教材10部，其中1部教材获评"十三五"国家职业教育规划教材。主编出版《学前教育职业汉语日常用语》中英双语教材。获全省教师教学能力比赛奖2项。

4. 推进人才高地建设行动

设置建设任务19项，数量指标5项、质量指标5项，总体完成度61.72%，中期完成度100%。

坚持师德为先，获评陕西省师德建设示范团队，1人获评全省师德标兵，1人获评黄炎培杰出教师奖，1人获评陕西省高等学校教学管理先进个人。1人当选教指委副主任委员，2人当选教指委委员，1人获评中国工艺美术大师、教育部民族传统文化传承与创新示范专业评审组专家，6人入选"中小学幼儿园教师培训专家库"，1人获评全国职业院校技能大赛优秀工作者，2人获评全国职业院校技能大赛"优秀指导教师"。组建园校双向互聘团队，互聘教师20名。

5. 推进实践基地提升行动

设置建设任务16项，数量指标4项、质量指标5项，总体完成度55.94%，中期完成度100%。

按照"产学研训服"一体化思路，建设附属幼儿园，建筑面积12 000平方米。联合交大阳光幼儿园开办试点园，运行平稳。建成专业群虚拟仿真实训中心，新建或改建感统、游戏、钢琴、舞蹈等实训室95间，新增校外见习实习和就业基地20个。

6. 推进平台载体构筑行动

设置建设任务 23 项，数量指标 4 项、质量指标 5 项，总体完成度 74.44%，中期完成度 100%。

与幼乐美（北京）教育科技有限公司合作成立卓越幼师学院，开设卓越幼师创新实验班 6 个。成立西部幼儿教育发展研究中心，开展学术讲座 20 次，专业辅导 11 次，立项各级各类课题 110 项。成立西部幼儿教师培训中心，承担国培计划任务培训 600 多人次。牵头组建陕西学前教育职教集团，有理事单位 102 家，共建"幼儿游戏与指导""卫生与保育"等课程。

7. 推进社会服务提质行动

设置建设任务 14 项，数量指标 4 项、质量指标 5 项，总体完成度 61.19%，中期完成度 100%。

开展"青蓝项目"导师结对活动，帮扶区域幼儿园所青年教师成长。完成甘肃冶院、西宁城院、玉树州职校等高职院校对口帮扶，与秦都职教、扶风职中等 14 家中职学校签订"三二连读"联合培养协议，招生 1 200 名。开办早教之家 4 家，服务区域家庭教育。面向校内外开展各类技能鉴定，鉴定人数 2 600 多人次。主办全国托育城市论坛（西安站），成立西部 3 岁以下婴幼儿托育研究中心、领跑早期教育名师工作室。

8. 推进国际合作交流行动

设置建设任务 21 项，数量指标 2 项、质量指标 6 项，总体完成度 56%，中期完成度 100%。

牵头成立"一带一路"幼教联盟，成员单位 52 家。受邀为宋卡王子大学普吉孔子学院、素叻府圣母玛丽亚女子学校开展"中文＋职业技能"定制培训。缔结国（境）外友好合作院校 4 家，与韩国、马来西亚、泰国等国境外高校达成合作交流意向。选送 10 名学生赴新加坡、韩国交流实践。

9. 推进内部质量保证行动

设置建设任务 14 项，数量指标 2 项、质量指标 2 项，总体完成度 65%，中期完成度 100%。

建立专业群科学决策机制、动态调整机制、质量保证机制。组织开展面向教育、托育的专业群人才需求调研，形成人才需求调研报告。编制专业群"十四五"发展规划，编制并正式发布毕业生就业质量年度报告。引入第三方教育评价机构开展人才培养质量调研，发布年度人才培养质量报告。专业群所在师范学院荣获陕西省高等学校教学管理先进集体。

10. 推进文化继承创新行动

设置建设任务23项，数量指标2项、质量指标4项，总体完成度67.33%，中期完成度100%。

创建卓越幼师教育文化，荣获全省高校校园文化建设优秀成果奖1项。建设劳动教育基地6个，赴东周儿童村、儿童康复中心等地开展红烛志愿者服务活动10余次。入选陕西省普通高校中华优秀传统文化传承基地，获评全省首批高校团建标杆院系，入围第三批全国党建工作样板支部培育创建单位。

(二) 贡献度情况

设置效益指标19项（包含社会效益指标17项、可持续影响指标2项），总体完成度64.39%，中期完成度100%。

1. 创新"咸职学前方案"，引领学前教育专业建设

专业群深化德能融合、赛教融合、园校融合"三融合"人才培养模式改革，组建卓越幼师学院，实施专业共建、人才共育、资源共享、投入共担、发展共赢"五共"机制，形成卓越幼师人才培养方案，输出院校150家。通过园校协同育人"三步走"迭代升级，探索形成"三段五步"课堂教学模式、"全实践融通"教学组织形式、"四一制"实践教学组织模式，获省级教学成果奖1项，被省内外36所院校借鉴应用。创新实践以赛教融合为特征的"岗课赛证"综合育人机制，获职业院校技能大赛一等奖1项、二等奖2项，连续4年获陕西省职业院校技能大赛学前教育专业教育技能赛项第一名。

2. 打造"咸职学前品牌"，服务区域学前教育事业

专业群坚守扎根西部大地办幼师教育的理念，以系统化培训、特色化活动、专业化平台"三化并举"打造早幼教品牌，为西部地区培养输送一大批"身正德善、爱岗爱幼、才优艺雅、擅保擅教"的优质幼儿园师资，服务区域早幼教事业发展。承担幼儿园教师国培计划，赴全省幼儿园所等机构开展幼儿安全防范意识培训及宣传8次。积极开展"早教进社区"系列活动，在4家社区挂牌成立社区"早教之家"。牵头成立安康市早期教育实践基地。成立"启萌"网络工作室，开发建设"启萌早教、慧育未来"早教资讯平台，为2 000多户家庭提供早教咨询。建立西部幼儿教育发展研究中心、"领跑"早期教育名师工作室、陕西学前教育职教集团、"一带一路"幼儿教育联盟等专业平台，举办相关论坛6次，指导推进早幼教教师提高专业素养。

3. 构建"咸职学前模式"，服务支撑乡村振兴战略

专业群传承"西部红烛精神"，以教育振兴助力西部乡村振兴。连续两年选派优秀学生及专业教师70余人次，奔赴四川、宁夏、甘肃、青海及陕西西部等偏远地区27个县区

支教帮扶。开展"三秦儿童阳光计划"项目,立足三秦,辐射西部,服务儿童 1 000 多人,开展各类公益活动 110 多次,参与人数达 5 000 人次。获中国国际"互联网+"大学生创新创业大赛青年红旅赛道铜奖,陕西赛区金奖、银奖。连续两年推荐输送 353 名学前教育专业群毕业生到新疆、甘肃、青海等西部地区就业,涌现出立足基层、出类拔萃的学生李星等一批优秀毕业生,以实际行动改善西部地区早幼教专业人才紧缺现状。

4. 搭建"咸职学前范本",助力学前教育职教发展

搭建产学研训服"五位一体"平台体系,建成附属幼儿园、西部幼儿教育发展研究中心,组建陕西学前教育职教集团。建成学前儿童学习与发展核心经验科研团队。参与学前教育专业目录及简介、专业教学、实训条件等标准制定,纳入国家职业教育标准体系。会同金职伟业等企业,制定职业技能等级标准 3 个。编写"十三五"国家职业教育规划教材 1 部,全国发行 80 000 册。参与北京市"婴幼儿照护服务从业人员规范化培训建设"标准研制。制定卓越幼师人才培养方案,在全国学前教育产教合作联盟的 150 家成员院校中借鉴应用。校企合作共建学前教育专业群虚拟仿真平台(中心)。出版《学前教育专业群课程思政教学设计案例汇编》1 部。建设省级精品在线课程 6 门,入选国家智慧教育公共服务平台,选用院校 200 多家,在线学习逾 18 万人次。联合全国 22 家院校、园所、企业成立早期教育专业教学资源库建设联盟,建成课程 15 门、微课 86 个、素材近 6 500 个,用户近 3 000 人。

(三) 社会认可度情况

设置满意度指标 5 项,包含服务对象满意度指标 5 项,总体完成度 50%,中期完成度 100%。根据星空书院第三方评价报告,专业群利益相关方总体满意度 97.92%。

1. 在校生满意度

专业群对标新时代学前教育事业发展要求,优化人才培养体系,全方位提高育人能力。在校生对教师教学方法、教学团队和教材的满意度均在 97% 以上。在校生整体满意度 98.10%。

2. 毕业生满意度

专业群与 100 多所幼儿园开展深度合作,毕业生就业率连年保持在 95% 以上,专业对口率 95.83%。99% 的毕业生认为能胜任当前工作,63.37% 的毕业生认为专业群就业优势较其他院校更为突出。毕业生整体满意度 98.29%。

3. 教职工满意度

高水平专业群建设为教师成长发展搭建多元渠道,教师发展的内生动力得到激发,教师对教学技能提升、职业发展活动、教育教学信息化等方面的满意度均超过 97%。教职工

整体满意度97.64%。

4. 用人单位满意度

专业群与多所幼儿园开展紧密合作，用人单位对专业群毕业生在学校声誉、道德品质、能力胜任、职业素养等方面的满意度均超过98%，对专业群毕业生的招聘意愿十分强烈。用人单位整体满意度98.70%。

5. 家长满意度

家长对在校期间学生成长的满意度为97.57%，并表示愿意将专业群向亲朋好友推荐，学生家长推荐度96.31%。家长整体满意度96.88%。

四、实现绩效目标采取的措施

（一）项目推进机制建设与运行情况

1. 学院层面

（1）组织领导坚强有力

建立"咨询委员会宏观指导、领导小组统筹规划、双高建设办公室协调落实、任务组牵头负责、各部门具体实施"的组织管理体系。独立设置双高建设办公室，配齐配足专门人员，充分发挥双高建设"指挥员、协调员、宣传员"作用。建立实施"党建统领、协作并进、归口落实"的融合发展建设机制，加强功能型党组织、协调议事机构建设，明晰职能部门归口责任，推进党建与业务、项目与常规深度融合，搭建高质量发展工作格局，保证双高建设稳步推进。

（2）过程管控务实高效

制定实施"双高计划"建设与管理办法、专项资金管理办法、绩效考核奖励办法、专项设备购置及管理办法等制度，保障双高建设规范、高效运行。建立实施"全链条"任务分解部署机制，搭建学校、牵头部门、责任部门、责任人"四级"联动目标链，将任务落实到"最后一公里"。实施"月清、季报、年结"全程全要素项目管理机制，确保建设任务高质量落地。实施多元分级监督机制，整合党政办公室、纪委、质量保证中心等监督力量，保证双高建设收到实效。

（3）考核激励科学到位

优化内部绩效工资分配机制，各部门实施岗位绩效工资二次分配制度，杜绝平均主义。以"双高计划"任务完成度、成果贡献度考核为重点，制定实施"双高计划"项目绩效考核奖励办法，单设"双高计划"项目质量绩效年度考核奖，专门用于"双高计划"奖励。实施重大成果、教学质量工程单项奖励政策，激励部门和教师个人多出成果、出好成果。创新实施《教师专业技术职务低职高聘管理办法》，全面激发教师的内生动力。

（4）地方党政大力支持

陕西省和咸阳市高度重视、鼎力支持学校"双高计划"建设。陕西省教育厅、咸阳市人民政府共同签订支持学校建设高水平高职院校框架协议。咸阳市委、市政府将学校"双高计划"建设纳入《咸阳市国民经济和社会发展第十四个五年规划和二〇三五年远景目标纲要》《咸阳教育现代化2035》《关于勇立潮头真抓实干奋力谱写咸阳新时代追赶超越新篇章的实施意见》《咸阳市加快推进教育现代化实施方案（2019—2022年）》等政策规划，大力支持学校实施"双高计划"建设。市委、市政府建立"一把手亲自抓、分管领导具体抓"齐抓共管的固定工作体制。市委书记、市长，分管学校工作的副市长，先后8次到学校调研，指导研究推进"双高"建设。市委、市政府在经费拨付、人才引进、机构设置等方面给予大力支持，足额落实12 000元生均经费；下放高层次人才引进和职称评审自主权，对学校引进博士、教授实行特报特批；推荐学校电子信息产教融合综合实训中心为国家产教融合实训中心建设项目，中央财政已拨付建设资金4 000万元。

2. 专业群层面

（1）以点带面、协同发展

建立国、省、校"三级"专业群协同发展机制，支撑健康中国、中国制造2025、乡村振兴等国家战略，对接区域产业结构优化升级，以学前教育专业群为引领，带动护理、计算机应用技术、机电一体化技术、畜牧兽医等专业群协同发展。

（2）优化机制、动态评价

建立健全专业群层面的项目建设专家咨询委员会、项目建设领导小组、子项目专项工作组、监督工作组等决策与管理机构，多级联动汇聚工作合力，推动学校优质资源向高水平专业群积聚，优先保障高水平专业群建设与发展。建立专业群动态调整机制，对接行业产业发展要求，定期开展专业群人才需求调研、毕业生就业调研，动态调整专业构成，动态升级专业内涵，动态优化评价机制，推动专业群自我完善和发展。

（3）常态监测，持续改进

建立需求导向、多方联动的人才培养质量评价机制。建立实施专业群自主性、常态化的内部质量保证体系，推动常态化诊断与改进。引入星空书院开展第三方评价，助力专业群治理体系建设。

（二）项目资金管理制度与执行情况

1. 健全管理制度，提高资金使用效益

成立"双高计划"财务资产审计工作组，统筹推进预算绩效管理，集中财力支持学前教育专业群建设。制定实施"双高计划"建设与管理办法、专项资金管理办法、专项设备购置及管理办法等制度，建立资金管理责任制，加强资金管理。

2. 优化内控机制，规范资金使用过程

严格实行全过程预算管理，按照各项目建设成效、建设特色、建设水平等因素，分解项目任务、精确测量成本、预算资金细分到项目部门，责任到人，强化预算执行，有效提高资金配置效益和使用效率。

3. 加强绩效评价，确保绩效目标实现

建立常态化绩效评价体系，适时开展双高建设专项资金支出绩效评价，切实把"花钱必问效，无效必问责"的要求落到实处。

五、特色经验与做法

（一）立足西咸，扎根西部，形成西部地区学前教育专业"咸职旗帜"

学校秉承85年师范教育传统，坚持学高为师、身正为范的理念，立足西咸，紧盯培养"身正德善、爱岗爱幼、才优艺雅、擅保擅教的幼儿园教师"的人才培养目标，扎根西部建设高水平学前教育专业群。探索实践德能融合、赛教融合、园校融合"三融合"人才培养模式，引领形成专业群示范效应。创新实践"党建引领、文化培基、师德铸魂"的德能融合模式，获批全国党建工作样板支部培育创建单位、全省首批高校团建标杆院系，入选陕西省普通高校中华优秀传统文化传承基地。深化以赛教融合为显著特征的"岗课赛证"综合育人机制，构建形成"三全平台、三级递进、两赛并重"的技能竞赛工作机制，承办国赛1次、省赛2次，学生获国赛奖6项。园校融合共建卓越幼师学院，举办卓越幼师创新实验班，创新实践"四一制"实践教学组织模式，为西部地区培养输送一大批卓越幼儿教师。学校举办学前教育专业的经验和做法，先后被人民网、新华网等主流媒体报道。

（二）赛教融合，六新融入，形成高职教育时代工匠培育"咸职范本"

学校对标"精益求精、追求卓越"的时代工匠培养标准，紧贴经济转型、产业升级发展以及人才市场需求，将"新技术、新业态、新标准、新岗位、新素质、新精神"融入人才培养全过程，制定"赛教融合"的专业标准体系，重构"对接标准"的课程体系，形成单项实训、综合实训、顶岗实习"三级递进"的实践教学体系，建立"任务导向"的导师团队培养体系，建成"课赛融通"的资源转化体系，构建"全域多元"的质量保证体系，搭建形成具有学校特色的时代工匠培养体系。通过充分发挥技能大赛教学载体地位，创新实践校企联合、工学结合、教练耦合、理实统合、赛教融合的"五合"时代工匠培养模式，搭建实施组织管理体系、管理制度体系、培育选拔体系、服务支持体系、大赛管理平台"四体系一平台"的时代工匠培养保障机制,着力培养德技并修的新时代工匠。获评技能大赛国奖优秀指导教师27名。人才培养成效被中国教育报等近20家主流媒体报道,有30多所高职院校来校交流学习。

(三)聚焦课堂,提质赋能,形成高职教师教材教法改革"咸职模式"

学校以抓"三教改革",赋能课堂革命"咸职行动"。通过学校教师进企业融合创新,企业专家进学校融合教学,互派互补共培共用;分类培养"专家型专业教师、教练型指导教师、服务型科创导师",进阶打造骨干教师、专家教师、教学名师,形成以师德为根基,以教学实践能力、信息技术能力、科研创新能力、社会服务能力为主线的"一基四线、分类进阶"团队建设模式。通过对接职业标准和岗位需求,对接教材结构与教学模式改革,转化企业生产项目为教材学习任务,转化技能大赛项目为教材实训项目,转化职业技能等级证书培训项目为教材典型案例,形成"二对接、三转化"教材开发模式。通过强化课堂设计,强化信息技术与教育教学深度融合,强化师生互动、生生互动;创新课堂内外、线上线下学习评价,提升混合式教学覆盖率;创新阅读质量和阅读能力考核,提升课程学习广度;创新任务式、探究式、报告式等学习评价,提升课堂学习深度;创新非标准化、综合性评价,提升课程学习挑战性,形成"三强化、四创新、四提升"的教法改革模式。获全国教师教学能力大赛一等奖2项、第二届全国高校思政课教学展示一等奖1项。

(四)服务导向,产学研教协同,形成涉农专业人才培养"咸职经验"

针对乡村振兴战略对农业技术技能人才素质的新要求,创新实践"项目贯穿、平台支撑、四化合一、学训交融"的涉农专业人才培养模式。将生产、科创与服务项目贯穿人才培养全过程,靶向资源、技术、智力供给,以专业链助推产业链,以科技链催化创新链,以教育链赋能人才链,创新实践靶向供给、六链融合的服务乡村振兴模式。建成教育部协同创新中心、市级重点实验室、市级工程技术中心等全真实境实践育人平台,实现实训、生产、创新、服务四位一体的实践教学功能。推行学习内容案例化、双导师互补全程化、技能训练递进化与教学环境全真化"四化合一"教学设计,全面增强教学实效。实施基础、专项、专综到岗位职业能力"四级递进"的培养主线,实现学训交融提升。构建教师下企业、下农村、下基层,专业对接生产、人才培养对接岗位需求、教学标准对接岗位标准、教学过程对接生产过程、校园文化对接企业文化的"三下五对接"教学团队培养范式,实现教师由单一教学型向"教学+操作+科研+服务"复合型转变。获省级教学成果奖1项。涉农专业就业率连年96%以上,用人单位好评率持续100%。1名学生获全国农业技术能手,3名学生获陕西省优秀毕业生。

(五)聚力双创,六心融合,形成党的建设引领专业建设"咸职样板"

学校聚力新时代高校党建"双创"工作,在学前教育专业群建设实践中充分发挥党建领航作用，创新形成"六心融合"的党建模式，助推专业群建设行稳致远。一是修心正身，明心铸魂。通过实施思想政治领航工程、聚焦铸魂育人工程，建成党员之家、党性体检中心、党建微平台等平台载体，深化"九宫格"文化育人活动，构建全方位育人、全实践融通的文化育人体系。荣获陕西省高校校园文化建设优秀成果奖。二是强心正气，正心正行。通过实施基层组织强基、党性修养提升工程，创新实践党员发展全程纪实制度、党员政治生日制度，引导党员常态化进行"党性扫描"，开展"党性体检"。通过实施作风建设深化、弘德廉洁育人工程，建立党员分类量化考核制度，做实党员积分制管理，将党风廉政建设责任延伸到教研室和教师，打通全面从严治党"最后一公里"。三是聚心同行、暖心励行。党政班子复合式分工，构建党建、业务同频共振格局；党建、团建协同发展，打造立德树人前沿阵地；建立党员干部联系非党师生、帮扶困难学生、特殊学生制度，以"暖心"党建传递向上力量。三年来，学前教育专业群所在师范学院教工支部入围第三批全国党建工作样板支部培育创建单位，获评全省首批高校团建标杆院系，党建工作案例获全省高校党建工作典型案例一等奖。

六、问题与改进措施

（一）存在问题

1. 国际化办学有待加速推进

受全球疫情影响，国际化部分项目实施效果与预期设想尚有一定差距。

2. 标杆成果有待加快培育

体现"高""强""特"的突破性、标志性成果需要进一步增强，"高原"上崛起"高峰"的力度有待深化。

（二）改进措施

1. 创新驱动，提质增效，打造国际职教高地

积极拓展国际交流的渠道和途径，密切对接"走出去"企业，创新搭建特色化开放办学格局。

2. 夯实"高原"，筑建"高峰"，打造学校标杆成果

建立国、省、校三级成果培育机制，聚焦国家、省重大项目，高点定位目标、标准，搭建学校高质量发展坐标系，引领推动打造标杆成果，筑牢筑实学校高质量发展的内涵根基。

七、其他需要特别说明的有关事宜

无

附件：佐证材料目录清单（略）

第三部分

典型示范，彰显特色

　　陕西8所"双高"学校按照"引领改革、支撑发展、中国特色、世界水平"的总要求，全面贯彻党的教育方针，将立德树人根本任务落实到人才培养的各个环节，积极探索、努力实践，不断强化组织管理，深化制度建设，明确绩效考核、健全推进机制，夯实主体责任，凝心聚力扎实推进，取得显著建设成效。同时，也形成各校"双高计划"建设的特色经验与典型做法。本部分内容为8所"双高"学校从学校层面优选的16个典型案例（每所学校2个案例）、从高水平专业群层面优选的12个典型案例（每个高水平专业群1个案例），共计28个典型案例。

【陕西 8 所国家"双高计划"建设院校学校层面典型案例】

五维推进,打造课程思政育人新高地
——陕西工业职业技术学院

摘要：聚焦学校课程思政模式探索、体系建设、氛围营造等重点和难点问题,课程思政教学研究示范中心按照"学校规划—中心指导—教师实践"三位一体的工作思路,以"一心六融"为建设理念,坚持从五个维度全面推进课程思政建设,构建全员育人良好氛围。

关键词：五维推进；课程思政建设；全员育人

一、立足职教特色,全面推进课程思政建设

教育部《高等学校课程思政建设指导纲要》的发布对学校全面推进课程思政建设提出新要求。如何探索建设模式、建构课程育人体系、营造全员育人良好氛围,是课程思政建设中的重点和难点。2021 年学校获批教育部课程思政教学研究示范中心,按照"学校规划—中心指导—教师实践"的工作思路,紧紧围绕立德树人核心,有机融入思想引领、价值培育、文化传承、道德修身、法治普及、职业素养等内容,从顶层设计等五个维度推进课程思政建设,取得了良好效果(见图 1)。

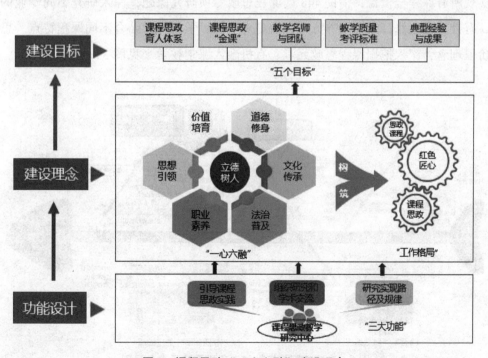

图 1 课程思政"一心六融"建设理念

二、加强统筹推进，构建层次递进的课程育人体系

(一) 加强制度建设，规范课程思政建设

印发《陕西工业职业技术学院课程思政教学研究示范中心工作方案》《陕西工业职业技术学院课程思政建设指导意见（试行）》等文件制度，明确课程思政建设重点工作，指导教师深入挖掘思政元素（见图2）。

图2 课程思政教学研究示范中心印发相关制度文件

(二) 立项专项课题，深入研究育人目标

实现所有课程全覆盖，借助448门课程思政专项研究课题，深入研究不同专业的育人目标，有针对性地修订人才培养方案，梳理专业课教学内容，结合不同课程特点、思维方法和价值理念，深入挖掘课程思政元素，有机融入课堂教学（见图3）。

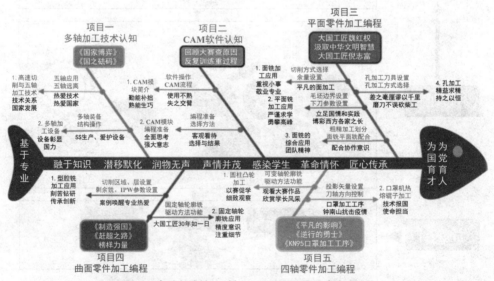

图3 高速切削与五轴加工课程思政元素鱼骨图

（三）遴选示范项目，持续推动课程建设

通过开展大练兵、现场教学展示等课程思政建设主题活动，遴选"课程思政示范课程、教学名师和团队""课程思政示范课堂""课程思政教学标兵""课程思政教学骨干"等，持续树典型、抓标杆，带动课程建设（见图4）。

图4　2021年课程思政现场教学展示活动

（四）线上线下结合，广泛开展教师培训

引导广大教师树立"课程思政"的理念，通过校内校外专家现场专题报告会、线上培训会、集体备课会等多种形式开展课程思政培训会，并组织教师赴校外培训，参加培训的教师达1 049人，实现了所有教师全员全覆盖（见图5和图6）。

图5　学校承办全国职业院校装备制造大类课程思政集体备课活动

图6 学校国家级、省级课程思政示范团队研讨交流

（五）校内校外联动，共建共享优质资源

校内搭建课程思政建设交流平台，建成"课程思政教学研究示范中心专题网站"，实现经验共享（见图7）。校外打破资源共建共享的瓶颈和局限，鼓励教师拓展优质教育资源，建设"课程思政"共同体。

图7 学校课程思政教学研究示范中心专题网站

三、联动形成合力，营造全员全过程良好育人氛围

学校"服饰传统手工艺"等2门课程被认定为教育部课程思政示范课程，其教师及团队被认定为课程思政教学名师和团队；"金属切削机床"课程被认定为省级课程思政示范课程，其教师及团队被认定为课程思政教学名师和团队；认定校级课程思政示范课堂30门，认定校级课程思政教学标兵和骨干6名。学校课程思政教学名师梁晓哲等面向全国8个省份、50余所院校开展线上线下课程思政宣讲，参加培训的教师累计达5 000余人。各教学单位深入探索思政元素融入专业课的思路和技巧，形成"课程思政"教学设计工作坊、"我和我的祖国"主题党日等集体备课品牌活动。

构建三级课程建设体系,打造一流精品课程资源
——陕西工业职业技术学院

摘要:以国家级精品在线开放课程为标杆,按照"统筹规划、分层遴选、重点培育"的课程建设思路,统筹构建"国—省—院"三级建设体系,成立陕西省高等职业院校金课联盟,推进在线开放课程建设应用与管理。截至目前,建成国家级精品在线开放课程3门、省级精品在线开放课程25门、省级精品课程19门。

关键词:精品课程;在线开放课程;金课;金课联盟

为满足高素质复合型技术技能人才培养需要,全面贯彻全国教育大会精神,强抓课程建设推动课堂革命,对标国家精品在线开放课程建设标准,蓄力打造以精品课程为主体的数字教育资源。

一、以策为引,紧跟教育部文件推动在线开放课程建设

《教育部关于加强高等学校在线开放课程建设应用与管理的意见》(教高〔2015〕3号)指出:建设一批以大规模在线开放课程为代表、课程应用与教学服务相融通的优质在线开放课程,并认定一批国家精品在线开放课程。学校紧跟教育部各类精品课程建设步伐,加强在线开放课程建设与应用,推动现代信息技术与教育教学深度融合(见图1)。

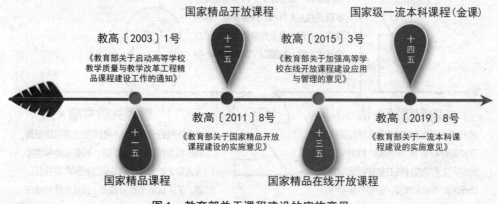

图1 教育部关于课程建设的实施意见

二、顶层设计,构建课程三级建设体系

按照"统筹规划、分层遴选、重点培育"的工作思路,构建"国家级—省级—院级"三级课程梯队建设体系,分层分类打造优质课程资源(见图2)。重点培育精品课程,分批建设特色课程,建成一批教学效果好、学生评价高、社会反响强的国家级和省级精品在线开放课程;以点带面,以国家级精品在线开放课程建设为范式,分3批立项81门在线开放课程,认定一批院级精品在线开放课程。

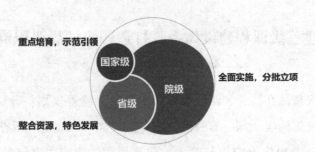

图 2 课程三级建设体系

三、强化管理，推动优质资源全覆盖

强化课程建设过程管理，按照"过程评价、动态监控"的监督管理思路，实时跟踪课程建设进度与建设质量，建成校内专业全覆盖、优化升级全覆盖、共建共享全覆盖的高质量数字教育资源。

（一）实施三大举措，推动课程资源校内专业全覆盖

通过实施"制定管理办法、打造智慧空间、资源共建共享"三大举措，全面开展在线开放课程建设工作，有效促进教师充分利用现代教育技术，鼓励教师开展线上线下相结合的混合式教学改革，推动校内在线开放课程的建设与应用（见图3）。

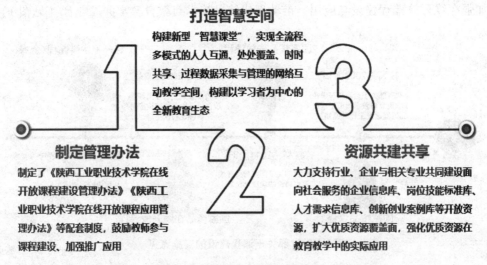

图 3 实施三大举措保障在线开放课程建设与应用

（二）打造金课项目，推动数字资源优化升级全覆盖

2021年学校启动8大类150门"金课"建设项目，覆盖所有专业门类及公共基础课程，切实提升教师教育教学水平，有效促进学生知识、能力、素质的全面协调发展（见图4）。

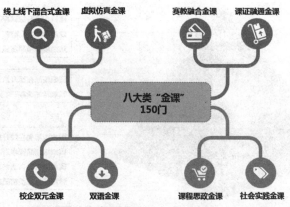

图 4 覆盖全专业建设 8 大类 150 门 "金课"

（三）成立金课联盟，推动优质资源省内共享全覆盖

为助力陕西省各高职院校推广优质课程，构建齐全的专业教学资源平台，推进优质教学资源共享，学校牵头成立陕西省高等职业院校金课联盟，并搭建陕西省高等职业院校金课池平台（见图 5）。目前，金课联盟有成员单位 19 家，平台上线课程 614 门。

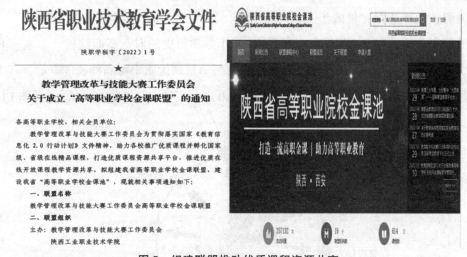

图 5 组建联盟推动优质课程资源共享

四、打造精品，彰显课程建设新成效

建成国家级精品在线开放课程 3 门、国家级精品课程 2 门、国家级精品资源共享课程 2 门、教育部教指委精品课程 7 门，省级精品在线开放课程 25 门、省级精品课程 19 门，认定院级精品在线开放课程 71 门（见图 6）。在爱课程、学堂在线、智慧树网、超星学银在线、智慧职教等知名课程平台上线并面向全国开放共享，总计开课 460 余期，选课人数超过 85 万人。

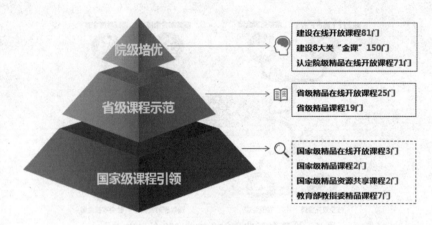

图6 优质课程建设情况

攻克农业芯片,推动旱区小麦产业提质增效
——杨凌职业技术学院

关键词:良种选育;旱区小麦;产业升级

种子是农业的"芯片",作为一所具有88年办学历史的农业高职院校,学校一直致力于旱区小麦育种研究,先后有"武农""职院"两个系列优质小麦品种通过审定,其中"武农"系列小麦品种在黄淮麦区累计推广9 000多万亩,实现农民增收60亿元(见图1)。

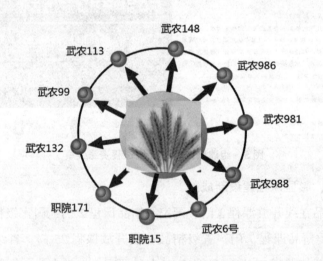

图1 学校赵瑜研究员和王稳江副教授选育出的小麦新品种

一、建立"三室一中心",打造一流育种研发团队

学校坚持服务国家粮食安全战略,聚焦旱区小麦新品种研发,传承学校小麦育种专家

赵瑜和西农大育种专家王明岐60多年的育种经验，扩容壮大小麦育种专业人才队伍，打造一流研发团队，重点建设"三室一中心"，即院士工作室、"博士生+高职生"工作室、"专家教授+科研成果+推广基地"工作室和赵瑜旱区作物（小麦）育种工程中心，着力打造旱区小麦种业研发平台。聘请康振生为首席科学家，建立康振生院士植物生物技术工作室，引进博士6名，选聘高级育种专家4人，形成了30余名专家、教师为主体的研发团队（见图2和图3）。

图2　康振生院士工作室项目启动仪式

图3　深入杨凌企业帮助企业进行技术攻关

二、瞄准高产优质，育成旱区小麦新品种

首席专家赵瑜研究员瞄准高产优质，致力于小麦新品种选育，育成的"武农6号"矮秆抗倒、早熟、多抗、广适，已通过陕西省区域试验和生产试验；"武农988"在大穗大粒超高产育种上有了重大突破；"武农318"优质强筋，加工品质和食用品质俱佳。从"武农6号"中选出的新品系"武农988""武农981"在大穗大粒超高产育种上有了重大突破，农业农村部按照"大穗大粒优质高产特殊类型小麦系列品种区域生产试验"的"特殊类型"品种，在黄淮麦区陕、豫、鄂、皖、苏、鲁、冀7个省进行了区域生产试验，2020年年底已通过国家审定（见图4）。此类试验是继袁隆平"抗盐碱特殊类型水稻品种试验"后全国第二例。

三、五种示范推广模式，加速科技成果转化应用

学校通过技术服务型、专家大院型、科技包村型、基地示范型、企业带动型五种"产学研"示范推广模式，实现了小麦新品种在全国多个试验示范基地的试验与示范，不仅验证了科研成果本身价值，更起到了拔亮一盏灯、照亮一大片的作用，加速了科技成果转化和推广应用（见图5）。目前，"武农981""武农988"已在黄淮麦区建立了多个良种繁殖基地，示范种植面积不断扩大，为今后大面积推广应用奠定基础。

图 4　赵瑜研究员在田间查看"武农 981"生长成熟情况　　图 5　五种"产学研"示范推广模式

办分校、设中心、建基地，职业教育走出国门
——杨凌职业技术学院

关键词：一带一路；上合组织；八大行动；海外分校；示范基地

学校积极响应国家"一带一路"倡议，贯彻落实中非合作"八大行动"，深度参与上合组织农业技术交流培训示范基地建设，打造校际合作平台，拓展国际交流合作的宽度和深度。

一、服务"一带一路"建设，在沿线国家设中心建基地

为响应国家"一带一路"倡议，学校以突出技术特色、推广技术实践、实现技术价值为重点，在哈萨克斯坦设立了现代农业技术培训中心，在乌兹别克斯坦设立了学校现代农业技术创新示范基地（见图1和图2）。学校以基地和中心建设为平台，推广5项农业新技术，培训现代农业技术每年达3 000余人次，有效服务当地农业生产，提升中国农业品牌知名度和学校办学影响力。

图 1　哈萨克斯坦现代农业　　　　图 2　乌兹别克斯坦现代农业技术创新
　　　技术培训中心成立现场　　　　　　　　示范基地揭牌仪式现场

二、围绕上合组织建设，在乌兹别克斯坦建立海外分校

学校立足农业专业优势，与乌兹别克斯坦古利斯坦大学、杨凌现代农业国际合作有限公司在深度沟通、专业对接、课程认定的基础上，签订了《中国—乌兹别克斯坦农业专业教育合作项目协议》，成立了杨凌职业技术学院古利斯坦国立大学现代农业学院，深入开展"中文＋专业技能"模式教育合作。学校及时组建专业教师团队，结合海外分校实际和人才培养目标，开发7门农业类专业课程标准，将分两年4学期在海外分校落地实施，通过三方协同合作，共同培育现代农业国际型技术技能人才（见图3～图6）。

图3　乌兹别克斯坦海外分校视频签约现场

图4　杨凌职业技术学院古利斯坦国立大学现代农业学院学员合影

图5　学员培训

图6　古丽斯坦国立大学对现代农业专业教学标准的认定函

三、落实中非"八大行动"，在几内亚建立海外分校

习近平主席在中非合作论坛北京峰会开幕式上的主旨讲话中提出实施"八大行动"，为中非合作擘画了美好未来。学校抢抓机遇，开拓创新，与几内亚科纳克里大学签订了《中国—几内亚水利工程专业教育合作项目协议》，成立了杨凌职业技术学院几内亚水利工程学院。双方本着"中文＋职业技能"的人才培养目标、"以水育人"的专业教学目的，共同研究确定6门专业课程标准、课程内容以及实践课程教学指导方案，与科纳克里大学分享水利工程技术专业课程标准与课程内容，共同培育水利人才，为非洲水利行业和中国走出去企业发展赋能（见图7～图10和表1）。

图7　几内亚海外分校视频签约现场　　　　图8　几内亚科纳克里大学对学校水利工程教学标准认定函

图9　几内亚水利工程学院新生合影　　　　图10　海外分校合作企业：三峡中水电几内亚公司

表1　合作项目汇总

序号	名称	标准
1	杨凌职业技术学院乌兹别克斯坦现代农业技术创新示范基地	5项农业新技术推广
2	中国—乌兹别克斯坦农业专业教育合作项目（杨凌职业技术学院古利斯坦国立大学现代农业学院）	1个专业人才培养方案、1个专业教学标准、7门农业类专业课程标准及教学内容
3	中国—几内亚水利工程专业教育合作项目（杨凌职业技术学院几内亚水利工程学院）	1个专业人才培养方案、1个专业教学标准、6门水利工程技术专业课程标准及教学内容
4	中国杨凌职业技术学院—哈萨克斯坦现代农业技术培训中心	现代农业技术标准培训

传播中国铁路技术，助力中国铁路"走出去"
——陕西铁路工程职业技术学院

关键词："一带一路"；教学标准；国际化；鲁班工坊

一、背景

随着国家"一带一路"倡议的深入实施与推进，中国铁路企业"走出去"过程中面临的主要问题是所在国本土化铁路技术技能人才匮乏，这是中国铁路"走出去"过程中亟须解决的问题。与此同时，随着"一带一路"建设的持续高质量推进，沿线国家对技术技能人才的需求也极为迫切，需要大批高素质人才参与建设与运营。

二、思路与举措

陕西铁路工程职业技术学院聚焦中国铁路职业教育标准输出，面向"一带一路"建设培养掌握中国铁路技术的本土化技术技能人才，助力中国铁路"走出去"，不断提升学校国际化水平。

（一）制度赋能，构建合作共赢长效机制

校企校三方签署《合作培养本土化人才协议》，制定《陕铁院海外铁路培训中心建设与运行管理办法》，明确三方责权利。中国铁路"走出去"企业提出岗位需求，提供培养经费，接纳合格毕业生。外方院校根据岗位需求计划招收、管理学生，提供教学场地，共享中国专业标准、课程标准及教学资源，获取管理收入。陕铁职院负责制定培养方案，开发教学资源，开展人才培养，获得教学收入，提升学校国际影响力（见图1~图3）。

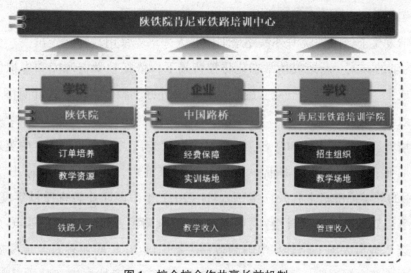

图1　校企校合作共赢长效机制

图 2　陕铁职院教师与肯尼亚学生合影　　**图 3　陕铁院—肯尼亚铁路培训学院签署合作协议**

（二）标准引领，制定铁路国际教学标准

从中国铁路企业"走出去"本土化人才岗位需求出发，校企校三方联合制定专业教学标准、核心课程标准、岗位教学标准，逐渐形成了融入中国文化于一体化的双语资源包，通过全国铁道行指委铁道工程专指委认证，在海外铁路培训中心推广使用（见图4）。

图 4　双语教师在蒙内铁路现场教学

（三）模式创新，培养本土技术技能人才

新冠疫情发生前，陕铁院海外铁路培训中心人才培养采用教师"走出去"为主、学生"请进来"为辅的方式。新冠疫情常态化防控背景下，依托教学资源库和虚拟仿真实训基地，创新形成了"三方联动，五双实施"的高职海外办学教学实施模式（见图5）。

三、成效与推广

学校共培养铁路技能人才869名，全部被中国"走出去"企业聘用；中英双语资源包在老挝、肯尼亚、卢旺达等"一带一路"沿线国家推广，实现了标准输出，学校《国（境）外采用的教学标准稳中有升》案例入选《2021年中国职业教育质量年度报告》；学校海外办学事迹先后被《光明日报》《中国教育报》《肯尼亚民族日报》等40余家中外媒体报道，入选"锻造大国工匠奠基中国制造——新中国70年职业教育改革发展历程"案例；学校2次入选全国高职"国际影响力"50强，擦亮了海外办学"陕铁品牌"。"陕铁院肯尼亚铁路培训中心"成为全国首批"鲁班工坊运营项目"。

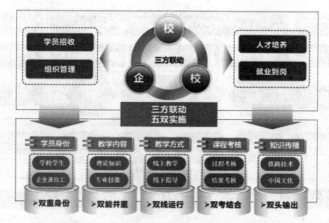

图 5 "三方联动,五双实施"教学模式

打造名师、名课、名教材,"三教"改革赋能铁路工程建设高质量人才培养

——陕西铁路工程职业技术学院

关键词:双师队伍;"三教"改革;以赛促教

陕西铁路工程职业技术学院以"双高计划"建设为契机,以教师改革为根本、以教材改革为载体、以教法改革为手段,构建名师、名书、名课堂的"三教"改革路径,将"三教"改革贯穿于教育教学的全过程,赋能教师发展、升级教学资源、激活教法改革,全面提升铁路工程高质量人才培养。

一、多措并举

(一)"工地打卡、学校进阶"助推教师改革,打造名师

学校从引进、培养、认定、激励和考核等五个方面系统构建双师队伍建设制度和标准体系,搭建"教师发展中心+企业培养培训基地+技能大师工作室"综合平台,实施"教师发展中心进阶、高铁施工现场打卡、技能大师工作室传承"的能力提升模式,聚焦基本发展能力、教学与教研能力、科研与社会服务能力、学生教育与管理能力等四个维度,持续提升双师教师能力,形成了一支"上得了课堂,下得了工地;做得了项目,带得了徒弟"的高水平双师队伍(见图1)。

(二)"课堂革命、以赛促教"推进教法改革,打造名课

学校坚持以学生为中心,紧抓课前、课中、课后三环节,开展线上、线下混合式教学和行动导向法教学,实行教考分离,实现教学任务工作化、工作任务课程化、课程任务能育化。出台《教师教学工作规范》等制度文件6个,健全完善课堂教学8类标准,为教法

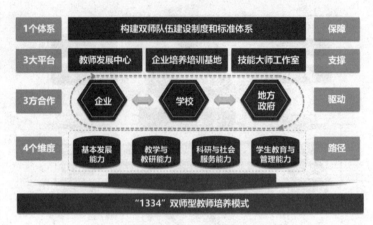

图 1 双师队伍建设制度和标准体系

改革提供制度保障（见图 2）。依托大数据分析与质量监控平台，聚焦课前资源丰富度、课堂活跃度和课后教学满意度，设置质控点和预警指标 25 个，对教学环节实时画像。将教学能力比赛和课堂教学相结合，每年举办"课堂革命陕铁行动""课程思政陕铁行动"系列活动，以赛促教，全面提升课堂教学质量（见图 3）。

图 2 《教师教学工作规范》等制度文件

图 3 "课程思政陕铁行动"系列活动

（三）"资源整合、书课空间"推动教材改革，打造名教材

学校积极落实国家专业教学标准内容，组建由行业领域专家、企业技术能手、一线教学人员组成的高水平教材团队，重组知识结构、重构课程体系，形成"案例+知识点+方法+总结+练习"的教材架构，融合国家虚拟仿真基地培育项目、国家级专业教学资源库、精品在线开放课程等信息化教学资源，实现线上与线下、远程与进程、动态与静态相结合，构建"纸质教材、在线课程、混合式学习"的"一书一课一空间"的资源体系。

二、成效显著

建筑工程技术、高速铁路施工与维护 2 个团队入选教育部教师教学创新团队，获批国家级技能大师工作室 1 个，获评全国优秀教师 2 名；《铁路桥梁施工与维护》《计算机应用基础》两部教材在首届全国教材建设奖中获得优秀教材二等奖，开发新形态教材 88 部

（见图4），入选"十三五"规划教材4部，建成国家级职业教育专业教学资源库2个、省级专业教学资源库4个、省级以上职业教育在线精品课程21门；教师近三年在全国职业院校技能大赛教学能力比赛中获奖6项（一等奖2项）。学校在国家级创新团队、优秀教材奖、教学能力比赛中获奖数量和质量位居全国铁路院校第1。

图4 新形态教材

实施四"心"工程，打造高水平"双师型"教师队伍

——西安航空职业技术学院

学校对标"双高计划"建设任务，打造高水平"双师型"教师队伍，紧紧扣住"高水平""双师型"两个核心要素，实施"初心、靶心、匠心、恒心"四心工程，在教师队伍建设方面取得了新的成效。

"初心"强基工程，把牢师德关，筑牢立德树人之魂。学校全面贯彻党的教育方针，以"立德树人"为根本，构建了"一个引领、两个结合、三个保障、五个活动"的"1235"师德师风建设长效机制。即坚持思政为引领，做到与"西航精神"和"航空精神"相结合，筑牢"体制机制、顶层设计、监督考核"三个保障，开展"教育培训、宣誓承诺、评优树模、教师座谈、警示教育"五个活动（见图1和图2）。近三年，获批省级师德建设示范团队1个，获评省级师德标兵2人、省级教书育人楷模2人。

图1 思政大讲堂

图2 2021年新教师入职宣誓

"靶心"瞄准工程，把准引聘关，顶天立地柔性共育。学校建立了"顶天立地"的引才聚才机制。制定了分层多级的人才引进办法，出台了《高层次人才引进办法》《大赛学生留校规定》等制度，针对领军人才、高技能人才等不同层次、不同领域的教师提供精准强力有效的政策支持；实施"柔性引聘"的多方协同计划，建立了1 000余名专家学者及工程技术人员的兼职教师库，联合创建了"张向锋数控设备维修"等5个技能大师工作室。

"匠心"提升工程，把实培育关，打造一流教师团队。学校通过实施"雏雁"启航计划，加速青年教师成长；"鸿雁"护航计划，提升教师教学能力；"头雁"领航计划，培养名师名匠队伍；"雁阵"远航计划，打造高水平教师团队。三年来，培育了多个优秀团队和个人。其中，全国黄大年式教师团队1个，全国职业教育教师教学创新团队1个，国家"万人计划"教学名师1人，黄炎培职业教育杰出校长、杰出教师各1人，省级优秀教师3人，省级教学名师12人，"航空职业教育教学名师"3人，陕西省首批"特支计划"领军人才1人，陕西省"青年杰出人才支持计划"5人，陕西省"首席技师"1人，"三秦工匠"1人，"西安工匠"1人，西安首席技师1人。

"恒心"改革工程，把好创新关，激发学校内生动力。学校不断强化顶层设计、坚持创新驱动，重点在职称评审、岗位聘用、绩效工资和奖励激励等方面深化改革，建立起科学有效的管理激励机制。近三年，全国教学能力比赛获得国家奖各5项。全国职校技能大赛一等奖4项、二等奖5项、三等奖12项。"互联网+"大学生创新创业大赛获国赛金奖1项、铜奖3项，"挑战杯"竞赛获得金奖1项、银奖1项。

西航搭台、产教融合，多主体"共建共管共享"产业学院
——西安航空职业技术学院

学校秉持得天独厚的区位优势和地域特点，紧跟航空强国战略，突出航空办学特色，服务航空产业发展，紧抓职业教育转型升级契机，深化拓展校企合作模式，多主体"共建共管共享"产业学院，在强化引企入教、师资互聘、共建师资、开展实习实训、推进成果转化、加强社会培训、发挥骨干企业引领作用等方面取得较大突破，形成一套可复制、可推广、可借鉴的方案与经验。

完善机制，保障落实。产业学院实行理事会领导下的院长负责制，在政府支持和监督下，成立由学校和企业共同组成的理事会。院长由学校派遣，对理事会负责，主持产业学院的全部工作。学校出台了《产业学院管理办法》等一系列制度文件，确保后续"产业学院"建设工作有章、有序、有效开展。

强化内涵，形成标准。多主体"共建共管共享"产业学院，在人才培养过程中实施项

目化、模块化教学，满足了企业的用人需求，有效解决了人才培养质量与区域产业发展契合度不高、教学评价标准与产品质检标准融合度不高、行业企业新技术引入教学内容不及时的问题，形成了"多元—双主体—四共同"的人才培养模式（见图1）。

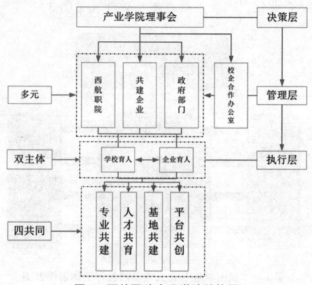

图1　西航职院产业学院结构图

合作创新，多点开花。各二级学院在学校顶层设计和制度标准共同催化下，同条共贯，创新发展，形成了适应各二级学院与企业协调发展、异曲同工的产业学院模式。学校与军工企业共建"5702产业学院"，以现代学徒制人才培养与共建"大师工作室"为基础，建立了"模块化、项目化"的动态资源整合模式和"人才共育、技术共研、人员共用、资源共享、文化共融、标准共订"的六共协同人才培养模式，形成五方人员、技术、设备、资源等动态组合模式，实现人员机动性、机制灵活性、组织动态性（见图2）。

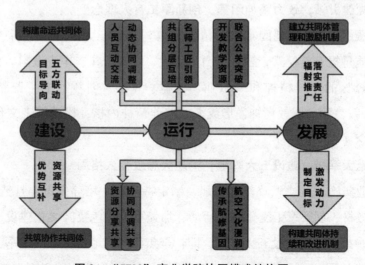

图2　"5702"产业学院协同模式结构图

学校与昆山开发区人社局、在昆多家企业组建非法人的"昆山学院",构建地方政府的保障机制;按照"政府奖补+企业出资+学校投入"的方式,确保政校企协同育人运行机制的长效性,形成"三元三评双主体"育人培养质量评价体系,实现企业资源教学化,学校教学企业化,产业与教育相互融合(见图3)。

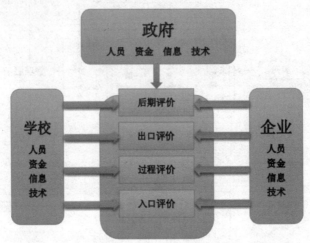

图3 "昆山学院"育人培养质量评价体系模型图

党建领航构建大思政育人格局,深耕厚植培养红色军工传人
——陕西国防工业职业技术学院

陕西国防工业职业技术学院始终将党建工作与教育教学工作深度结合,实施"三大工程",融合"两种精神",推进"七大举措",建设"五大阵地",赓续红色基因,构建大思政育人格局,着力培养"五有"红色军工传人。

一、坚持党建引领,致力精神涵养,创新军工育人理念

实施"头雁引领""强基固本""精忠铸魂"党建三大工程,创新"党建+教育教学"人才培养质量提升新模式,融合"自力更生、艰苦奋斗、军工报国、甘于奉献、为国争光、勇攀高峰"的军工精神和"敬业、精益、专注、创新"的工匠精神,创新形成"忠、博、武、毅"国防职教精神,形成人才培养精神内核,构筑军工文化涵育学生工匠精神育人新理念(见图1)。

二、推进七大举措,建设五大阵地,构建大思政育人格局

与军工企业实施"共建思政教育基地、制定特色人才培养方案、打造课程思政金课、编制军工特色教材、创新军工文化育人活动、加强军工特色校园文化建设、推进军工文化进课堂"七大举措,着力建设五大阵地,即:聚焦课程阵地,讲好红色军工起源课、发展课、榜样课、成就课,确保学生政治立场"有定力";聚焦平台阵地,搭建"学校、企

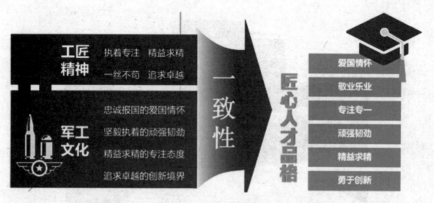

图 1　军工文化涵育工匠精神育人理念

业、地方"共育平台，确保学生专业技术"有能力"；聚焦文化阵地，将"爱国、爱党、担当、奉献"的军工特质文化融入校园环境，确保学生文化浸润"有情怀"；聚焦拓展阵地，开展法律知识、规章制度学习，确保学生懂法守纪"有纪律"；聚焦服务阵地，进行安心、暖心、用心、细心、诚心的"五心"提质，确保学生恒立报国"有志气"，系统构建起大思政育人格局（见图 2）。

图 2　开展"七个一"教育活动

三、用好红色资源，实施文化浸润，培养红色军工传人

深挖红色育人资源，让军工文化进课程、进教材、入课堂、入生活，实施全方位浸润。制定《军工文化育人实施方案》，开设"火炸药生产技术"等特色课程，出版《军工文化教育读本》等特色教材，传授知识的同时讲好"军工故事"，实现能力培养和价值观引领有机统一；开展"大国工匠进校园"等活动，让学生近身感受老一辈军工人"把一切献给党"的崇高追求，激发学生热爱祖国、献身国防的责任感和使命感（见图 3 和图 4）。

图 3　吴运铎雕像

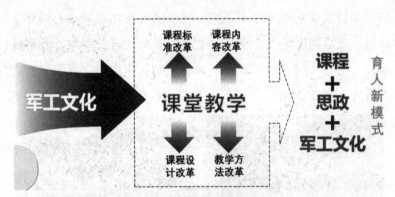

图 4　军工文化融入课堂教学形成育人新模式

毕业生在航天、兵器企业就业率达到 25.20%，50 余名毕业生获省市级工匠、技术能手等荣誉称号，涌现出"80 后"陕西劳模杨宏斌、王美琼，"85 后"航天工匠曹文，"90 后"四川工匠华坤等一大批扎根军工行业的优秀校友。

校地共建省级科技示范镇，积极服务国家乡村振兴战略

——陕西国防工业职业技术学院

陕西国防工业职业技术学院作为国家高水平专业群立项建设单位，积极发挥示范引领作用，加强与地方政府、乡镇、产业园区以及行业领先企业的深度合作，搭建"共建、共管、共享"的省级科技创新平台，助推西安市鄠邑区涝店镇农业产业化，打造区域发展新引擎，致力服务国家乡村振兴战略。

一、共建产学研协同创新联盟，促进"政校企"合作发展

学校与西安市鄠邑区政府等多方共建"产学研协同创新联盟"，形成了"鄠邑区政府、高校、科研院所、孵化器、众创空间、产业园"多方合作的市场化运行模式，为县域

企业、乡镇提供科技咨询、科技人才计划、人才教育培训等公共服务活动，校长刘敏涵教授被鄠邑区委区政府聘为西安市鄠邑区"招才引智大使"，密切了校地科技合作关系，高效助力县域政校企合作共赢发展（见图1和图2）。

图1　涝店镇入选省级科技示范镇　　　　图2　校长刘敏涵获聘"招才引智大使"

二、共建科技创新平台，促进技术进步和成果转化

学校与鄠邑区涝店镇签订了共建协议，"校、镇、企"协同共建省级科技示范镇，以科技示范镇为依托，共建农业科技服务站，发挥科技在发展生产、提高生活、改善生态等领域的引领和支撑作用，探索构建以科技项目为引领、以新型科技服务组织模式为支撑的各类现代产业科技示范服务体系，形成了多种科技活动整体推动示范的新格局（见图3和图4）。

图3　与区政府签订共建科技示范镇协议　　　图4　技术转移转化项目获得鄠邑区奖

鄠邑区涝店镇科技创新平台大力促进技术进步和成果转化，学校教师主持的"农村人居环境整治可持续发展研究""基于人工智能的农村生活垃圾分类收集装置"等4个项目，为地方企业创造经济效益200余万元，鄠邑区政府奖励资金11.5万元。

三、共建县域技术服务团队，创新智慧农业服务模式

学校与乡镇"联姻"，教师与企业"结对"，建立了由10名博士、教授组成的"专家工作站"，成立3个技术服务团队（见图5和图6）。

图 5　鄠邑区乡村振兴专家工作站成立　　图 6　成立涝店镇科技示范镇技术服务团队

"智慧农业团队"通过使用发酵技术生产有机肥，有效解决了畜禽粪污问题。"电子商务团队"针对特色农（禽）产品供应链中间环节多问题，升级农产品供应链，直播带货农产品 20 余万元，开展电子商务培训 500 人次。"城乡规划团队"为农村产业规划、农村空间布局优化、公共设施完善和人居环境等项目提供智力服务。

校地共建省级科技创新示范镇，形成了"联盟 + 平台 + 团队"科技创新合作模式，加快了乡村振兴进程，开创了学校技术创新服务县域发展的新局面。

创建地域性文化 IP，助力区域经济发展

——陕西职业技术学院

一、背景

高校是科技助力发展、创新驱动经济的生力军，更是文化传播、文化产业振兴的主基地，根据《文化产业振兴计划》《关于促进全域旅游发展的指导意见》《关于推动文化文物单位文化创意产品开发的若干意见》等文件要求，学校以文创产品开发为基石、以"共建、共融、共享"为目标、以学校创新技能人才为依托，不断推进产教融合、校企合作，助力区域经济发展。

二、举措

一是别具匠心，探索开发文化符号。针对白鹿原景区创建地域文化 IP 意识缺乏、游客对景区没有记忆点的问题，学校开发了地域性文化创意 IP——"了了来了"，实现了文化 IP 带动文创产品经济发展，文创产品助力文旅产业兴盛的"双轮驱动、双向联动"新模式（见图 1）。

二是韬光养晦，蓄力培养创新人才。学校联合西安桥合动漫科技有限公司创建了"第五间工作室"文创项目团队，探索构建校企合作、产教融合的新模式，创新性地将企业生产线迁至学校，学生转变为文创产品设计师、开发者，在实践学习中完成项目开发。

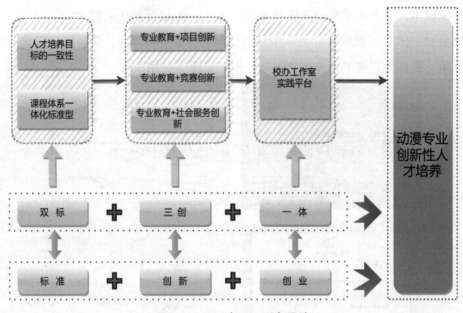

图1 "了了来了"形象设计

三是吐故纳新，完善创新人才培养模式。学校以理论知识为根基，以企业实践操作为依托，实现了理论教学与实践开发相结合的人才培养模式，拉近了学生与企业、行业、社会的距离，形成了以产教融合为主体的双向同行校企合作机制；构建"双标（人才培养目标的一致性、课程体系一体化标准性）三创（专业教育＋项目创新、专业教育＋竞赛创新、专业教育＋社会服务创新）一体（孵化工作室实践平台）"的动漫制作技术专业人才培养示范点（见图2）。

图2 "双标三创一体"人才培养模式

三、成效

学校通过创建"了了来了"文化 IP，解决了白鹿原区域缺乏地域性文化创意 IP 的问题，同时孵化相关文创产品 20 余件，促进白鹿原景区文化产业发展，助力区域经济繁荣。以"文创产品开发"为基石，立足传统文化，运用景区文化 IP 促进文化产业发展，助力区域经济繁荣。

学校实现校企合作，运用实践教学，创新产教融合、赛教融合人才培养模式，降低企业人力资源成本,培养高质量高素质技术技能人才。地域性文化创意 IP——"了了来了"项目多年参加中国"互联网+"大学生创新创业大赛省赛和国赛,荣获国赛铜奖 1 项,省赛金奖 1 项、最佳创意奖 1 项、银奖 1 项、铜奖 4 项(见图 3)。

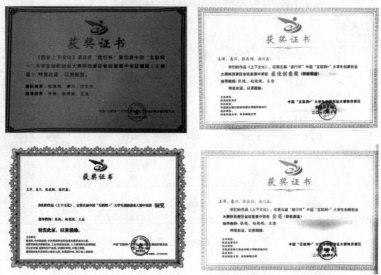

图 3　竞赛成果优异

深化教育教学改革,增强国际交流合作

——陕西职业技术学院

一、背景

随着《国家职业教育改革实施方案》《关于推动现代职业教育高质量发展的意见》等一系列职业教育政策文件的出台,高职外语教学在服务国家战略和经济发展、培养复合型技术技能人才方面的作用显得尤为重要。为了提高学校国际化办学能力,有效利用学校海外留学归国教师优质资源,学校积极开展外语教学创新研究,持续推进"三教"改革,深化课程改革,提升教师国际化教育教学能力。

二、举措

学校外语教学团队积极开展外语教学创新研究,形成了一套课程思政引领下的高职外语"三教"改革方案。

一是抓教改。构建"5I 课程设计+5A 教学流程+7C 思维模式"的三维国际化人才培养模式(见图 1 和图 2)。

5I 课程设计:Interesting(激发兴趣)、Indicating(产出导向)、Implying(思政融合)、Inspiring(启智增慧)、Intelligent(智慧教学)。

图 1　三维人才培养模式

图 2　"5I 课程设计 +5A 教学流程 +7C 思维模式培养理念"

5A 教学流程：Arouse—Activate—Aid—Apply—Assess（兴趣驱动—激活旧知—协助学习—应用新知—反思评价）。

7C 思维培养理念：Communicative Thinking（交际性思维）、Cross – knowledgeable Thinking（跨学科思维）、Career Thinking（职业思维）、Critical Thinking（批判性思维）、Cross – cultural Thinking（跨文化思维）、Creative Thinking（创造性思维）、Comprehensive Thinking（综合性思维）。

"5I 课程设计 +5A 教学流程 +7C 思维模式培养理念"的三维人才培养模式，打破传统模式，从教学设计到教学流程及学生思维培养三个维度构建了全新的教学模式，培养了学生的全面思维能力。

二是建教材。对统编教材内容进行二次开发与重构，将素质教育和立德树人的指导思想融入教材编写过程中，精准对接职业岗位。吸纳专业课教师及企业人员参与，形成了体系完整、覆盖面广的高职英语教材体系；"一带一路"职教联盟国际课程推广平台成功地推动了学校省级精品课程走向世界。

三是做比赛。以各级各类教学比赛为抓手，加大教育项目"走出去"的力度，构建国际化师资团队，实现"以赛促教，以赛促研，以赛促改"。打造留学归国教师说课比赛；成功推动全省高职院校留学归国教师说课比赛；积极承办"一带一路"暨金砖国家技能发展与技术创新大赛无人机技术应用技能竞赛。

三、成效

三维人才培养模式调动了学生的积极性和主动性，激发了学生的学习兴趣，锻炼和提高了学生的深度思维能力；学校积极建设线上课程，与日本联合共建动漫设计专业的在线教学资源 100 集、项目化课程 50 学时；海外留学归国教师说课比赛共计 20 余名教师参加，提升了职业院校专业教师的外语授课水平和教育教学能力；通过参与世界技能大赛建立了人才选拔通道，提升了国际化人才培养能力，创新了职业教育国际化人才培养等方面的新思路、新对策和新展望。

以四个强化打造实体化运行的职教集团
——陕西能源职业技术学院

一、实施背景

陕西康养职教集团以增强集团紧密程度、全面释放效能为导向,扎实推动职教集团的实体化运行进程,本着构建校企命运共同体的集团服务宗旨,不断强化产教融合、校企合作,进而发挥医教集团协同育人功能。

二、主要做法

(一)以职教集团为平台,强化合作办学

强化理事会作用,以职教集团为平台,发挥专委会咨询决策功能,合作制定人才培养方案,通过深化合作共享,增强集团化办学活力和服务能力,促进行业产业与职业教育的有机结合,彰显集团化办学成效,形成集团化办学成果——《基于"健康中国"背景下医教融合的康养专业群建设与实践》。

(二)以国培项目为依托,强化合作发展

以职业院校教师素质提高计划"老年照护"专业国培项目为依托,围绕重点项目,强化合作研究,2021年康复治疗技术专业教师团队入围第二批国家职业教育教师教学创新团队立项建设单位,并联合西安中医脑病医院等行业领军企业,开展校企深度合作,相继获批教育部重点课题、教师团队培训基地等项目,促进了行业发展,实现了区域引领和示范带动作用(见图1~图3)。

图1 2021年国培项目结业留念

(三)以订单培养为抓手,强化合作育人

以订单班、现代学徒制等方式为抓手,强化校企"双元"育人,联合培养康养类学生550余人,并利用集团的优势资源,提供顶岗实习岗位700人月,实习实训岗位数量4 200人月,顶岗实习实训总人数超过21 000人,合作培养传承人20人(见图4)。

图2　国家级职业教育教师教学创新团队立项

图3　教育部教师工作司公布第二批创新团队培训基地文件

图4　西安中医脑病医院英才班集体合影

（四）以行业需求为导向，强化合作就业

以行业协会为指导，紧密联系企业，成立"校政合作工作站"，打造实习就业一站通，与成员单位共建产教融合实训基地1个、课程1门、教材2本，主动孵化开展全国职业院校康复治疗类、临床医学专业技能大赛等省级大赛项目4项，集团成员单位每年提供就业岗位近400个，年接收毕业生就业人数超2 400人，满足了企业的人才需求与毕业生的优质就业。

三、成果成效

学校通过"四个强化"扎实推进集团化办学的实体化运行进程，依托平台特色，以国培项目为依托，强化集团成员单位的交流合作，不断提升集团化办学活力，促进了产教融合、协同发展；以订单式培养为抓手，强化"产教融合、双元育人"模式，为企业发展和转型升级提供了新的动力和人才支撑；以行业发展为导向，实现人才与企业需求的精准对接，强化合作就业，保证就业质量稳步提升。

增强职业培训办学活力，不断提升社会服务能力
——陕西能源职业技术学院

关键词：社会服务；培训；校企共建

一、实施背景

国家"双高"建设及新《职业教育法》对社会服务尤其是社会培训工作有很高的要求。学校通过"双高"建设等项目驱动，初步形成了职业培训与学历教育并举并重的办学格局，有力地服务了行业企业，扩大了社会影响力，支撑了学校专业发展。

二、主要做法

（一）构建全方位、立体化培训体系

学校逐步建成了由技能提升教育与函授学历教育齐抓、煤矿类安全培训与非煤类安全培训并举、资质类培训和非资质类培训共建、技能人才培养和等级认定共推的培训体系。为扩大培训类型，申请了非煤类安全培训资质，并获批咸阳市高技能人才培训基地（见图1）。

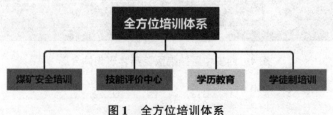

图1　全方位培训体系

 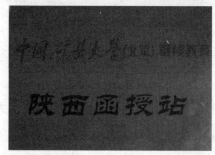

图 1　全方位培训体系（续）

（二）创新合作模式，优化服务项目

1. 与企业建立订单委培项目

与延长石油巴拉素煤业、赵石畔矿业公司等企业合作开展"订单委培"，探索实践"招生即招工、入校即上岗、毕业即就业"的人才培养模式，近三年累计培养576人（见图2）。

图 2　订单班学员合影

2. 助力企业行业技能大赛培训

近三年为多家企业参加煤炭行业技能大赛开展竞赛人员选拔、培训工作，并获得了优异成绩。其中2020年指导的陕西陕煤黄陵、蒲白、彬长矿业公司共获"陕煤杯"全国煤炭行业职业技能竞赛一等奖3人、二等奖5人、三等奖8人（见图3）。

3. 校企共建教学资源

校企联合开发了覆盖煤炭企业主要岗位的培训教材；建成了煤矿开采技术等能源类专业省级教学资源库；通过网络课堂、移动APP等学习平台，灵活组织培训学习。

图3 荣誉证书

三、成果成效

（一）树立了煤炭培训品牌，学校社会影响力不断提升

1. 获得荣誉

学校被人社部、煤炭工业协会多次评为全国煤炭工业先进集体，多次被陕西省煤炭生产安全监督管理局评为先进集体，被煤炭工业职业技能鉴定指导中心评为先进单位，被中国成人教育协会评为优秀继续教育学院。

2. 校企共建品牌项目

与彬长矿业有限公司签订协议开展煤矿技术人员"双提升"培训工作，即"学历提升"和"技能提升"，培训1~2年，合格者发放公司和学校认可的学历证书及社会认可的技能等级证书，近三年累计培养1 600余人（见图4）。

图4 开展培训

（二）稳定了社会服务规模，提升了服务满意度

年均培训人次3万人次以上，年均服务到款额1 000万元以上，社会培训提升了企业职工的技术技能和职业素养，为煤炭产业高端化发展提供了有力的人才支撑。

社会培训是实现校企合作、产教融合的一种有效途径，学校通过多种举措，把企业各类培训工作逐步转变成了职业教育中最具活力的一种办学模式，为社会经济发展做出了应有贡献。

抗疫先锋：动物疫病诊断防控的排头兵
——咸阳职业技术学院

动物疫病快速诊断技术协同创新团队在教育部协同创新中心平台支撑下，建成了咸阳市优秀科技创新团队，诊治动物疫病4 200例，为保障咸阳及周边地区畜牧业健康发展做出了突出贡献。

一、团队心系三农，服务社会，为区域畜牧经济贡献力量

创新团队紧密结合临床实践，服务于地方畜牧业生产，技术服务工作获得社会高度认可。团队构建了"1＋2＋N"技术服务模式，充分利用公司的市场优势，为客户排忧解难，将团队开发的检测技术推向市场客户，为客户排忧解难，提高生产效益。西安秦韵、杨凌大西农等委托为客户检测，挽回经济损失60余万元。凯歌牧业将动物健康体检委托学生创业团队，为公司提供了强力支持。现团队年均稳定服务300余家养殖场，对地方畜牧经济做出了突出贡献。

二、团队勤于钻研，勇于探索，科研成果丰硕

多年来，团队致力于动物疫病快速诊断技术的开发，获5件发明专利并在临床中推广应用，得到了养殖场的高度评价。团队荣获省、市科学技术奖5项，省科技成果6项。2019年团队获省科学技术奖三等奖，2个项目入选市科技创新成就展；2021年获省高等学校科学技术奖二等奖，并获全国高等职业院校技术研发与应用成果优秀奖（见图1）。

图1 团队获得的发明专利及科学技术奖

三、团队建成了产学研用育人平台,学生创新创业能力不断提升

团队建成了教育部认定的协同创新中心、咸阳市重点实验室等综合实践育人平台,带领学生开发疫病诊断试剂盒40个,指导学生创新创业大赛获省金、银奖各1项,获全国职业院校技能大赛三等奖3项(见图2)。产学研用互动转化,极大地提高了教学的针对性和有效性,增强了专业服务产业能力。

图2 团队指导学生获得"互联网+"创新创业大赛金、银奖证书

四、构建了"服研教"三融合机制,建成了一支研教兼优团队

近年来,团队服务4 200场次,针对一线生产问题进行课题研究,先后完成省级科技项目9项、市级项目9项、院级项目20项,取得的一系列科研成果回馈于生产。团队教师修订课程标准,融入新技术、新方法,团队服务中收集的案例促进了教法改革,提升了课堂教学效果。团队获得省教学成果奖二等奖1项,建成了省精品课程1门,院级精品、在线开放课6门。团队有1名陕西省教学名师,1名省高教系统岗位学雷锋标兵,1名咸阳市优秀教师,2名咸阳市青年科技领军人才(见图3)。

图3 团队成员获得的部分荣誉

在"双高计划"建设项目的强力推进下,创新团队必将更深层次融入区域畜牧经济,进一步提升科研服务水平,实现"教研服"三者协调发展。

聚力"双创"强堡垒,"六心"聚合促"双高"
——咸阳职业技术学院

咸阳职业技术学院以党建"双创"为载体,大力实施"六心"计划助推"六大"工程,实现了基层党建与"双高计划"项目建设的同频共振、同步发展。学前教育高水平专业群所在二级学院师范学院教工党支部和党总支分别入选教育部样板党支部、省级标杆院系培育创建单位(见图1)。

图1 教育部高校党建工作样板党支部、省级高校党建工作标杆院系立项文件

一、修心正身,明心铸魂

实施思想政治领航工程,全面推行问题牵引式、课题攻关式、研讨交流式、主题实践式学习,积极构建情境化、多样化、个性化学习模式;建立党建微平台,开通党员微信学习群,高标准建成"党员之家"和"党性体检中心",先后在赵梦桃纪念馆、南泥湾纪念馆等全国爱国主义教育基地建立党员活动基地5个,拓宽党员学习教育阵地和平台。实施聚焦铸魂育人工程,坚持以文化人,持续开展"九宫格"文化育人活动,构建形成全方位育人、全实践融通的文化育人体系(见图2)。

二、强心正气,正心正行

实施基层组织强基、党性修养提升工程,选优配强支部班子,建立党员发展全程纪实制度,全面加强党课培训、组织培养、入党考察,从源头上把好党员素质关;实施党员

图 2　师范文化"九宫格"(我爱晨读、阳光晨跑、经典诵读、国事一刻、
红烛志愿、校友论坛、园长讲堂、求职闯关、读在师范)活动剪影

"政治生日"制度,引导党员常态化进行"党性扫描"、开展"健康体检"。实施作风建设深化、弘德廉洁育人工程,建立党员分类量化考评制度,日巡检、日督查制度和党员积分制管理,将作风建设、党风廉政责任网络延伸到教研室和有关岗位,打通全面从严治党"最后一公里"。

三、聚心同行,暖心励行

党政班子成员实行复合式分工,将基层党建与"双高计划"建设同步部署、同步落实、同步融通,凝聚起了干事创业的强大合力;坚持以党带团,做实"青马工程""团学干部素质提升""青年大学习行动",打造立德树人的前沿阵地;建立党员干部联系非党师生,帮扶困难师生、特殊学生制度,构建"制度规范人、目标激励人、事业发展人、生活关心人、情感凝聚人"的和谐氛围。

党建"双创"工作和"六心"计划的实施,促进了基层组织战斗堡垒和党员先模作用更加充分发挥。2019 年以来,党员教师先后主持参与省级以上教科研项目 63 项,获批专利 4 项,获省教学成果奖特等奖、二等奖各 1 项;组织编写的课程思政教学设计案例首次在全国高职院校结集出版。学生获技能大赛国家级奖项 6 项;学前教育专业入选教育部创新发展行动计划骨干专业。3 人获聘教育部教指委委员,6 人入选教育部教师培训专家库,5 人分获省师德标兵等荣誉称号。学院获评省师德建设示范团队、全省首批高校团建标杆院系,党建工作案例获全省高校党建工作典型案例一等奖。

【陕西8所国家"双高计划"建设院校高水平专业群层面典型案例】

深化产教融合,校企共建实体化产业学院
——机械制造与自动化专业群

摘要:为提升学校职业教育适应性,专业群围绕装备制造产业高端人才需求,聚焦数字化精密制造领域,以共建共用共享共赢为原则,通过"工学结合、'订单'培养、项目驱动"的方式,进一步完善校企合作,深化产教融合。打造实体化运营的"先进制造精雕产业学院",并制定了产业学院建设机制与运营模式,在破解校企双方"发力不均、合而不深、聚而难融"等核心难题进行了大胆探索和实践,在服务产业升级创新人才培养模式、打造高水平专业群、构建校企命运共同体打造结构化教学创新团队、与行业龙头企业协同共建产业学院等方面取得了突破性成效,实现了校企协同育人培养模式。

关键词:产业学院;校企合作;产教融合;数字化精密制造

一、建设背景

随着制造业进入数字化与智能化时代,行业企业新技术、新工艺、新标准加速迭代,对职业教育的发展要求也随之加大。因产教改革的契合度、融合度不深入、校企合作开展不平衡、校企合作质量不高、校企合作机制不健全等原因导致的新技术、新工艺、新标准融入职业教育难的问题日渐凸显,亟待通过实体化运营的产业学院等途径深入解决(见图1)。

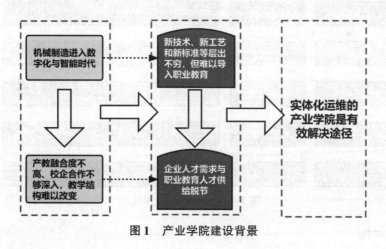

图1 产业学院建设背景

二、建设机制

(一)以"六融四共"打造"五位一体"实体化运营产业学院

专业群紧跟装备制造产业升级以及新技术、新模式、新业态发展,联合北京精雕以人

才培养为核心，校企双方从技术融合、人员融合、资源融合、制度融合、文化融合、利益融合等方面深化产教融合，建设具备技术研发、社会服务、科技转化、创新创业功能的"五位一体"先进制造精雕产业学院，实现了"平台共建、资源共用、成果共享、利益共赢"（见图2），形成了校企合作的"陕工经验"。

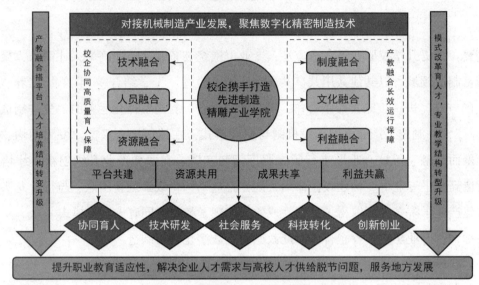

图2 "六融四共"产业学院建设机制

（二）制定"双主体+四层级"的管理制度，实现产业学院长效实体化运营

校企共同制定理事会组建与运行制度、理事会议事制度、项目管理制度、绩效管理制度等，形成了产业学院组织框架（见图3）。

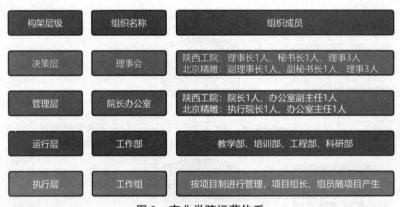

图3 产业学院运营体系

三、建设举措

（一）校企共投共建"一坊两中心"硬件平台

校企累计投入近6 000万元（企业投入近3 000万元），共投共建"先进制造精雕产业学院"平台，打造了"设备先进、硬件互联、数据互通、虚实结合、体系完整"的硬件

体系,形成了"一坊两中心"布局(见图4)。

图4 产业学院构架图

(二)校企共组互融互通的运营师资团队

北京精雕选派8名工程师与学校骨干教师共同组建双导师团队(见图5);实行校企人员"双向双通"机制(见图6),实现了人员双向流动与能力互通。

图5 校企双导师团队(部分)

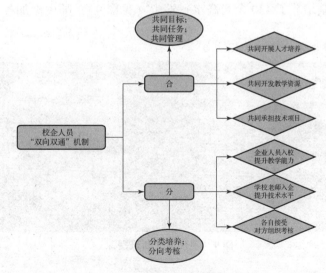

图6 校企人员"双向双通"机制

（三）实行技术研发与教育教学互融共促

校企团队承担"小髓核手术钳"等20余项攻关项目（见图7），并将其转化成教学资源，完成新教学项目开发和"活页式"教材编写，形成了"数字化精密制造技术"系列新型课程（见图8）。

图7 小髓核手术钳项目

图8 "数字化精密制造技术"系列新型课程

四、建设成效

（一）培养了一批高质量人才

通过现代学徒制培养了430余名高水平学生（见图9），师生参加各类大赛获奖32项（见图10）。

图9 现代学徒制班授课

图 10　学生大赛获奖

（二）开发了丰富的教学资源

开发《精密数控加工职业技能等级标准》1 项，编写精密数控加工职业技能等级证书配套教材 2 本，活页式教材 40 余册（见图 11）。

工具书 2 本　　　认知案例教程 17 项　　加工案例教程 30 余项

图 11　"1+X" 精密数控加工证书配套教材

（三）服务一批高校、科研院所和企业

服务西安高校保密科研项目 4 项，某研究所航发类保密项目 4 项，某军工企业保密项目 2 项，某三甲医院保密项目 1 项，服务 10 余家中小企业技术攻关项目 20 余项，为院校、科研院所和企业创造经济效益 1 000 余万元；学校被授予西安工业大学兵器工程学院研究生联合培养单位、陕西科技大学机电工程学院研究生联合培养单位（见图 12）。

图 12　研究生联合培养基地

（四）形成了一整套范式经验，服务产教融合发展

校企协同"教、学、做、创"一体化人才培养模式入选教育部 2021 产教融合校企

合作典型案例，入选2021年机械行指委校企合作十佳典型案例（见图13）。

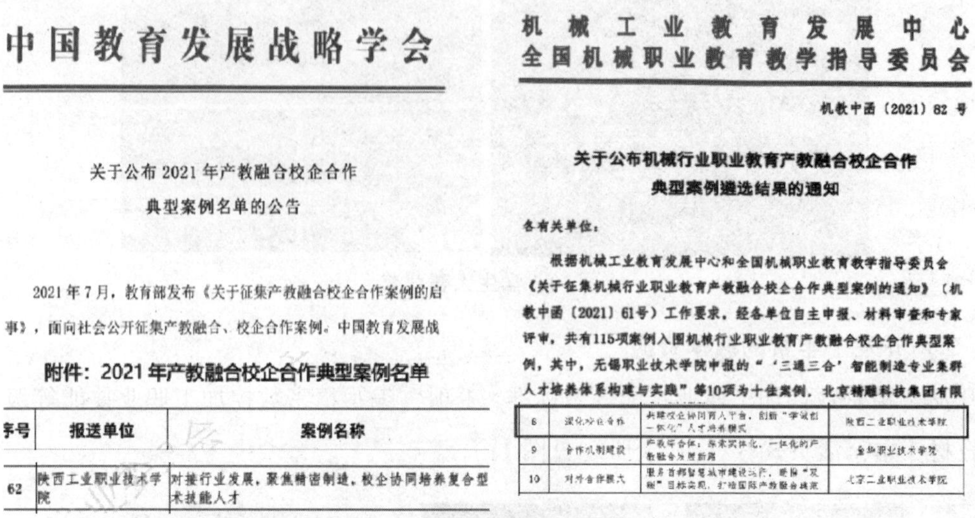

中国教育发展战略学会

关于公布2021年产教融合校企合作
典型案例名单的公告

2021年7月，教育部发布《关于征集产教融合校企合作案例的启事》，面向社会公开征集产教融合、校企合作案例。中国教育发展战

附件：2021年产教融合校企合作典型案例名单

序号	报送单位	案例名称
62	陕西工业职业技术学院	对接行业发展，聚焦精密制造，校企协同培养复合型技术技能人才

机械工业教育发展中心
全国机械职业教育教学指导委员会

机教中函〔2021〕82号

关于公布机械行业职业教育产教融合校企合作
典型案例遴选结果的通知

各有关单位：

根据机械工业教育发展中心和全国机械职业教育教学指导委员会《关于征集机械行业职业教育产教融合校企合作典型案例的通知》（机教中函〔2021〕61号）工作要求，经各单位自主申报、材料审查和专家评审，共有115项案例入围机械行业职业教育产教融合校企合作典型案例，其中，无锡职业技术学院申报的"'三通三合'智能制造专业集群人才培养体系构建与实践"等10项为十佳案例，北京精雕科技集团有限

8	深化校企合作	共建校企协同育人平台，创新"学诚创一体化"人才培养模式	陕西工业职业技术学院
9	合作机制建设	产教综合体：探索实体化、一体化的产教融合发展新路	金华职业技术学院
10	对外合作模式	服务首都智慧城市建设运营，助推"双碳"目标实现，打造国际产教融合典范	北京工业职业技术学院

图13 典型案例

"深耕"双创育人生态，"铸造"创新高技人才

——材料成型与控制技术专业群

摘要：随着我国进入新发展阶段，新技术、新工艺、新规范不断出现。材料成型与控制技术专业群以服务智能制造结构转型、技术革新为目标，聚焦"两机"关键零部件智能成型新技术，融双创教育于人才培养全过程，通过创新"研学用"一体化人才培养新模式、重塑"专创融合、研技结合"课程新体系，"深耕"双创育人生态、"铸造"创新高技人才。

关键词：双创教育；人才培养；专创融合；高技人才

创新是引领发展的第一动力，是建设现代化经济体系的战略支撑。促进创新驱动发展，关键在科技、根本在人才；加强双创教育，为新时代经济高质量发展提供人才、智力支撑，从而突破"卡脖子"技术，实现中国制造向中国创造转变。

一、问题导向、创新理念，构建双创育人新模式

职业院校双创理念滞后、体系不完善、专业结合不紧等问题突出。材料成型与控制技术专业群聚焦"两机"关键技术，对接西部智能制造和中小微企业人才需求，融双创教育于人才培养全过程，推进双创教育"五融合"，完善"一基点二协同四促进"双创育人路径，创新"研学用"一体化人才培养新模式，构建"创教、创赛、创战、创研、创孵"双创生态，实现科技创新和专业技能结合，打通技术应用"最后一公里"，铸造"厚基础、精技能、会研发"的创新型高素质技术技能人才（见图1）。

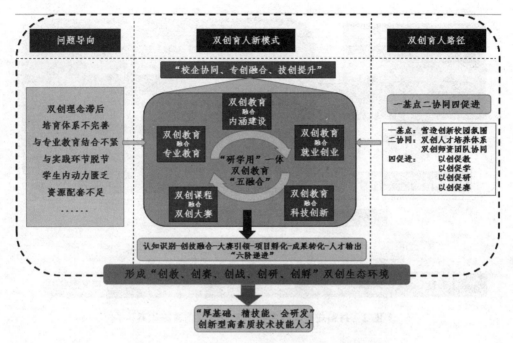

图 1　材料成型与控制技术专业群双创育人新模式

二、目标导向、创新机制，铸造创新高技人才

（一）目标导向，健全双创育人体系

以培养创新型高素质技术技能人才为目标，聚焦科技创新与智能制造新要求，重塑双创课程体系、创新课程改革、打造双创团队、搭建双创平台、强化双创大赛、深钻技术研发、开展社会服务，校企协同、开拓创新，健全"专创融合、研技结合"的双创育人体系，提升学生的德、技、创"三合一"能力。

（二）专创融合，重塑课程体系

以互联网思维为驱动，以服务西部先进制造业和中小微企业为对象，按照"专业教育与双创教育、专业技能与科技创新融合"的指导思想，依托材料成型国家教学资源库、智能成型技术创新服务平台，构建通识创新课、专业创新课、创业专业课到实践双创课的逐层递进式双创课程体系（见图2）。

对接国家标准、行企标准、1+X 职业技能等级标准，结合新技术、新工艺、新规范，融入课程思政元素，优化课程标准；引创意内容、案例于课程，开发"意识启蒙—模拟创新—实战训练"的项目化、模块化课程。聘卢秉恒院士团队、中船陕柴集团工程师、技能大师组建"工匠之师"教学团队，开展"启蒙教育→专项教育→实战训练→项目孵化"进阶式教学改革。

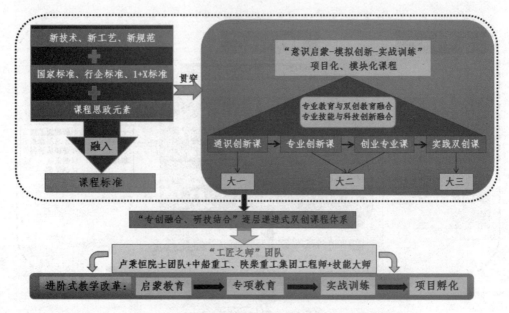

图 2 材料成型与控制技术专业群双创课程体系

（三）搭建平台，校企协同创新

搭建双创育人"四平台"，校企协同，开展"四个深化"，提升双创能力（见图3）。依托实训基地搭建双创培育平台，深化启蒙教育，培养双创意识；依托全国机械行业材料成型与控制技术职教集团、陕西装备制造业职教集团组建资源共享平台，深化专项教育，激发学生双创活力；依托"工匠之师"工作站打造科技创新平台，深化实战训练，提升团队市场开拓与实战能力；与宁夏共享集团共建"5G＋智能成型"孵化平台，深化项目孵化，开展技术研发，实现成果转化。

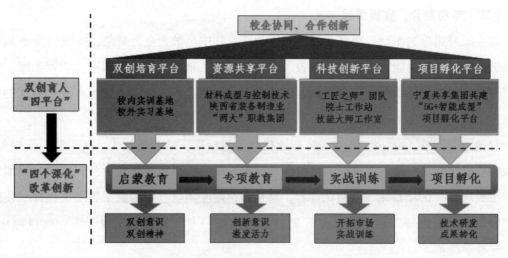

图 3 材料成型与控制技术专业群校企协同机制

三、四促并举，结丰硕果实

（一）以创促教，能力提升明显

强化第一课堂主体地位，开设了双创课程15门，并将"创新意识常态化、创新内容课程化、创新实践多样化"有机结合，提升了"工匠之师"双创思维与创造、发明能力；丰富第二课堂实践活动，拓展社团社会服务，开展双创文化大讲堂、"青年红色筑梦之旅"实践活动、科技展览、材料成型技术服务等活动，提升了学生开拓创新与竞技能力。

（二）以创促学，学习氛围浓厚

组建双创社团、创客工坊，开展双创大赛、设计大赛、体验活动，加强媒体、网络、课堂宣传形成双创氛围；通过课堂革命孕育双创精神，依托双创育人"四平台"实现"大一提出创意、大二设计试验、大三产品测试"的浓厚氛围。

（三）以创促赛，大赛成绩优异

创建双创训练营，制订专题训练计划，开展"国省校院"四级双创竞赛训练，提升创造、发明、强技、竞技能力。学生获"互联网＋"大赛国赛铜奖2项，省赛金奖2项、银奖1项、铜奖1项；技能大赛国赛三等奖1项，中华职教创业大赛陕西一等奖1项，"恒宇·舜宇·蔚仪三联杯"大赛陕西一等奖1项、二等奖2项、三等奖1项（见图4）。

图4 获奖证书

（四）以创促研，科研成果显著

聚焦科技发展，铸就科研成果。教师团队获批陕西省高校工程研究中心项目1个、国家自然科学基金项目1项、陕西自然科学基础研究计划项目1项、济宁重点研发计划项目1项、山东科技厅科技成果转化示范项目1项，获评陕西优秀教师1名、陕西职业技术教育学会优秀论文三等奖1项，编写中国材料与试验团体标准1项、铸造企业智能制造能力成熟度评估方法团体标准1项（见图5）。

图 5　编写标准

校企合作、协同创新，共建草莓创新中心
——农业生物技术专业群

关键词：草莓产业；协同创新；乡村升级

学校利用科研及人才优势，联合杨凌多家科研机构及企业组建了草莓生产技术技能协同创新中心，组建团队，健全机构，建立协同创新机制，开展横向科技攻关和技术服务，为教学团队、学生创新能力培养以及专业群社会服务提供平台。中心针对陕西省草莓产业痛点问题，迎艰克难，建立了草莓优质高效生产应用体系，积极对接乡村产业发展，贡献杨职力量，树立了职业院校校企协同创新，促进产业发展的典型榜样。

一、院士引领，协同创新，组建技术技能创新中心

学校整合我校院士工作室、北方草莓产业研发中心等优势资源与杨凌九魅园草莓研究所、杨凌智慧农业产业技术创新中心等多家企业签订合作协议，共同组建草莓协同创新中心，现拥有百亩草莓示范园，新型草莓种植温室25座，育苗工厂1 000平方米，智能温室2座。

中心组建的"院士团队+企业技术骨干+师生创新团队"的创新团队,将学术成果、教学内容、生产实践紧密地结合起来,形成研发过程与教学过程、研发内容与生产实践的有机融合,成员在"研究、产业、教学"三方面全面发展(见图1)。成员先后获得全国职业院校教学能力大赛奖项2项、省教学能力大赛奖项3项,2名教师获得示范区"农业科技示范推广工作先进个人"荣誉称号。

二、产教融合,创新机制,强化科技创新能力

中心以"校企联动、聚焦项目、突出创新、服务产业、共建共享"的运行机制开展工作,经过4年的应用研究,攻关项目8项,申请专利10个,开发标准10个,发表论文40篇,承担技术服务10项。中心建立的设施草莓高效生产应用体系,提高净收益2.5倍,中心先后对接4个市县草莓产业发展,累计技术培训达14 260人次,间接带动就业5 017人,累计乡村产业增收达2 036万元(见图2~图4)。

图1　康振生院士指导创新团队

图2　陕西省委书记刘国中视察创新中心

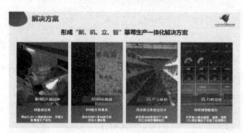

图3　草莓高效优势一体化解决方案及产业帮扶

三、创教融合,生创师导,孵化大学生创新企业

中心开展创新型高素质技术技能型人才培养模式的实践探索,以学生创新能力的早期培养为目标,以导师负责、科研项目牵引,组建草莓种植兴趣小组,激发学生的创新实践潜能,先后在大学生"互联网+"创新创业大赛中获得国赛铜奖1项,省赛金奖2项、银奖1项,先后孵化出5个大学生创业企业,其中张高磊同学在2017年李克强总理来杨凌考察之际,作为大学生创业代表,受到了总理的接见。

图4 团队田间实践

对口支援藏区，精准扶贫培养，满足三江源地区水利人才需求
——水利工程专业群

关键词：三江源；精准扶贫；生态产业；校政联企

长江、黄河、澜沧江三条大河发源于青海省南部，该地称为"三江源"地区，素有"中华水塔"之美誉。由于当地自然环境恶劣、基础设施薄弱、经济发展落后，深度贫困人超过全省的50%，人才"引不进、留不住"的问题十分突出，保护三江源、发展生态产业遭遇十分严重的人才瓶颈问题。

一、校政行企合作，共筑人才培养平台

按照水利部玉树水利基层人才订单班培养要求，对来自玉树1市6县的37名藏族人员、3名汉族人员，开展"订单式"人才培养，充分发挥师资优势，利用合作企业的教育资源，在课程体系、管理模式等方面对接玉树生态产业需求（见图1）。

学院、政府、行业、企业组成育人综合体，各自发挥作用，做好育人工作。

二、人才培养的主要做法

（一）课程对准产业需，服务藏民生态区

学校在水利工程专业人才培养方案的基础上进行了课程体系的优化，形成了《青海水利（生态）订单班人才培养方案》，该人才培养方案针对三江源地区水利、生态产业发展需求，增设了"汉语言文学""水土保持原理""土壤与生态系统""生态环境监测""生态环境管理""生态环境修复"等与当地经济社会发展需求紧密相关的课程，弱化了"灌溉排水工程技术""建筑材料"等课程。

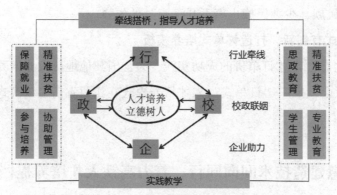

图 1　四方合作框架图

（二）校政联企各显能，产教融合助飞腾

学校、政府、企业协作，提升育人质量，确保学生毕业后留得住、干得好，成为当地生态保护事业的生力军（见图 2 和图 3）。

图 2　最美家乡河调研

图 3　暑期志愿者活动

三、人才培养的成效

（一）人才队伍注新血，助力三江源生态产业

订单班学生的返回，极大地优化了当地水利、生态人才队伍的结构，为当地人才队伍注入了新鲜血液。

（二）返回家乡有工作，促进 40 户藏胞脱贫

当前，玉树订单班 40 名学生已经全部返回玉树，到当地政府安排的水利部门上班，实现了全员就业。

（三）民族团结织新带，播种一大批交流之种

40 名学生在陕西求学期间，将藏族习俗带给了三秦人民，如跳锅庄舞已经成为学校教师喜欢的舞蹈，学生也学会了内地人民的生活方式和思维方式。学生毕业后，分布在全州各地，他们是汉族和藏族交流的使者，未来必然成为民族之间相互交流的纽带，成为

"汉族离不开少数民族,少数民族也离不开汉族"的先锋。

(四)培养模式有创新,打造订单式培养模板

玉树水利(生态)人才订单班的成功实践,为全国其他地区人才培养提供了模板,水利部召开专门座谈会,推广"订单式"人才培养模式。江西省借鉴该模式,为省内基层水利单位培养人才。

与智慧建造技术同向同行,着力高铁人才培养提档升级
——高速铁路施工与维护专业群

关键词:高铁智慧建造;人才培养;课证融通;实训基地

智能高铁离不开智慧建造。高速铁路施工与维护专业群聚焦施工员、检测员、测量员、建模员等关键就业岗位,开发高铁智慧建造课程体系,动态优化教学内容和实训条件,人才培养紧跟高铁技术发展,毕业生深受企业青睐。20余家企业将学校作为智慧建造人才培训基地,近三年为企业员工开展培训3.6万人·日,树立了高铁智慧建造人才培养培训品牌。

一、智慧建造技术进"方案",升级人才培养规格

将高铁智慧建造技术融入专业人才培养方案,基于高铁施工员等智慧建造关键岗位职业标准,构建了全程贯穿高铁精神的专业群模块化课程体系。公共基础模块增加物联网、大数据等新一代信息技术知识培养,专业基础模块夯实专业基础能力和BIM、GIS等智能建造基本技能,专业核心模块实现高铁线、桥、隧、站施工方法与智能建造技术融合强化,专业拓展和综合实训模块进行工厂化生产、智能铺轨等前沿技术拓展和智慧建造技术综合应用能力提升。

二、智慧建造技术进"课堂",升级课程教学内容

智慧建造技术在哪里,师资团队就跟到那里。学校先后将首条智能化高铁京张高铁、首条有砟高铁银西高铁、智慧建造技术应用最深的京雄高铁、机械化水平最高的川藏铁路等工程项目的技术资料转化为教学资源,培养学生高铁结构建模、施工仿真、动态监测等智慧建造技术。

紧抓智慧建造BIM技术,深化课证融通。构建"基础操作—专业应用—综合应用"三阶段培养路径(见图1)。对接初级证书标准,BIM技术应用课程强化基本工具应用;对接中级证书标准,专业核心课程强化BIM技术与高铁工程施工专业技能的融合培养;对接高级证书标准,拓展课培养工程项目管理和BIM数据集成应用,强化综合应用。

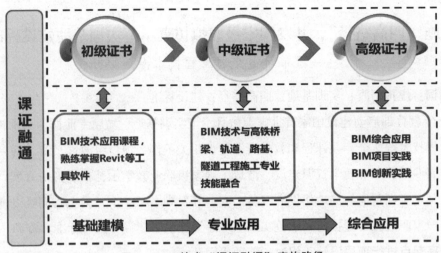

图1　BIM技术"课证融通"实施路径

三、智慧建造技术进"基地"，升级实践教学能效

校企合作优化"虚实结合"实训基地（见图2）。对接互联网+施工、智能检测等新技术，购置精密GPS惯导小车、测量机器人、智能钢轨探伤仪等设备，布设智能传感器，接入数据传输系统，拓展实体基地智能建造实训项目。采用全息投影等技术，引入实际工程BIM，开发高铁工程项目部互动、线桥隧站施工互动和岗位群模拟3个虚拟仿真系统，接入工程施工智慧管理数据，建成了高铁工程项目施工仿真教学平台。

图2　虚实结合的智慧建造实训基地架构

学生具备智慧建造前沿技术，深受企业青睐。毕业生就业率98.51%，单位满意度97.9%，73%以上毕业生三年内成为企业技术骨干。中铁四局、上海工程局等单位连续三年联合开展学徒制培养，毕业生成为铁路工程企业的首选、铁路运营企业的必选。

实施"四高路径",开发国家级虚拟仿真示范实训基地建设标准
——城市轨道交通工程技术专业群

关键词:虚拟仿真;实训基地;四高路径;建设标准

2019年教育部启动建设国家首批虚拟仿真示范实训基地,城轨专业群牵头承担城市轨道交通工程技术等2个专业课程和教学资源建设相关工作,项目组通过实施"四高路径",高质量开展专业课程与教学资源建设,形成了国家级职业教学示范性虚拟仿真实践教学标准2套、制定实训基地与场地建设方案各2套、开发脚本104个,为全国同类专业提供了范式,为国家职业教育虚拟仿真示范实训基地建设提供了建设方案、标准和资源。

一、高起点进行顶层设计,组建一流项目团队

项目组融合多方资源,成立由全国优秀教师、省级技能大师、行业领军人才、骨干教师组成的"大师+名师"的高水平项目建设团队,坚持虚实结合、育训结合的思路,工程施工过程虚拟化和实训环境的真实化相结合,从建设理念、思路、目标等方面进行高起点顶层设计。

二、高质量开展行企调研,形成数据分析报告

项目组先后赴中铁十四局等18家企业进行调研,针对城轨工程主要岗位设置、岗位能力要求、职业技能标准以及主要工作任务,以实地调研走访、发放问卷调查表等形式获取大量调研数据,总结分析出7个主要工作岗位、28个典型行动场景、136个典型工作环节(见图1)。

图1 项目组走访企业开展调研

三、高水平研制专业标准，开发两套实施方案

项目组按照专业设置与产业需求对接、课程内容与职业标准对接、教学过程与生产过程对接的要求，融入新理念、新技术、新工艺、新规范、新标准，编制了专业人才培养方案，增强实训教学与行业企业岗位实践的吻合度；根据"以实带虚、以虚助实、虚实结合"的原则，形成了专业实训教学方案，有效化解实训教学过程中遇到的"三高三难"问题（见图2）。

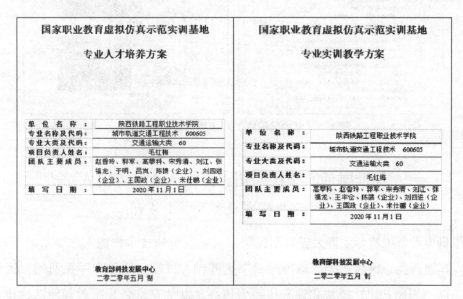

图2 城市轨道交通工程技术专业人才培养方案和专业实训教学方案

四、高标准建设教学资源，完成实训建设项目

项目建设团队基于行业企业调研报告、人才培养方案，从实习工作任务、实训目标、仪器设备、人物角色、实训场景、实训步骤、考核评价等方面制定虚拟仿真脚本模板，开发虚拟仿真脚本104个，形成了实训教学标准、实训任务指导手册、实训基地的场地布置、实训环境设计、实训设备软硬件列表等实训基地建设的系列资源（见图3）。

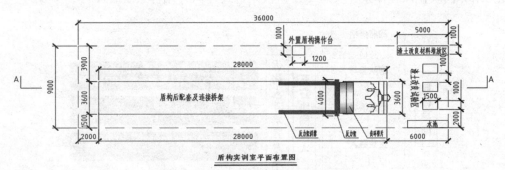

图3 《盾构区间施工》虚拟仿真脚本

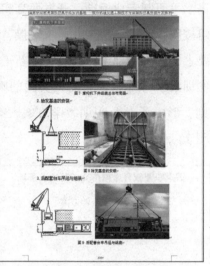

图 3 《盾构区间施工》虚拟仿真脚本（续）

标准融通，军民两用，探索人才培养模式
——飞机机电设备维修专业群

飞机机电设备维修专业群为应对军民两航对航空维修技术技能人才要求的不断提高，形成了以军航两类、民航三类"标准融通"为基础，以航空维修"军民两用"人才培养为目标，以"军民共建"模块化课程体系为核心，以"互培共长"教师团队建设机制为支撑，以"多元联动"人才培养评价机制为驱动的飞机机电维修专业人才培养体系。

一、目标导向、五方共育，优化人才培养模式

围绕航空机电维修"军民两用"人才培养目标，政军行企校五方共同研究梳理核心岗位职业能力知识、技能、素质等方面的需求，以军航两类、民航三类标准融通为基础，制定"军民两用"飞机机电设备维修专业人才培养方案，构建"懂规范+强技能+熟工艺"的能力培养模块化课程体系，实施"三阶段渐进式"人才培养（见图1）。

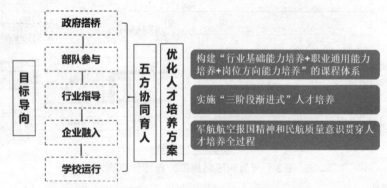

图 1 "目标导向、五方共育"人才培养模式

二、融合标准、瞄准前沿，重构"军民两用"模块化课程体系

调研中国人民解放军第 5702 工厂、东方航空技术有限公司等航空维修企业，专业教师与军民两航专家共组专业团队，分析梳理岗位群的 5 大核心能力，归纳出若干典型工作任务，构建典型能力模块。以飞机维修过程为主线，以职业准入资格证书为牵引，融合军航两类、民航三类标准，构建基于飞机维修工作过程的"军民两用"模块化课程体系，建成涵盖岗位核心职业能力培养知识点、技能点的多维立体化优质教学资源。

三、分层分类、互培共长，打造职业教育教师教学创新团队

通过"校企专兼共组、分层分类培养"，立足国家航空产业基地，依托与军、民航修企业的"伙伴"关系，与中国人民解放军第 5702 工厂、东方航空技术有限公司等企业共建师资队伍，形成"动态协同调整""名师工匠引领""联合攻关""协调共享""航空文化浸润"团队协同运行机制，促进团队整体水平不断提升。成立专业建设指导委员会，通过专家互聘的方式搭建人员互动交流平台；优势互补，联合攻关，开展技术服务，为航空维修企业提供智力支持；团队定期交流，通过专业教师下车间、蓝天工匠进课堂开展人员互培，不断增强专业教师掌握企业最新技术应用、提高操作技能和实践教学能力，同时提升企业员工专业理论水平；强化激励，完善团队监督考核，实行动态调整，促进团队整体水平不断提升。

理虚实一体，政校企共建虚拟仿真课程资源
——无人机应用技术专业群

为解决职业教育实训教学中"三高三难"的痛点和难点，教育部职业教育与成人教育司、江西省人民政府与国家"双高计划"建设院校，共同打造国家职业教育虚拟仿真示范实训基地专业课程与教学资源。由西安航空职业技术学院通用航空学院牵头，完成通用航空航务技术专业的课程与教学资源建设，旨在通过虚拟仿真的教学手段将职业教育实习实训的痛点、难点和一些高耗材、高危险性的项目可视化、虚拟化，以彻底解决实训过程中看不见、摸不着、难再现的多方面教学难点（见图 1）。

一、多方积极联动，共建虚拟仿真课程体系

学校集中优势教学资源，组织课程开发团队深入西部机场集团、中飞通航、珠海通航、国网通航等企业，对生产环节涉及的工作岗位、工作内容及具体工作步骤、使用的生产工具等进行全面调研。课程团队将航务运行相关的 3 个岗位划分为 6 个学习场景，对其中涉及的内容进行重点摘要，形成基于典型工作环节的虚拟仿真教学内容，将内容融入 3 门虚拟仿真实训课程中，形成航务技术专业虚拟仿真课程体系（见图 2）。

图 1　课程与教学资源建设项目立项文件

图 2　航务技术专业虚拟仿真实践教学课程体系图

二、校企群策群力，共建虚拟仿真课程资源

课程开发团队与科骏、盛扬信远、皓客航空等企业合作，编写航务运行相关的 3 个岗位、6 个学习场景的脚本，整合先进的虚拟仿真 VR、AR 技术，从真实工作场景中的 30 个典型工作过程进行成果展现和虚拟交互，建设课程资源。发挥以实带虚、以虚助实、虚实结合的课程优势，开发出航空公司运行控制虚拟仿真实训、机场协同虚拟仿真实训、通航飞行作业虚拟仿真实训课程，辅助专业教学，使学生更好地适应航空公司、机场等真实工作场景的实践操作，探索出了一套适合航务专业的虚拟仿真实训课程与教学资源，推动了无人机应用技术专业群虚拟仿真实训资源建设，为其他专业构建虚拟仿真课程体系、课

程资源提供了参考。

三、积极推广应用，共享虚拟仿真资源

课程开发团队在2021年世界VR大会期间，参与到国家职业教育虚拟仿真示范实训基地的试运行工作当中，圆满完成航务技术专业首批开班教学工作，获得了来基地参观的领导和老师们的肯定（见图3）。

图3　西航职院选派教师在国家职业教育虚拟仿真示范实训基地授课

三院两站双导师，行企校所共育国防工匠
——机电一体化技术专业群

机电一体化技术专业群紧密对接智能制造人才需求，创建"党建+人才培养"品牌，创新"校企七联动、工学七耦合"军工特质人才培养模式，构筑"三院、两站"培养平台，实施"双导师"培养，"行企校所"共育国防工匠。

一、对接智能制造人才需求，创新军工特质育人模式

以"党建+创新、课程、教学、培训、活动"等为抓手，全面推动创新思维培养、特色课程建设、教学实践开展、技术技能培训、素质提升等工作。对接智能制造人才需求，融入军工精神和工匠精神，按照"专业设置与产业需求对接、课程内容与岗位标准对接、培养过程与生产过程对接、毕业证书与职业资格证书相结合"的原则，创新"校企七联动、工学七耦合"军工特质人才培养模式（见图1）。三年来，人才培养模式被中国教育报等媒体报道6次，推广应用到西北工业学校、陕西理工大学等8所院校，接待多所兄弟院校来校交流学习。

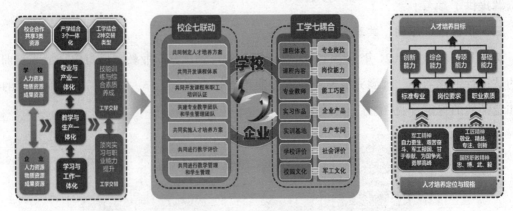

图1 "校企七联动、工学七耦合"军工特质人才培养模式

二、聚焦技能拔尖人才培养,构筑国防工匠培养平台

主动适应区域军工装备制造产业转型升级的人才需求,汇聚"行、企、校、所"优质资源,联合兵器202所、兵器248厂、航天771所等军工企业成立兵器工匠学院、航天工匠学院,与北京发那科共建FANUC产业学院,邀请大国工匠、技能大师等成立大国工匠工作站、校企合作工作站,构筑"三院、两站"技能拔尖人才培养平台(见图2)。聚焦军工装备制造岗位"精密、细致、严格"的技能拔尖人才培养,将智能制造和军工高端装备制造产业对人才培养的新要求融入实践教学内容,构筑军工高端装备制造未来工匠人才培养高地。

图2 国家级高水平实训基地

三、汇聚行企校所优质资源,多方协同共育国防工匠

依托"三院、两站"拔尖人才培养平台,校企联合制定军工特质人才培养方案,开发军工特色课程,开设航天工匠班、FANUC英才班,实施"双导师"培养制度,聘请张新

停、杨峰等大国工匠担任企业导师，教授、博士担任校内导师，紧密对接智能制造工程技术人员新职业标准和1+X智能制造生产管理与控制技能等级标准，开发23项"标准化+定制化"项目，实施军工特色现代学徒制、企业学徒制、订单式等培养模式，协同共育国防工匠（见图3）。

图3 大国工匠杨峰传授技艺

三年来，专业群毕业生就业率达98%以上，其中30.40%在军企就业，学生在全国各类技能竞赛中获省级以上奖励30余项；"时代楷模"大国工匠徐立平班组7人中5人毕业于专业群，大国工匠杨峰班组中专业群毕业生占比33%，李鹏辉等50余人获省市级工匠、技术能手及军工企业技术骨干等称号。

建设新型教材，引领教法改革
——旅游管理专业群

一、背景

《国家职业教育改革实施方案》提出"三教"改革任务，要求高职院校培养适应行业企业需求的高素质技术技能人才，提升高职院校学生综合职业能力。教材是基础，教法是途径，陕西职业技术学院依托与企业共建的课程开发新型教材，开展线上+线下混合教学，采用多样化的教学方法，实施以学生为主体的教学活动。

二、举措

一是教材建设，融通"岗课赛创证"。聚焦旅游职业教育、对标岗位能力，融通"岗课赛创证"，校企双元联合开发使用新型活页式、工作手册式教材，遴选教学内容，嵌入课程思政元素，融入职业道德、爱岗敬业、诚信经营、优秀传统文化、创新精神等，将企业员工工作手册、航空服务地勤人员工作指引及机上操作规范引入校园，将1+X证书培训融入教学，重构教学内容，按照项目化教学及课程包知识域要求，开发新型教材（见图1）。

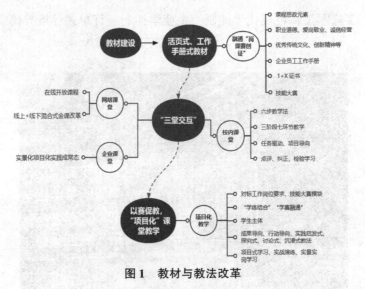

图1 教材与教法改革

二是"三堂交互"，辐射带动其他专业。持续推进"三堂交互"学习+实践教学模式。依托智慧树和已建成的旅游管理专业省级专业教学资源库等平台的在线开放课程，深化线上+线下混合式金课改革，使"移动式学习"成现实。传统课堂推广六步教学法，实施"三阶段七环节"教学过程，采用任务驱动、项目导向等方式，通过教师点评、纠正，检验学习成果。企业课堂推进实景化、项目化实践。群内专业分别将课堂搬到了酒店、景区、机场航司等场所，同时辐射到其他专业，带动全校教学改革。

三是以赛促教，"项目化"课堂教学。对标工作岗位要求、技能大赛模块，以赛促教，促进"项目化"教学。依托专业群课程体系，采用"学练结合""学赛融通"，突出学生主体、坚持成果导向、行动导向，实践启发式、探究式、讨论式、沉浸式等教法，进行项目式学习、实战演练、实景实岗学习，促使学生职业技能提升，效果显著。

三、成效

通过一系列改革，学校建立了教材使用与人才培养五级反馈机制，形成了实时的课程教学质量评价体系；开发了基于成果导向的课程单元设计，开发了基于工作过程及旅游职业情境的新型活页式、工作手册式教材50门，其中具有区域文化特色的5门新型教材完成招标及初稿，《大学生创新创业基础》被推荐为首届全国优秀教材，《高职院校会展专业"产学研用服"五位一体人才培养模式研究》为陕西省高等教育教学改革重点攻关项目专著；建成20门在线开放课程，其中7门为省级精品课程，2门双语版课程向"一带一路"沿线国家推广；开展省级及以上"三教"改革课题研究5项，获省级"三教"改革教学成果2项；教师参加教学能力竞赛获省级奖项2项。

"一主线、双融合、三阶段"实践育人模式
——煤矿开采技术专业群

关键词：岗位精神；采矿精神；实践育人

一、实施背景

目前，煤矿开采技术专业群涵盖4个专业，根据企业对学生岗位奉献精神的要求，坚持以"扎根能源行业弘扬采矿精神"为主线，融合理论宣讲和社会实践，结合人才培养方案，构建了高职学生岗位奉献精神培养三阶段模式。

二、主要做法

（一）完善制度，建立稳固的运行保障机制

制定了《志愿者管理办法》《第二课堂活动方案》《学工要点发布办法》《综合测评实施细则》等管理制度。从每班选2名学生，成立"采矿精神"传承小分队，配备2名指导教师负责落实和考核。

（二）构建"一主线、双融合、三阶段"实践育人模式

围绕"煤炭化工行业缺什么，学生毕业后干什么，用人单位录什么"这三个问题，提出"一主线、两融合、三阶段"实践育人模式（见图1）。

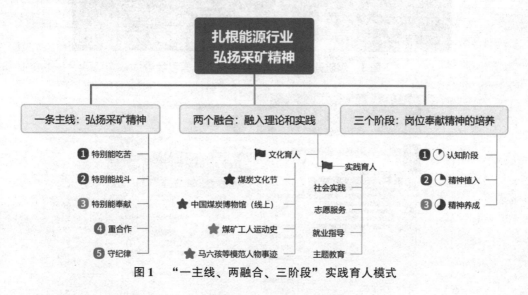

图1 "一主线、两融合、三阶段"实践育人模式

（三）形成"采矿精神+职业素养"的实践教育方案

以志愿中国和志愿汇APP为依托和大学生综合测评为抓手，开展志愿服务活动，组织学生参加"互联网+"大赛、"挑战杯"赛。开展结合党史教育和大学生劳动教育活动（见图2~图7）。

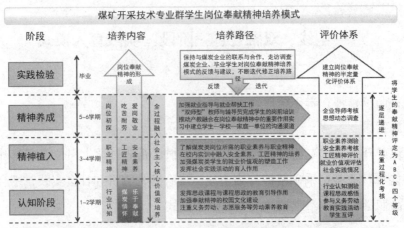

图2 煤矿开采技术专业群学生岗位奉献精神培养模式

图3 煤矿开采技术专业群学生井下实习场景

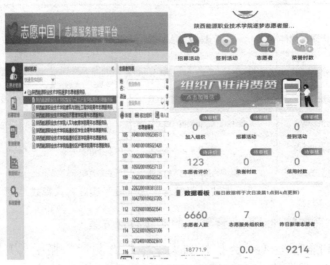

图4 学生志愿者管理平台界面

图 5　学生志愿者服务证书

图 6　主题教育课件部分截图

图 7　主题教育活动场景

（四）聚焦学生德育目标，建设第二课堂视频资源库

收集智能化开采技术、煤矿安全规程、企业文化等 91 个视频资源（见图 8 ~ 图 11）。

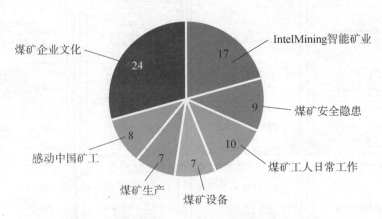

图 8 岗位奉献精神培养第二课堂视频数量分布

图 9 IntelMining 智能矿业（17 个）

图 10 煤矿安全规程（6 个）

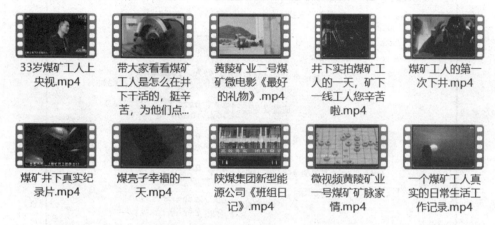

图 11　煤矿工人日常工作（10 个）

（五）组建一支"专业+管理+人文"学工队伍

选配有扎实专业背景和热爱学生管理工作的教师担任班主任，学工队伍专业门类涵盖理学、工学、哲学、教育学、文学。

三、成果成效

一是学生整体素质得到较大提升，就业质量不断提高（见图 12）。

二是学生实践能力得到提升，学生受到煤炭协会和政府表彰（见图 13 和图 14）。

三是实践教育活动促进学工队伍成长（见图 15）。

四是实践教育活动促进校园文化建设。例如，由煤矿开采专业群 60 名学生组成"秦汉战鼓传习社"社团（见图 16）。

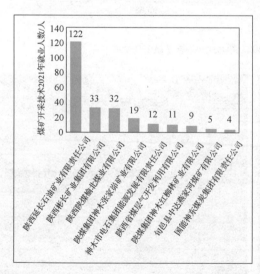
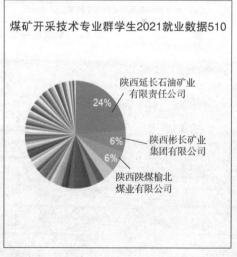

图 12　专业群学生 2021 级就业数据

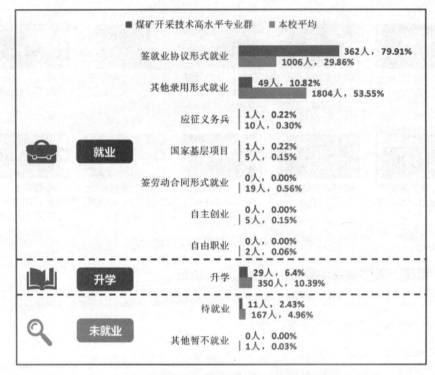

本校煤矿开采技术高水平专业群毕业去向分布

本校各双高专业毕业去向落实率

专业名称	比例/%
本校平均	95.01
机电一体化技术	97.82
应用化工技术	97.30
煤田地质与勘查技术	96.00
煤矿开采技术	95.83

数据来源：陕西能源职业技术学院就业管理系统。

图12 专业群学生2021级就业数据（续）

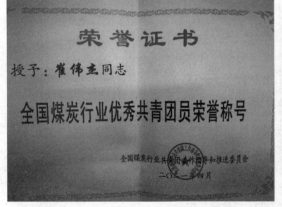

图13 煤矿开采专业群学生和教师获奖情况

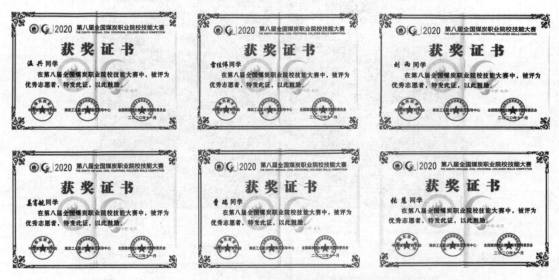

图 13　煤矿开采专业群学生和教师获奖情况（续）

图 14　采矿 1701 团支部获奖

图 15　学工队伍获奖及课题参与情况

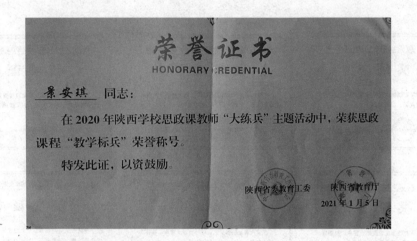

图15　学工队伍获奖及课题参与情况（续）

图 15　学工队伍获奖及课题参与情况（续）

图 16　秦汉战鼓开展情况及获奖

图 16　秦汉战鼓开展情况及获奖（续）

四、经验总结

煤炭类高职学生更要注重大学生吃苦耐劳和艰苦奋斗精神的培养，深挖"思政元素"凝练"采矿精神"培育时代新人，继续在"双融合"方面下功夫。

"四一制"卓越幼儿园教师培养的新实践
——学前教育专业群

咸阳职院联合幼乐美（北京）教育科技有限公司，共办卓越幼师创新实验班，创新推行"四一制"卓越幼儿园教师培养的新实践，有效解决了以往幼儿园教师培养过程中实践内容不够丰富、形式相对单一、指导力量单薄等问题。

一、强化师德体验，重构实践培养体系

依据师范生教师职业能力标准和幼儿教师专业标准，梳理出 25 项典型任务 140 个职业能力，依据"工作领域—典型任务—工作流程—岗位技能"明确实践目标，全面实施"四一制"卓越幼儿园教师培养的新实践（见图1）。学生第一学期至第四学期，每周四天在校学习，每周一天在省级示范园开展跟班实习。通过亲近和了解幼儿，强化师德体验，树立职业理想，掌握专业知识，学习工作方法，锤炼社会技能，立德树人，培养"四有"好教师。

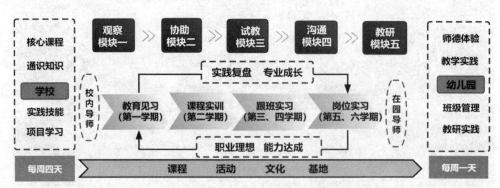

图 1　"四一制"卓越幼儿园教师培养的新实践

二、基于岗位情境，设计嵌入式实践任务

借助岗位情境和工作表单，围绕幼儿园工作观察、一日生活组织、教育活动设计与试教、班级管理和家园共育、教研工作5个模块，设计开发60个实践任务（见图2），引导学生在跟班实习中观察、参与、试教、研究，构建了完整的、系统化的卓越幼师实践任务（见图3），全面融入了师德养成、课程思政等元素，以模块化结构、任务驱动形式体现幼儿园教师培养的实践特色。

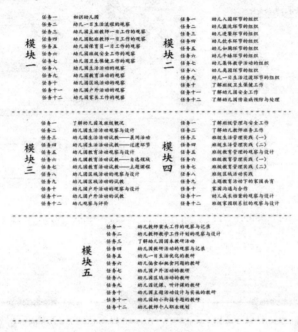

图2 模块化实践任务

三、拓宽实践渠道，推行异地联合培养

在北京及陕西省内外建立稳定的校外实践基地50余家，明确实践岗位、计划、要求，为学生配备校内导师及在园导师，确保每生"四一制"异地实践不少于45天。开展赴北京公办示范园朝花幼儿园实践活动，推行异地联合培养。校内导师负责指导学生学习核心课程、助其规划职业生涯、指导学生开展教育实践后复盘等工作；在园导师参与实践任务指导、开展讲座、岗位指导、教学研究等，在学生学习、分段实践中全程跟踪、引领、指导。

四、多维要素评价，完善实践评价过程

突出以生为本，以校内导师评价为主，兼顾学生互评、自评、导师评价、基地评价，综合运用档案、观察、访谈、调查问卷等方式，建立学生实践目标达成的实时监测（见图4）及个性化档案册，推进学生、教师、学校、幼儿园的教育协同联动，促进教师职前培养、就业成长的有机整合。

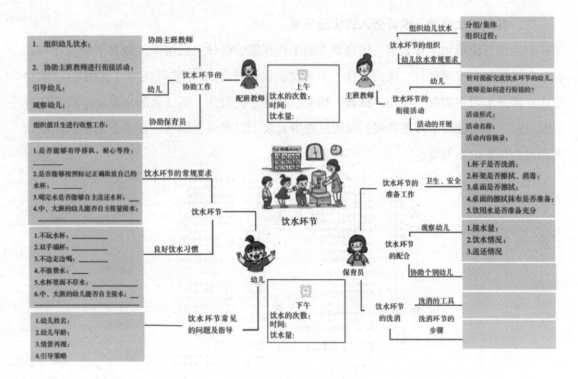

图3　任务化实践内容

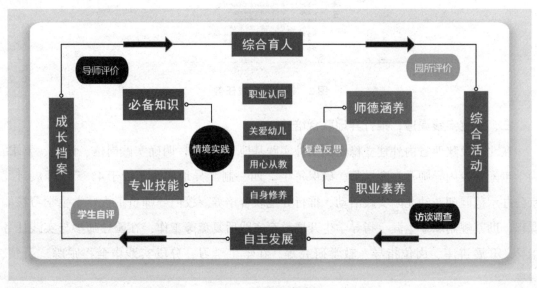

图4　实践评价过程

附录

"双高计划"建设实施过程中国家新颁布的相关文件目录

1. 《新时代高等学校思想政治理论课教师队伍建设规定》（中华人民共和国教育部令第46号），2020.1.16。

2. 财政部关于印发《项目支出绩效评价管理办法》的通知（财预〔2020〕10号），2020.2.25。

3. 中共中央 国务院《关于全面加强新时代大中小学劳动教育的意见》（2020年3月20日）。

4. 教育部关于印发《高等学校课程思政建设指导纲要》的通知（教高〔2020〕3号），2020.5.28。

5. 教育部关于印发《大中小学劳动教育指导纲要（试行）》的通知（教材〔2020〕4号），2020.7.7。

6. 教育部关于印发《大中小学国家安全教育指导纲要》的通知（教材〔2020〕5号），2020.9.28。

7. 教育部等九部门关于印发《职业教育提质培优行动计划（2020—2023年）》的通知（教职成〔2020〕7号），2020.9.16。

8. 中共中央 国务院印发《深化新时代教育评价改革总体方案》，2020.10.13。

9. 中共中央办公厅 国务院办公厅印发《关于全面加强和改进新时代学校体育工作的意见》和《关于全面加强和改进新时代学校美育工作的意见》，2020.10.15。

10. 中央宣传部 教育部关于印发《新时代学校思想政治理论课改革创新实施方案》的通知（教材〔2020〕6号），2020.12.18。

11. 教育部 财政部关于印发《中国特色高水平高职学校和专业建设计划绩效管理暂行办法》的通知（教职成〔2020〕8号），2020.12.21。

12. 中共中央办公厅 国务院办公厅印发《关于加快推进乡村人才振兴的意见》，2021.2.23。

13. 中共中央办公厅 国务院办公厅印发《关于推动现代职业教育高质量发展的意见》，2021.10.12。

14. 财政部 教育部印发《现代职业教育质量提升计划资金管理办法》的通知（财教〔2021〕270号），2021.11.9。

15. 教育部办公厅关于印发《"十四五"职业教育规划教材建设实施方案》的通知

（教职成厅〔2021〕3号），2021.12.3。

16. 教育部等八部门关于印发《职业学校学生实习管理规定》的通知（教职成〔2021〕4号），2021.12.31。

17. 《中华人民共和国职业教育法》（1996年5月15日第八届全国人民代表大会常务委员会第十九次会议通过，2022年4月20日第十三届全国人民代表大会常务委员会第三十四次会议修订，2022年5月1日起施行），2022.4.20。

18. 教育部办公厅 财政部办公厅《关于开展中国特色高水平高职学校和专业建设计划中期绩效评价工作》的通知（教职成厅函〔2022〕10号），2022.4.22。

19. 教育部等十部门关于印发《全面推进"大思政课"建设的工作方案》的通知（教社科〔2022〕3号），2022.7.25。

20. 中共中央办公厅 国务院办公厅印发《关于深化新时代学校思想政治理论课改革创新的若干意见》，2022.8.14。

21. 中共中央办公厅 国务院办公厅印发《关于加强新时代高技能人才队伍建设的意见》，2022.10.7。